새내기 유아교사가 알아야 할

교직실무 101가지 개정판

개정판

새내기 유아교사가 알아야 할

교직실무 101가지

김길숙 · 황현숙 · 길현주 공저

동 문 사

머리말

유아교육 현장에 첫발을 내딛는 새내기 교사들은 '배우는 학생'의 입장에서 '가르치는 교사'로 역할의 대전환을 경험한다. 실제로 교사가 되기 위한 훈련과 준비를 철저히 하고 실습과정을 거치기도 하지만 자신에게 익숙한 생활문화와 교육현장 문화 사이에서 적지 않은 애로를 느끼기도 하고, 학급에서 무엇을 어떻게 수행해야 하는지에 대한 두려움도 경험하게 된다.

교사양성과정에서 어려움은 연습에 불과했으며 정작 어려운 일은 교사가 된 후부터 시작된다. 수업하는 일은 기본인 데다가 새롭게 배정받은 교실환경을 구성하고, 생활지도에 힘쓰고, 안전사고에 신경 쓰고, 학부모와 면담하고, 연수에 참여하고, 문서를 작성, 관리하는 등 교사 공동업무까지 신임교사라고 배려해 주는 것이 없다.

따라서 교육현장에 적응하는 과정에서 일어나는 충격과 갈등을 최소화하고, 예비교원의 전공분야에 대한 전문성 신장 노력을 교원양성 단계에서부터 마련하는 방안이 추진되었다. 그 일환으로 교원양성과정에서 교직실무를 익힐 수 있는 과목 등의 이수를 의무화하였고 '교직실무'라는 과목이 2009학년도 입학자부터 필수과목으로 고시되었다.

이에 따라 저자들은 유아교육기관에서의 실무능력을 함양하는 데 도움이 되는 교재를 집필하기로 하였다. 먼저, '실무'라는 영역에 충실하고, 실무의 영역과 범위를 어느 정도까지 제시할 것인지를 결정하는 데 도움을 받고자 유아교육기관의 원장, 원감, 교사들을 대상으로 인터뷰하였다. 인터뷰 결과 교직실무의 영역과 범위뿐만 아니라 교직실무 과목을 통해 유아교사가 하는 일이 얼마나 중요한 일인지를 깨닫고, 실천적 지식을 함양하는 계기를 마련하면 좋겠다는 바람과 책의 내용을 딱딱한 학술적 접근보다는 이해하기 쉽도록 구성하면 좋겠다는 소중한 의견을 들을 수 있었다. 저자들은 이러한 의견들을 적극 반영하는 데 뜻을 모으고 최종 목차 및 다음과 같은 집필 방향을 정하였다.

첫째, 교직실무의 영역을 유아교육현장에서 요구되는 교사상으로 구분하고 각 영역의 내용 숙달 이후에 행(行)하는 교사가 되겠다는 의지를 표현하기 위해 각 장의 명칭을 ~되기(하기)로 정한다. 그리고 그에 따른 하위 주제를 포함시킨다.

둘째, 문어적, 학술적 내용제시에서 벗어나 새내기 교사에게 필요한 실질적인 업무를 중심으로 내용을 선정한다.

셋째, 다른 교과목에서 다루는 내용과의 중복을 최소화한다.

넷째, 2020년도에 4차 표준보육과정이 시행됨에 따라 관련 내용들을 모두 변경·보완하였다.

저서의 제목인 『새내기 유아교사가 알아야 할 교직실무 101가지』에서 101가지는 유아교사가 알아야 할 실무의 내용이 많다는 뜻일 수도 있겠으나 처음부터 끝까지 모든 실무내용을 책 속에 포함하고 있다는 것을 은유적으로 표현한 것이다. 그리고 선배교사가 새내기 교사들에게 101가지 현장실무를 주제별로 일러주는 듯한 느낌을 전하고 싶었다.

책의 완성도를 높이기 위해 여러 번의 검토와 논의과정이 있었음에도 불구하고 여전히 미흡한 부분이 눈에 띈다. 저자들의 부족과 한계를 '시간적 제약 때문에'라고 핑계를 돌리고 부족하지만 출간을 하게 되었다. 아무쪼록 유아교사를 꿈꾸는 예비교사나 새내기 교사들이 이 책을 통해 교사의 자질을 높이고, 교직생활을 적응하는 데 보탬이 되기를 바라며 끝으로 책의 출판을 위해 물심양면으로 애써 주신 동문사 관계자 분들에게 진심으로 감사의 인사를 전한다.

2021년 7월

저자 일동

목 차

1장 유아교사 시작하기

01 교직이란

교직은 미성숙한 인간을 대상으로 가르침을 통해 전인적으로 조화된 인간으로 성장·발달할 수 있도록 도와줄 뿐만 아니라 국가나 민족의 발전 및 인류사회의 진보와 발전을 위해 봉사하며 전문성과 윤리성이 요구되는 공공적인 직업이다.

교직의 사전적 의미는 '가르치는 일, 학생을 가르치는 직업이나 교사들이 종사하는 직무'를 뜻한다.

대부분 교사는 가르치는 일에 가장 많은 시간과 열정을 쏟는다. 그리고 교육현장에서 교사는 가르치는 일과 더불어 학교교육과정 운영, 학급경영, 특별활동지도, 생활지도, 학부모 관계 등 학생들이 등교하기 전부터 수업을 마치고 하교하기까지 교육과 관련된 많은 내용의 직무를 수행한다. 이 모든 일들은 학생을 대상으로 하고 학생들의 전인적 성장과 발달을 직·간접적으로 안내하여 바람직한 사회구성원으로 적응할 수 있도록 도와주는 교사들의 고귀한 임무이다.

그러므로 다른 일반 직업과 달리, 교직은 고도로 전문적인 지식과 기술 그리고 정통한 자격과 능력을 갖추고, 학생에 대한 사랑과 교육에 대한 열정이 충분할 때 그 직무를 훌륭히 수행할 수 있다는 점에서 교직만이 가진 특수성을 요구하게 된다.

따라서 다른 전문직과는 구분되는 교직만이 가지는 특징이 있는데(김재우,

1996 ; 박은혜, 2009 ; 곽현주 외, 2010) 구체적으로 살펴보면 다음과 같다.

첫째, 교직은 인간을 상대로 하는 직업이다. 학생과 교사가 서로의 감정을 느끼고 의사소통하기 위해서는 서로를 이해하려는 노력과 인간애에 대한 따뜻한 마음이 필요하다.

둘째, 교직은 인간의 전인적 발전을 돕는 직업이다. 교직에서 가르치는 일은 단순히 지식을 전수하는 것만이 아니다. 인간의 전인적 성장과 발달을 이끄는 매우 복잡하고 고귀한 활동이다.

셋째, 교직은 미성숙자를 상대로 하는 직업이다. 교직은 미성숙하게 태어난 인간을 교육하여 그들의 무한한 가능성을 일깨우고 잠재력을 충분히 발휘시켜서 미성숙한 상태에서 성숙한 인격을 가진 바람직한 인간상으로 성장·발달할 수 있도록 돕는다.

넷째, 교직은 봉사직이다. 교직은 단순히 노동의 대가로 보수를 받는다기보다는 사회봉사의 정신을 갖고 일하는 직업이다.

다섯째, 교직은 끊임없이 자기개발을 도모하는 데 유리한 직업이다. 교직은 자기 자신의 전문성 신장을 위해 끊임없이 노력하는 과정이 필요하며 동시에 자기성장과 발전의 계기가 된다.

여섯째, 교직은 사회, 인류공영에 기여하는 직업이다. 교직은 사회가 필요로 하는 인재를 길러 내고 바람직한 사회를 유지하고 발전시키는 데 기여하는 것과 함께 인류가 쌓아온 문화유산을 보존하고 계승하여 희망찬 미래를 건설하는 데 영향을 미치는 보람 있는 직업이다.

이상에서 살펴본 바와 같이, 교직은 미성숙한 인간을 대상으로 가르침을 통해 전인적으로 조화된 인간으로 성장·발달할 수 있도록 도와줄 뿐만 아니라 국가나 민족의 발전 및 인류사회의 진보와 발전을 위해 봉사하며 전문성과 윤리성이 요구되는 공공적인 직업이다.

02 교직으로서의 유아교사

유아교직은 학습자의 연령이 어리고 발달의 초기에 있기 때문에 유아에 대한 사랑과 존중, 인간의 성장과 발달에 대한 이해, 유아의 개인적 특성 이해 등 갖추어야 할 지식과 실천의 범위가 매우 광범위하다.

유아교직은 부모의 역할을 대신하여 유치원이나 어린이집에 다니는 어린 자녀를 가르치는 것을 전문으로 하는 교사집단이다(조혜선, 2008).

그럼에도 다른 학교급에 비해 유치원이 학교라는 인식의 부족과 하급 교육기관일수록 교육을 덜 받아도 되고, 단순히 아이들을 잘 데리고 놀면 된다는 인식 때문에 보수, 근무조건, 복지제도 등에서 유아교사에 대한 확고한 사회적 인정이 여전히 미흡한 실정이다. 아이들을 좋아하는 마음만으로 또는 어릴 때부터 유아교사가 되고 싶었던 꿈만으로 막연하게 유아교직을 선택한다면 실제로 유아교육 현장에서 유아교사가 수행해야 하는 많은 일들에 직면했을 때 갈등을 겪게 될 것이다.

따라서 이쯤에서 예비교사(또는 교사)는 유아교사의 특성을 어떻게 파악하고 이해하고 있는지, 그리고 이에 따른 유아교사로서 가치관과 태도 정립이 충분한지에 대해 본인 스스로 깊이 있게 생각해볼 필요가 있다. 왜냐하면, 교사가 교육현장에서 맡은 직무를 성공적으로 수행하기 위해서는 그 직업이 가지고 있는 특성을 잘 이해하고 있어야 하기 때문이다. 직업으로서의 유아교사의 특성을 정리해보면 다음과 같다(박은혜, 2009; 곽현주 외, 2010; 최양미 외, 2011).

첫째, 유아교직은 어린 연령의 유아를 대상으로 하는 직업이다. 어린 유아들일수록 교사의 일거수일투족에 무척 민감하게 반응하며 교사에 대한 의존도가 높기 때문에 교사와 유아의 바람직한 관계형성이 교육의 성패를 좌우한다고 해도 과언이 아니다. 바람직한 관계형성은 서로 애정과 신뢰를 느낄 수 있게끔 교류하는 것인데 교사에게 있어서 아주 소중하고 그리고 꼭 있어야 할 요소는 바로 유아에 대해 사랑하는 마음이다.

둘째, 유아교직은 가르치는 일과 돌보는 일을 조화롭게 유지해야 하는 직업이다.

어린 연령의 유아들에게 가르치는 일과 돌보는 일의 경계를 분명히 하기는 어렵다. 경우에 따라 잘 돌보는 것이 잘 교육하는 것이 될 수도 있다. 따라서 유아교사는 돌보는 일과 가르치는 일이 구분되는 것이 아니라는 인식을 가지고 탄력적으로 두 가지 일의 경계를 잘 넘나들면서 상황에 따라 유아들에게 필요한 것이 무엇인지를 판단하여 조화를 이루도록 해야 한다.

셋째, 유아교직은 유아들의 전인적인 성장·발달을 도와주는 직업이다. 유아교육의 목적은 유아에게 알맞은 교육환경을 제공하여 유아를 교육하고 심신의 조화로운 전인발달을 도와주는 것으로 명시되어 있다(교육과학기술부, 2008). 이를 위해 유아교사는 유아들의 전인적 성장·발달을 도와줄 수 있는 교육과정을 계획하고, 환경을 구성하고, 통합적으로 운영하는 능력을 가지고 있어야 한다.

넷째, 유아교직은 눈에 보이지 않는 측면의 상호작용에 민감해야 하는 직업이다. 어린 연령의 유아들은 언어로 자신의 생각이나 감정을 표현하는 일이 서투르다. 언어를 통한 의사소통에 의존하여 유아들의 마음 상태를 읽으려면 종종 부적절함을 느끼게 될 것이다. 따라서 유아교사는 유아의 얼굴표정, 행동적 특징, 눈빛 등의 비언어적인 표현에 담긴 신호들에 민감해야 한다.

이상과 같은 유아교직의 특성에 비추어볼 때, 유아교직은 학습자의 연령이 어리고 발달의 초기에 있기 때문에 유아에 대한 사랑과 존중, 인간의 성장과 발달에 대한 이해, 유아의 개인적 특성 이해 등 갖추어야 할 지식과 실천의 범위가 매우 광범위하다. 그리고 한 인간의 성장·발달에 매우 의미 있는 역할을 할 뿐만 아니라 전 생애에 걸쳐 큰 영향을 미칠 수 있기 때문에 교직으로서의 유아교사라는 위치는 매우 중요하다는 것을 알 수 있다.

훌륭한 유치원 교사가 유아에게 미치는 영향이 매우 크고 중요함을 시사해주는 연구결과에 대한 기사이다.

훌륭한 유치원 교사 연봉은 32만 달러 가치 - 하버드대 연구팀

미 하버드 대학교의 연구팀이 훌륭한 유치원 교사의 가치를 계산해 냈다. 연봉 약 32만 달러(약 3억 8,000만 원)였다.

뉴욕타임스(NYT)는 28일 하버드대학교 라지 체티 교수 연구팀이 최근 학술회의에 내놓은 흥미로운 연구결과를 활용해 당시 어린이들 약 1만 2,000명의 생애를 추적했다.

그 결과, 기존 연구에서처럼 훌륭한 유치원 교육을 통한 성적 향상 효과는 중학교를 거치면서 대부분 사라졌다. 그러나 그 효과는 성인 때 다시 나타났다. 좋은 유치원 교육을 받은 아이들이 그렇지 않은 경우보다 대학에 많이 갔고, 편부모가 될 가능성은 적었으며, 결정적으로 수입이 더 많아졌다.

다른 조건이 같다면 유치원 백분위 성적이 1% 높아질 때마다 아이가 27세가 됐을 때 연봉 100달러를 추가로 번다. 좋은 교사 밑에서 교육받은 아이들의 27세 평균 연봉은 중간 수준 아이들에 비해 약 1,000달러 많았다.

학급의 정원, 동급생의 사회경제적 형편 등 다른 요소가 일부 영향을 끼쳤지만 결정적 변수는 유치원 교육의 질이었다. 체티 연구팀은 이를 통해 뛰어난 유치원 교사의 가치를 연봉 32만 달러로 계산했다.

교사 한 명이 가르치는 한 학급의 아이들이 더 건강해지고, 범죄를 저지를 가능성이 적어지는 등 무형의 가치는 배제했다.

NYT는 훌륭한 유치원 교사라도 당장 연봉 32만 달러를 받기는 어렵겠지만 교육당국 입장에서는 뛰어난 교사에게 더 많은 봉급을 주고, 그렇지 못한 교사를 해고함으로써 한정된 예산으로 지금보다 사회에 더 많은 일을 할 수 있을 것이라고 지적했다.

출처 : 한국일보, 2010, 7, 30

03 유아교사 마음가짐과 자질

유아교사의 자질은 교사 역할을 잘 수행하기 위해 갖추어야 할 개인적 자질과 전문적 자질로 구분된다. 개인적 자질에는 인성, 건강 등이 있으며, 전문적 자질에는 지식, 교수기술, 교육관 등이 있다. 이 둘의 균형 있는 개발은 좋은 유아교사로 성장하는 데 반드시 갖추어야 할 충분조건이다.

유아교사는 본인 스스로 참된 인간이 되려고 노력해야 한다. 이는 유아교사가 가진 훌륭한 인격과 가치관과 태도 그 자체가 유아들이 조화적 인격체를 형성해 가도록 이끄는 매우 중요한 역할을 하기 때문이다.

또한 유아에 대한 사랑은 유아교사로서 가장 중요한 마음가짐 중의 하나다. 유아에 대한 따뜻한 마음과 믿음, 그리고 자신의 일에 대한 만족감과 보람을 느끼고, 좋은 교수법과 전문적 교육내용에 대해 연구하는 것도 유아에 대한 사랑을 실천하는 과정이다.

이처럼 유아교사의 마음가짐에서 우러나오는 소양은 교사의 바람직한 자질 형성에도 긍정적인 영향을 미치게 된다. 교사에게는 기본적으로 요구되는 자질이 있는데, 교사 역할을 잘 수행하기 위해 갖추어야 할 개인적 자질과 전문적 자질로 구분된다. 개인적 자질로는 교사의 바람직한 품위와 인성적 측면이 강조되며, 전문적 자질로는 교육실행자로서의 역할을 충실히 수행해 나가는 데 필요한 지식과 기술이 중요시된다. 따라서 유아교사의 개인적 자질 및 전문가로서 갖추어야 할 전문적 자질을 정리하면 다음과 같다(이은하, 1995; 조부경 외, 1999; 박은혜, 2009; 박화윤 외, 2010).

1) 개인적 자질

(1) 인성

- 유아에 대한 사랑과 존중
- 유아와 그 가족에 대한 존중
- 열정, 성실성, 봉사성, 사려성, 자발성
- 창의성, 도덕성, 융통성과 유머감각, 원만한 인간관계 등

(2) 건강

- 신체적 건강
- 정신적 건강(긍정적 자아관, 타인에 대한 긍정적 사고, 안정된 정서 등)

2) 전문적 자질

(1) 지식

- 일반 교양지식
- 유치원 교육과정(보육과정)과 교수방법 및 평가에 대한 지식
- 유아에 대한 지식
- 부모들에게 필요한 정보를 제공하고 도움을 줄 수 있는 능력 등

(2) 교수기술

- 유치원 교육과정(보육과정) 구성기술
- 교육활동의 계획과 수행기술
- 교육환경 구성기술
- 의사소통기술
- 부모 및 전문가 참여기술
- 교재·교구의 제작 및 활용기술 등

3) 교육관

- 교육에 대한 소명감
- 직업윤리 의식
- 전문성 개발에 대한 노력 등

'○○반 선생님은 유아교사로서의 자질이 충분하다'는 말은 개인적 인성과 건강 측면뿐만 아니라 유아교육 전문직이 갖추어야 할 전문적 자질도 충분하다는 뜻이다. 이 둘은 비행기의 좌우 날개가 균형을 이루어야 똑바로 날 수 있듯이 개인적 자질과 전문적 자질의 균형 있는 개발은 좋은 유아교사로 성장하는 데 반드시 갖추어야 할 충분조건이다. 유아교사는 교사로서의 자질을 충족시키기 위해 부족한 부분이 있는지 수시로 점검하고(김지현, 2007) 부족한 점은 자기 성찰을 통해서 계속 발전시키도록 노력해야 한다(〈표 1-1〉 참고).

〈표 1-1〉 유아교사의 자질

1	유아를 자주 안아주고 쓰다듬어주며 따뜻하게 대하는 태도	5 ― 1 매우 그렇다 / 그렇다 / 보통이다 / 그렇지 않다 / 전혀 그렇지 않다
2	주어진 일에 최선을 다하며 성실히 수행하는 자세	5 ― 1
3	정서적으로 안정되이 있어 마음이 평온함	5 ― 1
4	유아와 함께 있는 것을 즐거워하며 좋은 놀이친구 되어주기	5 ― 1
5	동료교사 그리고 학부모와 원만한 관계를 유지하기	5 ― 1
6	동료교사와 협조하고 필요할 때는 힘이 되어주는 자세	5 ― 1
7	사사로운 감정에 치우치지 않고 모든 유아를 공정하게 대하기	5 ― 1
8	신체적인 불편함이나 좋지 않은 감정을 참고 유아에게 친절하게 대하는 자세	5 ― 1
9	유아의 언행이나 생각을 편견 없이 받아들이고 유아의 실수를 수용하는 마음가짐	5 ― 1

10	유아를 위해 헌신적으로 봉사하는 자세	5 ─ ─ ─ ─ 1
11	교육프로그램의 계획과 실천에 있어 부모, 다른 전문기관 및 여러 기관들을 참여시키는 능력	5 ─ ─ ─ ─ 1
12	언어발달을 신장시킬 수 있는 능력	5 ─ ─ ─ ─ 1
13	유아의 문제해결력을 향상시키는 능력	5 ─ ─ ─ ─ 1
14	감각운동적 기능을 촉진시키는 능력	5 ─ ─ ─ ─ 1
15	유아의 자기 지식, 자존심, 자신감을 길러줄 능력	5 ─ ─ ─ ─ 1
16	유아 개인의 특성을 알아내어 그에 따라 교육적 처리를 할 수 있는 능력	5 ─ ─ ─ ─ 1
17	사회성 발달을 돕는 능력	5 ─ ─ ─ ─ 1
18	신체적 성장·발달을 촉진시키는 능력	5 ─ ─ ─ ─ 1
19	유아의 행동을 관찰·기록하고 그에 따라 계획할 수 있는 능력	5 ─ ─ ─ ─ 1
20	교과과정을 유아의 발달수준에 맞게 재구성할 수 있는 능력	5 ─ ─ ─ ─ 1
21	계획한 프로그램을 적절한 재료를 선택하여 현장에 적용하고, 프로그램 평가를 통해 다음 계획을 반영하는 능력	5 ─ ─ ─ ─ 1
22	유아에 대한 올바른 평가를 실시하고 그 결과를 효율적으로 활용하는 능력	5 ─ ─ ─ ─ 1
23	유아의 동기유발을 위하여 다양한 방법을 사용하는 능력	5 ─ ─ ─ ─ 1
24	지역사회의 자원과 인사를 적절히 활용할 수 있는 능력	5 ─ ─ ─ ─ 1
25	각종 자료 및 교수매체를 선정, 제작, 활용하는 능력	5 ─ ─ ─ ─ 1
26	유아의 놀이활동 때 적절한 개입을 통하여 가치 있는 놀이로 이끄는 능력	5 ─ ─ ─ ─ 1
27	예기치 못한 사태나 유아의 요구에 따라 활동의 방향을 변화시킬 수 있는 융통성	5 ─ ─ ─ ─ 1
28	유아가 이해하기 쉽고, 유아의 사고를 촉진할 수 있는 언어를 사용하는 태도	5 ─ ─ ─ ─ 1
29	유아 개인의 최적의 발달을 도모하기 위해 열과 성의를 다하는 자세	5 ─ ─ ─ ─ 1

30	유아교육 현실을 직시하고, 이를 바탕으로 미래를 준비하는 안목	5 ... 1
31	가르치는 일에 긍지와 자부심을 갖고, 보람된 일로 생각하는 마음가짐	5 ... 1
32	교직에 대한 신념과 사명감	5 ... 1
33	유아의 능력을 인정하고, 각각 독립된 개인으로 대하는 자세	5 ... 1
34	전문성 신장을 위해 꾸준히 노력하는 태도	5 ... 1

* 인성적 특성 1-10, 전문성 11-19, 교육기술 부분 20-28, 교직에 대한 태도 29-34번.

04 유아교사가 하는 일

유아교사의 주된 직무는 유아를 교육하는 것이다. 그러나 교육현장에서 수행해야 하는 직무를 분석해보면 직무 범위가 매우 광범위하고 다양하기 때문에 유아교사는 직무수행 능력 면에서 자신의 역량을 갖출 수 있도록 노력해야 한다.

유아교사가 교사라는 직책을 가지고 직업적으로 해야 하는 업무를 '유아교사의 직무'라고 한다. 유아교사의 직무에 대해서는 「유아교육법」 제21조 3항에 '교사는 법령이 정하는 바에 따라 원아를 교육한다'라고 명시되어 있다. 이 법령에 따르면 유아교사의 주된 직무는 유아를 교육하는 것임을 알 수 있다.

교원양성대학을 졸업하고 유아교육 현장에 들어가게 되는 초임교사들은 '배우는 학생'의 입장에서 '가르치는 교사'로 역할의 대전환을 경험한다. 자신에게 익숙한 생활문화와 교육현장 문화 사이에서 적지 않은 충격을 받을 수 있고, 학급에서 무엇을 어떻게 수행해야 하는지에 대한 두려움도 경험할 수 있다. 심지어 '과연 나는 유아교사로서 적합한 사람인가?'에 대한 회의적인 판단을 하여 자신감을 상실하거나, 정체성 혼란도 경험할 수 있을 것이다.

따라서 이러한 과정에서 일어나는 충격과 갈등을 최소화하고 초기 교직 적응력을 높이기 위해 유아교사로서 교육현장에서 수행해야 하는 모든 직무를 분석해보는 것이 필요할 것이다. 다음 〈표 1-2〉는 사립유치원 교사를 대상으로 유아교사의 직무를 체계적으로 분석한 것이다(김은영, 2006).

〈표 1-2〉 유아교사의 영역별 직무 내용

영역		직무 구분	직무 내용
1	교수·학습 준비	교육계획	•연간·월간·주간 교육 계획하기, 일일 교육활동 계획하기, 현장학습 계획하기
		교재·교구 준비	•교재·교구 제작하기, 교재·교구 보수하기, 교재·교구 정리하기
		환경구성	•실내 흥미영역 배치하기, 교재·교구 보수하기, 교재·교구 정리하기
		수업준비	•수업준비를 위한 정보검색하기, 교수자료에 대한 정보얻기, 교수자료 준비 및 점검하기, 개별수준에 따른 수업정보 수정하기
		수업협의	•다른 교사와 수업에 관해 협의하기, 학급 내 교사 간 역할 분담하기, 공동시설 사용 협의하기
2	교수·학습 실제	등·하원 지도	•등원 지도하기, 귀가 지도하기
		놀이지도	•실내놀이 계획 지도하기, 실내놀이 지도하기, 놀잇감의 안전한 사용 지도하기, 놀잇감 정리·정돈 지도하기, 놀이평가 지도하기, 실외놀이 활동 지도하기, 놀이안전 지도하기, 발달과 수준에 따른 개별 지도하기
		생활지도	•바르게 인사하는 법 지도하기, 자기 물건 정리 지도하기, 바른 언어사용 지도하기, 차례 지키기 지도하기, 아껴쓰기 지도하기, 부적응 행동 관리하기, 친사회적 행동 격려하기, 교우관계 지도하기, 문제 상황 개입하기, 유아의 독립성 격려하기, 자조기술 발달 격려하기, 정서적 안정 돕기, 영양교육하기, 급·간식 준비 및 정리지도, 식습관 지도하기, 식사 전후 청결 지도하기, 급·간식 도우미 지도하기, 화장실 사용 지도하기
		상호작용	•유아 간 상호작용 격려하기, 개별 유아와 긍정적 상호작용하기, 유아의 요구에 반응해주기
		활동운영	•대집단 활동 운영하기, 소집단 활동 운영하기, 전이 활동하기, 특별실 활동 지도하기, 특기교육하기, 학기 초 유아 오리엔테이션 진행하기
		현장학습 지도	•현장학습 전후 활동 지도하기, 현장학습 지도하기

3	**교수·학습 평가**	유아평가	•표준화 검사하기, 놀이관찰 기록하기, 대·소집단 활동 관찰기록하기, 흥미영역 평가하기, 유아 포트폴리오 제작 및 분석하기
		수업(교사) 평가	•유아들의 하루 일과 회상하기, 수업에 대한 저널 쓰기, 학급경영록 평가란 기록하기, 다른 교사와 교육과정 운영 평가하기
		프로그램 평가	•평가척도를 이용한 프로그램 평가하기, 프로그램에 대한 부모 의견 수렴하기, 평가결과 반영을 위한 계획 세우기
4	**전문성 신장**	연수 참여	•원내 연수 참여하기, 자격연수 참여하기, 직무연수 참여하기, 기타 외부 연수 참여하기
		참관	•외부 수업 참관하기, 외부 시설 참관하기, 유아교육박람회 참관하기
		연구관련 활동	•학술대회 참여하기, 연구회 활동하기, 연구 참여하기
		장학	•전공과 관련된 상위학교 진학하기, 신입교사 오리엔테이션 진행하기, 교생 지도하기, 교육청 장학지도 받기, 동료장학 실시 및 받기, 자기 장학하기
		전문가로서 활동	•교사로서의 윤리의식 실천하기, 교사의 법적 권리와 의무 이행하기, 소속기관의 팀 구성원으로 협동하기, 다른 전문가와 네트워크 만들기
5	**유아보호 관련 업무**	건강	•유아 시진하기, 지역 의료기관과 협약하기, 유아 건강검진에 대한 계획 세우기, 교사 건강검진 받기, 전염성 질환 예방대책 세우기, 적절한 휴식 취하도록 지도하기, 투약하고 확인 기록하기, 아픈 유아 간호하기, 식단 짜기
		청결	•유아 씻기기, 배변 실수 처리하기, 실내 온도·습도·채광·조도 조절하기, 유아 개인용품 청결하게 관리하기, 놀잇감 청결 유지하기, 교실 청소하기, 교실 외의 시설 청소하기
		안전	•항상 유아 주시하기, 유아안전에 관한 교육받기, 원내 안전규칙 세우기, 안전과 관련된 법규 따르기, 위험물에 대한 안전관리하기, 차량 탑승하여 안전지도하기, 유아 안전 관련 보험 가입하기, 아동학대의 징후가 있는지 살펴보기, 응급상황 시 역할분담 계획하기, 응급상황 훈련하기, 응급상황에 대비해 부모나 주 양육자 전화번호 관리하기, 응급 시 의료처치에 대한 부모 동의서 받기, 응급처치 물품과 기능 익히기, 응급처치 자격증 따기, 응급 처치하기, 사고가 났을 경우 적법한 절차 따르기
6	**학부모 관련 업무**	부모와의 연계	•학기 초 학부모 오리엔테이션 하기, 부모-교사협의회 하기, 학부모와 수시로 정보 교환하기, 학부모에게 안부 전화하기, 학부모 지원 요청하기
		부모상담	•개별상담하기, 집단상담하기
		부모교육	•부모참여 수업하기, 학부모 워크숍하기, 부모교육하기
		가족지원	•부모 간의 교류 제공하기, 지역사회 자원에 대한 정보 제공하기, 다양한 방법으로 가족 지원하기

7	행사관련 업무	행사준비	•행사 계획하기, 행사준비를 위한 정보 수집하기, 행사역할 분담하기, 행사관련 유인물 제작 및 발송하기, 행사관련 물품 준비하기, 행사관련 프로그램 준비하기, 행사관련 환경 구성하기
		행사진행	•행사 진행하기
		행사 마무리	•행사 뒤 정리하기, 행사 평가하기
8	사무관련 업무	문서작성	•교육과정 운영과 관련된 문서 작성하기, 원아 관리와 관련된 문서 작성하기, 교원 관리와 관련된 문서 작성하기, 재무관리와 관련된 문서 작성하기, 교육청 요청 자료 작성하기, 각종 보고서 작성하기, 제 증명서 발급하기, 유인물 제작 및 발송하기
		문서관리	•각종 문서 관리하기, 회의록 관리하기, 각종 신청서 관리하기, 공문 처리하기
		사무관리	•전언통신하기, 우편물 확인하기, 예금 관련 업무하기, 사진 관련 업무하기, 회계 관련 업무하기, 당직하기
		물품 관리	•재고 조사하기, 물품 구입 계획 수립하기, 물품 구입하기
		운영관리	•원아모집 관련 업무하기, 홈페이지 관리하기, 학급 편성하기, 버스노선 짜기
9	시설설비	안전관리	•실내·외 안전점검 의뢰하기, 수시로 실내·외 시설 안전 점검하기, 실내 소독계획 및 의뢰하기
		기자재 관리	•기자재 바른 사용법 익히기, 기자재 점검하기, 기자재 보수하기, 기자재 보수 신청하기
10	대인관계 및 사회적인 업무	대인관계	•경조 활동 참여하기, 교사 친목행사 참여하기, 상사 업무 보조하기, 손님 및 상사 접대하기, 졸업생 관리하기
		지역사회와의 관계	•지역사회 행사 참여하기, 지역사회 인사들과 좋은 관계 맺기, 지역사회를 위해 봉사하기

〈표 1-2〉에서와 같이 유아교사의 직무 영역은 교수·학습 준비 등 10개 영역으로 구분되며, 유치원의 특성, 운영시간, 교사의 직위 등에 따라 직무 내용이 다소 달라질 수 있다. 그리고 유아교사들이 중요하다고 인식하며, 가장 수행 빈도가 높은 영역은 교수·학습의 실제인 것으로 밝혀졌다(김은영, 2006).

다른 한편, 유치원의 하루 일과에 따른 교사의 직무는 다음 〈표 1-3〉과 같다.

〈표 1-3〉 유치원의 하루 일과에 따른 교사의 직무

시간	활동 내용	직무 영역
8 : 00~	•유아 맞이 준비	•교수·학습 준비 •시설설비 관련 업무 •대인관계 및 사회적인 업무
9 : 00~	•등원 및 자유놀이(실내 또는 실외놀이)	•놀이관찰 및 지원 •교수·학습 실제 •유아보호 관련 업무 ※ 시간대별로 자유놀이 → 이야기 나누기→대·소집단활동을 운영 할 수 있음. 다만 유아의 자유놀이 과정과 몰입정도를 고려하여 이야기 나누기, 대·소집단활동을 할 수도 있고 자유놀이가 계속 이어질 수도 있음. 유아와 함께 어떤 놀이를 하고 싶은지 이야기를 나누어 하루일과의 순서를 정하는 것도 가능함.
10 : 00~	•이야기 나누기	
10 : 30~	•간식	
10 : 50~	•대·소집단활동(동화·동극·음률·게임·실험·조사·요리 등)	
11 : 30~	•자유놀이(실내 또는 실외놀이)	
12 : 10~	•점심식사	
13 : 00~	•대·소집단활동(동화·동극·음률·게임·실험·조사·요리 등)	
13 : 50~	•평가 및 귀가지도	
14 : 30~	•활동실 및 교재·교구 정리	•시설설비 관련 업무 •유아보호 관련 업무
15 : 00~	•휴식 및 교사의 수업평가/유아관찰 및 평가기록	•교수·학습 평가 •대인관계 및 사회적 업무
16 : 00~	•다음날 일일 교육계획안 작성 및 수업준비	•교수·학습 준비
17 : 00~	•행사준비 및 기타 사무관리	•행사관련 업무 •사무관련 업무
18 : 00~	•정리 및 퇴근	

박은혜(2009)의 유치원 하루일과에 따른 교사의 직무를 참고하여 재구성함

〈표 1-3〉에 의하면, 유아교사는 유아 맞이 준비하기부터 하루 일과를 정리하고 퇴근에 이르기까지 매우 다양한 업무를 수행한다는 것을 알 수 있다.

초임교사는 교육현장에서 수행해야 하는 교사의 직무범위가 매우 광범위하고 다양하다는 것을 알고 직무수행 능력 면에서 자신의 역량을 갖출 수 있도록 노력해야 할 것이다.

05 유아교육기관의 종류 및 교사 자격 기준

우리나라 유아교육기관은 크게 유치원과 보육시설(어린이집)로 구분된다. 각 기관에서 유아교사로 근무하기 위해서는 소정의 자격을 갖추어야 한다. 유치원은 유치원 2급 이상 정교사 자격증 소지자, 어린이집은 보육교사 3급 이상 자격증 소지자에 한해서 교사로 근무할 수 있다.

우리나라 유아교육기관은 크게 유치원과 보육시설(어린이집)로 구분된다. 유치원과 보육시설은 각각 교육과학기술부와 보건복지부 관할 소속기관으로 유치원의 감독 및 행정업무는 각 지역교육청에서 담당하며, 어린이집은 각 시·군·구청에서 담당하고 있다. 유치원과 보육시설을 정리하면 다음과 같다.

1) 유치원

- 국·공립유치원
  - 국가가 설립·운영
  - 병설, 단설 유치원
- 사립유치원
  - 법인 또는 개인이 설립·운영

2) 보육시설(어린이집)

- 국·공립 보육시설
  - 국가와 지방자치단체(시·군·구청)가 설치·운영(위탁운영 포함)
  - 시립, 군립, 구립 어린이집
- 직장 보육시설
  - 사업주가 사업장의 근로자를 위하여 설치·운영

• 법인 보육시설
-『사회복지사업법』에 의한 사회복지법인이 설치·운영
• 민간 보육시설
-비영리 법인, 비영리 단체 또는 개인이 설치·운영
• 가정 보육시설
-개인이 가정 또는 그에 준하는 곳에 설치·운영
• 부모협동 보육시설
-보호자 15인 이상이 조합을 결성하여 설치·운영

유아교육기관에서 유아교사로 근무하기 위해서는 국가가 인정하는 소정의 자격증을 소지하고 있어야 한다. 자격증은 일정한 신분이나 지위를 가지거나 일정한 일을 하는 데 필요한 자격이나 능력을 인정해주는 증서이다. 유치원 교사의 자격 기준은 「유아교육법」 제22조 제2항 관련 별표 2에 명시하고 있으며, 보육시설(어린이집)의 교사 자격 기준은 「영유아 보육법」 시행령 제21조 별표 1에 해당하는 자로 규정하고 있다. 구체적인 자격 기준은 〈표 1-4〉와 같다.

〈표 1-4〉 유아교사의 자격 기준

구분	급별	자격 기준
유치원	정교사(1급)	•유치원 정교사(2급) 자격증을 가진 자로서 3년 이상의 교육경력을 가지고 소정의 재교육을 받은 자 •유치원 정교사(2급) 자격증을 가지고 교육대학원 또는 교육부장관이 지정하는 대학원의 교육과에서 유치원 교육과정을 전공하여 석사학위를 받은 자로서 1년 이상의 교육경력이 있는 자
	정교사(2급)	•대학에 설치하는 유아교육과 졸업자 •대학(전문대학 및 이와 동등 이상의 각종 학교를 포함한다) 졸업자로서 재학 중 소정의 보육과 교직 학점을 취득한 자 •교육대학원 또는 교육부장관이 지정하는 대학원의 교육과에서 유치원 교육과정을 전공하고 석사학위를 받은 자 •유치원 준교사 자격증을 가진 자로서 2년 이상의 교육경력을 가지고 소정의 재교육을 받은 자
	준교사	•유치원 준교사 자격 검증에 합격한 자

구분	급별	자격 기준
보육시설 (어린이집)	보육교사 (1급)	•보육교사 2급 자격을 취득한 후 3년 이상의 보육업무 경력과 보건복지부장관이 정하는 승급교육을 받은 자 •보육교사 2급 자격을 취득한 후 보육관련 대학원에서 석사학위를 취득하고 1년 이상 보육업무 경력이 있는 자로서 보건복지부장관이 정하는 승급교육을 받은 자
	보육교사 (2급)	•전문대학 또는 이와 동등 이상의 학교에서 보건복지부령이 정하는 보육관련 교과목 및 학점을 이수하고 졸업한 자 •보육교사 3급 자격을 취득한 후 2년 이상의 보육업무 경력이 있는 자로서 보건복지부장관이 정하는 승급교육을 받은 자
	보육교사 (3급)	•고등학교 또는 이와 동등 이상의 학교를 졸업한 자로서 보건복지부령이 정하는 교육훈련시설에서 정해진 교육과정을 수료한 자

출처: 「유아교육법」 제22조 2항. 「영유아 보육법」 시행령 제21조.

06 면접 준비부터 임용보고까지

유아교사 선발 과정에서 결정적인 변수는 면접이다. 면접은 채용담당자를 처음 대하는 자리이니만큼 최대한 유아교사로서 좋은 이미지를 심어줄 수 있도록 준비한다. 임용이 결정되면 유치원 교사는 임용한 날로부터 7일 이내 관할 교육청에, 어린이집 교사는 15일 이내에 관할 시·군·구청에 임용보고가 이루어져야 한다.

임용이란 특정한 직위에 임명하는 것을 뜻하며, 「교육공무원법」에서는 "임용이라 함은 신규채용, 승진, 승급, 전직, 전보, 휴직, 복직, 강임, 직위해제, 면직 및 파면을 말한다"라고 정의하고 있다.

유아교사의 임용과정은 예비교사가 어떤 종류의 유아교육기관에 취업하기를 준비하고 지원하느냐에 따라서 다르다. 국·공립유치원 교사는 국가가 임용하며 교육공무원에 속한다. 신규교사 모집 및 선발은 시·도 교육청에서 주관하여 매년 10~11월경에 임용 후보자 선정 경쟁시험(임용고사)을 통해 이루어진다. 현행 임용고사의 선발방법은 채용인원을 공고하고 1차 객관식 시험, 2차 전공 논술형 시험, 3차 심층면접, 수업능력 및 실기시험 등의 순서로 진행된다.

국·공립 어린이집과 법인 어린이집, 직장보육 어린이집의 경우는 기관 단위로 채용공고를 내고 서류 심사, 전공 실기시험, 면접 등을 거쳐 교사를 임용한다.

사립유치원과 민간 어린이집의 임용은 원장과 시설장 등 인사 결정권자의 권한으로 이루어진다. 채용공고를 내고 공개채용 방법에 의하기도 하지만 대부분의 경우는 교사양성기관에 추천을 의뢰하거나, 다른 교육시설의 원장이나 교·직원의 소개, 본 기관 실습생 중에서의 선발 등과 같은 내부 조직을 통해 이루어진다.

이러한 신규교사 선발과정에서 결정적인 변수는 면접이다. 면접과정을 통해 원장의 교육철학에 부합되는 교사인지, 개인의 자질과 인성 등 교사로서의 사명감이 투철한지 등이 가장 중요한 기준으로 평가된다. 국·공립유치원 교사의 임용절차 과정에서의 면접은 1, 2차 시험에 합격한 사람에 한하여 볼 수 있는 기회를 가지므로 여기에서는 사립(민간) 유아교육기관을 중심으로 면접을 위해 준비해야 할 사항과 채용이 확정된 후, 임용보고 시 제출해야 하는 서류들에 대해 살펴보고자 한다.

공무원 임용의 결격사유

- 금치산자* 또는 한정치산자**.
- 파산자로서 복권되지 아니한 자.
- 금고*** 이상의 형을 받고 집행 종료 또는 집행을 받지 않기로 확정된 후 5년 미경과자.
- 금고 이상의 형을 받고 집행유예 완료 후 2년 미경과자.
- 법원의 판결 또는 다른 법률에 의하여 자격 상실 또는 정지된 자.
- 징계에 의한 파면 처분을 받은 때로부터 5년 미경과자.
- 징계에 의한 책임 처분을 받은 때로부터 3년 미경과자.

* 금치산 선고의 이유는 심신상실이다. 금치산 선고는 본인, 배우자, 4촌 이내의 친족, 후견

인, 검사 등의 청구에 따라 가정법원이 한다. 이때 심신상실의 상태란 자기가 한 행위의 결과를 판단하는 능력이 거의 없는 상태를 말하며, 대표적으로 정신병을 들 수 있다.

** 심신의 미약 또는 재산낭비로 자기나 가족의 생활을 궁박하게 할 염려가 있는 경우 가정법원으로부터 한정치산의 선고를 받는다. 한정치산의 선고 청구는 본인, 배우자, 4촌 이내의 친족, 후견인, 검사 등이 할 수 있다.

*** 정치범, 비파렴치범, 과실범 등에 주로 규정되어 있으며, 강제노동을 하지 않고 1개월에서 15년 이하의 기간 동안 교도소에서 구금되는 형벌이다.

출처 : 교육공무원 임용령 제33조.

• 교원으로 재직 중 미성년자에 대한 성폭력범죄 행위, 금품수수 행위, 시험문제 유출 및 성적 조작 등 학생 성적 관련 비리행위, 학생에 대한 신체적 폭력행위 어느 하나에 해당하는 사유로 파면·해임된 자는 교원으로 신규채용 또는 특별채용할 수 없다.

출처 : 교육공무원 임용령 제9조.

1) 면접 시 필요한 준비물

(1) 이력서

면접을 보기 위해 가장 먼저 준비해야 할 것이 이력서이다. 이력서에 반드시 기재해야 하는 사항은 인적사항, 학력 및 경력사항, 특기사항 등이다. 최대한 간단명료하게 작성하되 자격증, 외국어 능력, 수상 경력, 봉사활동 등 자신의 능력이나 장점을 돋보이게 할 수 있는 사항들을 일목요연하게 정리하는 것이 좋다.

다음은 이력서 작성요령이다.

• 사진은 이력서용으로 미리 준비해 두고 이용한다. 최근 6개월 이내의 사진으로 부착하며, 지나치게 이미지 수정된 사진이나 스냅 사진 등은 사용하지 않는 것이 좋다.

• 인적사항에는 성명, 생년월일, 주민등록번호, 현주소, 연락처 등을 기재한다. 만약 주민등록상의 현 주소와 실제 거주지가 다를 경우 반드시 이력서 하단에 실제 거주지를 기록하도록 한다. 그리고 이력서를 작성하면서 가장 많이 실수하는 '호주와의 관계'는 호주 쪽에서 본 관계를 말하는 것이므로

장녀, 차녀 등으로 기재해야 한다.

- 학력은 고등학교 때부터 입학과 졸업 순으로 기재하는 것이 일반적이다. 졸업 및 입학 날짜는 졸업장이나 앨범 등을 찾아 정확하게 기재하도록 한다. 대학졸업예정자는 졸업 년도 2월 '졸업예정'이라고 기재한다.
- 자격 및 특기사항에는 유치원 2급 정교사 자격증, 보육교사 2급 자격증 등 국가가 공인하는 자격증과 면허증 취득사항을 취득일과 발행처를 포함하여 기재한다. 그리고 유아교육 전공 관련 과정 이수증이나 자격증(종이접기 과정, 레크리에이션 지도자 과정 등)도 반드시 기재한다.

  이외에 재학시절 교내·외 행사 참여나 대회 수상 경력, 전공 동아리활동, 사회 봉사활동, 간부활동, 배낭여행, 해외 어학연수 등 면접자 자신을 잘 나타내는 특기사항은 모두 기재하는 것이 좋다. 기입한 자격증과 증빙자료는 모두 복사하여 사본을 첨부하는 것이 원칙이다.
- 최종적으로 이력서의 작성내용을 점검한 후, 도장이나 자필로 서명을 한다. 그리고 이력서에 오물이나 잉크 번짐, 구겨짐 등이 없는지 확인하고 증빙자료와 함께 투명 파일이나 서류봉투에 넣어서 제출하거나 면접 시 지참한다.

〈표 1-5〉 이력서 양식의 예

이 력 서

<table>
<tr><td rowspan="6">(사진)</td><td rowspan="2">성명</td><td colspan="3">(한글)</td><td>성별</td><td>(미혼)
(기혼)</td><td>나이</td><td colspan="2">(만)</td></tr>
<tr><td colspan="3">(한자)</td><td>주민등록번호</td><td colspan="4">–</td></tr>
<tr><td rowspan="2">주소</td><td>본적</td><td colspan="2"></td><td rowspan="2">연락처</td><td colspan="4">(집)</td></tr>
<tr><td>현주소</td><td colspan="2"></td><td colspan="4">(핸드폰)</td></tr>
<tr><td>호주성명</td><td colspan="3"></td><td colspan="2">호주와의 관계</td><td colspan="3"></td></tr>
<tr><td>신장</td><td></td><td>건강상태</td><td></td><td>혈액형</td><td></td><td>종교</td><td colspan="2"></td></tr>
</table>

<table>
<tr><td rowspan="5">학력사항</td><td>기간</td><td>상세내용</td></tr>
<tr><td></td><td></td></tr>
<tr><td></td><td></td></tr>
<tr><td></td><td></td></tr>
<tr><td></td><td></td></tr>
<tr><td rowspan="5">경력사항</td><td>기간</td><td>관련내용</td></tr>
<tr><td></td><td></td></tr>
<tr><td></td><td></td></tr>
<tr><td></td><td></td></tr>
<tr><td></td><td></td></tr>
</table>

<table>
<tr><td rowspan="5">자격 및 포상</td><td>자격 및 포상명</td><td>취득일</td><td>발행처</td></tr>
<tr><td></td><td></td><td></td></tr>
<tr><td></td><td></td><td></td></tr>
<tr><td></td><td></td><td></td></tr>
<tr><td></td><td></td><td></td></tr>
</table>

<table>
<tr><td rowspan="5">가족관계</td><td>관계</td><td>성명</td><td>연령</td><td>주소</td><td>직업</td><td>연락처</td></tr>
<tr><td></td><td></td><td></td><td></td><td></td><td></td></tr>
<tr><td></td><td></td><td></td><td></td><td></td><td></td></tr>
<tr><td></td><td></td><td></td><td></td><td></td><td></td></tr>
<tr><td></td><td></td><td></td><td></td><td></td><td></td></tr>
</table>

위의 사실이 틀림없음을 서약합니다.

작성일 년 월 일

작성자 ㊞

(2) 자기소개서

자기소개서는 말 그대로 자기를 알리고, 소개하는 글이므로 과장되거나 거짓됨 없이 솔직하면서도 긍정적으로 써야 한다. 자기소개서의 문체는 간결하면서도 정확해야 하고 전체 내용은 일관성 있게 표현한다. 주어와 술어의 불일치, '저는'이나 '나는'과 같은 불필요한 주어, 과도한 접속사 사용, 같은 내용의 반복 등은 피한다(공식 서류이므로 이모티콘이나 인터넷 용어는 쓰지 않는다).

자기소개서에는 성장과정과 가족관계, 학력과 이력, 성격과 인생관, 지원동기 및 앞으로의 포부 등에 대한 내용이 기술되어야 한다. 우선 초고를 작성해보고 내용상 문맥과 문장이 매끄러운지 면밀히 검토한 후 맞춤법과 오타 확인, 글자 모양, 크기, 여백 공간 등을 편집하여 보기 좋은 형태로 마무리한다.

다음은 자기소개서 작성요령이다.

- 성장과정 : 가족관계와 자라온 배경을 중점적으로 적는다.
- 성격 및 장단점 : 유아교사로서의 자신을 알릴 수 있는 성격과 장점을 적고 단점도 기재하되 그 단점이 장점으로 보여질 수 있는 가능성을 적는다.
- 특기 또는 직무경력 : 유아관련 업무나 관련 특기, 예를 든다면 종이접기, 구연동화, 피아노 잘 치기 등을 기재하거나 유아교육관련 경험(예 : 보조교사 등)이 있으면 기재한다.
- 학교생활 : 유아교육을 전공하게 된 이유와 전공하면서 느낀 점(예 : 유아교사로서의 자질, 유아에 대한 마음가짐 등), 친구와의 관계, 동아리 활동 등을 기재한다.
- 지원동기와 포부 : 해당 유아교육기관에 대한 지원동기와 채용 후 누구보다 최선을 다하겠다는 의지를 보여줄 수 있는 내용으로 기재한다.

참고로 면접을 보는 유아교육기관의 교육철학, 신념 등을 미리 숙지해서 자기소개서에 본인이 그 기관에 꼭 필요한 사람이라는 것을 어필하는 것도 도움이 된다.

(3) 포트폴리오

포트폴리오란 그동안 공부한 것이나 활동한 이력 중에서 자신을 잘 나타낼 수 있는 작품사진이나 활동사진 등 원장님이 보고 면접자에 대해 긍정적 판단을 내릴 수 있게 도움을 주는 자료집이다. A4 크기의 클리어 파일 1권 정도의 분량으로 자료를 준비해 가는 것이 면접관의 입장에서 보기에 좋다. 포트폴리오에 포함될 자료들은 다음과 같다.

- 이력서, 자기소개서, 졸업(예정) 증명서, 각종 자격증 사본, 기타 증명서 및 증빙자료 사본 등.
- 전공 수업 결과물 : 학교 다닐 때 제작했던 교구나 모의 수업장면 사진 및 전공에 관한 보고서 등.
- 교육실습 결과물 : 일일 교육계획안의 예, 실습 중 직접 제작한 교구사진, 유아관찰 내용, 자기평가 및 교사평가 자료 등.
- 그 외 면접자를 잘 나타낼 수 있는 내용이나 각종 자료 등.

※ 포트폴리오를 제출하는 것은 자신을 더 높이 평가받기 위해서인데 인터넷에서 찾은 다른 사람의 자료를 첨부하거나 또는 두서없이 구성한다면 오히려 제출하지 않는 것이 바람직하다.

2) 면접 보기

면접에 대한 중요성은 아무리 강조해도 지나치지 않는다. 특히, 유아교사는 면접을 통해 임용이 결정되는 경우가 대부분이다. 채용 담당자를 처음 대면하는 자리이니만큼 최대한 유아교사로서의 좋은 이미지를 심어줄 수 있도록 준비한다.

(1) 면접 대상 기관의 정보 확인하기

해당기관의 홈페이지나 주변인의 도움, 전화 문의 등을 통해 면접하러 갈 유아교육기관에 대한 정보를 확인한다. 다음은 정보 확인 시 체크할 항목들이다.

- 위치 : 출퇴근 가능한 교통수단과 거리 등을 확인한다(원과 집이 너무 가까울 경우 교사의 사생활이 학부모에게 노출될 수 있다는 점을 고려해야

한다).

- 교육과정 운영 : 기관의 교육목표 및 교육방법, 교육프로그램의 유형 등 면접자의 교육관과 자격사항에 적합한지 확인한다.
- 교사 인원 및 배치 사항 : 정담임과 부담임이 한 학급을 운영하는 경우, 정교사와 보조교사로 구성되어 운영하는 경우, 한 명의 담임 체제로 운영하는 경우 등 다양한 교사 배치를 확인한다.
- 보험 및 다양한 급여 관련 사항 : 사립(민간) 기관의 경우 원과 지역에 따라 보험가입 여부나 교사의 처우비가 다르게 책정될 수 있다. 급여 등의 문제로 중도에 그만두는 일이 없도록 소개받는 과정에서 미리 확인하고 취업의사를 결정하는 것이 좋다.

(2) 면접을 위한 전화 예절

해당기관과의 면접 일정을 정하거나 확인하기 위해 전화통화를 해야 할 경우는 예절 바른 태도로 임해야 한다. 통화 예절에 대한 예를 들면 다음과 같다(최양미 외, 2010 : 74).

- 전화를 걸어 상대방이 받으면, 먼저 인사를 한 후 전화를 건 면접자의 이름을 밝히고, 전화를 건 이유와 목적을 말한다.

  예) 안녕하십니까? 저는 ○○ 대학 유아교육과 졸업예정자 ○○○입니다. ○○유치원(어린이집)에 면접을 보려고 합니다. 언제, 어떻게 하면 되는지 알고 싶습니다.
- 상대방의 말을 끝까지 들으면서 통화 내용을 메모한다. 통화 내용을 들을 때는 공손한 반응을 보이고, 만약 궁금한 사항이 있으면 정확하고 조리 있게 질문한다.

  예) 선생님께서 말씀해주신 내용 잘 알겠습니다. ○월 ○일 ○○시에 찾아뵙겠습니다. 감사합니다. 안녕히 계십시오.
- 상대방이 끊었는지 확인하고 수화기를 내려놓는다.

(3) 면접을 위한 옷차림 및 용모

보기만 해도 예쁜 사람이 있다. 외모와 미모는 분명 다른 것이다. 단정한 옷차림과 용모는 면접자의 첫인상을 좌우하여, 채용 여부에 결정적으로 작용한다.

- 옷차림 : 옷차림은 예의를 갖추어 입도록 한다. 청바지에 운동화 차림이나 격의 없는 차림은 면접관에 대한 예의가 아니다. 단정하면서도 품위 있는 세미정장이나 원피스 차림이 좋고 어둡지 않은 밝은 색상으로 입되 강하거나 화려한 색은 피하는 것이 좋다. 짙은 색상의 정장이라면 재킷 속 상의는 밝은 색상으로 전체적으로 무겁거나 어두운 느낌을 주지 않도록 한다.
- 머리 모양 : 자신의 얼굴형에 어울리는 머리모양으로 자연스럽게 손질한다. 긴 머리는 단정하게 묶고, 앞머리가 눈썹 밑으로 내려와 얼굴을 가리지 않도록 한다. 과도한 색의 머리염색도 적절하지 않다.
- 화장 : 화려하거나 짙은 화장은 하지 않도록 주의하고 밝고 화사하게 보이도록 한다.
- 신발이나 가방, 장신구 등은 심플하게 착용한다. 지나치게 높은 굽의 신발, 화려한 장신구, 요란한 색의 매니큐어 등은 교사채용 면접 차림으로 적절하지 않다.

(4) 면접을 위한 태도

- 정해진 시간을 반드시 지키는 것이 중요한다. 사전에 위치나 교통편을 미리 파악하여 면접시간에 늦지 않도록 한다(10-20분 전에 미리 도착하는 것이 좋다).
- 면접장소로 들어가기 전에 휴대전화의 전원을 꺼두고 옷매무새를 다시 한번 점검한다.
- 면접을 시작할 때나 면접이 끝난 후에도 공손한 태도로 인사한다.
- 최선을 다해 면접에 임하는 태도를 보인다. 자신감 있게 모든 일에 최선을 다하는 책임감 있어 보이는 모습이 중요하다.

• 질문에 답할 때는 항상 미소를 지으며 말끝을 흐리지 않고 차분하고 겸손한 어투로 분명하게 대답한다. 만약 자신 없는 부분에 대한 질문을 받았을 경우에는 현재의 부족함보다 앞으로 노력하겠다는 의지를 보이도록 한다. 역으로, 궁금한 점이 있으면 공손한 태도로 질문하되, 급여나 근무 조건에 대해서는 직접적으로 질문하지 않는 것이 좋다.

3) 임용보고

유아교육기관의 장은 신규교사를 채용하면 감독관청에 신규교사에 대한 임용을 보고하여야 한다. 공립유치원의 경우는 임명권자인 관할 교육청의 장이 맡으며, 사립(민간) 유아교육기관의 경우는 원장의 제청으로 유치원 교사는 관할 교육청에, 어린이집 교사는 관할 시·군·구청에 구비서류를 제출하여 임용을 보고하게 된다.

※ 유치원 교사는 임용한 날로부터 7일 이내 관할 교육청에, 어린이집 교사는 임용한 날로부터 15일 이내에 관할 시·군·구청에 임용보고가 이루어져야 한다.

임용보고는 제출된 서류를 바탕으로 절차가 진행됨으로, 임용담당자는 신규채용 임용보고 시 여러 가지 서류들을 구비하여 제출하여야 한다. 참고로, 제출서류는 원본을 첨부하되, 특별한 사유로 인하여 사본을 첨부할 때에는 원본과 대조확인을 하여야 한다. 인사기록카드와 더불어 임용보고 시 제출해야 하는 중요한 서류들은 다음과 같다.

• 교원 인사기록카드 1부
 - 국·공립유치원이나 일부 지역의 관할 교육청에서는 2009년 6월 1일 자로 사립학교(유치원 포함) 교원의 인사기록카드를 교육행정 정보시스템(NEIS) 인사기록으로 대체 시행하고 있다.
• 교원 자격증 사본 또는 자격인정조서 1부
• 최종 학력증명서 1부

- 경력증명서 1부 (경력자에 한함)
- 채용 신체검사서 1부 (「공무원 채용 신체검사 규정」 제3조에 의한 신체검사실시 의료기관 발행)
- 신원진술서 3부
- 사진(명함판, 상반신, 탈모) 3매
- 성범죄 경력조회 결과서(보육교사 임용에 해당)

구비해야 하는 서류들 중에서 몇 가지 서류양식을 소개하면 다음 〈표 1-6〉, 〈표 1-7〉과 같다.

〈표 1-6〉 교육공무원 인사기록카드 양식의 예

교육공무원 인사기록카드

구비서류	제출서류	담당공무원 확인사항 (부동의하는 경우 해당서류 제출)
	1. 최종학력증명서 □ 2. 경력증명서 □ 3. 채용신체검사서 □ 4. 신원조사회복서 □ 5. 사진(명함판상반신) □	1. 호적등본 2. 병적증명서 3. 주민등록등(초)본

본인은 이 건 업무처리와 관련하여 「전자정부구현을 위한 행정업무 등의 전자화촉진에 관한 법률」 제21조 제1항에 따른 행정정보의 공동이용을 통하여 담당공무원이 위의 담당공무원 확인사항을 확인하는 것에 동의합니다.

신청인(대표자) (서명 또는 인)

285㎜×467㎜(인쇄용지(특급) 120g/㎡)

분류번호		성명(한자)	
주민등록번호		연금번호	

사진 명함판 (5cm×7cm)	성명(한글)		성별	주소	생활근거지

병역관계	해당없음	미필: 충용기호	미필: 체격등위	복무: 역종	복무: 군별	복무: 병과	복무: 계급	복무: 군번	복무: 입대연월일	복무: 제대연월일	복무: MOS

개인신상관계	신체사항	신장	체중	시력	색맹	혈액형
		cm	kg	좌( ), 우( )		

가족관계	관계	성명	생년월일	직업	관계	성명	생년월일	직업

학력	기간		학교명 및 전공학과	학위	기간		학교명 및 전공학과	학위
	부터	까지			부터	까지		

⑫ 자격·면허	년월일	종별	시행청	⑬ 외국어해독	외국어명	상	중	하

⑭ 연수	기간		종류	성적	연수기관	⑮ 외국시찰및수학	기간		목적	국명
	부터	까지					부터	까지		

⑯ 포상·서훈	년월일	종류	시행청	⑰ 징계·형벌	년월일	종류	시행청

㉓ 주의사항	1. 본 표의 기록은 확실·정확하여야 한다. 2. 본인의 성명은 한글과 한자로 ⑤ 주소(연필로 기입한다) 및 본 표에 기재되는 인명은 한자로 쓰고 나머지는 한글로 기입한다. 3. ㉑적성검사란은 필요에 따라 시행한 경우 당해 검사사항을 기입한다. 4. ㉒비고란은 기재사항의 정정 등 특기사항을 기입한다.	㉔ 기록사항확인	본인	**본 표의 기재사항은 사실과 상위 없음을 서약함** **년 월 일** **직 성명** (인)
			소속장	본 표의 기재사항은 사실과 상위 없음을 확인함 년 월 일 직인

〈표 1-7〉 신원진술서 양식의 예

[앞 면]

※ 모든 기재사항은 빠짐없이 기재하여 주시기 바랍니다.

성명	한글		주민 등록 번호		사진 (3x4cm)
	한자				
등록 기준지					

주소		전화번호	자택 : 직장 : 휴대폰 : E-mail :
직장	직장명 : 소재지 :		

신장	cm	체중	kg	혈액형	형
특기		취미			
본인 및 배우자 재산	부동산 : 만 원, 동산 : 만 원				

정당 및 사회단체 활동관계	단체명	기간	직책	활동내용
		. . ~ . .		
		. . ~ . .		
		. . ~ . .		

병역	군별	병과	최종 계급	군번	기간	미필사유
					. . ~ . .	

학력	학교명	기간	전공학과	졸업학위	소재지
		. . ~ . .			
		. . ~ . .			
		. . ~ . .			
		. . ~ . .			
		. . ~ . .			

[뒷 면]

경력	기관 또는 업체명	기간	직책(직급)	상훈관계(일자)
		. . ~ . .		
		. . ~ . .		
		. . ~ . .		

가족사항	관계	성명	주민등록번호	최종학교명	직장명 및 직위	거주지
부모 배우자 자녀 형제 자매						
배우자 부모						
북한 및 해외 거주가족 (3촌 이내)						
친교 인물						

이 내용은 사실과 다름이 없으며, 사실관계의 확인을 위하여 「공공기관의 개인정보 보호에 관한 법률」에 의하여 신원조사에 필요한 개인정보의 활용에 동의합니다.

20 년 월 일

작성자 성명 인(서명)

07 유아교사의 복무규정

복무란 교육공무원의 신분으로 교사생활을 하면서 지켜야 할 전반적인 자세와 행동규범을 말하며, 복무규정이란 교사의 근무, 휴가, 휴직(복직) 등에 대하여 법제화한 것이다.

교원의 복무란 교육공무원의 신분으로 교사생활을 하면서 지켜야 할 전반적인 자세와 행동규범을 말하며, 복무규정이란 교사의 근무, 휴가, 휴직(복직) 등에 대하여 법제화한 것이다.

국·공립유치원을 제외한 유아교육기관에서는 실제적으로 법제화된 복무규정대로 적용하지 않는 경우가 대부분이다. 그러나 공·사립을 불문하고 교육의 목적을 달성하기 위해 유아교사가 준수해야 할 공통적인 행동규범이 있고 직무상 책임과 의무를 다하여야 하므로 여기에서는 「국가공무원법」에 명시된 교원의 복무 관련 법령 중에서 유아교사에게 해당하는 복무규정을 살펴보고자 한다(보육시설 종사자의 휴가, 휴일, 휴식 등 근로시간과 관련이 있는 사항에 대해서는 「근로기준법」 등 노동관련 법령에 따름).

1) 근무관련 규정 및 법령(「국가공무원 복무규정」 제9조-제11조)

(1) 근무시간

- 유, 초, 중등교원의 근무시간은 직무의 특수성을 감안하여 09 : 00-17 : 00 (토요일은 13 : 00)로 한다.
- 유치원별 교육과정 운영의 자율성을 높이고 교원의 자율연수 기회를 확대하며 특기적성 교육 등을 활성화하기 위해 단위 유치원별 탄력근무 시간제를 운영할 수 있다.

- 탄력근무 시간제에 의해 1일 근무시간의 총량(평일 8시간, 토요일 4시간)을 확보하여 근무시간을 정하고, 교육과정 운영에 지장이 없는 범위 내에서 교원의 출·퇴근시간을 유치원별로 자율적으로 정할 수 있으나 개인별 또는 일부 집단별 근무시간 조정은 불가능하다.

• 사무처리상 긴급을 요한다고 인정할 때에는 근무시간 외의 근무를 명하거나 공휴일 근무를 명할 수 있다. 공휴일에 근무를 한 경우에는 다음 정상 근무일을 휴무하게 할 수 있다.

(2) 출장

• 출장이란 상사의 명을 받아 공무를 수행하는 것으로, 출장 명령권자인 유치원장은 사안별로 공무와의 관련 여부와 유치원 운영 등 제반 사정을 고려하여 명령할 수 있다.
• 출장 명령은 해당 교원의 업무 관련성, 출장 내용, 출장 목적 등의 요건을 종합적으로 고려하여 명령권자가 판단한다.
• 출장 교원은 지정된 출장기일 안에 그 임무를 완수하지 못할 사유가 발생한 때에는 전화, 전보, 기타의 방법으로 유치원장에게 보고하고 지시를 받아야 한다.
• 출장 공무원이 그 출장 용무를 마치고 귀교한 때에는 지체없이 유치원장에게 복명서를 제출하여야 한다. 다만, 경미한 사항에 대한 복명은 구술로 할 수 있다.

(3) 근무관리

• 각급 기관장은 엄정한 근무기강 확립을 위해 노력하여야 한다.
• 근무상황부 대신 근무상황카드를 비치·관리할 수 있다.
• 휴가, 지참[1], 조퇴[2] 및 외출과 근무지 내 출장을 하고자 하는 때에는 근무

1) 정해진 근무시간까지 출근하지 못하는 것을 의미함.
2) 조퇴는 질병 등 기타 사유에 의하여 퇴근시간 전에 퇴근하는 것을 말하고, 외출은 근무시간

상황부 또는 근무상황카드에 의하여 사전에 유치원장의 허가를 받아야 한다. 다만, 불가피한 사유로 사전에 허가를 받지 못한 경우에는 사후에 지체없이 허가를 받아야 한다.

- 허가를 받지 아니하고 출근하지 아니한 때에는 근무상황부에 결근으로 처리한다.

직장생활을 처음 시작하면 학생 시절의 자유로운 행동반경에서 벗어나 조직생활의 분위기와 규율에 익숙해져야 하고 그 첫 번째가 바로 출퇴근시간의 엄수이다. 더군다나 후배교사는 선배교사들에 비하여 좀 더 일찍 출근하고 늦게 퇴근하는 열심을 내야 조금이라도 빨리 성장할 수 있다.

1. 출근시간 10~20분 전에는 유치원에 도착한다.
   여유 있게 출근하여 교실의 이상 유무를 살펴보고, 하루의 계획을 재점검하기 위해서는 조금 일찍 도착할 수 있도록 한다.
2. 부득이하게 지각을 하게 될 경우 근무시간 전에 연락한다.
   지각할 경우에는 미리 연락을 해야만 기관에서 그 시간 동안 대처를 할 수 있다.
3. 결근 시에는 사전에 본인이 미리 연락한다.
   결근의 사유가 생기면 당연히 본인이 전화하여 양해를 구해야 한다. 사회인으로 감당해야 할 책임이 있다면 본인에게 있는 것이므로 부모님이 대신 전화하는 등의 미성숙한 태도를 보이지 않도록 해야 한다.
4. 퇴근시간이 되었다고 일손을 놓고 시간을 기다리지 않는다.
   일의 효율성 없이 무조건 퇴근시간이 늦어지는 것이 좋은 것은 아니고 정확한 퇴근시간이 오히려 일을 집중력있게 만드는 계기가 되기도 하지만 초임교사의 칼퇴근은 아무래도 무리다. 각 유치원의 조직 풍토에 따라 융통성 있게 대처하는 것이 가장 좋다.
5. 퇴근 시 교무실과 학급의 뒷정리를 깔끔하게 한다.
   책상 위에 중요한 자료를 놓고 간다든지, 간식 접시나 컵 등을 그대로 놓고 퇴근하지 않도록 한다. 교무실의 책상 주변은 물론이고 학급의 전원과 창문 단속 등을 점검한 후 퇴근한다.

출처 : 박은혜 외(2010). 유치원 교사를 위한 교직실무.

중 개인용무를 위해 유치원 외부로 나간 후 퇴근시간 전에 돌아오는 것을 의미함.

2) 휴가 관련 규정 및 법령(「국가공무원 복무규정」 제14조-제24조)

(1) 휴가의 종류

교원의 휴가는 연가·병가·공가·특별휴가로 구분한다.

- 연가 : 정신적, 신체적 휴식을 취함으로써 근무능률을 유지하고 개인생활의 편의를 위하여 사용하는 휴가.
- 병가 : 질병 또는 부상으로 직무를 수행할 수 없는 경우 또는 전염병에 걸려 다른 교원이나 학생의 건강에 영향을 미칠 우려가 있을 때 부여받는 휴가.
- 공가 : 교원이 일반 국민의 자격으로 국가기관의 업무수행에 협조하거나 법령상 의무의 이행이 필요한 경우에 부여받는 휴가.
- 특별 휴가 : 사회통념 및 관례상 특별한 사유(경조사 등)가 있는 경우 부여받는 휴가.

(2) 휴가실시의 원칙

- 유치원의 장은 휴가를 허가함에 있어 소속교원이 원하는 시기에 법정일수가 보장되도록 하되, 연가와 특별휴가 중 장기재직 휴가는 학생들의 수업 등을 고려하여 부모생신일 또는 기일 등을 제외하고는 특별한 사유가 없는 한 방학 중에 실시하고, 휴가로 인한 수업결손 등이 발생하지 않도록 필요한 조치를 취하여야 한다.
- 교원의 휴가·지참·조퇴·외출과 근무지 내 출장을 하고자 하는 때에는 위임전결 규정이 정한 허가권자에게 근무상황부 또는 근무상황카드에 의하여 미리 신청을 하여 사유발생 전까지 허가를 받아야 한다. 다만 병가, 특별휴가 등 불가피한 경우에는 당일 정오까지 필요한 절차를 취하여야 하며, 이 경우 다른 교원으로 하여금 이를 대행하게 할 수 있다.
- 교원이 정해진 시간까지 출근할 수 없을 때에는 소속기관에 미리 신고하여야 하고, 그 후 출근한 때에는 지참으로, 출근하지 않은 때에는 결근으로 처리한다(출근이라 함은 정해진 근무 시간까지 근무 장소에 도착하는 것을 의미함).

(3) 휴가실시 등에 있어서 유의할 점

- 휴가 중에는 긴급 시 연락이 가능하도록 연락체계를 유지하여야 한다.
- 교원이 휴가를 실시함에 있어서는 수업 및 담당사무 등을 유치원장이 정한 자에게 인계하여 업무의 연속성을 유지하여야 한다.
- 유치원의 장은 소속교원이 전보·파견·전직·전출되는 경우 과거 1년간의 휴가 기록을 포함한 복무 관리 상황을 신임학교 또는 기관으로 즉시 통보한다.

(4) 휴가 종류별 실시방법

여기에서는 경조사 휴가와 기타 특별휴가의 내용 및 휴가 일수에 대해 알아보고자 한다.

※ 연가, 병가, 공가 실시방법에 대해서는 『국가공무원 복무규정』 제3장 휴가, 『교원휴가업무처리요령』 교육과학기술부 예규 제12호를 참고.

- 경조사별 휴가 일수는 다음 〈표 1-8〉과 같다.

〈표 1-8〉 경조사 휴가 일수

구분	대상	일수
결혼	본인	5
	자녀	1
출산	배우자	10
입양	본인	20
사망	배우자, 본인 및 배우자의 부모	5
	본인 및 배우자의 조부모·외조부모	3
	자녀와 그 자녀의 배우자	3
	본인 및 배우자의 형제자매와 그 형제자매의 배우자	1

- 경조사 휴가가 2일 이상인 경우 그 사유가 발생한 날을 포함하여 전후에 연속하여 실시하여야 한다. 다만, 휴가기간 중에 포함된 공휴일과 주 5일 수업제의 휴무 토요일은 휴가 일수에 포함된다.

• 경조사 휴가 대상 친족의 범위는 다음과 같다.
 - 직계존속 : 부모·조부모·증조부모뿐 아니라 외조부모 및 외증조부모 포함 양자·양녀로 입적된 경우에는 양부모와 친생부모 포함 계부·계모는 인척으로 직계존속이 아님.
 - 본인 및 배우자의 부모의 형제·자매와 그 형제·자매의 배우자 : 백숙부모뿐 아니라 고모(부), 이모(부), 외숙부(모) 모두 포함.
 - 본인 및 배우자의 형제·자매와 그 형제·자매의 배우자 : 형제·자매뿐 아니라 형수, 제수, 형부, 제랑, 매형, 매제, 처남댁, 동서 모두 포함.
• 휴가 일수가 1일인 경조사가 일요일 또는 휴무토요일인 경우에는 경조사 특별휴가 대상이 아니다.

08 유아교사의 교직윤리

인간이 사회에서 지켜야 하는 규범을 윤리라고 한다면 교직윤리는 교사가 교직생활에서 지켜야 하는 실천의 규범이다.

유아교사는 가르치는 일을 하는 동안 많은 윤리적 갈등상황에 직면하게 된다. 흔히 수업에 최선을 다하지 못하는 경우, 부모의 요구와 유아의 요구가 충돌하는 경우, 그리고 유아를 함부로 대하는 행위 등 여러 상황에서 '어떻게 하는 것이 옳고, 바람직한가?'라는 윤리적 질문에 봉착하게 된다. 그때마다 스스로 확신을 가지고 옳고 그름을 판단하여 결정을 내리는 것이 생각보다 쉬운 일은 아니다. 그렇기 때문에 오래전부터 교직에서는 윤리강령을 제정하고 적용하고 있다.

인간이 사회에서 지켜야 하는 규범을 윤리하고 한다면 교직윤리는 교사가 교직생활에서 지켜야 하는 실천의 규범이다(박은혜 외, 2010). 윤리강령은 이러한 규범을 담고 있는 것으로 교사에게 필요한 행동이 무엇이며, 하지 말아야 하는 행동이 무엇인지에 대해 옳은 판단을 내릴 수 있도록 도와줄 것이다.

우리나라의 대표적인 교원윤리강령을 소개하면 다음과 같다.

1) 한국교원단체 총연합회의 「교직윤리헌장」

「교직윤리헌장」은 교사로서 지켜야 할 교직윤리의 기본 방향을 제시한 것이다. 「교직윤리헌장」은 1982년에 제정된 「사도헌장과 사도강령」의 정신을 계승하면서 변화된 교직 정서와 시대적인 요구에 따른 교직윤리를 교원 스스로의 의지를 담아 2005년 5월 스승의 날에 선포되었다. 포괄적 선언과 서문에 해당하는 「교직윤리헌장」과 구체적 윤리 조항을 밝히고 있는 '우리의 다짐'으로 구성되어 있다.

교직윤리헌장

우리는 교육이 인간의 가치와 존엄성을 높이며, 개인의 성장과 자아실현은 물론 국가와 민족의 미래에 중대한 영향을 준다는 사실을 명심하고, 국민으로부터 부여받은 교육자의 책무를 다하기 위해 최선을 다한다. 우리는 균형 있는 지·덕·체 교육을 통하여 미래사회를 열어갈 창조정신과 세계를 향한 진취적 기상을 길러줌으로써, 학생을 학부모의 자랑스런 자녀요 더불어 사는 민주사회의 주인으로 성장하게 한다. 우리는 교육자의 품성과 언행이 학생의 인격 형성을 좌우할 뿐만 아니라 사회 전반의 윤리적 지표가 된다는 사실을 깊이 인식하고, 윤리성과 전문성을 높이기 위해 노력한다. 이에 우리 모두의 의지를 모아 교직의 윤리를 밝히고, 사랑과 정직과 성실에 바탕을 둔 교육자의 길을 걷는다.

우리의 다짐

하나. 나는 학생을 사랑하고 학생의 인권과 인격을 존중하며, 합리적인 절차와 방법에 따라 지도한다.

하나. 나는 학생의 개성과 가치관을 존중하며, 나의 사상·종교·신념을 강요하지 않는다.

하나. 나는 학생을 학업성적·성별·가정환경의 차이에 따라 차별하지 않으며, 부적응아와 약자를 세심하게 배려한다.

하나. 나는 수업이 교사의 최우선 본분임을 명심하고, 질 높은 수업을 위해 부단히 연구하고 노력한다.

하나. 나는 학생의 성적 평가를 투명하고 엄정하게 처리하며, 각종 기록물을 정확하게 작성·관리한다.

하나. 나는 교육 전문가로서 확고한 교육관과 교직에 대한 긍지를 갖고, 자기 계발을 위해 노력한다.

하나. 나는 교직 수행과정에서 습득한 학생과 동료, 그리고 직무에 관한 정보를 악용하지 않는다.

하나. 나는 학생이나 학부모로부터 사적 이익을 취하지 않으며, 사교육 기관이나 외부 업체와 부당하게 타협하지 않는다.

하나. 나는 잘못된 제도와 관행을 개선하는데 앞장서며, 교육적 가치를 우선하는 건전한 교직문화 형성에 적극 참여한다.

하나. 나는 학부모와 지역사회를 교육의 동반자로 삼아 바람직한 교육 공동체 형성을 위해 함께 노력한다.

2) 「유치원 교사 헌장·강령」

우리나라 모든 교원에게 적용되는 윤리 규정과는 별도로 유치원 교사만을 위한 「유치원 교사 헌장·강령」[3]이 한국 4년제 유아교사양성대학 교수협의회 외 5개 단체가 참여하여 2011년 5월에 제정·공포되었다. 포괄적 선언의 「유치원 교사 헌장」과 '유치원 교사와 유아', '유치원 교사와 가정', '유치원 교사와 사회', '유치원 교사의 책무'에 대한 실천규범을 담고 있는 「유치원 교사 강령」으로 구성되어 있다.

유치원 교사 헌장

유아교육은 유아의 삶에 초석이 되며, 우리 사회와 국가의 미래를 결정한다. 우리는 국민의 생애 초기 교육을 책임지며 사회로부터 존경받는 교사로서 자신을 연마하고 소명의식을 가지고 유아 교육자로서 가야 할 길을 밝힌다.

---

1. 우리는 유아를 사랑하고 개성을 존중하며 전인발달을 지원하고 평화로운 교실문화를 조성한다.
2. 우리는 미래지향적이며 질 높은 교육을 계획하고 실천하여 교육자로서의 책임을 다한다.
3. 우리는 가정에 대한 이해와 연대를 강화하여 교육복지 사회구축에 공헌한다.
4. 우리는 사회의 변화와 요구에 적극 부응하여 유아교육의 혁신과 발전을 위해 노력한다.
5. 우리는 교육자로서의 품위를 유지하고 부단한 자기개발을 통해 유아교육 전문가로서의 위상을 갖춘다.

3) 「유치원 교사 헌장·강령」은 유치원교원양성·임용제도 개선연구단, 한국 4년제 유아교사양성대학 교수협의회, 한국전문대학 유아교육과 교수협의회, 한국국·공립유치원 교원연합회, 한국유치원 총연합회, 전국 사립유치원 연합회가 참여하여 제정·공포되었음.

유치원 교사 강령

01 유치원 교사와 유아

■ 핵심개념 : 사랑, 평등, 개성 존중, 전인교육, 안전과 보호

1. 우리는 유아를 사랑하며 유아의 인격을 존중한다.
2. 우리는 유아의 개인적·가정적 배경에 관계없이 모든 유아를 평등하게 대한다.
3. 우리는 유아의 개성을 존중하며 개인의 흥미와 잠재력에 적합한 교육을 제공한다.
4. 우리는 유아의 전인발달을 지원하는 교육과 환경을 제공한다.
5. 우리는 유아의 안녕을 위협하는 가정적·사회문화적·경제적 상황을 적극적으로 파악하고 유아를 보호하기 위해 노력한다.

02 유치원 교사와 가정

■ 핵심개념 : 가족에 대한 이해, 권리 보호, 협력, 지원

1. 우리는 유아를 교육하고 지원하기 위해 가정과 연계하고 협력관계를 구축한다.
2. 우리는 교육적 목적으로 수집한 가족 정보에 대해 기밀을 유지하고 가족의 사생활을 보장한다.
3. 우리는 유치원에서 일어난 안전사고나 위험 상황에 대해 가족에게 충분히 설명한다.
4. 우리는 가족에게 유치원을 개방하며 필요한 정보를 제공한다.
5. 우리는 유치원 운영에 관련된 중요한 의사결정 과정에 부모를 참여시킨다.
6. 우리는 가족에게 필요한 지역사회 자원에 대한 정보를 구축하고 이를 가족에게 적극 제공한다.

03 유치원 교사와 사회

■ 핵심개념 : 사회에 대한 이해, 교원의 지위 향상, 유아교육 위상 강화, 교직문화, 지역사회와의 협력

1. 우리는 사회의 흐름을 파악하고 이를 교육에 반영하고자 노력한다.
2. 우리는 유아에 관련된 법률과 정책을 이해하고, 이를 개선하기 위한 활동에 적극 참여한다.
3. 우리는 교직 관련 단체와 전문가 협회를 통해 교권 확립을 위한 활동에 참여한다.
4. 우리는 유치원 교육을 사회에 널리 알려 유아교육의 위상을 높인다.
5. 우리는 교직원 간의 상호존중과 협력을 통해 건전한 교직문화를 형성한다.
6. 우리는 유치원과 연계하여 지역사회의 생활과 문화 향상에 기여한다.

04 유치원 교사의 책무

■ 핵심개념 : 직업의식과 긍지, 인성(열정, 개방성, 창의성, 자율성), 교사로서의 품위, 연구와 자기개발

1. 우리는 교육전문자로서의 직업의식을 갖는다.
2. 우리는 건전한 국가관과 확고한 교육관을 가지고 교직에 종사한다.
3. 우리는 유아에게 최적의 교육을 제공하기 위해 열과 성을 다한다.
4. 우리는 건전한 언행과 생활태도로 유아에게 모범이 되도록 한다.
5. 우리는 열린 사고와 개방적 태도를 가지고 전문성 향상에 매진한다.
6. 우리는 다양한 분야의 전문가와 교류하고 새로운 지식과 정책을 비판적으로 수용한다.

09 유아교사의 보수체계

유아교사의 보수는 교사의 직무수행에 대한 반대급부로서 취득하는 금전적인 보상으로 호봉별로 지급되는 봉급과 그 밖의 각종 수당을 합산한 금액이다.

보수는 조직 구성원이 조직의 목적 달성을 위해 제공하는 육체적·정신적 노력 또는 봉사에 대한 반대급부로서 취득하는 금전적인 보상(송기창 외, 2010)을 의미하며 그 직종에 종사하는 사람들의 직무만족과 밀접한 관계가 있다.

우리나라 교원의 보수는 학력, 자격 및 경력과 직무의 곤란성 및 책임의 정도에 따라 대통령령(대통령령 제21979호, 2010.1.7, 일부개정)으로 정하고 있으며 민간의 임금, 표준 생계비 및 물가변동 등을 고려하여 책정된다. 보수와 관련된 몇 가지 용어를 살펴보면 다음과 같다(공무원보수규정, 제4조).

첫째, "보수"란 봉급과 그 밖의 각종 수당을 합산한 금액을 말한다. 다만, 연봉제 적용대상 공무원은 연봉과 그 밖의 각종 수당을 합산한 금액을 말한다.

둘째, "봉급"이란 직무의 곤란성과 책임의 정도에 따라 직책별로 지급되는 기본급여 또는 직무의 곤란성과 책임의 정도 및 재직기간 등에 따라 계급(직무등급이나 직위를 포함한다)별, 호봉별로 지급되는 기본급여를 말한다.

셋째, "수당"이란 직무여건 및 생활여건 등에 따라 지급되는 부가급여를 말한다.

넷째, "승급"이란 일정한 재직기간의 경과[4]나 그 밖의 법령의 규정에 따라 현재의 호봉보다 높은 호봉을 부여하는 것을 말한다.

따라서 보수는 호봉별로 지급되는 봉급(기본급여)과 그 밖의 각종 수당을 합산한 금액이다.

4) 호봉 간 승급에 필요한 승급기간은 1년으로 한다.
※ 승급은 2급 정교사에서 1급 정교사로 자격이 변하였을 경우, 새로운 경력을 근무경력에 포함시켰을 경우 등에도 적용된다.

유치원 교사의 보수는 국·공립 또는 사립유치원이냐에 따라 보수체계의 기준, 보수를 산출하는 방식, 경력 인정 범위 등이 달리 적용됨으로 차이가 있다. 국·공립유치원 교사는 교육공무원으로 「공무원 보수·수당 관련 규정」에 의해 보수가 결정된다. 반면 사립유치원 교사의 보수는 「교원지위향상을 위한 특별법」[5) 제3조에 국·공립학교 교원의 보수 수준으로 유지, 우대하여야 한다고 규정하고 있으므로 조속한 시일 내에 현실화될 것으로 기대된다.

유치원 교사에게 지급되는 봉급액의 기준은 호봉이다. 유치원 교사 자격을 취득하고 신규채용 시 적용받는 호봉은 2년제 유아교육과 졸업생은 6호봉, 3년제 유아교육과 졸업생은 7호봉, 4년제 유아교육과 졸업생은 8호봉이며, 4년제 사범계 유아교육과 졸업생은 9호봉이 적용된다. 호봉은 교사 근무기간 1년 단위로 한 호봉씩 승급되며 봉급 인상의 요인이 된다. 유치원 교사의 호봉별 봉급액은 다음의 〈표 1-9〉과 같다.

〈표 1-9〉 유치원 교사 호봉표 (2021년 기준)

월 지급액 단위 : 원

호봉	봉급액	호봉	봉급액	호봉	봉급액	호봉	봉급액
1	1,672,800	11	2,194,200	21	3,188,300	31	4,401,900
2	1,723,500	12	2,250,600	22	3,306,000	32	4,529,400
3	1,774,900	13	2,353,100	23	3,422,700	33	4,659,000
4	1,826,100	14	2,456,000	24	3,539,600	34	4,788,200
5	1,877,800	15	2,558,800	25	3,656,500	35	4,917,500
6	1,929,300	16	2,661,900	26	3,773,900	36	5,046,400
7	1,980,200	17	2,763,700	27	3,896,200	37	5,158,600
8	2,031,000	18	2,870,300	28	4,018,300	38	5,270,800
9	2,082,600	19	2,976,300	29	4,146,000	39	5,383,300
10	2,139,000	20	3,082,300	30	4,274,200	40	5,495,100

출처: 공무원보수규정 제5조 및 별표 11 관련.

5) 「교원지위향상을 위한 특별법」 (법률 제8890호, 2008.03.14. 일부개정)
제1조(목적) : 이 법은 교원에 대한 예우와 처우를 개선하고 신분보장을 강화함으로써 교원의 지위를 향상시키고 교육 발전을 도모하는 것을 목적으로 한다.
제3조(교원 보수의 우대) : ① 국가와 지방자치단체는 교원의 보수를 특별히 우대하여야 한다. ② 「사립학교법」 제2조에 따른 학교법인과 사립학교 경영자는 그가 설치 경영하는 학교 교원의 보수를 국·공립학교 교원의 보수 수준으로 유지하여야 한다.

한편, 교사의 보수는 봉급과 각종 수당을 합산한 금액이므로 기본적인 봉급은 호봉에 따라 일괄 적용되지만, 수당을 어떻게 받느냐에 따라서도 보수에 차이가 있다. 즉, 국·공립유치원처럼 모든 수당(공무원 수당 관련 규정 참조)을 다 받을 수도 있지만 사립유치원의 경우에는 호봉별로 지급되는 봉급액과 함께 교직수당과 담임수당 그리고 기관의 재량에 따라 지급되는 상여수당, 교육청에서 지원되는 처우개선비 정도로 수당 지급에서 보수의 차이가 난다.

어린이집 보육교사는 유치원 교사의 보수체계와 다르게 학력이나 자격급수에 관계없이 1호봉부터 시작한다. 국·공립과 민간 어린이집 교사의 호봉별 월지급액은 호봉표 기준에 따라 지급되며, 그 외 지원되는 수당과 처우 개선비는 근무지역(농어촌 지역)과 평가인증 통과 여부에 따라 차등하여 지급된다. 어린이집 교사의 호봉별 월지급액은 다음의 〈표 1-10〉과 같다.

〈표 1-10〉 보육교직원 호봉표 (2021년 기준)

(단위 : 원)

호봉	원장		보육교사		조리원	
	보수총액	월지급액	보수총액	월지급액	보수총액	월지급액
1	25,546,800	2,128,900	23,289,600	1,940,800	21,904,800	1,825,400
2	26,133,600	2,177,800	23,710,800	1,975,900	22,052,400	1,837,700
3	26,910,000	2,242,500	24,158,400	2,013,200	22,264,800	1,855,400
4	27,690,000	2,307,500	24,654,000	2,054,500	22,477,200	1,873,100
5	28,478,400	2,373,200	25,149,600	2,095,800	22,689,600	1,890,800
6	29,761,200	2,480,100	25,893,600	2,157,800	22,857,600	1,904,800
7	30,801,600	2,566,800	26,511,600	2,209,300	23,068,800	1,922,400
8	31,923,600	2,660,300	26,936,400	2,244,700	23,238,000	1,936,500
9	32,721,600	2,726,800	27,484,800	2,290,400	23,469,600	1,955,800
10	33,615,600	2,801,300	28,125,600	2,343,800	23,830,800	1,985,900
11	34,641,600	2,886,800	28,993,200	2,416,100	24,204,000	2,017,000
12	35,620,800	2,968,400	29,853,600	2,487,800	24,544,800	2,045,400
13	36,355,200	3,029,600	30,604,800	2,550,400	25,016,400	2,084,700
14	37,140,000	3,095,000	31,274,400	2,606,200	25,563,600	2,130,300
15	38,179,200	3,181,600	31,944,000	2,662,000	26,103,600	2,175,300
16	38,952,000	3,246,000	32,892,000	2,741,000	26,940,000	2,245,000

<table>
<tr><th rowspan="2">호봉</th><th colspan="2">원장</th><th colspan="2">보육교사</th><th colspan="2">조리원</th></tr>
<tr><th>보수총액</th><th>월지급액</th><th>보수총액</th><th>월지급액</th><th>보수총액</th><th>월지급액</th></tr>
<tr><td>17</td><td>39,705,600</td><td>3,308,800</td><td>33,586,800</td><td>2,798,900</td><td>27,577,200</td><td>2,298,100</td></tr>
<tr><td>18</td><td>40,542,000</td><td>3,378,500</td><td>34,280,400</td><td>2,856,700</td><td>28,240,800</td><td>2,353,400</td></tr>
<tr><td>19</td><td>41,353,200</td><td>3,446,100</td><td>34,974,000</td><td>2,914,500</td><td>28,876,800</td><td>2,406,400</td></tr>
<tr><td>20</td><td>42,054,000</td><td>3,504,500</td><td>35,667,600</td><td>2,972,300</td><td>29,536,800</td><td>2,461,400</td></tr>
<tr><td>21</td><td>43,248,000</td><td>3,604,000</td><td>36,800,400</td><td>3,066,700</td><td>30,595,200</td><td>2,549,600</td></tr>
<tr><td>22</td><td>44,012,400</td><td>3,667,700</td><td>37,480,800</td><td>3,123,400</td><td>31,201,200</td><td>2,600,100</td></tr>
<tr><td>23</td><td>44,694,000</td><td>3,724,500</td><td>38,079,600</td><td>3,173,300</td><td>31,804,800</td><td>2,650,400</td></tr>
<tr><td>24</td><td>45,380,400</td><td>3,781,700</td><td>38,760,000</td><td>3,230,000</td><td>32,382,000</td><td>2,698,500</td></tr>
<tr><td>25</td><td>46,155,600</td><td>3,846,300</td><td>39,382,800</td><td>3,281,900</td><td>33,012,000</td><td>2,751,000</td></tr>
<tr><td>26</td><td>46,873,200</td><td>3,906,100</td><td>40,004,400</td><td>3,333,700</td><td>33,588,000</td><td>2,799,000</td></tr>
<tr><td>27</td><td>47,538,000</td><td>3,961,500</td><td>40,544,400</td><td>3,378,700</td><td>34,014,000</td><td>2,834,500</td></tr>
<tr><td>28</td><td>48,228,000</td><td>4,019,000</td><td>41,137,200</td><td>3,428,100</td><td>34,587,600</td><td>2,882,300</td></tr>
<tr><td>29</td><td>48,861,600</td><td>4,071,800</td><td>41,785,200</td><td>3,482,100</td><td>35,133,600</td><td>2,927,800</td></tr>
<tr><td>30</td><td>49,556,400</td><td>4,129,700</td><td>42,348,000</td><td>3,529,000</td><td>35,703,600</td><td>2,975,300</td></tr>
<tr><td>비 고</td><td colspan="6">보육교사 : 간호사, 영양사, 특수교사, 치료사 포함</td></tr>
</table>

생각해 봅시다

1. 전문직으로서의 유아교사의 역량을 개발하기 위한 노력들에 대해 생각해 봅시다.

2. 유아교사에게 윤리강령이 필요한 이유에 대해 생각해 봅시다.

2장 매력적인 유아교사 되기

10 긍정적으로 생각하기

생각도 습관이 된다. 매일 겪는 교사의 일상에서 부정하고 불신하는 습관보다 긍정의 습관이 자신의 교직생활을 즐겁고 행복하게 만들어줄 것이다.

교직의 첫해는 누구에게나 설렘이나 기대감으로 다가오기도 하고 다른 한편으로는 두려움으로 다가오기도 할 것이다. 유아교사의 첫해를 어떻게 보내느냐에 따라 '가르치는 일'에 보람을 느끼고 만족함을 갖는 교사도 있을 것이고, 과연 이 길이 자신에게 맞는 길인지 갈등하는 교사도 있을 것이고, 내 길이 아님을 성급하게 결정하여 다른 일을 모색하는 교사도 있을 것이다(서혜정 외, 2006). 그러므로 교사가 되기 위한 과정(대학생활)도 충실하게 준비해야겠지만 전문가로서 첫발을 내딛는 첫해를 어떤 마음가짐으로 시작하느냐가 더 중요하다. 전문가가 되기 위한 길은 고통과 아픔이 따른다. 그만큼의 노력과 긍정적으로 생각하는 것이 큰 힘이 될 것이다.

'긍정적으로 생각하기'란 참 광범위할 수 있다. 다른 사람의 마음에 있는 생각쯤으로 여길 것이 아니라 내가 보고 느끼는 것에서부터 관련지어 생각하면 멀리 있는 것만도 아니다. 같은 일을 보면서도 본인이 생각하기에 따라 불행해질 수도 있고 행복해질 수도 있다. 같은 일을 하면서도 본인이 생각하기에 따라 즐거울 수도 있고 괴로울 수도 있다. 생각도 습관이 된다. 매일 겪는 교사의 일상에서 부정하고 불신하는 습관보다 긍정의 습관이 당연히 자신의 교직생활을 즐겁고 행복하게 만들어줄 것이다.

'긍정적으로 생각하기'의 실천은 '~잘될 거야.', '~그래도 다행이야.', '~그렇지만 할 수 있을 거야.' 등의 희망적이고 창조적인 자기 메시지에서부터 시작해 보자. 바퀴에 비유하면 곧고, 반듯하게 앞으로 나아가게 하는 원동력이 될 것이다. 이러한 힘은 교사 자신을 변하게 하는 것뿐만 아니라 유아와 동료교사 그리고 학부모들에게도 밝은 기운을 내뿜어 교직생활에서의 관계형성에도 도움이 될 것이다.

내가 될 것이라고 생각하면 정말 이루어지고, 내가 안 될 것 같다고 생각하면 정말 안 이루어지는…… 즉, 생각이 결과에 미치는 경우들, 이러한 현상을 심리학에서는 플라시보 효과(placebo effect)라고 한다. 플라시보 효과는 긍정적으로 생각하고 잘될 것이라고 생각하는 사람이 그의 결과가 긍정적이고 성공적으로 나타났을 때 쓰이는 말이다. 교사생활이 불만족스럽고 짜증나는 일이 연속된다고 느끼지는 않는지? 초임교사가 긍정적인 생각과 마음가짐으로 교직에 첫발을 내딛느냐 그렇지 않느냐에 따라 이루고자 하는 결과는 확연히 다르게 나타날 것이다.

행운을 부르는 깃털

- 페기 반 걸프 글·그림
- 김현좌 옮김
- 봄봄 출판사

이름이 '럭키'인 작은 생쥐는 우연히 길에서 깃털 하나를 줍게 된다. 그리고 그 생쥐는 그 깃털이 자신에게 행운을 가져다주는 깃털이라고 믿게 된다. 처음 깃털을 발견하고 주웠지만 바람에 깃털이 날리고, 포르르 날아 작은 구멍으로 들어간 깃털을 찾으러 간 순간 그곳으로 여우가 지나가게 되었다. 깃털을 찾으러 구멍으로 들어갔기에 여우에게 잡아먹히지 않게 되었다고 생각하면서 '럭키'에게 그 깃털은 행운의 깃털이 된다.

깃털이 행운을 가져다준다는 '럭키'의 말을 믿지 않는 친구에게 '럭키'는 여러 가지 이유를 들어가면서 깃털이 행운의 깃털인 이유를 설명한다. 진흙탕에 미끄러졌지만 깃털 덕분에 자신의 몸에 진흙이 전혀 묻지 않았고, 번개가 쳐서 커다란 나뭇가지가 자신의 집을 덮쳤지만 자신이 도착하기 전에 벌어졌고, 독수리가 깃털을 줍느라 고개를 숙인 자신을 잡아채가지 않는 등……. '럭키'는 자신 앞에 벌어지는 여러 가지 일들이 자신이 행운의 깃털을 갖게 되면서 위험에서 벗어날 수 있었다고 믿는다.

그리고 자신의 깃털을 행운의 깃털이라고 믿게 된 친구에게 바로 그 깃털을 선물한다.

"이제 믿을 수 있겠지? 이게 바로 행운의 깃털이라는 걸,
이거 받아. 루시, 이제부터는 네 거야."

행운의 깃털, 과연 행운의 깃털이었을까…… 다른 누군가 주웠다면 쓰레기에 불과했을지도 모른다.

생각의 차이,
긍정의 힘

이런 것을 말하고 싶은 것이 아니었을까…… 우리 모두 "행운의 깃털이 내게 오라."가 아니라 지금 현재 내가 가지고 있는 것, 부족했다고 생각했던 것 이런 것들을 소중히 생각하고 또한 내가 누리고 있는 평범한 것들이 다른 누군가에게는 간절히 원하고 희망하는 것일 수도 분명 있으니 소중히 생각하고 나눌 수 있는 사람이 되어야겠다는 다짐이 든다.

출처 : http//bookinterpark.com/blog/her311/2179462
http//bookinterpark.com/blog/n88hr/2185508

11 좋은 인상과 표정 짓기

인상이란 어떤 대상에 대하여 마음속에 새겨지는 느낌을 말한다. 좋은 인상은 사람들을 배려하고 사랑하는 마음이 바탕이 되었을 때 만들어지는 것이다. 좋은 인상과 표정을 만드는 것도 교사의 능력이고 책임이다.

대부분의 사람들이 사람을 평가하는 가장 우선적인 기준은 '겉으로 보이는 외모'일 것이다. 하지만 아무리 외모가 뛰어나다고 해도 그 사람의 내면에서 풍기는 향기가 아름답지 않으면 왠지 거부감이 생기거나 불편한 경우가 많다. 반대로 다소 부족한 얼굴이라도 내면의 좋은 향기가 겉모습에 스며들어 있는 사람은 무척 매력적이고 사람을 편안하게 한다. 그래서 후자의 사람들에는 흔히, 인상이 좋다, 아름답다는 수식이 따라붙는다.

인상이란 어떤 대상에 대하여 마음속에 새겨지는 느낌을 말한다. 따라서 어떤 사람에 대해 갖고 있는 인상은 눈으로 보여 지는 것이 다가 아니라 마음으로 보고 느껴지는 것이다. 그래서 사람의 진심, 심성 자체가 투명하게 발현되었다는 의미로 인상(印象)은 곧 심상(心象)이라는 말을 하기도 한다. 결국 사람의 마음가짐이 선하지 않으면 좋은 인상을 가질 수 없다. 좋은 인상은 억지로 연출해서 자연스럽게 만들어지는 것이 아니라 사람들을 배려하고 사랑하는 마음이 바탕이 되었을 때 만들어지는 것이다. 좋은 인상을 가진 사람은 이목구비와는 별도로 아름답고 따뜻해 보인다.

일반적으로 유아교사에게는 다른 직업인과는 다른 무엇인가를 기대하는 정서가 있다. 정명숙과 황해익(2010)은 유아기 자녀를 둔 학부모를 대상으로 유치원 교사에 대한 기대와 바람을 알아보는 연구를 진행하였다. 연구자들은 "내 아이의 유치원 선생님은 ~였으면 좋겠어요."라는 문장을 완성해보게 하여 교사에 대한 기대를 살펴보았다. 그 결과를 간략히 소개하면 다음과 같다.

"내 아이의 유치원 선생님은
사랑이 가득하면……
항상 웃고 있으면……
꿈이 있는 소녀 같았으면……
착하고 예쁘면……
친절했으면……
상냥하고 다정했으면……
절대 화내지 않았으면……
흥겹게 함께 놀아 주었으면……
이모처럼 해주었으면……
좋겠어요."

여기서 알 수 있듯이 아이들을 사랑하는 마음을 가지고 아이들에게 친절과 정성으로 대하고, 성격이 밝으며 아이들과 같은 순수한 동심을 간직하고, 잘 놀아주고, 잘 돌봐주는 유아교사를 기대하고 있다. 이때 떠오르는 모습으로는 정성을 다하고, 심성이 착하고, 예쁘면서 항상 미소를 잃지 않는 좋은 인상의 교사 얼굴이다.

다시 한 번 강조하지만, 여기에서 말하고 있는 '좋은 인상'은 보여지는 외모만을 두고 하는 말이 아니다. 다른 사람을 사랑하고 배려하는 따뜻한 마음에서 우러나오는 심상이 좋은 사람의 표정을 말하는 것이다.

여기에 밝은 표정과 환한 미소를 더한다면 충분히 매력적이고 좋은 인상을 가질 수 있다. 평소 웃음이 없고 표정이 어두우면 대인관계에서도 어려움을 겪을 수밖에 없다. 좋은 인상과 표정 짓기는 얼마든지 노력을 통해 가능하다. 거듭 말하지만 좋은 인상과 표정을 만드는 것도 교사의 능력이고 책임이다. 따뜻함이 배어 나오도록 웃어라.

12 단정한 복장과 용모 갖추기

유아교사는 단정한 복장과 용모가 자신에 대한 좋은 인상과 유치원(어린이집)에 대한 좋은 이미지를 심어주게 된다는 점을 잊지 않도록 해야 한다.

복장과 용모는 개인은 물론 소속한 직장의 이미지를 대변한다. 따라서 유아교사는 단정한 복장과 용모가 나에 대한 좋은 인상과 유치원(어린이집) 이미지를 결정한다는 점을 염두에 두고, 기관을 대표한다는 자부심과 책임감을 가지고 자신의 복장과 용모를 바르게 해야 한다.

교사는 유아와 함께 생활하기에 적절한 복장과 용모가 필요하다. 교육준비는 활동에 따른 교사의 복장도 포함한다. 또한 교사의 복장과 용모는 유아들에게 관심의 대상이 되기도 하기 때문에 기관에서는 교사의 업무와 역할에 적절한 복장과 용모를 기대하며 중요시하고 있다. 따라서 여기에서는 때와 장소에 적절한 복장과 용모에 대해서 살펴보고 그리고 용모에 대한 자기점검 체크리스트를 소개하고자 한다.

때와 장소에 적절한 복장과 용모

- 출퇴근을 할 때
  - 단정하면서 품위 있는 복장을 한다.
  - 자유와 개성을 표현하는 것도 중요하지만 디자인이 지나치게 화려하고 노출이 심한 복장은 피한다.
  - 장신구를 많이 한다거나 너무 진하게 화장하는 것은 삼가야 한다.
- 근무 중일 때
  - 근무복이 있으면 근무복으로 갈아입는다. 근무복이 없을 경우는 주요 활동에 따라 갈아입을 편한 여벌 옷을 사물함에 미리 준비해 두는 것이 좋

다(특히, 바깥놀이, 산책활동, 텃밭활동 시에는 편한 복장으로 갈아입도록 한다).
- 활동하기에도 불편하고 보기에도 혐오스러운 복장은 피하도록 한다.
- 앞치마를 착용하면 단정하고 통일된 이미지를 보여 준다.
- 유아들의 안전에 위협이 될 수 있는 뾰족하거나 크기가 큰 장신구, 긴 손톱 등은 하지 않도록 한다.
- 긴 머리는 앞으로 내려오지 않도록 묶거나 올려서 수업진행에 지장을 주지 않도록 한다.

• 현장학습
- 간편한 복장(편한 바지)과 운동화를 신어 유아가 위험한 상황에 처하는 일이 생길 때 신속하게 대처할 수 있도록 하는 것이 바람직하다.
- 가방은 배낭 또는 백을 준비한다. 현장학습에 필요한 물건들은 가방에 다 넣고 두 손을 자유롭게 움직일 수 있도록 한다.

• 입학식, 졸업식 등 행사가 있는 날
- 행사성격에 적합한 복장을 준비한다.
- 학부모와의 첫 번째 만남인 오리엔테이션에는 좋은 첫인상을 남길 수 있도록 특별히 복장에 신경을 쓰도록 한다.

다음 〈표 2-1〉은 '유치원 교사교육프로그램'의 교사의 복무자세 내용 중 용모를 점검할 수 있는 체크리스트이다.

〈표 2-1〉 용모에 대한 자기점검 체크리스트

이렇게 하면	이런 영향을 미칠 것 같아요
•긴 머리를 묶지 않고 활동을 하면	
•앞머리를 길게 하면	
•향수를 지나치게 사용하면	
•손톱을 기르면	
•돌출된 반지를 끼면	
•몸에 딱 붙는 옷을 입으면	
•너무 짧은 반바지나 스커트를 입으면	
•지나치게 노출이 심한 옷을 입으면	
•속옷을 잘 갖추어 입지 않으면	
•뾰족하고 높은 굽의 신을 신으면	

용모에 대한 체크리스트				
부분	문 항	그렇게 하지 않는다	보통 그렇게 한다	항상 그렇게 한다
머리	머리를 자주 빗어 단정하게 한다.	1	2	3
	너무 요란한 파마를 하지 않는다.	1	2	3
	원색적인 염색이나 여러 가지 색의 염색은 피한다.	1	2	3
	앞머리를 길게 하여 눈을 가리지 않도록 한다.	1	2	3
얼굴	입 냄새가 나지 않게 주의한다.	1	2	3
	가능한 자연색을 선택하여 엷은 화장을 한다.	1	2	3
	진한 향이 나는 화장품이나 향수는 사용하지 않는다.	1	2	3
손	손톱을 짧고 깨끗하게 관리한다.	1	2	3
	원색의 매니큐어를 바르지 않는다.	1	2	3
	손이나 팔에 너무 많은 장신구를 부착하지 않는다.	1	2	3
몸	몸에서 나쁜 냄새가 나지 않도록 한다.	1	2	3
	사치스러운 장신구를 부착하지 않는다.	1	2	3
	가슴이 많이 파인 옷은 피한다.	1	2	3
	무릎 위로 올라가는 짧은 치마는 피한다.	1	2	3
	단정하고 깨끗한 옷을 입는다.	1	2	3
	속이 훤히 비치는 옷은 피한다.	1	2	3
	속옷을 잘 갖추어 입는다.	1	2	3
	계절, 목적, 장소에 적절한 옷을 입는다.	1	2	3
발/다리	발톱을 짧고 깨끗하게 관리한다.	1	2	3
	맨발로 다니지 않도록 한다.	1	2	3
	스타킹은 너무 화려하지 않은 색을 기본으로 한다.	1	2	3
	반 스타킹을 신었을 때 맨살이 보이지 않도록 주의한다.	1	2	3
	굽이 너무 높고 뾰족한 신발을 신지 않는다.	1	2	3
	구두는 자주 닦아 청결을 유지한다.	1	2	3

출처: 김영옥 외 2011, pp.69-70 재인용.

13 바른 언어 사용하기

유아교사는 좋은 언어습관, 아름답고 적절한 언어, 때와 장소·대상에 맞는 언어를 습득하여 실제 행동으로 습관화하는 것이 중요하다.

바른 언어사용은 유아교사의 가장 기본적인 덕목이다. 바르고 공손한 언어를 사용하는 교사는 품위 있어 보이지만 반대로 예의 바른 언어를 사용하지 않는 교사는 다른 사람들로부터 호감을 얻기 어렵고, 사람 됨됨이도 부족해 보인다. 그러므로 좋은 언어습관, 아름답고 적절한 언어, 때와 장소·대상에 맞는 언어를 습득하여 실제 행동으로 습관화하는 것이 중요하다.

유아교사의 바른 언어사용은 교사와 유아 사이의 인격적인 관계를 맺어준다. 그리고 유아들에게는 모방의 대상이고 배움의 대상이기도 하다. 이러한 모습 속에는 유아로 하여금 자신이 교사에게 사랑과 존중을 받고 있다고 느끼게 해주는 친절이 담긴 언어도 있겠지만 유아의 생각을 수용하지 않는 퉁명스럽고 불친절한 언어도 있다. 더 이상 교사의 언어는 교사 혼자의 말이 아니다. 언어 획득 및 정서적으로 민감한 시기에 있는 유아를 위한 것이라는 것을 명심해야 하며, 함부로 예의 없이 말하는 교사의 언어를 모방하지 않기를 바란다.

교사와 유아의 관계에서 명심해야 할 몇 가지 바른 언어사용법을 소개하면 다음과 같다.

- 대집단 활동시간에는 '아주 높임법'과 '두루 높임법'을 사용한다.
  - 아주 높임법 : '합쇼'체(~습니다. ~십니다. ~십시오.)
  - 두루 높임법 : '해요'체(~해요, ~했어요, ~하세요.)
- 소집단 또는 한 명의 유아와 사적으로 나누는 대화 시에는 '예사 낮춤법'과 '두루 낮춤법'을 사용한다.
  - 예사 낮춤법 : '하게'체(~하네, ~하는가?, ~하세.)

- 두루 낮춤법 : '해'체(반말사용 : ~해!, ~하지, ~해라.)

- 유아가 교사에게 따뜻한 정과 사랑, 친밀감을 느끼도록 다정하고 부드럽게 말한다.
- 적절한 억양과 속도로 똑똑하게 말한다.
- 부정적인 표현보다는 긍정적인 표현으로, 명령형보다는 의뢰형을 사용한다.
- 어린 아이라고 무시하듯이 퉁명스럽게 말하거나, 대화 도중에 유아의 말을 끊지 않는다.
- 대화뿐만 아니라 자세와 시선에도 신경을 쓴다. 유아의 눈을 응시하고 이야기에 따라 수긍해 주는 얼굴 표정을 짓거나 고개 끄덕거림을 해준다.
- 좋은 말을 골라 써야 한다. 외국어나 비속어, 은어, 유행어 등을 사용하지 않는다.

다음은 어느 한 유치원의 교사 언어사용에 대한 교사교육자료다.

유치원 교사의 언어사용

1. 바람직한 경어 사용
   1) 공적인 말하기에서는 경어 사용

   공적인 자리에서는 가까운 친구나 아랫사람에게도 높임말을 쓴다. 학생, 유치원 어린이를 상대로 말할 때도 높임법을 써야 한다. 왜냐하면 인격존중과 바른 언어교육의 기초가 되기 때문이다. 사적인 말을 할 때에는 나이, 친분관계에 따라 높임법을 쓰거나 예사말을 쓸 수 있다. 따라서 사적인 관계에 있더라도 개인적으로 말할 때와 달리 집단에서 말할 때는 높임말을 써야 한다. 교사가 자신을 나타내는 말로는 '선생님'을 사용한다.

〈'상대 높임법(말하는 사람이 듣는 사람을 존중하는 높임법)'에 따른 높임 사용〉

대상		상대 높임의 종류	예시
윗사람, 학부모에게 사용 권장		아주 높임말 '합쇼체' – ~습니다, ~십니다, ~십시오	•저는 잘 모릅니다 •안녕히 가십시오 •그렇게 하십시오 •오늘이 윤다연의 생일입니다
동료나 유아들에게 사용 권장	평소	두루 높임말 '하세요'체 – '여러분' 또는 '우리 친구들 대명사 사용 – "여러분, ~하세요." "우리 친구들, ~하세요."	•나는 ㅇㅇ을 사랑해요 •오늘이 추석이에요 •이쪽으로 오세요 •자, 이제 점심시간이에요 •가방을 가지고 오세요 •ㅇㅇ가 빨리 왔네요 •함께 책을 읽기로 해요
	드물게 사용	예사 낮춤말 '하게'체 – '하게'체를 사용할 때, 교사는 사랑의 감정, 억양, 예쁜 말투와 함께 적절한 속도를 고려하여 사용하면 아이들에게 친밀감을 줄 수 있다	•언제 왔니? •함께 가자
	사용 제한	두루 낮춤말 '해'체(반말) – 가급적 사용하지 않는 것이 좋다	•ㅇㅇㅇ아, 하지 마 •인형 가져와 •책 읽어 (긍정적 감정과 적절한 억양의 반말은 때론 사용할 수 있겠지만 부정적 감정이 담긴 반말의 경우는 아이들이 존중받고 있음을 느끼지 못하게 한다)

※ 참고 : 전화통화 시 바람직한 인사
바람직한 인사 ① : "안녕하세요? ㅇㅇ 유치원 교사 ㅇㅇㅇ입니다."
바람직한 인사 ② : "ㅇㅇ 유치원 은빈이(아이 이름) 담임입니다."
부적절한 인사 : "ㅇㅇ 유치원 교사 ㅇㅇㅇ 선생님입니다."
(부적절한 이유 : 상대(학부모)보다 자기 자신을 높이는 말이므로)

2) 비언어적 표현 더하기

교사는 목소리의 크기, 말의 속도, 또똑한 발음, 목소리의 변화 등 비언어적인 표현을 통해 예쁜 말씨의 모범을 보이도록 해야 한다. 또한 예쁜 말씨는 밝고 건강한 표정, 순수하고 맑으며 부드러운 눈길, 고른 시선, 적절한 손짓과 몸짓으로 바른 언어를 완성시켜 가야 한다.

2. 바람직한 유아와의 대화를 위해

유아에게	나 전달법 사용(어린이의 행동, 느낌, 결과)
1) 긍정적인 내용과 유아들이 선택할 수 있는 안 제시	긍정적인 대화(만일…… 한다면 ~ 할 텐데) 예) 네가 만일 교실에서 뛰어다니지 않는다면 친구들과 함께 블록 놀이나 미술 놀이를 할 수 있을 텐데 예) 교실 정리정돈이 빨리 끝나면 우리 실외놀이터에 가서 더 많이 놀 수 있을 텐데 예) 책 읽을까? 노래 부를까? * "교실 정리정돈 안 하면 실외놀이터 안 간다."(×)
2) 선생님의 솔직한 입장 전달 및 비난, 협박 금지	"네가…… 하면, 선생님은 ~ 느낀다. 왜냐하면 ~"으로 대화하기 예) 밥을 아직 다 먹지 않았는데 곧 점심시간이 끝나가는구나! ㅇㅇ이가 밥을 먹지 않으면 선생님이 걱정이 되어 속이 상하는구나! 예) 밥 빨리 안 먹으면 내일부터 점심 안 줄 거예요(협박은 NO!)
3) 객관적인 사실을 반복해서 알리기	예) 가방은 사물함에 넣어 두는 거예요 예) 교실에서는 먼저 손을 든 다음에 말을 하는 거예요 예) 우리 교실에서는 서로서로 약속을 꼭 지켜야 해요

* '상대 높임법'에 대한 소개에서 유치원에서 자주 사용할 기회가 많지 않은 예사높임 '하오'체와 아주 낮춤 '해라'체는 본 교사교육자료에서는 소개하지 않음.

출처: 김영옥 외(2011), PP.71-73 재인용.

여러분의 경어 사용에 문제가 없는지 체크해보세요!

1. 주임(선배)의 말을 원장에게 전할 때, 어떻게 해야 합니까?
   ① 원장선생님, 주임선생님이 현장학습 예약 확인했다고 합니다.
   ② 원장선생님, 주임선생님께서 현장학습 예약 확인했다고 합니다.
   ③ 원장선생님, 주임선생님께서 현장학습 예약 확인하셨다고 합니다.

2. 원장의 말을 주임에게 전할 때, 어떻게 해야 합니까?
   ① 원장선생님이 교육계획안 가져오라고 합니다.
   ② 원장선생님께서 교육계획안 가져오시라고 합니다.
   ③ 원장선생님께서 교육계획안 가져오라고 하십니다.

3. 주임에게 원장의 부재를 알릴 때, 어떻게 해야 합니까?
   ① 원장선생님은 외출 중입니다.
   ② 원장선생님은 외출 중이십니다.
   ③ 원장선생님 없던데요.

4. 원장에게 주임의 부재를 알릴 때, 어떻게 표현하나요?
   ① 주임신생님은 교사실에 안 계십니다.
   ② 주임선생님 어디 가던데요.
   ③ 주임선생님은 교사실에 없습니다.

정답은 1 : ①, 2 : ③, 3 : ②, 4 : ③입니다.

출처 : 하정연 외(2010). 나도 멋진 선생님이 될 수 있다.

14 상황에 맞는 인사하기

인사는 상사에 대해서는 경의의 표현이고, 동료교사 간에는 우애를 나타내고, 학부모에게는 자신의 인격과 교양을 밖으로 드러내는 것이다. 상황에 맞는 예절 바른 인사법을 익혀두면 매력 있는 사람으로 기억될 것이다.

인사는 예절의 기본이며 인간관계의 시작이다. 대학 졸업 후 낯선 선배교사와 상사들이 있는 첫 직장에서 유아교사는 인사를 잘하기만 해도 예절 바르고 직무수행을 잘하는 사람으로 평가받을 수 있다. 인사는 상사에 대해서는 경의의 표현이고, 동료교사 간에는 우애를 나타내고, 학부모에게는 자신의 인격과 교양을 밖으로 드러내는 것이다.

출근은 인사부터 시작하라.
언제 어디서나 만나면 먼저 인사하라.

인사를 할 때에는 정중하면서 밝고 상냥하게 하여야 한다. 그리고 상대방에게 존경의 마음을 표현하는 것이므로 인사 시작과 마무리에는 반드시 미소와 함께 눈맞춤을 하여야 한다. 역으로 망설이다가 하는 인사, 형식적인 인사, 말로만 하는 인사, 고개만 끄덕거리는 인사, 표정이 없는 인사, 상대를 쳐다보지 않고 하는 인사 등은 잘못된 인사법이다.

평소 인사하는 연습을 해 둔다면 분명 학부모들과 동료교사에게 매력적인 사람으로 기억될 것이다. 인사는 상황에 따라서도 예법을 달리해야 한다. 상황에 따른 인사법 몇 가지를 소개하면 다음과 같다.

- 정중히 예의를 표해야 할 때
  - 머리만 숙이지 말고 허리에서 머리까지 똑바로 펴서 상체를 굽힌다. 45°

기울이면 아주 정중한 인사이고, 30° 정도면 기본적인 인사라 할 수 있다.

- 손의 위치는 여자는 오른손으로 왼손을 감싸며(남자는 왼손으로 오른손을 감싼다) 아랫배에 가볍게 대고 손등이 보이도록 한다.
  ※ 흉사 시는 손의 위치가 달라진다.
- 뒤꿈치를 붙인 상태에서 양발의 내각이 30°를 유지하고, 무릎은 펴서 붙이도록 한다.
- 어깨의 힘을 빼고 부드럽게 하여, 어깨선이 굽지 않도록 한다.
- 엉덩이는 힘을 주어서 뒤로 빠지지 않게 한다.

• 지나가면서 인사를 할 때

걸어가면서 가볍게 상체를 숙인다. 가벼운 목례라도 경의를 표하는 것이기에 웃음을 잃지 않고 "안녕하세요.", "수고 많으십니다." 등의 말을 건넨다.

※ 목례는 목으로만 하는 인사가 아니다. 눈으로 하는 인사이다.

• 여러 번 마주쳤을 때

처음 만났을 때는 정중하면서도 밝고 명랑하게 인사를 하고, 다시 만나게 될 때는 밝은 표정을 보이며 멈추어 서서 가볍게 상체를 구부리며 목례를 한다.

• 바쁘게 일을 하고 있을 때

바쁜 중이라도 인사할 여유가 있다면 상황에 맞게 가볍게 목례를 한다. 바쁘다고 슬쩍 외면하는 것보다 상대방의 눈을 맞추며 가볍게 인사를 하는 것이 좋다.

• 손님을 맞이할 때

- 방문을 받을 때는 "안녕하세요.", "어서 오십시오." 등의 인사를 먼저 건넨 후, "어디서 오셨습니까?", "어떤 일로 오셨습니까?" 등 어디의 누구인지, 용건은 무엇인지를 명확히 물어본다.

- 손님을 안내할 때는 엉덩이가 손님 쪽으로 향하지 않게 똑바로 서고, 안내하는 쪽으로 두 팔을 구부리며 "이쪽으로 오십시오."라는 인사를 한다. 문은 충분히 열어서 "들어가십시오."라는 말과 함께 먼저 들어가게 한다.
- 손님이 돌아갈 때는 밝은 얼굴로 "안녕히 가십시오."라고 인사를 한다. 일을 하고 있는 중이라도 잠시 일을 멈추고 인사하는 것이 손님에게 좋은 인상을 남길 수 있다. 손님에 따라서는 현관이나 대문까지 직접 배웅을 나가야 할 필요도 있다.

15 예절 바른 전화 받기, 전화 걸기

교사는 전화받는 순간부터 유치원(어린이집)의 대변인이 된다. 좀 더 친절하고, 좀 더 명랑하게, 상대를 존중하는 마음으로 전화를 받는다면 상대방에게 좋은 이미지를 심어줄 수 있다.

전화는 보이지 않는 유치원(어린이집)의 얼굴이다. 전화를 받는 교사의 태도에 따라 유치원(어린이집)과 본인에 대한 느낌이나 이미지에 커다란 영향을 줄 수 있으므로 교사는 전화받는 순간부터 기관의 대변인이 된다. 좀 더 친절하고, 좀 더 명랑하게, 상대를 존중하는 마음으로 전화를 받는다면 상대방에게 좋은 이미지를 심어줄 수 있을 것이다.

다음은 전화를 받을 때와 전화를 걸 때의 예절에 대한 것이다.

1) 전화를 받을 때

- 벨이 두 번쯤 울릴 때 인사말과 함께 기관명과 이름을 밝힌다.

- "감사합니다. ○○ 유치원(어린이집) 교사 ○○○입니다."
- 전화벨이 세 번 울리기 전에 받는 것이 좋다. 그 후에 받으면 늦게 받은 점에 대해 정중히 사과한다.

• 용건을 끝까지 경청한다.

• 메모해야 할 경우, 상대방의 성명이나 신분을 확인하고 통화 내용을 정확히 기록한다.
- "○○반 ○○○ 어머니라고 하셨습니까?"
- "다시 확인해보겠습니다. ○○라고 말씀하셨는데 통화내용이 맞으십니까?"

• 전화를 연결해야 할 경우, 상대방이 기다리지 않게 신속하고 정확하게 연결한다.
- 바꿔줄 때는 상대방의 신원을 확인 후
  "네 바꿔 드리겠습니다.", "잠시만 기다려 주십시오."
- 기다리게 할 때
  "죄송합니다, 통화 중이신데 잠시만 기다려 주시겠습니까?"
  "통화가 길어지고 있는데 죄송합니다만 잠시 후에 다시 걸어 주시겠습니까?"
- 기다리는 시간이 길어질 때
  "괜찮으시다면 이쪽에서 다시 전화를 드리면 어떻겠습니까?"

• 받을 사람이 없는 경우 부재중임을 알린다.
- 잠시 자리를 비운 경우 : 출장, 휴가, 회의, 식사 등의 경우를 간단히 말하고 끝나는 예정시간 및 일자를 말한다.
  "지금은 회의 중이십니다. 오후 ○시경에 회의가 끝날 예정입니다."
- 용건 해결이 가능한 경우 : 공적인 업무에 관계된 용건일 경우 자신이 해결, 처리해줄 수 있을 때에는 그 점을 알린다.
  "그 일이라면 제가 내용을 알고 있으니 말씀드려도 괜찮으시겠습니까?"
- 용건 해결이 불가능한 경우 : 전화받을 사람이 꼭 해결해야 할 경우 육하원칙에 의거 받아 적는다.

"네 알겠습니다. ○○ 건으로 전화주셨고 금일 오후 ○시까지 연락 바란다고 전해 드리겠습니다."

- 통화 중에 다른 사람과 상의할 일이 있다면 들리지 않도록 한다. 그리고 대기 중인 전화 시 잡담을 하지 않는다.
- 잘못 걸려온 전화도 친절하게 응대한다.
  "예, 전화를 잘못 거셨습니다. 여기는 ○○ 유치원(어린이집)입니다."
  "여기는 ○○ 유치원(어린이집)인데 몇 번으로 거셨습니까?"
- 상사와 통화를 원할 경우, 상사가 부재 시는 전화를 걸어 달라고 하면 결례이다. 이때는 재차 본인이 전화를 걸도록 해야 한다.
  "잠시 후 제가 다시 전화하겠습니다."

2) 전화를 걸 때

- 상대방의 전화번호, 소속, 성명과 용건을 확인하고 전화를 건다.
- 아침 일찍, 밤늦게, 식사시간, 휴일을 피하여 전화한다. 부득이 전화통화를 해야 할 경우에는 "아침 일찍 전화 드려 죄송합니다." 등의 양해 인사를 한 후에 통화한다.
- 상대방이 수화기를 들면 자신을 소개하고 인사한다.
  "안녕하십니까?, 저는 ○○ 유치원(어린이집)의 ○○○(아이 이름) 담임교사입니다. ○○ 어머니 되십니까?"
- 찾는 상대가 아닌 다른 상대가 받으면 찾는 사람을 말하고 정중히 연결을 요청한다.
  - 찾는 상대가 없는 경우는 전화 건 목적을 분명히 하며 메모를 남길 것인지 또는 자신이 다시 걸 것인지, 회신을 원하는지를 전달한다.
    "죄송합니다만, ○○에게 제가 다시 전화하겠다고(저에게 전화해 달라고) 말씀 전해주십시오."
    "죄송합니다만, ○○에게 메모를 부탁합니다."

- 상대방이 젊게 느껴져도 전화통화는 항상 존댓말을 쓴다.
- 업무전화를 건 쪽에서 먼저 끊는 것이 예의다. 받는 쪽이 먼저 끊으면 상대방이 용건을 다 말하기 전에 통화가 끝날 염려가 있다.
  - 상대방이 아주 윗사람일 경우에는 윗사람이 끊는 것을 확인한 후 수화기를 내려놓은 것이 예의다.
  - 통화 도중 전화가 끊기면 전화 건 사람이 다시 걸어야 한다.
- 통화는 되도록 간단히, 긴 내용이면 만나서 이야기하도록 해야 한다.
- 전화를 끊을 때는 끝맺음 인사를 하고 상대방이 먼저 전화를 끊고 나면 수화기를 조용히 내려놓는다.

  "감사합니다. 안녕히 계십시오."

  "감사합니다. 좋은 하루 되십시오."

반드시 전화내용을 메모하자

아이들이 모두 집으로 귀가를 했을 무렵, 오후 3시 30분쯤이었어요.

따르릉~ 한 어머님의 걱정스러운 음성이 들려왔어요. "선생님! 저는 ○○ 엄만데요. 우리 아이가 아직 할머니 집에 도착하지 않았어요. 오늘은 제가 급한 일이 있어서 부득이 우리 아이를 유치원 근처 할미니 댁에 보내 달리고 부탁을 드렸었는데요."

전화를 받은 저는 그 어머님으로부터 직접 전달을 받지 못했고, 다른 선생님으로부터도 전달을 받지 못한 상황이라서 무척이나 당황스러운 순간이었지요.

급하게 교사들에 이 일이 전달되었고, 유치원 차를 탔던 교사들과 담임교사가 이리저리 알아보다가 다행히도 그 유아가 아무도 없는 자기 집 앞 놀이터에서 놀고 있는 것을 발견하게 되었답니다. 지금 생각해도 아찔한 순간이었지요.

이유는 전화를 받은 교사가 순간적으로 깜빡하고 잊은 후 연수에 참석하기 위해 자리를 비우게 되었고, 전달을 받지 못한 교사들은 당연히 그 유아를 집으로 귀가를 시킨 셈이었지요.

그 후로는 반드시 전화기 옆에는 날짜와 시간, 전화를 건 사람, 전화를 받은 사람, 내용 등을 기록할 수 있는 메모지를 배치해 두고, 수시로 교사들이 그 메모지를 확인하고, 또 다른 교사들에게도 한 번씩 더 전달하면서, 자신도 전화를 받을 경우 메모지에 사소한 것이라도 기록을 하도록 하여서 두 번의 실수가 없도록 노력하게 되었답니다.

출처 : 하정연 외(2010). 나도 멋진 선생님이 될 수 있다.

16 메모하는 습관 가지기

메모를 잘하는 사람은 약속을 잊어버리거나 실수하는 일이 없기 때문에 다른 사람들에게 신뢰와 믿음을 준다. 그리고 메모하는 습관은 자기 자신을 잘 계획하는 일이기도 하며, 자기를 반성하고 성찰하는 데도 도움을 준다.

기록은 기억보다 오래 남는다. 아무리 좋은 생각이라도 잊어버리면 그만이다. 사소한 것이라도 메모를 해 둔다면 잊어버려서 약속을 지키지 못하거나, 실수를 하게 되는 일이 줄어들게 된다. 약속을 잘 지키는 사람과 같은 일을 반복해서 실수하지 않는 사람은 다른 사람들에게 신뢰와 믿음을 주게 된다.

또한, 메모하는 습관은 자기 자신을 잘 계획하는 일이기도 하다. 지켜야 하는 것 중에는 자기 자신과의 약속도 있다. 매일매일 해야 할 일을 메모하다 보면 하루가 모여 일주일이 되고, 일주일이 모여 한 달이 되듯이 하루의 일과 메모가 일주일의 계획이 되고, 일주일의 메모가 한 달의 계획이 된다. 멀리는 인생의 큰 계획을 성공적으로 실행하는 것도 매일의 메모하는 습관으로, 시간을 낭비하지 않고 계획적으로 실천하는 것에서부터 시작된다고 해도 과언이 아닐 것이다.

그리고 메모하는 습관은 자기를 반성하고 성찰하는 데도 도움을 준다. 메모를 하다 보면 하루의 일과가 정리되고 반성하는 생활을 할 수 있다. 그냥 스쳐 지나가는 오늘이 아니라 하루하루를 반성하는 생활은 새로운 내일에 대한 준비이면서 자기발전과 자아를 실현하는 길이기도 하다.

우리가 알고 있는 역사 속의 위인들뿐만 아니라 현대의 성공한 사람들 중에는 끊임없이 무언가를 메모하는 메모광이 유달리 많다고 한다. 유명한 예술가들도 메모장을 늘 지니고 다니면서 작품에 도움을 받았다고 하는 이야기를 듣곤 한다. 이들은 모두 작은 생각과 아이디어들 그리고 귀중한 정보들을 메모했기 때문에 그들의 성공과 업적을 이룰 수 있었다는 '메모하는 습관의 힘'을 잘 보여주고 있다.

이제부터는 유아교사들이 메모하는 습관을 가지면 어떤 점이 좋은지에 대해 교육현장에서 일어나는 일들과 관련지어 생각해 보기로 하자.

첫째, 유아들의 행동관찰 내용을 간단하게 메모해 두면 나중에 기억하기가 쉽다.

유아들의 특이한 행동이나 말, 감정표현 등에 대해 그때그때 간단한 글이나 단어, 그림 등으로 메모해 두면 관찰기록지를 작성할 때 도움이 된다.

둘째, 학부모의 부탁 사항에 대해 실수하지 않으려면 메모를 해 둬야 한다.

학부모들은 쪽지편지나 전화 등을 통해 담임교사에게 부탁 사항을 전달하는 경우가 있다. 이렇게 부탁하는 내용 중에는 귀가 시에 버스를 내리는 장소를 변경하거나, 원에 유아를 한두 시간 더 맡아줄 것을 부탁하는 것 등이 있다. 이때 부탁받은 내용을 메모해 두고, 하원지도 시 재확인한다면 혼잡한 귀가시간에 학부모들에게 받은 부탁사항을 잊어버리거나, 실수하는 일은 없을 것이다.

셋째, 업무지시, 전달사항 등을 메모하고 수시로 확인해야 한다.

신임교사들은 경력교사들에 비해 더 많은 실수를 하게 된다. 신임교사들이 실수를 최대한 하지 않도록 하기 위해서는 업무지시나 전달사항을 반드시 메모로 남기고, 이행 여부를 확인해야 한다. 그리고 보완해야 할 것들에 대해서 다시 메모를 남기고 업무가 완료될 때까지 긴장을 늦추지 말아야 한다.

넷째, 실수한 것을 메모해 두면 두 번 실수하지 않는다.

누구나 실수나 잘못은 할 수 있으며 똑같은 실수를 두 번 다시 하지 않도록 주의를 기울여야 한다. 업무를 제대로 파악하지 못해서 했던 작은 실수나, 행사 진행에서 미숙했던 점 등을 메모로 남겨 두면 다음번에는 두 번 실수하지 않게 된다.

다섯째, 새로운 아이디어나 정보들을 메모해 두면 좋다. 어떤 아이디어가 떠오르면 바로 메모하도록 한다. 부담 없이 쓴 메모가 기억의 근거가 되어 또 다른 아이디어의 출발점이 될 수 있다.

적자! 생존, 적는 자가 생존한다.

적자생존(適者生存)이 아니고, 적자! 생존이다.
기억력에 한계가 있는데, 오늘 나온 좋은 아이디어를 내일 떠올리려면 일단 적어야 한다.

·

"천재가 있는 것이 아니라 메모광이 있을 뿐이다."라고 한 아리스토텔레스에서부터 레오나드 로다빈치, 아인슈타인, 에디슨, 처칠, 이병철회장 등 동서고금을 막론하고 성공한 사람들은 지독한 메모광이다.

·

맥도날드CEO인 레이크록 역시 지독한 메모광이었다.
그는 늘 인맥수첩을 들고 다녔다.
어린시절부터 갖은 고생을 통해 결국 "영업=사람"이란 점을 절실히 깨달았기에, 수첩에 자신이 만난 사람들의 특징을 적는 습관이 있었다.

출처 : 운명을 바꾸는 작은 습관

메모하는 작은 행동이 습관을 바꾸고 성격을 바꾸고 나아가 운명을 바꿀 수 있는 씨앗이 된다면, 씨앗을 뿌리는 작은 일은 마음먹으면 언제든지 행동으로 옮길 수 있다.
씨앗이 자라 꽃과 열매를 안겨다 주듯이 그 동안 당신의 성격이 바뀔 것이고, 또한 당신의 운명이 바뀔 것이다.

출처 : https://blog.naver.com/lyu5101/222388208534

생각해 봅시다

유아교사가 지켜야 할 품위 있는 태도에 대해 사례를 들어 토의해 봅시다.

3장 열정적인 유아교사 되기

17 신학기 준비하기

신학기는 무엇보다 여러 가지 일들로 바쁘고 유아에 대한 파악, 수업, 환경, 교구, 그 외 업무에 관련된 많은 것을 준비해야 한다. 빠짐없이 잘 준비하여 사고나 어려움이 생기지 않도록 하자.

신학기가 되면 수업준비, 환경구성, 학급의 전반적인 운영에 관련된 일들을 새롭게 계획·시행하게 된다. 3월 개학 전에는 여러 가지 일들로 바쁘지만 하나하나 빠짐없이 준비하는 것이 중요하다. 특히 신임교사라면 처음이라 서툴고 당황스러운 일들이 신학기에 발생할 수도 있다. 미리 준비해야 할 것들을 목록을 정리하여 확인해가면서 신학기를 맞이하자.

유치원 교사의 직무를 운영 영역별로 구분하여 나눌 수 있다. 시대가 변하면서 세부적인 내용이 추가, 삭제되는 것을 볼 수 있다. 코로나19 팬데믹의 경우에 외부활동이 제한되고 비대면 수업이나 활동을 추가하여 달라질 수 있다. 그리고 안전을 위한 소독이나 청결부분의 강화 등이 추가 될 수 있다. 기본적인 내용을 구분하여 유치원 교사로서 해야 할 일을 나누는 운영관리는 크게 변하지는 않을 것이다. 유치원 운영관리의 영역에 대한 기본내용을 9가지 영역과 내용으로 나누어 보면 다음과 같다.

〈표 3-1〉 유치원 운영관리 영역과 내용

영 역	내 용
원아 관리	입·퇴학, 반 편성, 출·결석, 가정환경조사, 생활기록부, 관찰기록(평가기록 포함), 안전·생활지도, 건강 및 영양(급·간식)지도, 위생과 청결
교직원 인사 관리	채용(전직, 퇴직), 학급담임, 업무분장, 복지, 직원회의, 교사연수, 근무평가, 장학지도, 연구수업
교육과정 운영 관리	연간(월간·주간·일일) 교육프로그램의 계획과 운영, 행사계획 및 운영
시설·설비 관리	건물, 교실, 놀이터, 시설·설비 관리(구입·수리·유지), 주변 환경 관리, 안전관리, 조리시설 관리
교재·교구 관리	영역별 교재·교구 구입 및 관리, 시청각기자재 구입 및 관리, 환경구성 및 관리
재정 관리	예산 편성, 지출 관리, 교육비 수납, 보조금, 전입금, 기부금, 차입금, 이월금, 시설비, 교구비, 인건비, 기타
사무 관리	사무분장, 각종 문서 처리 및 관리
부모와의 협력	부모회 조직 및 운영, 부모참여·참관, 강연회, 상담, 가정통신 등
지역사회와의 교류	지역사회기관 및 단체, 관련 행정기관, 지역사회 인사, 유치원 연합회학회 연구소 등과의 관계, 방문자 및 참관자 관리, 자원봉사자 관리

출처: 유치원 교직실무편람, 2007 운영 관리편.

위의 영역과 내용 중에서 학급의 담임이 되었을 때 신학기에 특별히 준비해야 할 것들을 몇 가지 분야로 나누어 살펴보았다.

1) 신입유아에 대한 파악

신입유아에 대한 파악을 학기가 시작하기 전에 미리 숙지하여 여유 있고 반갑게 유아들을 맞이할 필요가 있다.

(1) 신입생 파악을 하고 자기 반 유아들의 개인적인 특성을 알아둔다.

유아의 생활기록부를 정리하고 개인조사서를 통하여 가족의 특성이나 병력 등 특이 사항을 미리 알아둔다.

(2) 입학에 필요한 입학식과 입학 전에 오리엔테이션을 준비한다.

오리엔테이션은 학기를 성공적으로 이끌 수 있는 첫 단추로 아주 중요하다. 특히 신임교사가 힘들어 하는 유아를 통솔하는 기술은 교실에서의 유아들의 생활지도를 얼마나 잘하느냐에 따라 달라진다.

(3) 차량노선표, 비상연락망을 만들어 교실의 잘 보이는 곳에 비치해 둔다.

신학기는 아직 차량노선이나 유아의 이름이 익숙하지 않기 때문에 차량노선표와 비상연락망을 잘 보이는 곳에 비치하여 필요할 때 볼 수 있도록 한다.

(4) 유아의 얼굴과 이름을 미리 외워둔다.

유아의 이름을 외워 첫날에 불러주는 것은 유아를 반기는 표시이고 관심이다. 처음 만나는 유아들끼리도 빨리 알 수 있도록 교실의 게시판, 옷장, 사물함, 신발장 등에 사진과 이름이 함께 있는 이름표를 만들어 두는 것이 좋다.

(5) 개인정보보호법에 따른 서류 수집, 이용, 제공 규칙을 숙지하고 사용하여야 한다.

개인정보보호법이 생기면서 유아 개인의 기록이 된 서류의 보관 및 이용, 제공의 규칙을 알고 보안에 신경써야 한다.

2) 학급 환경 준비

신학기에 학급의 환경은 준비할 것이 매우 많다. 환경의 구성은 학부모나 유아들에게도 주는 학급의 첫 이미지가 될 수 있으므로 완벽하게 준비하고 따뜻하게 맞이하는 환경을 준비한다.

(1) 교실환경 구성을 신학기에 적합한 것으로 준비한다. 신입생을 환영하는 의미를 나타내는 환경구성을 하여 게시판에 게시하거나 조형구성물 등을 통하여 편안하고 아름다운 환경구성을 한다.

(2) 활동영역별로 구성하여 교구장을 배치하고 영역에 맞는 교구를 제작 배치한다.

(3) 유아들의 이름표, 출석판, 신발장, 화장지와 같은 교구 외의 필요한 자료나

물품을 준비하여 하루의 일과 활동을 진행하는데 불편함이 없도록 한다.

(4) 교실에 비치되어 있는 전기, 기계 등 기본설비를 점검하여 안전을 고려한다. 특이 나이가 어린 유아들은 안전사고에 더욱더 유의할 필요가 있다.

3) 수업준비

(1) 교육계획을 연간계획, 월간계획, 주간계획, 일간계획별로 개학 전에 미리 의논하여 작성해 놓는다.

(2) 특히 첫 주의 수업에 필요한 계획안, 교재교구, 도서 등은 미리 준비해 놓는다. 신학기는 모든 것을 새롭게 준비하고 시작하는 시기로 어떤 부분을 놓치게 되거나 혼란스러울 수 있기 때문이다.

(3) 수업진행에 필요한 유아의 자리배치나 교구를 제시할 공간 등을 미리 준비해 놓는다.

4) 유아지도에 대한 준비

(1) 기본생활습관 지도는 수업계획과는 별도로 미리 선정하여 오리엔테이션을 실시할 때부터 적용하는 것이 좋다. 신입유아들은 원의 생활이 익숙하지 않고 규칙을 모르기 때문에 기본생활습관 지도를 할 필요가 있다.

(2) 학기 시작 전에 오리엔테이션을 몇 회로 나누어 실시한다. 조금씩 교실에서의 생활 전반에 대하여 소개하면서 유아들이 적응할 수 있는 시간을 충분히 제공한다.

(3) 신학기 동안은 특히 유아와 교사와의 친근감을 형성하도록 하고 유아들이 기관에 오고 싶은 마음이 생길 수 있도록 준비한다. 기본생활습관 지도도 중요하지만 우선적으로 유아들이 새로운 생활에 긴장하고 새롭게 만나는 교사와 다른 유아들과 친해질 수 있는 것이 더욱 중요하다는 것을 기억하자.

5) 수업 외 준비

(1) 교재교구나 학급운영에 필요한 것들을 미리 꼼꼼하게 계획하고 준비한다.
(2) 유아들이 포트폴리오나 개인물품을 정리하고 보관할 수 있는 곳을 마련한다.
(3) 신임교사는 새로운 환경이므로 기관의 구조와 인적·물리적 환경을 파악해 놓을 필요가 있다.
(4) 주간 교육계획안이나 가정통신문을 작성하고 모든 유아들이 잘 챙겨갈 수 있도록 신경 쓴다.
(5) 유아 개인 준비물이나 학부모의 부탁 사항을 빠짐없이 챙긴다.
(6) 하루의 해야 할 일에 대한 목록을 정리하여 매일 확인하는 습관을 갖는 것이 좋다. 신학기에 신임교사는 놓치기 쉬운 소소한 일들이 많으므로 체크리스트를 작성하여 확인하는 것이 필요하다.

신임교사일 경우에는 특히 다른 교사나 직원을 파악해 놓고 잘 사귀는 기술이 필요하다. 미리 하루의 일과에 대한 상상을 해보면서 가상으로 필요한 것들을 순서대로 그려보자. 초임교사에게는 모든 일이 새롭고 신학기는 여러 가지 일들을 동시에 해결해야 하는 복잡한 시기이다. 유아들을 대상으로 하는 일이라 무엇보다 안전을 유념하여 사고가 생기지 않도록 해야 한다. 그리고 학부모와의 갈등은 주로 사소한 것에서 시작한다는 것을 기억하자.

교사를 위한 신학기 도움자료(서울시 교육청, 2021)를 탑재하여 코로나로 인한 대면, 비대면 교육활동이 혼재하는 상황에서 도움이 되도록 자료들을 올려놓은 경우도 있다. 오리엔테이션, 입학식, 학기 초 생활 안내 등에 관한 내용으로 구성되어 있다. 온라인 자료들도 잘 찾아보면 많은 도움이 될 수 있다.

출처: 서울시교육청, 2021, 2021학년도 유치원 신학기 도움자료.
http://buseo.sen.go.kr/web/services/bbs/bbsView.action?bbsBean.bbsCd=94&bbsBean.bbsSeq=8233&ctgCd=740

18 출석부 및 생활기록부 작성하기

입학 후에는 기본적인 서류작성을 해야 하는데, 담임교사가 직접 관리하는 유아의 출석부나 생활기록부가 있다. 오랜 기간 동안 기록 보관하여야 하는 자료임으로 기록하는 요령을 잘 알아두자.

유아를 담당하는 교사가 매일 작성해야 하는 서류에는 출석부가 있고, 유아의 발달상황을 종합 정리하여 기록하는 생활기록부가 있다.

1) 출석부

입학을 하고 수업이 시작되면 유아들의 출석을 확인하고 매일 기록하게 된다.

출석부는 원아에 대한 매일의 출결상황과 지각, 조퇴 등을 기록하고 매월 교육일수를 기록한다. 전입·전출의 기록 등 원아가 기관에 있는 기간이나 옮긴 사항을 알 수 있다.

출석부 기재요령(예시)

1. 문자와 숫자 : 모든 문자는 한글로(부득이한 경우 해당국 언어로). 숫자는 아라비아 숫자로 쓴다.
2. 유아 성명 : 유아 성명은 생활기록부와 동일한 순으로 쓴다. 단, 중도 입학자는 입학 순으로 기재한다.
   ※ 유아의 성명은 성과 이름 사이에 공백을 두지 않는다. 성명이 외자 또는 두 글자 이상 성인 경우에도 공백을 두지 않는다.

3. 요일 및 공휴일 기재
① 일요일 : 일요일은 주선, 기타 요일은 흑(청)선을 긋는다.
② 기타 공휴일 : 첫 칸부터 공휴일명을 쓰고 주선을 긋는다. 작은 달에는 31일 란에 흑(청)선을 긋는다.
③ 방학 표시 : 주선을 좌상우하로 사선을 긋는다.(방학명칭 기재)

4. 중도 입학생 처리
① 중도 입학자 : 입학 당일에 흑(청)서로 이라고 쓰고, 그 전날까지 흑(청)선을 긋는다.
② 전입 사항기재 : (10) 김가을 3.25, ○○유치원-흑(청)서로 쓴다.

5. 전출(제적) 사항 기재
① 전출 및 제적 : 주서로 퇴 라고 쓰고 그 다음 날부터 계속 주선을 긋는다.
② 전출 사항기재 : (15) 오솔길 3.15, 서울 ○○유치원-주서로 쓴다.

6. 수업일수
① 매 학년도 180일 이상을 기준으로 원장이 정한다.(「유아교육법 시행령」제12조)
② 전출, 제적, 자퇴, 퇴학일(결재일)등으로 학적변동이 있는 경우 전출한 당일까지를 수업일수로 산입한다. (예 : 3월 15일자 퇴학이면 3월 15일도 수업일수에 들어감)
③ 전출·전입한 날짜가 동일한 경우 : 전입일만 수업일수로 산정한다.(고시 제2014-50호)
④ 전입 유아의 수업일수는 원적 유치원의 수업일수와 합산하되, 중복되는 기간의 수업일수는

제외한다.

⑤ 수료 및 졸업 : 유치원 규칙으로 정하는 바에 따라 유아의 교육과정 이수 정도를 고려하여 인정한다.

7. 결석

① 유치원 규칙에 의거, 출석하여야 할 날짜에 출석하지 않았을 때에는 결석으로 처리한다.

② 전입 유아의 결석일수는 원적 유치원의 결석일수와 합산하되, 중복되는 기간의 결석일수는 제외한다.

③ 병결은 결석한 날부터 5일 이내에 의사의 진단서를 첨부하여 결석계를 제출하였거나 병으로 인한 결석임이 객관적으로 인정된 경우를 말한다.

④ 무단결은 합당하지 않은 사유나 고의로 결석한 경우를 말한다.

⑤ 기타결은 부득이한 개인 사정이나 기타 합당한 사유에 의한 결석임을 원장이 인정하는 경우를 말한다.

⑥ 장기 결석자 지도 : 결석을 연속 3일 이상 할 때에 담임은 그 사유를 확인하여 출석부 결석 사유란에 기재한 후 원장에게 보고해야 한다.

⑦ 경조사별 결석일수 처리

- 결석일수에 포함시키지 아니하며, 그 사유를 의견란에 기입한다.
- 경조사로 인하여 출석하지 못한 경우 「교육부 훈령 제331호」을 근거로 한다.

8. 출석 인정

① 천재지변, 법정 감염병(「학교보건법」 제8조 및 같은 법 시행령 제22조제1·2항에 근거) 등 불가항력의 사유로 인하여 출석하지 못한 경우. 단, 의사의 진단에 의하여 타인에게 전염될 우려가 없다고 인정되는 자는 제외

② 공권력의 행사로 인하여 출석하지 못한 경우

③ 원장의 허가를 받아 "유치원을 대표한 경기, 경연대회 참가, 교외체험학습 등"으로 인하여 출석하지 못한 경우(연간 최대 30일까지 인정: 교육일수 인정 특례)

- 감염병 위기 단계가 "심각, 경계" 단계인 경우에 한해 교외체험학습 내에 가정체험학습이 포함됨

④ 다음 경조사로 인하여 출석하지 못한 경우

(※ 「교육부 훈령 제331호」 학생생활기록 작성 및 관리 지침 [별표8])

구 분	대 상	일 수
결 혼	형제, 자매, 부, 모	1
입 양	본인	20
사 망	부모, 조부모, 외조부모	5
	증조부모, 외증조부모	3
	형제·자매 및 그의 배우자	
	부모의 형제·자매 및 그의 배우자	1

⑤ 기타 부득이한 사유로 원장의 허가를 받아 결석하는 경우

9. 지각·조퇴

① 지각은 원장이 정한 등교시간에 출석하지 않는 경우, 조퇴는 원장이 정한 하교시간 이전에 가는 경우이다.

② 위 8.의 각 항에 해당되는 사유로 인한 지각, 조퇴는 각각의 횟수에 포함하지 않는다.

③ 지각, 조퇴는 결석일수로 처리하지 않는다.

④ 같은 날짜에 지각, 조퇴가 발생된 경우에는 원장이 판단하여 어느 한 가지 경우로만 처리한다.

10. 정정(행정안전부령 제264호에 근거)

종이문서의 일부분을 삭제하거나 수정하는 경우에는 원안의 글자를 알 수 있도록 해당 글자의 중앙에 가로로 두 선을 그어 삭제하거나 수정하고, 삭제하거나 수정한 사람이 그 곳에 서명이나 날인을 하여야 한다.

〈출석부 양식의 예〉

교육과정출결관리(202107)

학급	반 번호	이름	교육과정 기간	구분	교육 일수	일괄	1	2	3	4	5	6	7	8	9	10	11	12	13	14	15	16	17	18	19	20	21	22	23	24	25	26	27	28	29	30	31
							목	금	토	일	월	화	수	목	금	토	일	월	화	수	목	금	토	일	월	화	수	목	금	토	일	월	화	수	목	금	토
						출결	0	0	0	0	0	0	0	0	0	0	0	0	0	0	0	0	0	0	0	0	0	0	0	0	0	0	0	0	0	0	0
						급식	0	0	0	0	0	0	0	0	0	0	0	0	0	0	0	0	0	0	0	0	0	0	0	0	0	0	0	0	0	0	0
반	8	고		출석		0																															
				급식		0																															
반	4	김		출석		0																															
				급식		0																															
반	5	김		출석		0																															
				급식		0																															
반	1	김		출석		0																															
				급식		0																															
반	2	김		출석		0																															
				급식		0																															
반	24	박		출석		0																															
				급식		0																															
반	11	박		출석		0																															
				급식		0																															
반	20	손		출석		0																															
				급식		0																															
반	10	송		출석		0																															
				급식		0																															
반	14	신		출석		0																															
				급식		0																															
반	3	안		출석		0																															
				급식		0																															
반	19	여		출석		0																															
				급식		0																															
반	12	오		출석		0																															
				급식		0																															

출처: 2021, 경남교육청, 2020 사립유치원업무길라잡이.

2) 생활기록부

생활기록부는 담임교사가 유아의 기본적인 사항을 기록하여 알 수 있도록 하는 자료이며, 유아의 건강과 발달상황을 기록하여 변화되는 과정을 나타내는 서류이다. 생활기록부의 작성은 유아교육법에 따라 2009년부터 '유치원생활기록부 관리지침'에 의해 기록·보관함을 원칙으로 한다. 평소 유아의 발달기록을 관찰기록, 평가척도, 일화기록, 작품분석, 녹음이나 비디오 분석 등의 다양한 방법으로 객관적인 내용을 기록한다. 그리고 부모와의 면담 등으로 얻은 자료로 반영하여 기록하며 문장으로 객관적으로 기술한다. 생활기록부 관리지침은 다음과 같다.

〈생활기록부 관리지침〉

생활기록부 작성·관리

생활기록부 작성 및 관리 지침의 예는 다음과 같다(교육부, 2020).

[시행 2020. 8. 27.] [교육부고시 제2020-315호, 2020. 8. 27., 일부개정]

제1조(목적) 이 지침은 「유아교육법」(이하 "법"이라 한다) 제14조에 따라 유치원생활기록부를 작성 및 관리하기 위한 기준을 정함을 목적으로 한다.

제2조 삭제

제3조(입력·서식 등) ① 유치원생활기록부는 「공공기록물관리에 관한 법률 시행령」 제2조제7호에 따른 전자기록생산시스템을 통해 전자적으로 생산·관리하여야 한다.
② 유치원생활기록부는 별지 제1호 서식에 따라 누가하여 입력한다.
③ 유치원생활기록부는 한글로 입력하고, 입력란이 부족할 때에는 유치원의 필요에 따라 추가할 수 있다.
④ 유치원생활기록부 작성 시 필요한 경우, 보조기록부는 각 유치원의 실정에 맞게 작성·사용하되, 시·도 교육청별로 일정한 서식을 작성·사용할 수 있다.

제4조(정정) ① 매 학년이 종료된 이후에는 당해 학년도 이전의 유치원생활기록부 입력자료에 대한 정정은 원칙적으로 금지한다.
② 제1항의 규정에도 불구하고, 정정이 불가피한 경우에는 반드시 정정내용에 관한 증빙자료를 첨부하여 유치원생활기록부 정정 절차에 따라 처리해야 한다.
③ 제2항에 따른 증빙자료는 전자기록생산시스템에 등록하여 관리하여야 하고, 유치원생활기록부 정정대장에 증빙자료의 문서번호를 등록하여 함께 보관하여야 한다.
④ 유치원생활기록부 정정대장은 별지 제2호 서식과 같다.

제5조(보관·활용) ① 유치원생활기록부는 준영구 보존해야 한다.
② 유치원장은 유아의 보호자 또는 유아가 입학한 초등학교장 및 특수학교장이 유아의 생활지도에 필요하여 요청하면 보호자가 동의할 경우 유치원생활기록부를 송부하여야 한다.
③ 유아가 전학할 경우, 유치원장은 보호자의 요청에 따라 유치원생활기록부를 전입한 유치원

에 송부하고, 퇴학할 경우에는 유치원생활기록부에 퇴학일을 입력하여 전자기록생산시스템에 등록한다.

제6조(인적사항) 유치원생활기록부의 인적사항은 다음 각 호와 같이 입력한다.

2020 유치원생활기록부 기재요령

1. ‘성명’은 한글로 입력한다. 다만 부득이한 경우 해당국 언어로 입력할 수 있다.
2. ‘성별’은 남, 여로 입력한다.
3. ‘생년월일’은 주민등록등본상의 생년월일을 입력한다.
4. ‘주소’는 입학 당시의 주소와 변경된 주소를 누가하여 입력하고, 졸업 당시의 주소를 최종적으로 입력한다.
5. ‘가족상황’란에는 부모(보호자)의 성명, 생년월일을 입력한다.
6. 삭제

제7조(학적사항) ① 입학의 경우 연월일, 원명, 연령을 입력한다.
② 재입학·편입학·전학·휴학·퇴학·수료·졸업의 경우 줄을 추가하고, 제1항에 따른 입학의 경우와 동일한 방법으로 입력한다.
③ ‘특기사항’란에는 특기할 만한 사유를 입력한다.
④ ‘졸업 후의 상황’란에는 유아의 진로상황을 입력한다.

제8조(출결상황) ① 출결상황은 각 항목에 따라 아라비아 숫자로 입력한다.
② ‘수업일수’는 「유아교육법 시행령」 제12조의 규정에 의하여 원장이 정한 총 출석해야 할 일수를 입력한다.
③ ‘출석일수’는 출석한 일수를 입력한다.
④ ‘결석일수’는 결석한 일수를 입력한다.
⑤ ‘특기사항’란에는 일주일 이상 장기 결석한 경우 사유 등을 간략하게 입력한다.

제9조(신체발달상황) 「학교건강검사규칙」 제4조에 따라 신체검사 결과를 다음 각 호와 같이 입력한다.
1. ‘검사일’은 연월일을 아라비아 숫자로 입력한다.
2. ‘키’, ‘몸무게’는 아라비아 숫자로 소수 첫째 자리까지 입력한다.

제9조의2(건강검진) 법 제17조제1항에 따라 건강검진 사항은 다음 각 호와 같이 입력한다.
1. ‘검진일’은 건강검진을 시행한 연월일을 아라비아 숫자로 입력한다.

2. '검진기관'은 건강검진을 시행한 기관명을 한글로 입력한다.
3. '특기사항'란에는 유아의 건강이 유치원 생활에 영향을 미치는 내용이 있는 경우 보호자의 동의를 받아 입력한다.

제10조(유아발달상황) ① 유치원 교육과정에 제시된 신체운동·건강, 의사소통, 사회관계, 예술경험, 자연탐구 영역 등의 관찰 결과를 바탕으로 유아를 종합적으로 이해할 수 있는 문장으로 입력한다.
② 삭제
③ 삭제

Ⅱ. 유치원생활기록부 작성 및 관리지침

제11조(기타) ① '수료·졸업대장번호'란에는 3세~6세아가 수료·졸업할 경우 아라비아 숫자로 수료·졸업학년도 및 수료·졸업대장번호를 입력한다.
② 삭제
③ '사진'란에는 상반신 칼라 사진을 입력한다.
④ '반'란에는 반명을 입력한다.
⑤ '담임 성명'란에는 담임 성명을 입력한다.

제12조(재검토기한) 교육부장관은 이 고시에 대하여 「훈령·예규 등의 발령 및 관리에 관한 규정」에 따라 2018년 1월 1일을 기준으로 매 3년이 되는 시점(매 3년째의 12월 31일까지를 말한다)마다 그 타당성을 검토하여 개선 등의 조치를 하여야 한다.

출처: 교육부, 2020. 유치원 생활기록부 기재요령

〈생활기록부 양식의 예〉

[별지 제1호 서식]

유치원생활기록부

연령 구분	3세	4세	5세
수료・졸업대장번호	20 –	20 –	20 –
반			
담임 성명			

사 진 (3.5cm×4.5cm)

1. 인적사항

<table>
<tr><td>성명</td><td colspan="2"></td><td>성별</td><td></td><td>생년월일</td><td></td></tr>
<tr><td rowspan="3">주소</td><td colspan="6"></td></tr>
<tr><td colspan="6"></td></tr>
<tr><td colspan="6"></td></tr>
<tr><td rowspan="3">가족
상황</td><td>관계
구분</td><td colspan="3">부</td><td colspan="2">모</td></tr>
<tr><td>성명</td><td colspan="3"></td><td colspan="2"></td></tr>
<tr><td>생년월일</td><td colspan="3"></td><td colspan="2"></td></tr>
</table>

2. 학적사항

구분 **연.월.일.**	**내 용**	**특기사항**
20 . . .	유치원 세 입학	
	※ 이하 빈칸은 학적 변동에 따라 추가 가능	
졸업 후의 상황		

3. 출결상황

구분 / 연령	수업일수	출석일수	결석일수	특기사항
3세				
4세				
5세				

4. 신체발달상황

구분 / 연령	검사일	키(cm)	몸무게(kg)
3세	20 . . .		
4세	20 . . .		
5세	20 . . .		

5. 건강검진

구분 / 연령	검진일	검진기관	특기사항
3세	20 . . .		
4세	20 . . .		
5세	20 . . .		

6. 유아발달상황(성명 :   )

연령	발달상황
3세	
4세	
5세	

출처: 서울시 교육청, 2021, 2021 서울유아교육계획.

19 유치원 교육과정(2019 개정 누리과정) 이해하기

유치원 교육과정(2019 개정 누리과정)은 유아의 전인적인 성장과 발달을 돕기 위해 유치원에서 행하는 교수활동이며 국가적 기준과 규정, 원리 등을 포함하며 시도별 교육청과 기관의 특성을 고려하여 작성한다.

교육부는 2017년 12월 '유아교육 혁신방안'을 토대로 '유아가 중심이 되는 놀이 위주의 교육과정'을 개편했다. 2019년 7월, 고시된 「2019 개정 누리과정」은 유치원과 어린이집에 다니는 3~5세 유아에게 공통으로 적용되는 교육과정으로 2020년 3월부터 시행된다. 이에 「2019 개정 누리과정」에서는 새로운 시대의 요구에 따라, 교육내용을 간략화하고 유아가 주도하는 놀이를 통해 배움이 구현될 수 있도록 유아·놀이 중심 교육과정으로 나아가고자 하였다. 그리고 유아의 놀이를 지원하는 교사의 자율성과 다양성을 존중하였다.

1) 누리과정의 성격

누리과정은 3~5세 유아를 위한 국가 수준의 공통 교육과정이다.

가. 국가 수준의 공통성과 지역, 기관 및 개인 수준의 다양성을 동시에 추구한다.

나. 유아의 전인적 발달과 행복을 추구한다.

다. 유아 중심과 놀이 중심을 추구한다.

라. 유아의 자율성과 창의성 신장을 추구한다.

마. 유아, 교사, 원장(감), 학부모 및 지역사회가 함께 실현해가는 것을 추구한다.

2) 누리과정의 인간상

(1) 추구하는 인간상

가. 건강한 사람
나. 자주적인 사람
다. 창의적인 사람
라. 감성이 풍부한 사람
마. 더불어 사는 사람

(2) 목적과 목표

누리과정의 목적은 유아가 놀이를 통해 심신의 건강과 조화로운 발달을 이루고 바른 인성과 민주 시민의 기초를 형성하는 데에 있다.

이를 실현하기 위한 목표는 다음과 같다.
가. 자신의 소중함을 알고, 건강하고 안전한 생활 습관을 기른다.
나. 자신의 일을 스스로 해결하는 기초능력을 기른다.
다. 호기심과 탐구심을 가지고 상상력과 창의력을 기른다.
라. 일상에서 아름다움을 느끼고 문화적 감수성을 기른다.
마. 사람과 자연을 존중하고 배려하며 소통하는 태도를 기른다.

(3) 구성의 중점

구성의 중점은 개정 누리과정을 구성할 때, 주요하게 고려한 점을 말한다. 누리과정 구성의 중점은 다음과 같다.
가. 3~5세 모든 유아에게 적용할 수 있도록 구성한다.
나. 추구하는 인간상 구현을 위한 지식, 기능, 태도 및 가치를 반영하여 구성한다.
다. 신체운동·건강, 의사소통, 사회관계, 예술경험, 자연탐구의 5개 영역을 중심으로 구성한다.

라. 3~5세 유아가 경험해야 할 내용으로 구성한다.

마. 0~2세 보육과정 및 초등학교 교육과정과의 연계성을 고려하여 구성한다.

3) 누리과정의 운영

(1) 누리과정의 편성·운영

편성·운영은 유치원과 어린이집에서 유아·놀이 중심 교육과정을 편성하고 운영하기 위해 고려해야 할 공통적 기준을 안내한 것이다.

다음의 사항에 따라 누리과정을 편성·운영한다.

가. 1일 4~5시간을 기준으로 편성한다.

나. 일과 운영에 따라 확장하여 편성할 수 있다.

다. 누리과정을 바탕으로 각 기관의 실정에 적합한 계획을 수립하여 운영한다.

라. 하루 일과에서 바깥 놀이를 포함하여 유아의 놀이가 충분히 이루어지도록 편성하여 운영한다.

마. 성, 신체적 특성, 장애, 종교, 가족 및 문화적 배경 등으로 인한 차별이 없도록 편성하여 운영한다.

바. 유아의 발달과 장애 정도에 따라 조정하여 운영한다.

사. 가정과 지역사회와의 협력과 참여에 기반하여 운영한다.

아. 교사 연수를 통해 누리과정의 운영이 개선되도록 한다.

(2) 교수·학습

교수·학습은 유아가 즐겁게 놀이하며 스스로 배울 수 있도록 교사가 지원할 때 고려해야 할 사항이다.

교사는 다음 사항에 따라 유아를 지원한다.

가. 유아가 흥미와 관심에 따라 놀이에 자유롭게 참여하고 즐기도록 한다.

나. 유아가 놀이를 통해 배우도록 한다.

다. 유아가 다양한 놀이와 활동을 경험할 수 있도록 실내외 환경을 구성한다.
라. 유아와 유아, 유아와 교사, 유아와 환경 간에 능동적인 상호작용이 이루어지도록 한다.
마. 5개 영역의 내용이 통합적으로 유아의 경험과 연계되도록 한다.
바. 개별 유아의 요구에 따라 휴식과 일상생활이 원활히 이루어지도록 한다.
사. 유아의 연령, 발달, 장애, 배경 등을 고려하여 개별 특성에 적합한 방식으로 배우도록 한다.

(3) 평가

개정 누리과정에서 평가는 유치원과 어린이집에서 유아가 중심이 되고 놀이가 살아나는 누리과정의 운영을 되돌아보고 개선해 가는 과정이다. 개정 누리과정은 유치원과 어린이집에서 유아·놀이 중심 교육과정을 운영하는 데 도움이 되고자 평가를 간략화하고 각 기관의 자율적인 평가를 강조하였다. 유치원과 어린이집은 평가의 목적, 대상, 방법, 결과의 활용을 바탕으로 누리과정 평가를 자율적으로 실시할 수 있다.

평가는 다음 사항에 중점을 두고 실시한다.

가. 누리과정 운영의 질을 진단하고 개선하기 위해 평가를 계획하고 실시한다.
나. 유아의 특성 및 변화 정도와 누리과정의 운영을 평가한다.
다. 평가의 목적에 따라 적합한 방법을 사용하여 평가한다.
라. 평가의 결과는 유아에 대한 이해와 누리과정 운영 개선을 위한 자료로 활용할 수 있다.

2) 5개 영역별 내용 체계

(1) 건강생활의 내용범주와 내용

내용범주	내용
신체활동 즐기기	신체를 인식하고 움직인다. 신체 움직임을 조절한다. 기초적인 이동운동, 제자리 운동, 도구를 이용한 운동을 한다. 실내외 신체활동에 자발적으로 참여한다.
건강하게 생활하기	자신의 몸과 주변을 깨끗이 한다. 몸에 좋은 음식에 관심을 가지고 바른 태도로 즐겁게 먹는다. 하루 일과에서 적당한 휴식을 취한다. 질병을 예방하는 방법을 알고 실천한다.
안전하게 생활하기	일상에서 안전하게 놀이하고 생활한다. TV, 컴퓨터, 스마트폰 등을 바르게 사용한다. 교통안전 규칙을 지킨다. 안전사고, 화재, 재난, 학대, 유괴 등에 대처하는 방법을 경험한다.

(2) 의사소통 내용범주와 내용

내용범주	내용
듣기와 말하기	말이나 이야기를 관심 있게 듣는다. 자신의 경험, 느낌, 생각을 말한다. 상황에 적절한 단어를 사용하여 말한다. 상대방이 하는 이야기를 듣고 관련해서 말한다. 바른 태도로 듣고 말한다. 고운 말을 사용한다.
읽기와 쓰기에 관심 가지기	말과 글의 관계에 관심을 가진다. 주변의 상징, 글자 등의 읽기에 관심을 가진다. 자신의 생각을 글자와 비슷한 형태로 표현한다.
책과 이야기 즐기기	책에 관심을 가지고 상상하기를 즐긴다. 동화, 동시에서 말의 재미를 느낀다. 말놀이와 이야기 짓기를 즐긴다.

(3) 사회관계 내용범주와 내용

내용범주	내용
나를 알고 존중하기	나를 알고 소중히 여긴다. 나의 감정을 알고 상황에 맞게 표현한다. 내가 할 수 있는 것을 스스로 한다.
더불어 생활하기	가족의 의미를 알고 화목하게 지낸다. 친구와 서로 도우며 사이좋게 지낸다. 친구와의 갈등을 긍정적인 방법으로 해결한다. 서로 다른 감정, 생각, 행동을 존중한다. 친구와 어른께 예의바르게 행동한다. 약속과 규칙의 필요성을 알고 지킨다.
사회에 관심 가지기	내가 살고 있는 곳에 대해 궁금한 것을 알아본다. 우리나라에 대해 자부심을 가진다. 다양한 문화에 관심을 가진다.

(4) 예술경험 내용범주와 내용

내용범주	내용
아름다움 찾아보기	자연과 생활에서 아름다움을 느끼고 즐긴다. 예술적 요소에 관심을 갖고 찾아본다.
창의적으로 표현하기	노래를 즐겨 부른다. 신체, 사물, 악기로 간단한 소리와 리듬을 만들어 본다. 신체나 도구를 활용하여 움직임과 춤으로 자유롭게 표현한다. 다양한 미술 재료와 도구로 자신의 생각과 느낌을 표현한다. 극놀이로 경험이나 이야기를 표현한다.
예술 감상하기	다양한 예술을 감상하며 상상하기를 즐긴다. 서로 다른 예술 표현을 존중한다. 우리나라 전통 예술에 관심을 갖고 친숙해진다.

(5) 자연탐구 내용범주와 내용

내용범주	내용
탐구과정 즐기기	주변 세계와 자연에 대해 지속적으로 호기심을 가진다. 궁금한 것을 탐구하는 과정에 즐겁게 참여한다. 탐구과정에서 서로 다른 생각에 관심을 가진다.
생활 속에서 탐구하기	물체의 특성과 변화를 여러 가지 방법으로 탐색한다. 물체를 세어 수량을 알아본다. 물체의 위치와 방향, 모양을 알고 구별한다. 일상에서 길이, 무게 등의 속성을 비교한다. 주변에서 반복되는 규칙을 찾는다. 일상에서 모은 자료를 기준에 따라 분류한다. 도구와 기계에 대해 관심을 가진다.
자연과 더불어 살기	주변의 동식물에 관심을 가진다. 생명과 자연환경을 소중히 여긴다. 날씨와 계절의 변화를 생활과 관련짓는다.

20 표준보육과정 이해하기

어린이집 표준보육과정은 보육시설에서 보육하는 내용으로 영유아보육법 시행규칙에 제4차 어린이집 표준보육과정 고시에 따라 규정된다. 내용을 5가지 영역으로 나누어 연령별 목표와 내용, 운영 내용이 규정되어 있다.

2019년 시행 계획에서는 누리과정 개정에 따라 영유아 특성에 맞춰 표준보육과정을 개선하고자 「제3차 어린이집 표준보육과정」 개정과 해설서 개발 등을 계획하였다.

2019년 말, 어린이집에 다니는 0~5세 대상 보육과정 중 3~5세를 위한 보육과정(누리과정)은 이미 개정되었고, 0~2세는 어린이집에만 해당되므로 보건복지부 주관으로 0~5세 영유아의 연속적 경험과 연령 간 발달적 연계를 위하여 누리과정 개정 방향 및 내용을 고려하여 「제3차 어린이집 표준보육과정」 중 0~1세 및 2세 보육과정의 개정이 필요한 상황이었다. 이를 위해 2019년 10월부터 누리과정 및 표준보육과정 연구진을 중심으로 '「제3차 어린이집 표준보육과정」(0~2세) 개정 연구'를 통해 0~1세 보육과정과 2세 보육과정의 영역별 내용을 개정하였고, 0~2세 보육과정과 3~5세 보육과정(누리과정으로 이미 개정됨)을 포괄하는 총론의 일부를 개정하여, 2020년 4월 9일에 「제4차 어린이집 표준보육과정」을 고시하였다.

1) 표준보육과정의 구성

(1) 고시 특성

3~5세 보육과정(누리과정)의 고시 특성을 정리하면 다음과 같다.

가. 교육과정의 구성 체계를 확립하였다.

나. 누리과정의 성격을 '공통의 교육과정'으로 명시하였다.

다. 기존의 구성 체계를 유지하고 5개 영역의 내용을 간략화 하였다.

라. 유아중심, 놀이중심을 추구하였다.

마. 누리과정 실행력과 현장의 자율성을 강조하였다.

바. 평가를 간략화하였다.

1. 표준보육과정의 성격

가. 국가 수준의 공통성과 지역, 기관 및 개인 수준의 다양성을 동시에 추구한다.

나. 영유아의 전인적 발달과 행복을 추구한다.

다. 영유아 중심과 놀이 중심을 추구한다.

라. 영유아의 자율성과 창의성 신장을 추구한다.

마. 영유아, 교사, 원장, 부모 및 지역사회가 함께 실현해 가는 것을 추구한다.

2. 표준보육과정이 추구하는 인간상

가. 건강한 사람

나. 자주적인 사람

다. 창의적인 사람

라. 감성이 풍부한 사람

마. 더불어 사는 사람

3. 목적과 목표

표준보육과정의 목적은 영유아가 놀이를 통해 심신의 건강과 조화로운 발달을 이루고 바른 인성과 민주 시민의 기초를 형성하는 데에 있다.

가. 0~2세 보육과정 목표

ㄱ. 자신의 소중함을 알고, 건강하고 안전한 환경에서 즐겁게 생활한다.
ㄴ. 자신의 일을 스스로 하고자 한다.
ㄷ. 호기심을 가지고 탐색하며 상상력을 기른다.
ㄹ. 일상에서 아름다움에 관심을 가지고 감성을 기른다.
ㅁ. 사람과 자연을 존중하고 소통하는 데 관심을 가진다.

나. 3~5세 보육과정(누리과정) 목표

ㄱ. 자신의 소중함을 알고, 건강하고 안전한 생활 습관을 기른다.
ㄴ. 자신의 일을 스스로 해결하는 기초능력을 기른다.
ㄷ. 호기심과 탐구심을 가지고 상상력과 창의력을 기른다.
ㄹ. 일상에서 아름다움을 느끼고 문화적 감수성을 기른다.
ㅁ. 사람과 자연을 존중하고 배려하며 소통하는 태도를 기른다.

4. 구성의 중점

가. 영유아는 개별적인 특성을 지닌 고유한 존재임을 전제로 구성한다.
나. 0~5세 모든 영유아에게 적용할 수 있도록 구성한다.
다. 추구하는 인간상 구현을 위한 지식, 기능, 태도 및 가치를 반영하여 구성한다.
라. 표준보육과정은 다음의 영역을 중심으로 구성한다.
　ㄱ. 0~1세 보육과정과 2세 보육과정은 기본생활, 신체운동, 의사소통, 사

회관계, 예술경험, 자연탐구의 6개 영역을 중심으로 구성한다.

ㄴ. 3~5세 보육과정(누리과정)은 신체운동·건강, 의사소통, 사회관계, 예술경험, 자연탐구의 5개 영역을 중심으로 구성한다.

마. 0~5세 영유아가 경험해야 할 내용으로 구성한다.

바. 초등학교 교육과정과의 연계성을 고려하여 구성한다.

5. 교수·학습

가. 영유아의 의사 표현을 존중하고 민감하게 반응한다.

나. 영유아가 흥미와 관심에 따라 놀이에 자유롭게 참여하고 즐기도록 한다.

다. 영유아가 놀이를 통해 배우도록 한다.

라. 영유아가 다양한 놀이와 활동을 경험할 수 있도록 실내외 환경을 구성한다.

마. 영유아와 영유아, 영유아와 교사, 영유아와 환경 사이에 능동적인 상호작용이 이루어지도록 한다.

바. 각 영역의 내용이 통합적으로 영유아의 경험과 연계되도록 한다.

사. 개별 영유아의 요구에 따라, 휴식과 일상생활이 원활히 이루어지도록 한다.

아. 영유아의 연령, 발달, 장애, 배경 등을 고려하여 개별 특성에 적합한 방식으로 배우도록 한다.

6. 평가

가. 표준보육과정 운영의 질을 진단하고 개선하기 위해 평가를 계획하고 실시한다.

나. 영유아의 특성 및 변화 정도와 표준보육과정의 운영을 평가한다.

다. 평가의 목적에 따라 적합한 방법을 사용하여 평가한다.

라. 평가의 결과는 영유아에 대한 이해와 표준보육과정 운영 개선을 위한 자료로 활용할 수 있다.

7. 표준보육과정 영역별 목표와 내용

여기에서는 0~2세 표준보육과정의 영역별 목표와 내용을 살펴보자.

가. 기본생활

0~1세 목표-건강하고 안전한 일상생활을 경험한다.	2세 목표-건강하고 안전한 생활습관의 기초를 형성한다.
1) 건강한 일상생활을 경험한다. 2) 안전한 일상생활을 경험한다.	1) 건강한 생활습관의 기초를 형성한다. 2) 안전한 생활습관의 기초를 형성한다.

내용 범주	0~1세 내용	2세 내용
건강하게 생활하기	도움을 받아 몸을 깨끗이 한다.	자신의 몸을 깨끗이 해 본다.
	음식을 즐겁게 먹는다.	음식에 관심을 가지고 즐겁게 먹는다.
	하루 일과를 편안하게 경험한다.	하루 일과를 즐겁게 경험한다.
	배변 의사를 표현한다.	건강한 배변 습관을 갖는다.
안전하게 생활하기	안전한 상황에서 놀이하고 생활한다.	일상에서 안전하게 놀이하고 생활한다.
	안전한 상황에서 교통수단을 이용해 본다.	교통수단을 안전하게 이용해 본다.
	위험하다는 말에 주의한다.	위험한 상황에 대처하는 방법을 경험한다.

나. 신체운동

0~1세 목표-감각으로 탐색하고 신체활동을 즐긴다.	2세 목표-감각을 활용하고 신체활동을 즐긴다.
1) 감각 탐색을 즐긴다. 2) 신체활동을 즐겁게 경험한다.	1) 감각을 활용하고 신체를 인식한다. 2) 신체활동을 즐긴다.

내용 범주	1세 내용	2세 내용
감각과 신체 인식하기	감각적 자극에 반응한다.	감각 능력을 활용한다.
	각으로 주변을 탐색한다.	신체를 인식하고 움직인다.
	신체를 탐색한다.	
신체활동 즐기기	대소근육을 조절한다.	대소근육을 조절한다.
	기본 운동을 시도한다.	기본 운동을 시도한다.
	실내외 신체활동을 즐긴다.	실내외 신체활동을 즐긴다.

다. 의사소통

0~1세 목표-의사소통 능력의 기초를 형성한다.	2세 목표-의사소통 능력과 상상력의 기초를 기른다.
1) 일상생활에서 듣기와 말하기를 즐긴다. 2) 읽기와 쓰기에 관련된 관심을 가진다. 3) 책과 이야기에 관심을 가진다.	1) 일상생활에서 듣기와 말하기를 즐긴다. 2) 읽기와 쓰기에 관심을 가진다. 3) 책과 이야기에 재미를 느낀다.

내용 범주	1세 내용	2세 내용
듣기와 말하기	표정, 몸짓, 말과 주변의 소리에 관심을 갖고 듣는다.	표정, 몸짓, 말과 주변의 소리에 관심을 갖고 듣는다.
	상대방의 이야기를 들으면서 말소리를 낸다.	상대방의 이야기를 듣고 말한다.
	표정, 몸짓, 말소리로 의사를 표현한다.	표정, 몸짓, 단어로 의사를 표현한다.
		자신의 요구와 느낌을 말한다.
읽기와 쓰기에 관심가지기	주변의 그림과 상징에 관심을 가진다.	주변의 그림과 상징, 글자에 관심을 가진다.
	끼적이기에 관심을 가진다.	끼적이며 표현하기를 즐긴다.
책과 이야기 즐기기	책에 관심을 가진다.	책에 관심을 가지고 상상한다.
	이야기에 관심을 가진다.	말놀이와 이야기에 재미를 느낀다.

라. 사회관계

0~1세 목표-나를 인식하고, 친숙한 사람과 관계를 맺는다.	2세 목표-나를 알고, 다른 사람과 더불어 생활하는 경험을 한다.
1) 나를 고유한 존재로 안다. 2) 안정적인 애착을 형성하고, 또래, 교사와 함께 지낸다.	1) 나를 알고 긍정적으로 여긴다. 2) 다른 사람과 즐겁게 지내기 위한 태도를 기른다.

내용 범주	0~1세 내용	2세 내용
나를 알고 존중하기	나를 인식한다.	나와 다른 사람을 구별한다.
	나의 욕구와 감정을 나타낸다.	나의 감정을 표현한다.
	나와 친숙한 것을 안다.	내가 좋아하는 것을 한다.
더불어 생활하기	안정적인 애착을 형성한다.	가족에게 관심을 가진다.
	또래에게 관심을 가진다.	또래와 함께 놀이한다.
	다른 사람의 감정과 행동에 관심을 가진다.	다른 사람의 감정과 행동에 반응한다.
	반에서 편안하게 지낸다.	반에서의 규칙과 약속을 알고 지킨다.

마. 예술경험

0~1세 목표-아름다움을 느끼고 경험한다.	2세 목표-아름다움을 느끼고 즐긴다.
1) 자연과 생활에서 아름다움에 관심을 가진다. 2) 예술적 경험을 표현한다.	1) 자연과 생활에서 아름다움을 느끼고 관심을 가진다. 2) 예술을 통해 자유롭게 표현한다.

내용 범주	0~1세 내용	2세 내용
아름다움 찾아보기	자연과 생활에서 아름다움을 느낀다.	자연과 생활에서 아름다움을 느끼고 즐긴다.
	아름다움에 관심을 가진다.	아름다움에 관심을 갖고 찾아본다.

<table>
<tr><th>내용 범주</th><th>0~1세 내용</th><th>2세 내용</th></tr>
<tr><td rowspan="4">창의적으로 표현하기</td><td rowspan="2">소리와 리듬, 노래로 표현한다.</td><td>익숙한 노래와 리듬을 표현한다.</td></tr>
<tr><td>움직임과 춤으로 자유롭게 표현한다.</td></tr>
<tr><td>감각을 통해 미술을 경험한다.</td><td>미술 재료와 도구로 표현해 본다.</td></tr>
<tr><td>모방 행동을 즐긴다.</td><td>일상생활 경험을 상상놀이로 표현한다.</td></tr>
</table>

바. 자연탐구

0~1세 목표-주변 환경과 자연에 관심을 가진다.	2세 목표-주변 환경과 자연을 탐색하는 과정을 즐긴다.
1) 일상에서 탐색을 즐긴다. 2) 주변 환경을 탐색한다. 3) 생명과 자연에 관심을 가진다.	1) 일상에서 탐색하는 과정을 즐긴다. 2) 주변 환경에 관심을 가지고 탐색한다. 3) 생명과 자연에 관심을 가진다.

<table>
<tr><th>내용 범주</th><th>0~1세 내용</th><th>2세 내용</th></tr>
<tr><td rowspan="2">탐구과정 즐기기</td><td>주변 세계와 자연에 대해 호기심을 가진다.</td><td>주변 세계와 자연에 대해 호기심을 가진다.</td></tr>
<tr><td>사물과 자연 탐색하기를 즐긴다.</td><td>사물과 자연을 반복하여 탐색하기를 즐긴다.</td></tr>
<tr><td rowspan="6">생활 속에서 탐구하기</td><td>친숙한 물체를 감각으로 탐색한다.</td><td>친숙한 물체의 특성과 변화를 감각으로 탐색한다.</td></tr>
<tr><td rowspan="2">물체의 수량에 관심을 가진다.</td><td>물체의 수량에 관심을 가진다.</td></tr>
<tr><td>주변 공간과 모양을 탐색한다.</td></tr>
<tr><td>주변 공간과 모양을 탐색한다.</td><td>규칙성에 관심을 가진다.</td></tr>
<tr><td rowspan="2">규칙성을 경험한다.</td><td>주변 사물을 같고 다름에 따라 구분한다.</td></tr>
<tr><td>생활 도구에 관심을 가진다.</td></tr>
<tr><td rowspan="2">자연과 더불어 살기</td><td>주변의 동식물에 관심을 가진다.</td><td>주변의 동식물에 관심을 가진다.</td></tr>
<tr><td>날씨의 변화를 감각으로 느낀다.</td><td>날씨와 계절의 변화를 감각으로 느낀다.</td></tr>
</table>

21 유아·놀이 중심 교육과정 편성

2019 개정 누리과정에서는 유아·놀이 중심 교육과정 편성으로 유치원과 어린이집에서 하루, 한 주, 한 달, 한 학기, 일 년의 보낼 교육내용과 시간을 조직한다. 각 기관의 실정에 맞게 교육계획을 수립하고 일과를 놀이, 일상생활, 활동으로 구성하되 놀이가 충분히 이루어지도록 편성하여 운영할 것을 강조한다.

'2019 개정 누리과정'에서는 놀이하며 배우는 유능한 유아'와 '유아의 놀이'에 초점을 두고 있다. 놀이를 통하여 배우고 놀이에 담긴 의미를 읽어봄으로써 교사는 놀이를 통한 배움의 가치를 이해하도록 한다. 교육 계획은 교사 주도가 아니라 유아의 놀이에 주목하여 유아의 유능성에서 시작한다. 이러한 놀이를 지원하기 위한 교사는 놀이의 특성을 잘 파악하고 있어야 하며 지원해야 한다. 유아가 주도적으로 참여하고 자유롭게 즐길 수 있는 놀이'를 중심으로 교사의 자율성을 강조한 교육과정을 실행한다.

'자율성'이란 각 학급의 특성이 드러나도록 유아의 놀이를 중심으로 교육과정을 운영하는 것을 의미한다. 교사는 반 유아들의 놀이를 통해 다른 흥미와 관심에 따른 교육과정을 운영하는 것이다. 그러므로 같은 기관의 동일 연령 학급이라 할지라도 전혀 다른 내용의 교육과정을 운영할 수 있다.

놀이는 교실이나 야외 놀이터에서 일어나는 흔히 볼 수 있는 놀이에 중점을 둔다. 교사가 얼마나 놀이의 의미와 가치를 발견하고 놀이를 지원하느냐에 따라 개정 누리과정이 추구하는 교육의 효과가 나타날 것이다.

이러한 변화에 맞게 교사가 수행해야 하는 역할은 다음의 네 가지로 요약할 수 있다. 첫째, '유아·놀이 중심 교육과정을 이해하고 실천하는 역할', 둘째, '놀이를 통한 유아의 배움을 지원하는 역할', 셋째, '놀이와 배움을 기록하고 평가하는 역할', 넷째, '함께 배우며 성장하는 역할'이다.

개정 누리과정에서는 계획과 관련하여 각 기관의 지역적 특성이나 철학에 맞게 교육계획의 양식이나 작성 시기, 활용 방법을 자율적으로 정하도록 한다. 유아가 경험해야 할 내용을 바탕으로 배움의 통합성, 융통성, 자율성을 강조하므로 기존의 문서양식으로는 담아낼 수 없거나 필요 없는 부분이 생길 수도 있고, 작성의 시기가 변경될 수도 있다. 따라서 연간, 월간, 주간, 일일 계획안의 형식이나 분량을 자율적으로 할 수 있으며 통합하거나 선택적으로 활용할 수 있다.

1) 연간계획

연간 교육계획은 개정 누리과정에서 추구하는 인간상, 기관의 철학, 지역 사회의 특성, 개인수준의 다양성을 고려하여 자율적으로 수립할 수 있다. 1년 동안의 계절, 명절, 국가나 지역적 행사, 기관의 행사, 기관 적응 등을 고려하여 작성한다. 연간계획은 한 학급에서만 공유되는 것이 아니라 기관 전체의 구성원이 공유하는 자료이므로 기관 차원에서 연간계획을 검토해야한다. 또한, 유아에게서 발현되는 놀이 주제가 학기를 진행하는 동안 즉각적으로 반영될 수 있도록 여지를 남기고 연간계획을 작성한다. 개정 누리과정은 유아와 교사가 함께 '만들어가는 교육과정'이기 때문에 연간계획이 수립되었다하더라도 유아들의 놀이 경험에 따라 시기와 기간 등이 바뀔 수 있다(교육부, 2020, 2019 개정 누리과정).

2) 월간, 주간, 일일계획

개정 누리과정에서는 계획안의 양식과 내용, 작성주기를 실정에 맞게 변경할 수 있다. 월간, 주간, 일일계획안은 각 기관과 교사의 필요에 맞게 형식이나 분량도 자율적이다. 월간, 주간과 일일계획을 모두 수립하여야 하는 것은 아니며 하나만 선택하여 작성할 수도 있다. 계획안에는 실행과 평가를 동시에 기록하므로 계획, 기록, 평가를 통합한 양식으로 구성되고 명칭도 놀이기록과 평가, ○○반 놀이 이야기 등 다양하게 부를 수 있다.

매일 진행된 유아의 놀이를 기록하고 다음 날 지원할 내용을 간단히 계획할 수 있다. 매주 혹은 유아의 놀이 주제에 맞추어 지원 계획을 수립할 수도 있다. 따라서 유아의 놀이에 대한 교사의 관찰이 중요해진다. 교사가 미리 유아가 경험할 것을 조직하기보다는 유아의 놀이를 관찰하고 이를 지원하는 방식으로 계획할 것을 제안한다. 유아의 놀이는 시시각각 변화하고 교사의 기대 이상으로 심화될 수 있기 때문에 모든 놀이지원 계획을 미리 수립하기는 어렵다.

기존의 연간계획안처럼 주차별로 세부내용을 담기에는 어려운 점이 있지만 유아들이 놀이 몰입을 어려워하거나 지속하고 있는 놀이에 흥미는 떨어지고 다른 놀이를 찾아 배회할 때 차선의 방법으로 연간계획안을 반영하여 교사가 제공할 때 도움이 될 수 있다. 계획일 뿐 상황에 따라서 충분한 수정이 가능하다. 현장 학습과 유아의 개별적인 사전경험으로 시작되는 놀이들을 명절, 계절에 관련된 환경을 구성해 줌으로써 놀이전환이 이루어지기도 한다.

기존의 교육과정에서의 연간계획과 개정 누리과정의 연간계획을 비교해보면 아래의 표와 같다.

연간 계획과 실행된 놀이의 차이(만5세) **연간 계획에 대하여**

기존 생활주제(2018)	소주제(2018)	월	놀이(2019)
어린이집과 친구	·새로운 환경/우리반 약속 ·즐거운 하루 ·나와 친구 ·함께하는 우리	3	-
봄과 동식물	·봄 날씨와 생활 ·봄 풍경 즐기기 ·봄의 동식물 ·자연과 더불어 사는 우리	4	-
나와 가족	·나의 몸과 마음 ·소중한 나 ·사랑하는 우리 가족 ·가족의 생활과 놀이 ·다양한 가족의 문화	5	**실내동물원(현장학습)** 주렁주렁놀이/꿀벌놀이/독침놀이/동물 병원놀이 슬라임놀이(딱풀)
우리동네	·우리동네 모습 ·우리동네 생활 ·함께하는 우리동네 ·우리동네 전통과 문화	6	슬라임놀이(다양한 재료)/ 유토/천사점토 식당놀이 주렁주렁+동물병원놀이 +포켓몬병원놀이 신비아파트 놀이 교통기관+도로 놀이
여름과 건강	·여름 날씨와 생활 ·여름 풍경 즐기기 ·안전한 놀이와 생활 ·즐거운 운동과 휴식	7	**'여름'정글 환경 구성/ 파라솔,텐트 제공** 캠핑놀이+ 마트놀이 영화관놀이 +유모차놀이 +산책길 만들기+ 상점놀이 교통기관 놀이 +경사로 놀이 슬라임놀이 +물감 놀이 +바다만들기 **생태 관찰(현장학습)**/사슴벌레 구입/사슴벌레 이름표 만들고 전시회 놀이
교통기관과 안전	·궁금한 교통기관 ·고마운 교통기관 ·즐거운 교통생활 ·달라져가는 교통기관 ·교통통신과 교통생활	8	**아쿠아리움(현장학습)** 상점놀이(6세동생들과)/경사로 놀이 + 주차장 놀이/ 팽이놀이 +속도비교+대결 **원내 물놀이 행사** / 낚시놀이(실외) '교통기관'관련 교구 제공/교통기관 빙고게임/ 버스놀이/비행기놀이/재활용품 교통기관 만들기 광복절/태극기만들기

출처: 교육부 나눔누리, 2020, 환경구성 자료.

계획안의 사례는 2019 개정 누리과정 놀이실행자료의 <제Ⅳ부 교사의 놀이 지원 사례>에 소개되어 있는 것을 참고할 수 있다.

- 놀이실행 및 지원을 기록한 주간교육계획안의 예(p. 108)
- 두 개의 놀이 주제를 반영한 월간교육계획안의 예(p. 120)
- 실행된 교육과정과 예상 놀이주제를 기록한 주간교육계획안의 예(p. 132)

〈놀이실행 및 지원을 기록한 주간교육계획안의 예〉

주제	우리 동네	목표	내가 살고 있는 곳에 대해 궁금한 것을 알아본다.

요일	실행	지원
...	...	...
목	• 교실 한 켠에 있는 지도에 대해 관심을 가지고 가장 빨리 가는 길에 대한 대화를 나눔.	✓ 인터넷을 활용하여 유아가 지도를 잘 볼 수 있도록 지원함.
금	• 인터넷으로 본 지도를 보며 그림으로 길을 표상함. 교실에 있는 종이가 작다고 하면서 점점 더 큰 크기의 종이를 요청함.	✓ 더 큰 종이 제공함: 도화지 → 4절지 → 전지 → 전지 이어 붙여서 그림 그리기.
월	• 지난주 금요일에 이어 길을 그림으로 표상함. 그림에서 일반도로 뿐 아니라 다양한 길(예: 지하철, 고속도로 등)에 대한 표상이 나타남. • 종이를 이어 붙이는 것의 불편함과 더불어 이어 붙인 종이 위에 올라가서 그림을 그리자 다시 그릴 공간이 좁아지는 상황이 벌어짐.	✓ 문제 해결 방법에 대해 유아들과 토의하였고 복도에 나가서 그림을 그리기로 결정함. ✓ 종이는 계속 이어 붙이기 어려워 바닥에 그림을 그리면 좋겠으나 바닥을 훼손하면 안 되므로 다음날 교사와 함께 자료실에 가서 바닥에 그리기 적절한 그리기 도구가 있는지 찾아보기로 함.
화	• 자료실에 가서 바닥에 그리고 지우기 적절한 그리기 도구를 찾다가 우연히 테이프를 발견하고 테이프로 길을 만들자고 함. • 유아가 선택한 자료인 테이프로 유아는 복도에서 길을 만들기 시작함.	 ✓ 교사와 유아가 함께 자료실에 가서 유아가 선택한 자료(절연 테이프)를 제공함. ✓ 교실 외 놀이공간(복도) 활용함.
수	• 복도에서 이어서 놀이함. 길이 더 길어지고 커짐. • 색테이프를 요청함. • 테이프로 벽에도 표상을 시작함. 노랑-고속도로 파랑-1호선 초록-2호선 빨강-3호선 "아파트는 바닥X. 서있잖아."	✓ 벽까지 올라가서 어떻게 다 떼어 정리하나 걱정도 되었지만 유아들의 놀이를 지켜보기로 함. ✓ 요청에 따라 다양한 색깔의 테이프 추가 제공함. ✓ 테이프로 만든 길 위에 입체적으로 동네를 구성할까 싶어 종이벽돌블록과 소품 일부를 제시해 보았음.
목	• 제시한 블록, 소품에 관심을 보이지 않음. 오로지 테이프로만 길 만들기에 집중함. • 복도도 테이프길로 거의 꽉 차고, 멈춰야 되는지 다른 공간으로 길을 확장해도 괜찮은지 묻기 시작함. • 유아들과 토의 후 계단, 강당까지 가기로 함. • 길/미로/경사로 관련 대화가 오감.	✓ 유아가 안전하게 놀이하도록 교사도 전체를 관찰하지만, 평소 놀이하던 공간이 아니고 다른 학급의 유아들도 오가는 공간이므로 안전하게 놀이할 수 있도록 안전에 대해 짧게 이야기를 나눔. ✓ 유아들의 의견을 받아들여 복도에서 계단, 강당까지 기관 전체로 이어서 놀이하는 것으로 함.
금	• 테이프로 길 만드는 유아들이 줄어들고, 복도나 계단에서 길 만들기 놀이를 하기보다는 뛰어다니는 유아들이 많아짐. • 테이프를 떼어 정리하는 과정에서 돌돌 말린 테이프가 공처럼 되었고 테이프 공은 다시 유아들에게 새로운 놀잇감으로 보이기 시작함.	✓ 길 만들기 놀이에 대한 관심이 줄어들었음. ✓ 정리도 유아와 함께 진행함. 정리하는 과정에서 새로운 놀이자료(테이프 공)를 발견함. ✓ 테이프 공 활용하여 놀이할 수 있는 방법을 유아들 스스로 창안하기 시작함.

출처: 교육부, 2020, 개정 누리과정 놀이실행자료, p.108

3) 하루일과운영

개정 누리과정에서는 하루일과는 유아가 주도하는 놀이를 중심으로 편성하고 운영하도록 한다. 일과 구성은 유아의 매일 반복되는 일상생활 그리고 활동으로 구성된다. 일과에서 바깥놀이를 포함하여 유아의 놀이 시간이 2시간 이상으로 충분히 이루어지도록 편성하여 운영할 것을 강조한다. 날씨와 계절, 기관의 상황, 유아의 관심사와 놀이 특성 등을 고려하여 융통성 있게 편성·운영한다. 유아가 놀이에 몰입하면서 의미 있는 배움의 기회를 가질 수 있도록 한다.

일과에는 놀이 외에도 등원과 하원, 간식과 점심, 손 씻기와 화장실 다녀오기, 안전에 대한 지도 등 매일 반복되는 일상생활도 포함된다. 놀이의 흐름을 지속할 수 있도록 시간 배치의 변화도 시도하고, 매일의 일상생활을 놀이와 같은 방식으로 즐길 수 있는 방법을 찾아본다.

일과를 융통성 있게 운영한다. 이야기나누기, 노래, 동화, 게임 등 적절한 유형의 활동을 연결하여 운영한다. 놀이의 흐름이 끊어지지 않고 충분히 놀았다고 느낄 수 있도록 일과를 편성하는 것이 중요하다. 유아의 놀이를 관찰하고, 놀이가 활발하게 이루어질 수 있도록 지원하는 활동도 계획할 수 있다. 일과의 순서는 일관성이 있어야 하지만 융통성 있게 운영되어야 한다.

교사는 활동을 계획했다 하더라도 날씨의 변화나 놀이에 대한 흥미 지속 여부에 따라 달라질 수 있다. 전날의 놀이 흐름에 대한 기록과 평가를 반영하여 다음 날의 일과를 다른 순서로 조직할 수 있다. 유아가 놀이에 충분히 몰입하고 진정한 배움이 일어날 수 있도록 놀이와 일상생활, 활동을 유연하게 운영할 수 있어야 한다. 활동은 교사가 미리 계획할 수 있지만 유아와 의논하여 순서를 함께 정할 수도 있게 하여 유아가 즐겁게 참여할 수 있는 교수방법을 사용하여야 한다. 유아의 놀이를 잘 관찰하고 지원하기 위해서 교사는 교육과정 구성을 함께 한다는 관점을 가져야 한다.

교사는 유아의 놀이를 통하여 유아를 이해하려는 민감성을 갖추려고 노력해야 한다. 유아의 놀이를 주의 깊게 바라보고 유아가 경험하는 기쁨과 슬픔, 좌절과 감동을 함께 느끼고 공유할 수 있어야 한다. 놀이를 통한 경험과 스스로 배우는 것이 무엇인지 이해해야 한다. 결국 교사는 유아들이 구성하고 만들어내는 놀이의 총체적 의미를 충분히 이해할 수 있도록 노력해야 한다.

교사의 놀이 지원은 격려, 미소, 공감의 표정을 보이거나 칭찬과 격려의 말을 건네는 정서적 지원을 제공할 수 있다. 또한, 놀이를 관찰하다가 배움이 일어나도록 질문이나 제안을 건네 보는 등의 상호작용에 기반한 언어적 지원, 공간 구성을 바꾸어주거나 새로운 자료를 제공하는 등의 환경적 지원을 할 수 있다. 환경적 지원을 할 때는 심미적·창의적 감수성을 키워줄 수 있도록 공간과 자료를 제공해주는 것이 중요하다.

22 교육과정 수행에 대한 평가하기

교육과정을 목적과 목표에 맞게 수행하고 나면 그에 대한 평가가 필요하다. 개정 누리과정에서의 평가는 방법과 시기에서도 자율성을 가지며 관찰과 기록, 수집, 부모 설문지 등의 다양한 방법을 이용하여 유아와 누리과정 운영에 대한 평가를 실시한다.

교육과정 평가란 교육과정의 목적과 목표가 올바로 설정되었는지, 그리고 계획된 바에 따라 교육과정이 잘 운영되었는지를 확인하는 것이다. 개정 누리과정은 교사가 미리 계획하여 '계획-실행-평가-계획'으로 이어지던 기존의 과정을 지양한다. 평가의 간략화가 이루어지면서 유아의 행복과 전인발달을 위한 가치로운 평가를 강조한다. 교사는 유아의 놀이, 일상생활, 활동을 잘 관찰하고 기록했다가 유아의 배움을 지원하기 위한 계획을 수립하는 것이 좋다. 특히, 개정 누리과정은 5가지 추구하는 인간상을 제시하고 있으므로 누리과정 목적과 목표 및 5개 영역별 목표와 내용을 유아의 성장 변화 및 교육과정 운영에 대한 판단의 근거로 삼을 수 있다.

평가는 다음 사항에 중점을 두고 실시한다(2019 개정 누리과정).

가. 누리과정 운영의 질을 진단하고 개선하기 위해 평가를 계획하고 실시한다.

나. 유아의 특성 및 변화 정도와 누리과정의 운영을 평가한다.

다. 평가의 목적에 따라 적합한 방법을 사용하여 평가한다.

라. 평가의 결과는 유아에 대한 이해와 누리과정 운영 개선을 위한 자료로 활용할 수 있다.

1) 평가를 위한 자료 모으기

교사는 유아의 놀이와 일상을 관찰하여 놀이 관찰 기록을 평가를 위한 자료로 활용한다. 유아 이해 및 놀이 지원에 중요하고 의미있는 자료를 선별해야 한다. 이때에 교사는 놀이를 지원하면서 동시에 기록하는 것이 쉬운 일은 아니므로 효율적으로 기록하는 방법을 찾을 필요가 있다. 메모, 구성물 사진, 유아 작품, 일일계획안의 평가란, 일지양식 등으로 다양한 방법으로 할 수 있다. 일과 중 관찰한 내용을 메모식으로 짧게 남기고 일과 후 상세하게 보완할 수 있다.

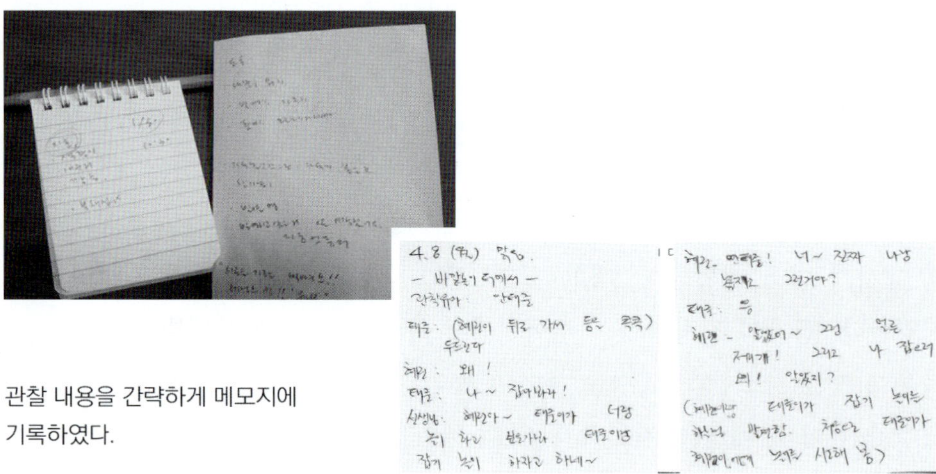

관찰 내용을 간략하게 메모지에 기록하였다.

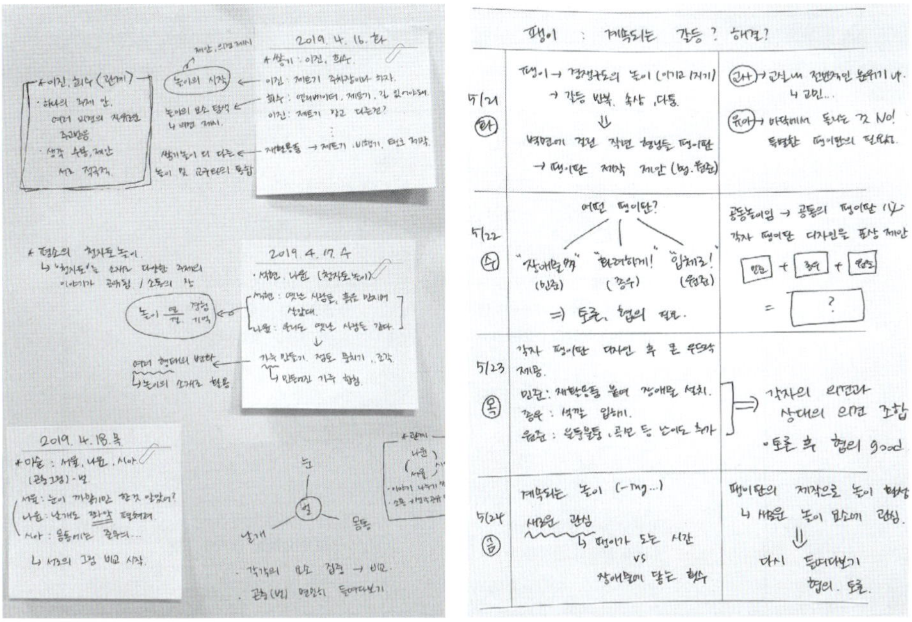

간략히 기록한 메모내용을 바탕으로 추후에 내용을 자세히 기록하였다.

출처 : 교육부, 2020. 2019 개정 누리과정 놀이실행자료 p.60

2) 자료를 활용하여 평가하기

평가는 유아 평가와 누리과정 운영 평가로 나누어 유아교육기관의 상황과 필요에 따라 적합한 방법을 선택하여 자율적으로 실시한다.

유아 평가는 일상생활 및 놀이 과정에서 기록을 통해 유아의 흥미와 관심, 놀이 선호, 또래와의 상호작용 등 유아의 특성과 변화 정도를 평가할 수 있다. 계획안이나 일지 유아들의 실제 놀이 모습 기록, 유아의 놀이결과물, 작품, 사진이나 동영상 등을 자료로 활용할 수 있다. 누리과정 5개 영역의 내용이 놀이에서 어떻게 경험되고 어떤 배움이 일어났는지 살펴본 후 이를 추후 놀이지원에 반영할 수 있도록 한다.

예시 놀이과정에서 유아가 표상한 그림에 기반하여 유아 이해하기

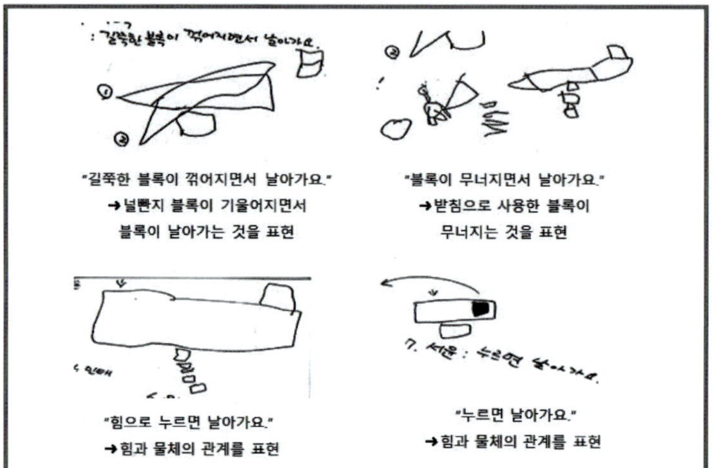

<유아가 발견한 지렛대 놀이의 원리>

놀이를 관찰하며 수집한 유아의 활동 결과물을 평가에 활용하여 추후 교육과정 운영 지원에 반영할 수 있다.

출처 : 교육부, 2020, 2019 개정 누리과정 놀이실행자료 p.64

누리과정 운영 평가는 누리과정의 운영의 질을 개선하기 위하여 기관과 학급의 특성을 반영하여 평가한다. 일과 구성이 적절하였는지, 일상생활이나 활동이 놀이를 지원하는 방식으로 진행되었는지, 놀이를 통해 어떤 경험이 어떻게 일어났는지 등에 대해 기록을 통하여 돌아보는 것이다. 기록을 바탕으로 한 평가는 학급 내 놀이, 일상생활, 활동이 잘 연계되어 유아에게 의미 있는 통합적 경험의 내용으로 운영되었는지를 보아야한다. 5개 누리과정 영역 활동이 어떻게 이루어졌는지 검토하고 연계되었는지 돌아본다. 그러나 매일의 일과를 5개 영역에 따라 연계할 필요는 없다. 유아평가와 누리과정 운영 평가는 유치원과 어린이집의 상황이나 필요에 따라 가장 적합한 방법을 선택하여 자율적으로 실시한다.

23 놀이환경 구성하기

유아교육기관의 교실 내/외 환경구성은 교육의 질적인 면에 큰 영향을 미친다. 교육과정에서 추구하는 교육의 핵심 가치를 반영한 교실의 영역별 구성 원리를 알고 적절하게 배치할 수 있어야 한다.

교실환경은 수업의 진행뿐만 아니라 하루의 일과를 통하여 필요한 모든 것들이 포함한다. 아침에 등원하는 순간 유아가 자신의 신발을 신발장에 넣는 활동부터 자유선택활동과 하원 시 평가에 이르는 모든 활동에 필요한 공간과 준비물이 포함된다.

신학기가 되어 학급을 맡으면 반 유아들에게 맞는 교실 영역별 구성을 해야 한다. 교실 영역 구성의 원리에 맞추어 자기 교실의 특성에 맞게 적당한 공간을 분리한다. 교실마다 크기나 방향 등 특성이 있고, 교사 자신의 개성을 살려 교실의 구성을 해보는 것이 좋다. 환경의 구성은 깨끗하고 안전하며 편이성과 함께 아름다움을 같이 포함하면 좋다. 특히 신학기를 맞이하기 전에는 꼼꼼하게 확인하여 서두르는 일이 없도록 하자. 환경적 지원을 할 때는 심미적·창의적 감수성을 키워줄 수 있도록 공간과 자료를 제공해주는 것이 중요하다. 유아의 놀이를 충분하게 지원하는 놀이 환경 구성은 누리과정 포털 사이트와 같은 자료를 참고하여 꾸밀 수 있다.

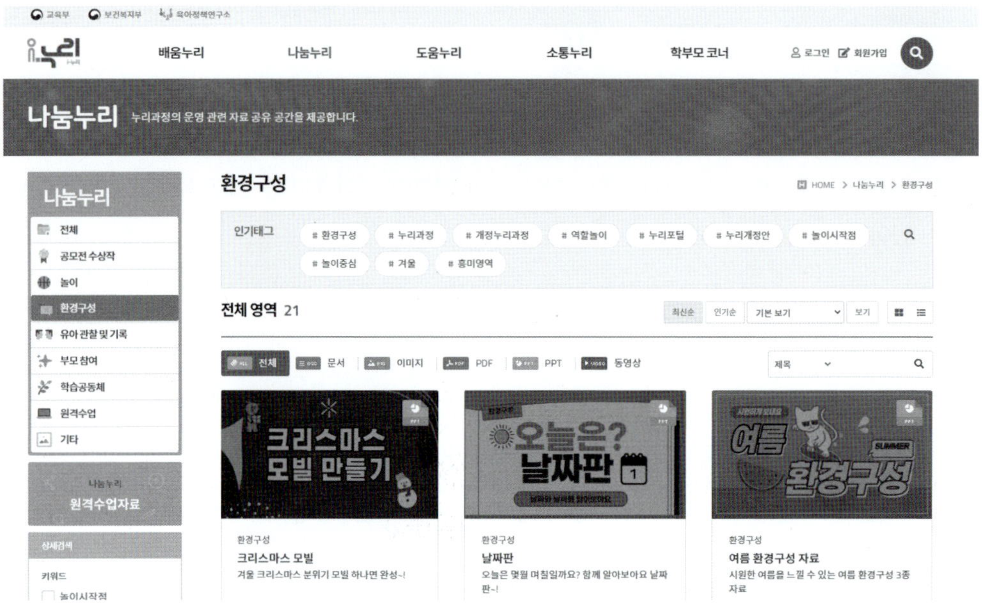

출처: 교육부, 나눔누리 사이트,
https://i-nuri.go.kr/main/module/dataManage/index.do?cate_menu_idx=2&menu_idx=110

교실의 놀이 활동 영역은 5개 영역별 내용을 위한 영역으로 구성할 수 있다. 그 외에도 교사가 매일의 일과에 필요한 활동을 위한 출석이름카드, 하루일과표, 날짜표시판, 환경판, 작품게시판 등이 있다.

1) 놀이 환경구성

유아중심적으로 유아의 다양한 놀이를 지원하는 환경으로 실내/외 영역을 구성한다. 유아가 실내에서 놀이를 지원할 수 있는 충분한 환경을 제공하는지 시간, 공간, 자료 등을 통합적으로 점검해 볼 필요가 있다. 편안함을 주는 환경, 유아 주도적인 배움을 지원하는 환경, 미적인 감수성을 길러주는 환경, 창의력을 길러주는 환경 등의 요소가 들어가 있는 환경을 구성한다.

유아는 놀이를 통해 하나의 공간을 자신들의 놀이에 적합한 공간으로 새로운 목적을 부여하여 사용하기도 하고 놀이할 공간을 스스로 찾아내거나 만들기도 하고, 공간과 공간을 연결하여 새로운 놀이로 확장하기도 한다. 놀이 공간을 유아의 놀이를 관찰하면서 필요에 따라 융통성있게 배치해본다. 놀이하는 공간을 넓혀보고 유아에게 공간 배치의 주도권을 주어본다. 기존의 공간이 아니라 다른 놀이 공간을 찾아볼 수 있다.

학급 원아수, 성별의 비율, 유아들의 전반적인 놀이 성향을 고려하여 교실의 영역을 구성한다. 학기 초에는 놀이 자료를 구분하기 또한 기본적인 영역을 구분하고 각 영역이 지나치게 협소해지지 않도록 가구를 배치해보는 것이 좋다, 또한, 한번 정한 영역을 한 학기 내내 고정하지 않고 놀이에 따라 즉각적으로 재배치해주려는 융통성을 발휘하고 실내외 전체공간을 놀이를 위해 다양하게 활용하려는 노력이 필요하다(2019 개정 누리과정 놀이 실행자료).

2) 놀이 자료

놀이자료는 교사가 준비한 자료에 더하여 유아가 매일 마주치게 되는 일상의 사물들, 자연물이나 자연현상 등 모든 것이 자료가 될 수 있다. 경우에 따라 OHP나 조명기구, 다양한 디지털 매체 등은 유아의 놀이를 더 풍부하게 만들어 준다. 유아에게 위험하거나 유해하지 않는 한 모든 자료가 놀이자료가 될 수 있다는 새로운 가치를 함께 실현하려는 열린 마음과 유아의 주도성을 인정해주는 태도를 가지는 것이 필요하다,

유아가 정한 자료 활용 방법을 격려한다. 자연물이나 자연 현상도 자료가 될 수 있다. 다양한 일상의 사물을 놀이자료로 활용한다. 자료가 없어도 놀이 할 수 있다. 기존의 자료도 새롭게 활용해본다.

유아의 경험을 지원하는 놀이 환경 체크리스트를 참고해서 구성해보자(교사를 위한 놀이지원 워크북, 교육부 2021).

1. 창문을 통해 유아는 언제 어디서나 빛을 느낄 수 있는가?
2. 시간과 장소와 유아가 하는 활동에 적합하게 빛을 조절할 수 있는가?
3. 유아가 유치원/교실의 안과 밖에서 자연을 접하고 그 속에서 편안함을 느낄 수 있는가?
4. 유치원 전체에서 편안한 분위기가 풍겨 나오는가?
5. 유아가 편안함을 느낄 수 있도록 하루일과가 여유롭게 구성되어 있는가?
6. 유아가 편안함을 느낄 수 있도록 하루 일과를 필요에 따라 유연하게 변경할 수 있는가?
7. 유아가 진지한 놀이에 참여할 수 있을 만큼 놀이 시간(기간)이 충분히 길게 제공되는가?
8. 다양한 특성(재질, 크기, 무게, 색상 등)을 가진 자료를 제공하여 유아의 탐색 동기를 유발하는가?
9. 새로운 자료를 주기적으로 제공하여 유아의 탐색 동기를 유발하는가?
10. 익숙한 자료를 새로운 방법으로 제시하여 유아의 탐색 동기를 유발하는가?
11. 활용 방법이 무한한 자료를 제공하며 유아의 탐색 동기를 유발하는가?
12. 기존과 다른 방법으로 놀이 자료를 배치하여 유아의 탐색과 활용 동기를 유발하는가?
13. 유아의 놀이와 관련된 정보나 자료를 자연스럽게 제시하여 융의 탐색과 학습을 촉진하는가?
14. 유아가 색상, 명도, 채도 등의 색이 속성을 자연스럽게 제시하여 유아의 탐색과 학습을 촉진하는가?
15. 교육환경과 놀이자료에 사용된 색이 서로 조화를 이루는가?
16. 자연물이 놀이 자료와 함께 적절하게 사용되어 유아의 흥미를 유발하는가?
17. 자연물을 교실에 균형있고 조화롭게 배치하여 자연물이 가진 아름다움을 발견할 수 있도록 하는가?
18. 가구의 크기, 모양, 색상, 재질 등을 다양하게 제시하여 가구를 통해 유아가 심미감을 느낄 수 있는가?
19. 유아의 작품을 미술적으로 아름다우면서도 영감을 주는 방식으로 전시하는가?
20. 유아 작품의 방향, 거리, 높이 등과 같은 특징적인 요소를 강조하거나 과장하는 방법으로 전시하여 유아의 미적인 감수성을 기르도록 하는가?
21. 유아의 작품에서 나타나는 재료, 기법 등의 공통점을 활용하여 전시하여 유아의 미적인 감수성을 기르도록 하는가?
22. 실내외 공간은 한 장소(영역)에서 다른 장소(영역)로 자유롭게 이동할 수 있도록 배치되어 있는가?
23. 물건을 원래의 용도가 아닌 다른 용도로 사용하도록 하는 등 익숙한 자료를 새로운 시선으로 보게 하여 유아의 창의력을 길러주는가?
24. 가구를 통해 생기는 잠재적인 공간(책상 위, 피아노 아래 등)을 활용하여 익숙한 공감을 새로운 시선으로 보게 하는가?
25. 기존 교구장을 놓는 방향이나 방법을 달리하고 새롭게 사용하여 익숙한 보관 공간을 새로운 시선으로 보게 하는가?

3) 하루 일과표

하루의 일과표는 그날에 할 놀이 활동을 계획하고 만들어서 교실의 한 부분에 게시해두면 아이들이 자신의 활동을 선택하는데 도움을 준다. 아침 전체 모임 시간에 모여서 교사와 아이들이 의논한 그날의 활동계획표를 함께 붙여주거나 교사가 안내해 주기도 한다. 개정 누리과정에서는 아이들이 시간과 공간의 주도권을 갖도록 한다. 정한 일과표도 유아들의 놀이에 따라 변화할 수 있는 융통성을 가진다. 기존의 하루 일과 계획이 개정 누리과정에 따라 변화된 것을 보면 아래 그림과 같다.

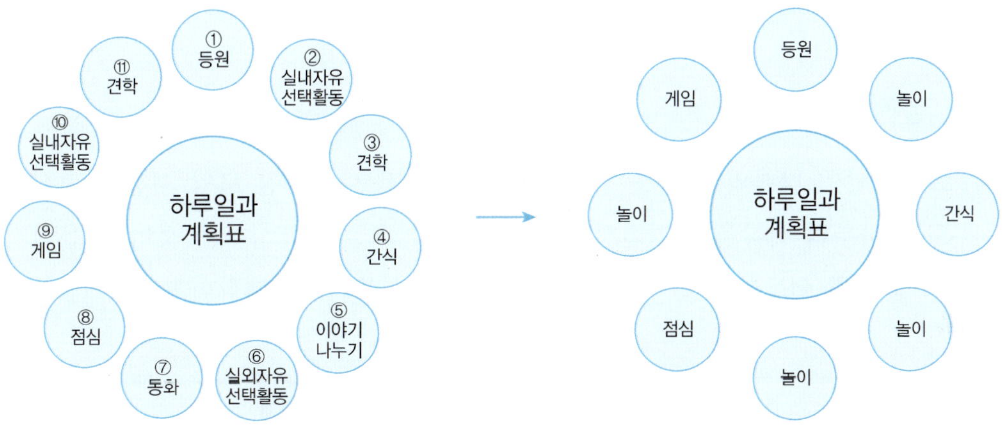

교사가 계획한 일과시간표를 유아에게 재구성하도록 하였을 때
유아들이 선택한 일과 구성 사례

출처: 교육부, 2020, 교사를 위한 놀이지원 연수자료 p. 33

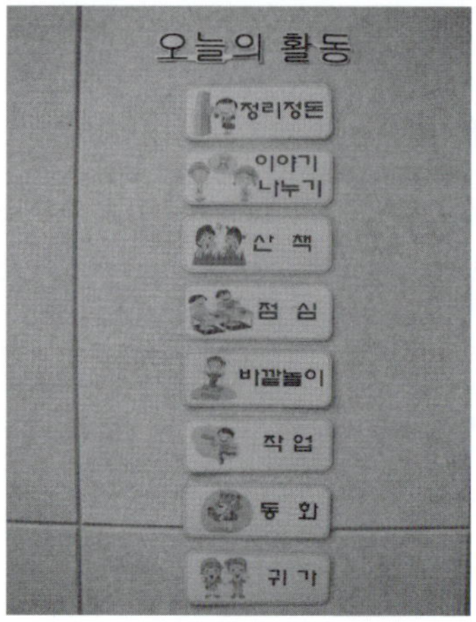

〈교실 벽에 비치한 오늘의
활동 표시의 예〉

4) 날짜표시판

그날그날의 날짜와 요일을 알 수 있게 만든 것으로 아침 모임 시간에 출석을 부르고 하루의 시작을 알리면서 그날의 날짜와 요일을 표시하는 것이다. 유아가 보고 읽기에 쉽도록 만들고 교사가 자신의 특성을 살려 제작하여 사용한다.

〈날짜표시판의 예〉

5) 출석 이름카드

출석부가 따로 있지만 보통은 신학기에 반 아이들의 이름표를 만들어 출석을 부를 때 사용할 수 있다. 글자를 모르는 유아를 위하여 사진과 이름이 같이 붙어 있는 카드를 만들어 사용한다.

신발장과 사물함에도 유아가 자신의 소지품을 정리할 때 필요한 이름표를 만들어 두면 편리하게 사용할 수 있으며 언어습득에도 도움이 된다.

24 교재교구의 활용·보관하기

교재교구는 유아의 놀이를 전개하는데 주 도구로 사용하기 때문에 효율적으로 활용할 수 있도록 제작, 보관하는 것이 아주 중요하다.

교재교구는 유아 놀이의 효과를 올리기 위하여 사용하는 교수매체의 일종으로 그림, 책, 사진, 놀이판 등으로 다양하며 입체적인 것과 평면적인 것으로 나눌 수 있다. 비구조화된 자료를 제공함으로써 유아의 창의성을 확장해준다. 교재교구의 배치 또한 중요하며 제작도 중요하지만 보관도 아주 중요한 요소이다.

여기에서는 교재교구의 활용을 위한 배치, 보관, 자료 관리에 대하여 살펴보겠다.

1) 교재교구 배치

교실에서의 교구배치는 유아의 놀이 활동을 촉진하는데 아주 중요하다. 교구가 훌륭해도 배치가 잘못되어 활용도가 떨어진다면 곤란하다. 교구는 유아의 눈높이에 맞는 교구장이나 유아들이 잘 볼 수 있는 곳에 깨끗하게 정리해 둔다.

(1) 놀이의 주제에 맞고 다양한 영역의 발달이 이루어지도록 목적 상황에 맞도록 교구를 준비한다. 비구조화된 자료로는 재활용품, 자연물, 다양한 구성이 가능한 블록들이 있다. 교구를 사용할 때는 쟁반이나 상자, 통, 낮은 박스, 바구니, 주머니 등에 담아서 교구장에 전시한다.

(2) 놀이 공간을 틀에 매이지 않고 구분없이 다양한 영역으로 구성할 수 있다. 수조작영역, 언어영역, 역할 영역, 미술영역 등 교사가 선택한 영역들이 있다. 점차 유아의 놀이를 관찰하면서 필요한 영역을 구성하거나 확장하거나 축소할 수 있다. 계단이나 피아노 아래의 구석진 곳도 아이들이 사용하기에 따라서 다른 놀이 공간이 될 수 있다. 이럴 때 교사는 피아노 아래 공간을 놀이 공간으로 제한하지 않고 꾸며줄 수 있다. 유아의 경험과 연결하여 유아들이 제안하는 새로운 놀이 영역을 만들 수 있다. 즉 놀이 공간의 틀을 깨는 것이다.

(3) 매일의 놀이에 필요한 교재교구를 사용하고 나면 제자리에 갖다 두는 습관을 갖는 것이 좋다. 정리하는 것도 놀이처럼 느낄 수 있도록 하면 아이들이 여러 학급이 공동으로 사용하는 교구는 항상 필요할 때 쓰기 쉽도록 그때그때 사용하고 나면 정리정돈을 잘하는 것이 필요하다.

2) 교재교구 보관

보통 기관에서 공동으로 사용하는 교구 보관실이 있고 교실 내에도 교구를 보관할 수 있는 공간이 필요하다. 공간의 여건상 교구를 보관할 공간이 충분하지 않을 수도 있다. 교재교구 보관도 원리를 두고 적용하면 사용하기에 편리하고 잘 보관할 수 있다.

(1) 교재교구를 목적에 따라 구분하여 보관한다.

보관하는 장소는 공간을 구분할 수 있는 길고 높은 장을 사용할 수 있다.

그 교구장의 층별을 구분하여 목적별로 표시하고 교재교구를 보관할 수 있다.

(2) 교구 보관실은 통풍이 잘 되고 정리가 잘 되어 찾기 쉽도록 관리한다. 교구 보관실의 위치는 여러 학급의 동선을 고려하여 마련하는 것이 좋다.

(3) 교재교구 보관장은 나무나 앵글을 재질로 하여 만들 수 있으며 보관하기 쉽고 꺼내어 쓰기 편안한 구조로 만든다.

(4) 교구의 종류에 따라 크기나 재질이 다르므로 다양한 교구에 따라 보관장도 다른 것을 마련하는 것이 좋다. 교구 상자, 바구니, 부직포나 천으로 만든 가방 등을 활용할 수 있다.

(5) 교구상자에 생활주제, 영역, 교구명 등이 적힌 정리 라벨을 만들어 붙인다.

〈교구 정리 라벨지 예〉

분류 번호	생활주제	활동 형태	교구명
동화-A	식물	대집단	사과가 쿵

〈교구장 예〉

출처: 서울시교육청 홈페이지

3) 교재교구 및 자료 관리대장

교재교구나 도서를 구입하면 구입목록 대장을 만들어 관리한다. 교재·교구가 연령별, 주제별로 정리되어 있는지, 사용과 보관이 용이하도록 관리하고 있는지, 교재·교구 목록이 작성되어 보관되고 있는지를 살펴보는 것은 교재·교구의 구입 못지않게 중요하다. 목록 대장에는 일련번호, 교구명, 자료, 구입일자, 주제 등 보관과 사용이 용이하도록 표시해 둔다.

교구 및 설비를 구입하기 위한 계획서 양식의 예는 다음과 같다.

〈유치원 교구·설비 확보 계획서〉

영역	종 목	규 격	소요 기준	구분		확보 계획	비고
				필수	권장		
쌓기	1. 블록	유니트 블록, 공간블록, 기타 블록(스펀지, 나무, 종이, 헝겊, 우레탄, 플라스틱 블록 류 등)	학급당 5종 이상	○			
	2. 소품	동·식물 모형(육지동물, 조류, 바다생물, 곤충, 공룡, 식물 등)	학급당 3종 이상	○			
		인형(다양한 인종, 직업·성을 나타내는 사람 모형 등) 가면 등	학급당 3종 이상	○			
		교통기관 모형(자동차, 비행기, 배, 교통 신호 표지판, 지역사회기관 모형 등)	학급당 3종 이상	○			
	3. 기타	화보, 관련도서, 활동카드, 사진 등	학급당, 생활주제별 3종 이상	○			
역할	1. 가구	씽크대, 화장대, 소파, 낮은 탁자, 의자, 옷장 등	학급당 3종 이상	○			
	2. 주방용품	모형가스레인지, 냉장고 , 토스터, 프라이팬, 냄비, 주전자, 쟁반 국자, 도마, 칼, 컵, 각종 그릇, 수저, 포크, 나이프, 음식 모형 등	학급당 5종 이상	○			
	3. 소품	소꿉놀이, 병원놀이, 음식점놀이, 우체국놀이, 미용실놀이, 가게 놀이, 소방서놀이, 동물원놀이, 우주선놀이, 주유소놀이, 방송국놀이 등을 위한 소품 일체	학급당 3종 이상	○			
	4. 기타	화보, 간판, 관련 도서, 활동카드, 활동사진 등	학급당, 생활주제별 3종 이상	○			
언어	1. 듣기	녹음기, CD플레이어, CD(자연의 소리, 동물소리, 효과음, 동시, 동화 등), 헤드폰 등	학급당 3종 이상	○			
	2. 말하기	인형극 틀, 융판 및 자석판(화이트보드 겸용), 인형(손, 막대, 테이블, 손가락, 디오라마)	학급당 3종 이상	○			

		이야기나누기자료, 동화자료	2학급당, 생활주제별 1조 이상	○			
	3. 읽기	도서류(우리나라 전래동화, 세계명작동화, 창작동화, 유아용 과학, 음악, 미술, 체육도서, 그림 백과 전집 등)	학급당 100권 이상(1학급 증가 시 50권씩 추가)	○			
	4. 쓰기	각종 쓰기 도구(화이트 보드, 자석판, 융판 포함)	학급당 3종 이상	○			
	5. 기타	게임도구(카드류, 보드류, 퍼즐류)	학급당 2종 이상	○			
수·조작	1. 수	분류, 비교, 서열, 전체와 부분, 기초적 통계 활동, 모형시계, 수퍼즐, 수카드, 수개념 형성 자료(단추, 자석숫자, 숫자도장, 시계 도장, 모양도장(삭제), 스탬프, 모양자, 구체물) 등	학급당 3종 이상	○			
	2. 조작	끈 끼우기, 구슬 꿰기, 지퍼 올리기, 리본 묶기, 바느질 놀이 등(옷 입기 세트로 대체 가능)	학급당 3종 이상	○			
		단면, 겹, 입체 퍼즐류	학급당 3종 이상	○			
		동물, 꽃, 지도, 무궁화 등 3종 이상 1조	학급당 2조 이상	○			
		물체 옮기기 도구(집게, 젓가락, 숟가락 등)	학급당 3종 이상	○			
	3. 게임	각종 카드 게임, 보드 게임, 게임판, 주사위, 민속놀이 게임자료 등	학급당 3종 이상	○			
	4. 도형	도형퍼즐, 도형카드게임, 도형 구성놀이, 칠교놀이, 다양한 입체 도형류 등	학급당 3종 이상	○			
과학	1. 실험 및 관찰	확대경, 돋보기, 현미경, 오목렌즈, 볼록렌즈, 망원경	학급당 2종 이상	○			
		자석, 손전등, 프리즘, 단면거울, 양면거울	학급당 2종 이상	○			
		촉각판, 비밀주머니, 감각상자	학급당 2종 이상	○			
		깔대기, 비커(대·중·소), 수조, 스포이트, 절구(절구공이 포함), 집게류	학급당 2종 이상	○			
	2. 측정	길이 측정도구: 막대자, 눈금자, 줄자, 신장계 등	학급당 2종 이상	○			
		양 측정도구: 체중계, 접시저울, 양팔저울, 계량컵, 계량스푼 등	학급당 2종 이상	○			
		모래시계, 시계, 온도계, 체온계 등	학급당 2종 이상	○			
	3. 생명체	동물, 식물, 식물표본, 어항, 개미집	학급당 1종 이상	○			
		재배도구: 모종삽, 물뿌리개, 화분 등	학급당 2종 이상	○			
	4. 자연현상	자연물: 흙, 돌, 곡식, 조개껍데기, 돌멩이, 솔방울, 도토리 등	학급당 2종 이상	○			
		지도 및 기후: 우리 지역 지도, 우리나라 지도, 세계 지도, 지구본, 기후관련 사진이나 그림 등	학급당 2종 이상	○			
	5. 기타	동물과 식물 관련 그림책, 백과사전류, 다양한 기계류 및 부속품, 관찰기록용지 등	학급당 1종 이상	○			
음률	1. 악기	리듬악기류(탬버린, 캐스터네츠, 트라이앵글, 방울, 우드블록, 샌드블록, 귀로, 리듬막대,	학급당 3종 이상	○			

		마라카스, 쉐이커, 큰북, 작은북, 심벌즈 등)					
		멜로디악기류(피아노, 전자오르간, 실로폰, 오카리나, 피리, 하모니카, 핸드벨, 멜로디언, 우쿨렐레 등)	학급당 1종	○			
		전통악기류(북, 장구, 소고, 꽹과리, 징, 가야금, 피리 등)	학급당 1종	○			
	2. 노래	그림악보, 관련그림, 포스터 등	학급당, 생활주제별 1종 이상	○			
	3. 감상	녹음기, CD플레이어, 음악 CD, 헤드폰 등	학급당 1종 이상	○			
	4. 표현	리본막대, 스카프, 한삼, 줄 등	학급당 1종	○			
	5. 생활악기	빈병, 냄비뚜껑, 주걱, 빨래판, 깡통, 숟가락, 젓가락 등	학급당 3종 이상		○		
	6. 기타	그림자료, 도서자료 등	학급당 1종	○			
미술	1. 그리기	색연필, 사인펜, 유성매직, 물감, 먹물, 파스텔, 마블링, 크레파스 등	학급당 4종 이상	○			
		이젤: 만3~5세 해당 연령에 맞는 크기	학급당 1		○		
		붓류(굵기 3종 이상)	학급당 5		○		
	2. 만들기와 꾸미기	유아용 가위, 여러 종류의 종이, 펀치, 스태플러, 헝겊, 스카치테이프, 풀, 색모래, 찰흙, 리본, 잡지, 수수깡, 빨대, 털실, 모루, 재활용품, 점토, 스펀지, 모양가위, 가위꽂이 등	학급당 10종 이상	○			
	3. 감상	명화, 민화, 그림, 포스트, 그림화보 등	학급당 1종 이상		○		
	4. 기타	작품 건조대, 작품 게시대 등	학급당 1종 이상	○			
	5. 미술가운	유아용 미술가운(앞치마)	유아수 비례	○			
신체	1. 기본 운동	평균대, 뜀틀, 매트, 유니바, 실내 미끄럼틀 등	원당 2종 이상	○			
	2. 신체활동	여러 가지 크기의 공, 훌라후프, 줄넘기, 스카프, 줄, 고리던지기, 볼링 등	원당 3종 이상	○			
	3. 전통놀이	투호놀이, 사방치기, 굴렁쇠, 윷놀이, 제기차기, 팽이치기, 딱지치기, 비석치기 놀이자료 등	원당 3종 이상	○			

출처: 사립유치원 업무길라잡이, 2020, -서식4, 유치원 교구·설비 확보계획서

교구를 구입한 후에 보관, 관리하기 위한 목록 대장의 예는 다음과 같다.

〈교재교구 목록 대장의 예〉

일련번호	교구명	자료	구입일자	주제
사-1	한복을 입어요	한복 3, 인형 남 1, 인형 여 1, 인형스탠드1, 한복 입는 순서판 1,	2011.3.15	여러 나라
사-2	각 나라의 전통의상	전통의상 사진 10, 전통의상 퍼즐 10	2011.8.30	여러 나라
사-3	·	·	·	·
사-4	·	·	·	·
·	·	·	·	·
·	·	·	·	·
·	·	·	·	·

〈도서목록 대장의 예〉

일련번호	분류	구입일자	도서명	저자	출판사	출판년월일	개수	금액	비고
1	사-세-1	2020.4.15	세계의 나라	ooo	한샘	2019. 9.10	2	10,000	·
2	·	·	·	·	·	·	·	·	·
3	·	·	·	·	·	·	·	·	·
4	·	·	·	·	·	·	·	·	·

25 디자인하는 교사되기

환경을 유아의 발달과 수업 전개에 맞게 디자인하는 일은 교사의 중요한 역할 중 하나이다. 적절한 환경구성은 환경을 아름답게 만들고, 안전과 유아의 교육생활 전반에 영향을 미친다.

교실의 환경구성은 담임교사로서는 마치 자신의 집을 꾸미는 것처럼 여러 가지 면에서 중요하다. 특히 신임 교사는 자신의 반을 배정받고 나면 새롭게 자신의 전문 지식과 미적인 감각, 그리고 취향에 따라 교실을 꾸미게 된다. 기본적인 교실의 환경구성은 교육 프로그램에 따라서 학급의 유아 연령에 따라서 달라지며, 생활 주제에 따라 환경구성이 변화되어 간다고 할 수 있다. 교실을 꾸미는 것도 중요하지만 무엇보다 놀이가 잘 이루어질 수 있는 안전이 갖추어져야 한다.

1) 놀이 환경 디자인

교육과정의 내용은 기본적으로 이루어져 국가 수준에서 있지만 유아교육 기관마다 특성에 따라 조금씩 다르게 적용되고 있으며, 그 특성은 교실이나 실외 환경구성에도 영향을 미친다. 놀잇감, 공간, 친구, 시간을 모두 포함하는 것이 놀이 환경이다. 아이들이 충분히 놀 수 있고 때로는 자기들이 놀 곳을 만들 수도 있는 융통성 있는 자유로운 환경을 강조한다. 놀이에 따라 교실 영역의 통합이나 확장을 할 수 있다.

자연친화적 요소를 교실 내 환경의 구성에 적용하는 것도 필요하다. 자연적 빛은 실내 공간과 실외 공간에서 인간의 심리에 큰 영향을 주는 요소이며, 공간에 활기를 넣어주는 요소이다. 화분이나 아름다움을 더해주는 식물 장식은 공간의 공기 정화 등으로 인한 건강과 미적 기능을 더해준다.

유아기에는 주위 환경에 민감하고 절대적인 영향을 받는 시기이므로. 놀이를 위한 교실 내/외 구성은 유아가 신체적, 정서적으로 안정감을 느낄 수 있도록 안락한 분위기로 구성하고 편안하게 생활할 수 있도록 해야 한다.

또한, 다양한 경험 및 활동을 할 수 있도록 창의적이고 개방적인 놀이 환경을 구성해야 하며, 유아가 안전하게 사용할 수 있는 시설·설비를 갖추어야 한다.

공간은 밝고 아늑하며 다양한 놀이 활동을 할 수 있도록 흥미 영역으로 교실을 구성하고 깨끗하고 청결한 주방, 유아에게 맞는 화장실, 세면장, 개인 보관장 등의 가구나 비품을 갖추고 있어야 한다. 자연물을 관찰할 수 있는 공간이 적절하게 마련되면 좋다.

2) 교실 내 환경 안전 디자인

환경구성에 있어서 안전은 무엇보다 중요하다고 할 수 있다. 유치원의 실내 환경은 놀잇감 및 놀이 기구, 교실, 화장실 및 욕실, 계단 및 현관 등이 있다. 이런 요소는 유아가 가장 많이 머물고 사용하는 기본적인 장소이므로 안전을 더욱 더 중요시해야 한다.

유치원의 실내 안전사고 발생 당시 교사의 존재 유무는 교사와 함께 있을 때 사고를 당하는 경우가 있고 유아 혼자 있을 때 사고를 당하는 경우보다 많은 것으로 교사가 유념해야 할 점이다.

실내의 안전실태는 벽과 천장에는 독성 물질(예: 납 성분이 포함된 페인트, 부스러지는 석면 등), 교실 문은 천천히 닫히는 안전장치, 문틈에 유아의 손가락이 끼지 않는 안전장치, 창문의 고정된 방충망, 전기 코드의 안전성, (깔개나 카펫 밑에 깔려 있지 않다), 전기 코드의 안전성(유아의 손이 닿지 않는 곳에 있다) 등과 같이 구체적으로 자세한 부분까지 살펴볼 필요가 있다. 쓰레기 처리 안전 실태, 모서리 등의 충격 완화장치, 바닥 등의 부분까지 안전하게 관리하여야 한다. 이를 위해서는 계획적이고 체계적인 안전 점검일지나 체크리스트 작성, 교사나 성인이 유아의 활동 전 영역을 쉽게 관찰할 수 있는 평소의 습관을 갖는 것이 중요하다.

3) 물리적 환경 디자인

물리적 환경의 구성은 교사가 유아들을 가까이서 관찰하고 상호작용할 수 있도록 준비하는 것이 좋다. 각 유아의 흥미와 요구를 세밀하게 관찰할 수 있고, 매일의 관찰을 통해서 유아가 발전해 나가는 모습을 알 수 있어야 한다. 한 교사가 많은 유아들을 동시에 관찰하는 것은 쉬운 일은 아니지만 한 자리에서도 전체 유아를 살펴볼 수 있는 공간적인 구성을 하는 것이 좋다.

물리적 환경 또한 교사-유아 간의 상호작용의 관계에 영향을 미친다. 우수한 물리적 환경에서는 교사-유아 간의 상호작용이 좋다고(김복희, 2004) 하는 연구 결과를 볼 때, 교사가 어떠한 물리적 환경구성을 하는가 하는 것도 교육의 중요한 부분을 차지한다고 볼 수 있다.

물리적 환경이 유아의 상상을 자극하고 흥미를 갖도록 색상을 구성하는 것이 필요하다. 색은 공간을 적절하게 변형시켜 보이기도 하고 색에 맞는 영역별 구성을 하는 것도 영역별 구분을 하는 데 쉽게 도와주기도 한다. 녹색은 그룹별로 책을 읽는 공간으로 만들거나 파란색은 색칠을 하는 공간으로 구성할 수 있다.

개인적인 공간과 단체적인 공간을 마련하여 각각의 목적에 맞는 활동을 할 수 있다. 그룹별로 활동을 할 수 있는 공간을 만들고 단체 활동을 실시할 때 사회적인 협동심이나 단체에서의 규칙 등을 경험하게 할 수 있다. 개인적인 공간도 스스로 활동을 이루어 나가는 시간을 제공할 수 있으므로 필요하다.

유아들에게 친숙하고 편안한 환경을 마련하는 것이 좋다. 유아들이 독립적으로 청소를 하거나 정리정돈을 할 수 있는 구조를 설계하는 것이 필요하다.

유아교사는 초등학교와의 교실 환경이나 수업전개 방법이 다름을 인지할 필요가 있다. 유치원이나 어린이집에서의 자유롭고 열린 공간과 시간에 적응한 유아들이 초등학교에 진학하게 되면 갑작스런 변화에 적응하는 데 어려움을 겪게 된다. 유아교사들은 개별 유아의 의견을 존중하고 개별적인 발달에 따라 맞추어 지도하는 반면에 초등학교는 단체적인 활동이 주를 이룬다. 발달 연령상 비슷한 과정을 거치는 4세에서 7세까지의 유아들은 수업 환경도 비슷한 것이 필요하며, 성인의 개별적인 도움을 요구하기도 한다. 그러나 초등학교는 전체 학급 학생들이 정해진 시간에 맞춰 동시에 움직이고 개별 책상과 의자에 앉아서 지내야 하는 학교생활은 곧바로 적응하기에 어려움을 주는 요소가 되기도 한다. 초등학교를 진학하려는 무렵의 유아들에게는 초등학교 방문이라든지 적응을 위한 예비 활동들을 준비하는 것도 도움이 될 것이다.

초임교사가 되면 의욕이 넘치는 반면 실제적인 경험의 부족으로 교실 환경을 구성하는 것이 쉽지는 않을 것이다. 그리고 때로는 자신의 생각과는 달리 다른 여건으로 인하여 자신이 원하는 모양으로 구성하지 못할 경우도 생긴다. 때로는 원장님이 요구하는 모양으로 교사가 구성해 내지 못하는 경우도 생길 것이다. 잘 구성하고 싶지만 자신의 미적 능력이든 지식 부족이든 원하는 대로 이루어 내지 못한 경우가 생길 수도 있다. 다른 반 교사가 꾸민 교실과 비교가 될 경우도 있지만 꾸준히 잘하려고 노력하다 보면 결과도 나아질 것이다.

다양한 지식과 경력교사의 자문을 구하여 실수를 줄이면서 효율적인 공간 구성을 하도록 방법을 찾아 나가는 노력이 필요하다. 환경구성 후 수업을 진행하다가 정확한 이유는 모르겠지만 교실에서 유아들의 충돌 현상이 지속되거나 뭔가 불편한 상황이 생긴다면 환경의 구성을 전체적으로 다시 관찰해 보고 확인하는 것도 필요하다.

유아교사라는 직업상 다양한 업무를 관할하기 때문에 다방면에 뛰어난 능력이 있어야 하는 것처럼 여겨져 부담스러울 때가 있다. 그러나 우리는 우리에게 의미 있고 필요한 환경을 개척하고 발전해 나가는 것이 유아와 교사에게 도움이 준다는 생각으로 하나씩 만들어 가다 보면 디자인을 해 나가는 것도 흥미로울 수 있다.

> '나는 그림을 그릴 줄 모르는데'라고 생각할 수도 있다. 하지만 당신은 디자이너이다. 왜냐면 매일 매일의 생활을 통해 수 없이 디자인 원리를 활용하고 있으므로. 당신은 당신의 방을 효과적으로 정돈한다. 근사해 보일 뿐 아니라 편안하게 느껴지는 옷을 선택한다. 게다가 자신이 생각하는 최선의 장식으로 하루하루를 살아간다. 깨닫고 있든, 그렇지 않든, 당신은 디자이너이다.
>
> – 커츠 행크스(디자이너)

26 수업 계획, 실행, 평가에서의 교사역할

수업을 준비하고 평가하는 것은 교사의 역할 중에서 가장 중요한 것이라 할 수 있다. 개정 누리과정에서는 유아교육은 일정하게 정해진 교과서나 시간표에 의해 수업이 진행되는 것이 아니라 수업의 계획에서 실행, 평가까지 전적으로 교사에 의해 결정된다. '놀이실행자료'에서 교사의 역할에 대해 제시하였으며, 놀이지원자로서의 교사와 협력자로서의 교사의 역할로 나누어 볼 수 있다.

교사의 가르치는 역할은 중요한 요소이다. 교육과정의 변화에 따라 수업의 계획과 전개의 방법도 달라져왔다. 개정 누리과정에서는 자율성을 강조하고 유아의 놀이에 중심을 둔다. 그러나 개정 누리과정의 적용에서 자율성을 정도에 대한 명확한 기준이나 틀이 없어 모호함을 줄 수 있다. 교사의 자율에 대한 범위와 놀이 지원과 개입의 범위가 어느 정도 있어야 하는 지 개인마다 해석이 다를 수 있다. 경력 교사들은 기존의 교육과정에 따라 해오던 교수 방법과는 다른 새로운 시각의 변화가 필요하다. 무엇보다 개정 누리과정에 대한 충분한 이해가 필요하다.

1) 수업자료 준비

교육과정에 따른 교육계획안을 미리 작성하더라도 실제적인 수업준비는 그날 그날 이루어지기도 한다. 보통 오후 일과가 끝난 뒤에 다음날의 수업에 필요한 자료준비, 수업진행에 필요한 환경구성, 교실정리, 교구장의 점검 및 정리 등을 한다. 그리고 수업의 전개에 따라 1주일 또는 2주일의 수업자료를 연계하여 준비해야 하는 경우도 있다.

개정 누리과정에서는 유아의 놀이의 흐름에 따라 활동이 달라지고 놀이를 지원하는 자료의 준비는 즉흥적이거나 모호해 질 수 있으므로 교사의 판단이 아주 중요해졌다. 동료 교사 간에 토의하여 평소에 다양한 자료를 준비해 놓는 것이 필요하다.

그날 유아들이 한 만들기 활동 결과물이 다음날의 수업자료로 활용되거나 교실 게시판에 전시해야 하는 경우도 있다. 또 다음날 수업시간에 사용할 교구나 활동판 등을 제작해야 하는 경우도 있다. 자료정리, 수업준비, 그 준비에 필요한 바구니나 보관할 도구 마련에 적지 않은 시간이 소요되기도 한다.

하루 종일 유아들과 활동하고, 상호작용하고, 하원지도까지 마치고 나서 교사회의가 있을 수도 있고, 학부모상담이 있을 수도 있는 바쁜 일과를 보낸다. 그런 후에 다음 날 수업을 준비하는 것이 쉬운 일은 아니다. 그러다 보면 미리미리 준비하지 못하거나 빠진 것이 생길 수도 있다. 그 다음 날 수업 중이나 바로 전에 준비물을 챙기기 위하여 교사가 교실을 벗어나 들락거리는 일이 없도록 한다.

또한 동시에 여러 교사가 같은 자료를 필요로 하는 경우에는 자료의 부족현상으로 인하여 갈등이 발생할 경우도 있다. 미리 준비해 놓고 사용했던 교구자료는 사용한 즉시 제자리에 갖다 놓는 것이 다른 교사들을 배려하는 원활한 생활이 될 것이다.

2) 수업전개

교사는 기본적으로는 하루의 교육을 계획하고 하루의 일과표에 따른 수업을 전개한다. 등원 시간부터 자유선택활동, 대그룹 활동, 점심, 바깥놀이, 정리정돈, 동시·동화·동극, 게임 등의 활동에 필요한 수업전개 방법과 교재교구를 준비한다. 그러나 이전의 누리과정이 '계획-실행-평가(가르쳐야 할 내용지식)'의 흐름이었다면 2019 개정 누리과정은 '유아 주도의 놀이 실행-평가-계획(경험한 내용)'의 단계로 전개되는 실행중심의 교육과정이라 할 수 있다. 교사가 계획하는 수업이 아니라 유아의 놀이를 따라간다고 할 수 있다. 유아의 놀이, 일상생활, 활동과 연계하여 교육과정을 운영해야 하며, 놀이시간을 충분히 제공하도록 하고, 유아들의 흥미와 관련해서 활동을 계획해야 한다. 일일계획안과 일과운영 시간은 유아의 놀이에 따라서 변화될 수 있다.

교수방법에는 인정하기, 지원하기, 함께 문제해결하기, 시범 보이기, 모범 보이기, 지도하기 등의 다양한 것이 있다. 유아의 놀이를 관찰하고 적절한 개입을 통하여 놀이가 확장되도록 한다. 놀이를 지원하기 위하여 격려, 미소, 공감의 표정 등이 비언어적 표현을 보이거나 칭찬과 격려의 말 등의 언어적 표현을 건네는 정서적 지원을 할 수 있다. 개방형 질문이나 제안을 통한 상호작용을 할 수 있다. 또한 놀이의 확장을 위한 환경의 지원, 공간 구성, 자료 등을 제공해 줄 수 있다.

수업의 전개 과정에서 유아의 놀이와 배움을 기록하고 평가하는 교사의 역할이 강조된다. 유아가 놀이 과정에서 일어나는 경험을 관찰하고 기록한다. 유아의 배움을 잘 기록하고 평가하기 위해서 결과가 아닌 과정에 주목해야 하며, 평가를 함에 있어서 단편적인 놀이 에피소드나 활동보다는 전개된 놀이와 일상생활, 활동에 대한 누적된 기록을 총체적으로 고려해야 한다. 기록은 교사가 판단하여 자신이 선택한 방법을 택하면 된다. 사진, 메모, 영상, 글 등이다. 관찰하고 기록하는 것이 교육과정의 시작이고 실행이다. 관찰 기록은 유아, 학부모, 동료교사와 함께 만들고 나누어 성장하고 협력하여 도움을 받을 수 있다(출처: 교육부, 2020, 관찰기록안내서-관찰을 관찰하다).

3) 수업의 공유

교사 자신의 수업을 평가하는 것은 보다 나은 발전을 위하여 필요하다. 수업을 하다 보면 자신이 어떻게 수업을 하고 있는지 객관적인 평가를 하기가 어렵다. 늘 하던 방법대로 반복하는 수업은 효율적이기 어려우므로 자신의 수업평가를 정기적으로 하는 것이 좋다. 개정 누리과정에서 강조하는 교육과정 운영의 자율성은 교사 개개인이 알아서 모든 것을 하라는 의미가 아니며, 교사들이 서로의 전문성을 인정하고 고민과 의견을 나누며 함께 배우고 성장하는 학습공동체를 만들어 자율적으로 구성하고 정서적이고 실질적인 지식을 공유할 필요가 있다. 교사간의 고민과 의견을 공유하면서 함께 배우고 성장할 수 있다.

평소에는 하루 일과를 마친 오후의 편안한 대화를 통해서도 정보를 나눌 수 있고 공개수업을 통하여 서로의 수업을 자주 많이 공유하는 것이 좋다.

항상 남의 의견을 받아들이려 하고 조언을 주고 싶은 열린 마음을 갖는 것이 자신의 수업 향상에 도움이 될 것이다.

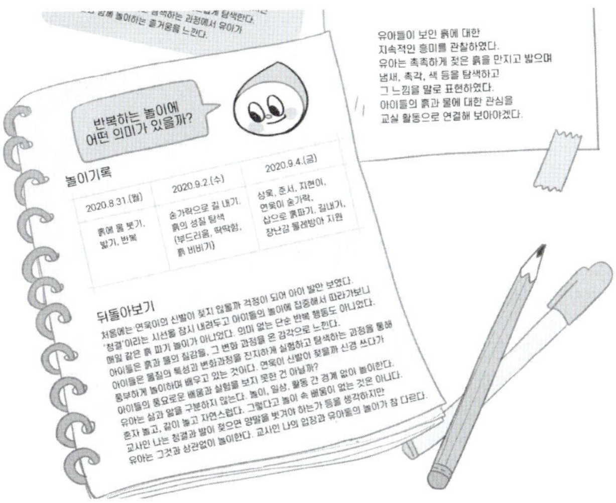

출처: 교육부, 2020.(관찰을 관찰하다)

4) 수업평가

자신의 수업평가를 하는 방법 중 하나는 평가할 내용을 미리 생각하면서 계획하는 것이다. 시간에 쫓기다 보면 놓치게 되는 것이 평가일 경우가 많다. 여러 가지 평가 도구를 준비하여 자신의 수업을 평가해보자.

수업평가는 전반적인 평가를 할 수도 있고, 교육내용, 교육활동, 계획안 작성, 일과 운영, 활동 유형 간의 안배, 교수·학습방법, 유아와의 상호작용 부분으로 나누어 구체적으로 실시할 수 있다.

27 놀이 공간 구성하기

유아의 배움을 지원하는 구체적인 방법은 놀이공간구성에 따라 달라진다. 유아·놀이 중심의 개정 누리과정은 교사가 유아의 흥미와 관심, 개별 특성을 존중하며 유아의 다양한 놀이와 경험을 지원할 수 있도록 공간을 구성하고, 자료와 시간을 조직하고 상호작용에 변화를 줄 필요가 있다.

기관의 교육 철학이나 교실의 물리적 구조, 유아의 연령, 흥미 등에 따라 자율성을 가지고 교실 공간을 구성할 수 있다. 실내·외 놀이 공간을 어떻게 구성할지 학급의 원아 수, 성별의 비율, 유아들의 전반적인 놀이 성향을 고려하여 적합하게 구성해야 한다. 한번 정한 영역을 고정하지 않고 놀이에 즉각적으로 재배치하려는 융통성을 발휘하여 다양하게 활용하는 것이 필요하다.

놀이공간의 구성을 2019 개정 누리과정 실행자료를 참고로 정리해보면 다음과 같다.

1) 놀이공간

(1) 놀이공간을 융통성 있게 배치해본다.
교실 내에 반드시 배치되어야 하는 흥미영역이 정해져 있는 것이 아니다. 유아의 놀이에 따라 영역의 크기는 유아의 흥미와 놀이흐름에 따라 확장하거나 축소하기도 하고, 구석진 곳이 나 조용한 곳에 옮겨주기도 하고, 놀이가 서로 연결될 수 있도록 가까이에 배치 해주기도 하는 등 자율성을 발휘해본다.

(2) 놀이하는 공간을 넓혀본다.

(3) 유아에게 공간 배치의 주도권을 주어본다.

(4) 다른 놀이공간을 찾아본다.

2) 놀이자료

(1) 유아가 결정한 자료활용 방법을 격려한다.
(2) 자연물이나 자연현상도 자료가 될 수 있다.
(3) 다양한 일상의 사물을 놀이자료로 활용한다.
(4) 자료가 없어도 놀이할 수 있다.
(5) 기존의 자료도 새롭게 활용해본다.

3) 상호작용

(1) 유아와 유아의 상호작용을 지원한다.
(2) 유아와 환경의 상호작용을 지원한다.
(3) 놀이지원을 위해 관찰한다.
(4) 제안하며 놀이를 지원한다.
(5) 유아의 놀이에 참여하며 지원한다.
(6) 질문하며 놀이를 지원한다.
(7) 정서적으로 지원해준다.

4) 놀이와 안전

(1) 안전이라는 이유로 놀이를 불필요하게 제한했는지 검토해본다.
(2) 위험한 요소가 있는지 유아 스스로 살펴볼 시간과 기회를 주어본다.
(3) 새로 찾아본 놀이공간의 안전을 유아와 함께 점검해본다.
(4) 모든 구성원이 놀이와 안전에 대해 소통한다.

> 잠재의식은 비옥한 밭과 같다. 그러나 그 땅이 아무리 기름지다 해도 그대로 방치해 두면 머지않아 잡초가 무성해 못쓰게 된다. 따라서 긍정적이고 적극적인 자기암시의 씨앗을 심고 열심히 가꾸어야 한다. 이로 인해 당신은 점점 풍요로워질 수 있다. – 나폴레온 힐

28 동료교원과 학습공동체로 함께 고민하기

유아중심 놀이 중심 교육과정 운영에서 교사가 자율적으로 선택하고 결정해야 하는 일이 많아지면서 올바르게 교육하고 있는지 고민이 될 때가 있다. 동료 교사와 학습공동체를 구성하여 의논하고 함께 고민하면서 성장해나갈 필요가 있다.

유아·놀이 중심을 강조하는 개정 누리과정에서는 유아와 학부모의 요구 등 부합하는 유아·놀이 중심 교육과정을 실천하는 목적이 있다. 교사는 유아의 배움을 지원할 수 있는 교육과정의 주체이자 유아들과 함께 배우고 성장하는 존재이다. 그러나 진정한 유아의 놀이를 읽어내고 지원할 수 있는 교사의 역할에는 많은 고민과 도전을 필요로 한다. 이를 위한 교사들의 학습공동체 구성은 혼자서 고민하기 보다는 서로의 지혜를 모아서 함께 문제해결을 할 수 있는 협력과 나눔을 통한 성장을 위함이다.

학습공동체는 교사들이 함께 교육과정과 수업을 연구하고, 성찰하고 실천하기 위한 것으로 개인의 전문성 신장과 더불어 공동체가 함께 성장하며 교육을 실천하기 위한 것이다. 우리나라 유치원은 1~2학급의 소규모 공립유치원부터 다학급의 단설 유치원, 사립유치원까지 다양한 형대로 존재한다. 근무하는 여건이 다르고 소규모의 유치원은 동료교사 없이 모든 업무를 혼자서 처리해야 하는 경우도 많다. 문제를 함께 고민하고 해결할 수 있는 동료가 필요한 상황이며 학습공동체는 도움이 될 수 있다.

그러나 교사들에게는 공동체 구성은 부담스럽거나 귀찮을 수 있고 지침에 의하여 강요된다는 생각이 들 수 있다. 학습공동체가 원활히 운영되기 위해서는 구성원 간 신뢰와 협력을 바탕으로 교육적 가치를 공유하며, 가르침에 대한 고민과 보다 나은 교사로서의 전문성을 위해 소통하고 공유하는 구성원 모두가 함께 가지는 분명한 목적의식을 갖추고 있어야 한다.

1. 구성원들과 함께 교육비전을 만들어본다.

유아·놀이 중심 교육과정 운영을 위해서 원장, 교사, 방과 후 교사, 학부모 등 모든 구성원이 함께 의논하고 생각을 맞추어야 한다. 원장은 교사에게 교육과정 운영에 관한 자율권을 부여하고 지원하여 효율적 운영이 되게 한다. 유아·놀이 중심의 교육과정이 의미하는 바와 어떻게 실현해 나갈 것인가에 대한 공동의 의지가 드러날 수 있도록 함께 고민하고 결정하는 것이다. 원장이 교육비전을 수립하고 수직적 관계에서 하향식으로 제시하는 기존의 방식에서 벗어나 의사 결정 과정에 교사들이 자발적으로 참여하여 합의된 교육적 가치와 비전이 실현될 수 있도록 지원하는 원장의 포용적 리더십이 필요하다.

〈학습공동체에서 교사들이 고민할 만한 주제들〉

- 유아의 놀이는 어떤 의미인가?
- 교사가 유아의 놀이를 위해서 준비할 것은 무엇인가?
- 유치원의 진정한 의미는 무엇인가?
- 유아들이 놀다가 다치면 어떻게 하나?
- 유아에게 주도권을 주더라도 기본적인 생활지도는 해야 하지 않나?
- 기존의 교육과정과 개정 누리과정의 놀이는 무엇이 다른가?
- 놀이를 지원하기 위한 교사의 상호작용은 어떻게 해야 하나?
- 흥미영역은 구성 안 해도 되나?
- 유아의 위험해 보이는 역동적인 놀이를 어디까지 허용해야 하나?
- 유아의 놀이 평가는 어떻게 하나?
- 놀이를 통해 배운다고 하는데, 교육과정과 어떻게 연결 짓나?
- 놀이지원을 위한 관찰과 기록은 어떻게 하나?
- 같은 놀이만 반복하는 유아는 어떻게 해야 하나?

교사의 자율성이 강조되는 누리과정의 교육이 효과적이기 위해서는 교사 자신의 '유아들이 주도하는 놀이에 대한 지지와 지원'에 대한 믿음과 실천하려고 하는 의지가 무엇보다 중요하다.

2. 학습공동체는 다양하게 운영될 수 있다.

학습공동체는 목적에 따라 유치원 및 어린이집의 동일연령 학급의 교사 및 여러 연령 학급의 교사, 원장과 원감, 특수교사가 참여하는 등 다양한 형태로 구성될 수 있다. 또한, 기관 내에서의 운영뿐만 아니라 관심 분야가 유사한 인근 지역의 다른 기관과 온라인 상의 네트워크를 형성해 운영할 수도 있다. 학습공동체가 구성되면 정기적으로 혹은 구성원의 필요에 따라 시간을 탄력적으로 변경해 운영할 수도 있다.

모임의 주제는 유아·놀이 중심 교육과정을 운영하면서 유아의 시선으로 볼 수 있는 환경의 마련, 발생하는 문제, 특히 놀이지원과 관련한 고민 및 그 해결 방안이 될 수 있다. 여러 교사가 공동으로 담임을 맡는 공동교육과정 운영을 통해 놀이에 대한 의미를 나누고 소통과 협력으로 문제를 해결해 나갈 수 있다.

학습공동체가 형식적 운영에 그치지 않기 위해서는 교사들이 자유롭게 주제를 선정하고 의견을 나눌 수 있는 수용적 분위기와 자율성이 부여되어야 한다. 무엇보다 서로의 다름을 이해하고 존중하는 것이 기본이 되어야 한다.

3. 교사 간에 열려있는 교직문화를 만들 수 있다.

성공적인 학습공동체가 되기 위해서는 교사의 전문성을 향상하는 것이다. 교수 방법에 대한 고민, 수업의 공유, 수업에 대한 피드백을 통해서 학습공동체가 이루어진다.

다른 교사들과 반 놀이를 공유하는데 성공적이기 위해서는 서로 열려있는 마음과 수용적인 태도가 필요하다. 서로 배우고 고민을 나누고 다른 관점에서 보는 기회를 가질 수 있다. 서로 간에 멘토-멘티가 되어 수업을 참관하고 협의 할 수도 있다. 학습공동체를 통하여 수업뿐만 아니라 교사간의 정서적으로 교류를 할 수 있다. 서로의 의견을 소통하고 공유하면서 개방적인 교직 분위기를 만들 수 있다.

29 자기 수업 돌아보기

자기 수업 돌아보기는 질적 평가방법으로 수업 녹화하여 보기나 반성적 저널을 적어보는 것 등이 있다. 객관적 평가에서는 알 수 없는 자세한 측면을 돌아보고 평가해볼 수 있는 장점이 있다.

교사의 업무 중 중요한 것은 수업을 진행하는 것이고 어느 교사든 수업을 잘 하고 싶은 욕구가 있다. 그러나 예비교사들은 실제 수업의 경험이 없고 교육실습 기간을 통해서만이 실제로 수업을 진행해보는 기회가 생긴다. 학교 수업에서 하는 시연수업들은 임의로 가상하여 수업을 전개하는 것이 대부분이라 실제와는 많이 다르다. 그리고 경험이 거의 없는 예비교사들은 실습을 하는 동안 수업 기술의 부족으로 어느 정도의 두려움을 가지고 있다. 신임교사들도 마찬가지로 수업진행을 할 때 전체적인 수업의 흐름이나 유아들과의 언어적 상호작용 등에서 어려움을 얘기한다. 그리고 경력이 많은 교사들은 수업진행 경험의 많음으로 신임교사들보다는 잘할 것이라는 생각을 하는 것이 보통이다. 그러나 해를 거듭함으로써 경력교사들은 고정된 수업 방법을 반복적으로 사용함으로써 오히려 익숙함이 교사의 발달을 가져오기 보다는 형식적으로 수업에 임하게 되는 태도를 가져올 수도 있다.

좋은 수업을 위한 수업의 질을 높이는 방법은 자신의 수업을 분석하여 되돌아보고 개선해 나가는 것이다. 자신의 수업을 돌아보는 방법은 수업평가지를 활용하는 객관적인 평가나 반성적 저널을 사용하는 질적인 방법이 있다. 매일 자신의 수업평가 하는 것이 어려울 수 있지만 일주일에 한 번 또는 학기별 몇 차례라도 수업을 분석하여 돌아본다면 많은 발전이 있을 것이다.

1) 자기 수업 녹화하여 보기

자기가 한 수업을 녹화하여 다시 보면서 시선처리, 말투, 억양, 표정, 발화법, 태도 등을 보면서 자신을 객관화하여 볼 수 있다. 그리고 이야기 나누기 시간에 유아에 대한 상호작용을 어떻게 하는지, 얼마나 적절한 방법으로 하는지, 특정 유아에게 반응하는지를 살펴볼 수가 있다. 학기별로 두 번 정도만 하더라도 효과적일 수 있다. 녹화하여 보기는 다른 사람의 도움 없이 스스로 할 수도 있고, 전문가에게 평가를 의뢰하여 피드백을 받아볼 수도 있다. 다른 반 교사들과 함께 동영상을 보면서 동료평가와 조언을 받을 수도 있다.

2) 반성적 저널 작성하기

반성적 저널은 자신의 수업을 반성적 사고로 보고 평가하는 방법으로 일기식의 저널을 작성하는 방법이다. 하루의 전체적 흐름, 유아들과의 상호작용, 유아의 반응 정도, 교수·학습방법의 효과, 활동의 전개와 그룹의 적절한 선택, 균형 있는 활동의 배치 등을 살펴볼 수 있다.

일기를 쓰듯이 자유롭게 자신의 행동을 돌아보고, 자기가 느낀 것을 적어나가면서 자신의 성장 변화를 볼 수 있고, 반성을 하고, 마음가짐 등을 볼 수 있는 것이 특징이다.

〈반성적 저널의 예 1〉

유치원 활동 안에서 아이들이 무엇을 알아 가는지 내가 현재 교실 안에서 풍요롭게 상호작용하고 있는지의 의문은 끊이지 않고 나를 의심하게 만든다. 특히 언어교육에서는 더욱더 그렇다. ① 학부모들은 가시적으로 눈에 보이는 글자 쓰기의 결과물만을 요구하고 ⑦ 유치원에서는 놀기만 하고, 소위 '무엇을 가르치지 않는다.'고 생각하는 경향이 있다. 게다가 학부모들뿐만 아니라 사회적 분위기 또한 학습지나 반복해서 낱자와 철자들을 익히고 조합하는 식의 언어교육 방법이 팽배해져 있다. 이런 분위기 안에서 ② 나는 어떻게 아이들과 좀 더 의미 있게 '의사소통'하고 내가 생각하는 언어교육을 실천할 수 있을까? …… ⑩ 하지만 나의 이런 믿음들은 이 학부모들의 요구와 어떻게 만날 수 있을까? 이것이 바로 문제이다(교육경력 10년, G 교사).

출처: 노영희, 2005

사례 1의 저널을 통하여 경력이 있는 교사가 자신의 의미 있는 수업에 대하여 고민하는 모습과 객관적인 시각으로 자신이 발전할 수 있는 방법을 찾기 위하여 노력하는 모습을 볼 수 있다.

〈반성적 저널의 예 2〉

> 연수를 가는 게 좋을 것 같아요. 전에는 연수가 필요 없다고 생각했어요.
> 왜냐하면 다 학부 때 배웠던 내용이고 저거 다 알고 있는 내용인데 유아 교육과 안 나온 사람들도 있나? 왜 똑같은 얘길 해? 그런데 지금 한 1년 2년 되어가면서 제가 경력이 많이 되진 않았지만 그 연수에 가면 내가 배웠던 얘긴데 상기시켜주는 그런 효과가 있는 것 같아요. 내가 알고는 있지만 안 했던 것들이었는데 다시 한 번 듣고 다시 이제 교실에 와서 이랬었지, 그거를 한 번 더 하게 되는 미미한 효과가 있는 것 같아요. 그 연수가, 전혀 쓸 데 없는 건 아니다, 이런 생각도 하고, 그리고 동작 같은 경우도 그런 연수 가서 내가 어떤 하나를 배워오면 그게 알고는 있었지 만 이제 잘 안했던 것들이잖아요. 이제 교실에 와서 연수에서 했던 거 조금씩이라도 차용해서 내가 실천할 수 있고, 그런 기회가 되지 않을까. 또 동작연수는 거의 없잖아요. 그리고 있다고 하더라도 거의 뭐 안 보내시고, 사립에 있을 때는…
>
> (5차 면담 내용 중에서, 2014. 8. 26.)

출처: 손미애, 2015

사례 2의 반성적 저널에서는 경력이 많아지면서 전문성 향상을 위한 연수의 필요성에 대한 생각이 변화되는 교사의 모습을 볼 수 있다.

> 누구나 두 개의 주머니를 지니고 다닌다. 하나는 몸 앞면에, 다른 하나는 몸의 뒷면에 지니고 있다. 두 쪽 다 결점이 가득 들어가 있다. 그러나 앞쪽의 주머니에는 이웃 사람들의 결점이 가득 들어 있고, 뒤쪽의 주머니에는 자기 자신의 결점이 가득 들어 있다. 이런 까닭에 사람들은 자기 자신의 결점에는 눈이 어둡지만 이웃 사람들의 결점은 늘 놓치지 않고 보게 되는 것이다.
>
> –이솝

3) 질문지 작성을 통한 점검하기

유아 놀이 지원을 위한 교사의 역할을 점검해보기 위하여 질문지를 작성해 볼 수 있다. 질문지 양식의 예는 아래와 같다.

놀이지원을 점검할 수 있는 질문	
☑ 어떠한 놀이지원을 하였나요?	
☑ 왜 놀이지원을 하였나요? - 놀이를 활성화시키기 위해서? - 유아의 배움을 촉진하기 위해서? - 다정하고 개별적인 접촉을 위해서? - 갈등을 해결하거나 문제상황을 해결하기 위해 놀이지원을 했나요?	
☑ 유아는 교사의 지원(공간, 자료, 시간, 상호작용 제공)을 반겼나요? 아니면 반기지 않았나요?	
☑ 놀이지원의 결과로 유아의 놀이에 긍정적인 변화가 있었나요?	
☑ 교사가 놀이지원 상황에서 빠져나오고 나서 유아의 놀이가 보다 조직화되고 정교해졌나요? 아니면 그 반대였나요?	

출처: 교육부, 2020, 워크북 기록 양식

30 학기말 준비하기

학기말에는 한 학기를 정리하는 시기로 수업전반, 유아발달, 환경, 학부모 관리 부분의 전반적인 것을 정리하고 평가한 후 다음 계획에 반영한다.

한 학기를 마무리하는 것은 유아의 발달상황에 대한 것뿐만 아니라 수업활동 결과물, 서류, 유아작품, 환경, 학부모 관리 등 학급운영 전반에 대한 마무리를 하는 것이다. 다음 해에 새로운 반으로 올라가는 유아들을 위하여 다른 교사에게 연계할 자료들을 정리할 필요가 있다. 유아교육기관을 졸업하고 초등학교로 진학하는 유아의 경우에는 연계에 필요한 서류작성을 하거나 학교진학에 대한 안내가 필요한 시기이다. 즉 연초에 계획했던 것을 정리하고 평가하는 과정이다.

1) 유아 개인별 발달 기록 정리하기

유아의 활동결과물, 관찰기록, 작품 등으로 유아에 대한 평가를 기본 자료로 하여 발달상황을 기록한다. 여름방학 전이나 겨울방학 전에는 유아 개별 포트폴리오를 만들어 가정에 전달하기도 한다.

다음 학년으로 올라갈 때는 그 반의 담임에게 전달하며 졸업을 하여 초등학교에 진학할 경우에는 초등학교에 연계하여 전달이 되기도 한다. 객관적인 평가자료를 근거로 유아에 대한 발달평가를 해야 유용하게 활용될 수 있다.

2) 교재교구 및 교실환경 정리하기

주제별로 분류하여 수업에 사용했던 교재교구는 사용 정도와 상태를 점검하고 수정·보완해야 한다. 그리고 다시 제작이 필요한 것은 새로 만들어서 정리해야 한다. 여러 명의 유아들이 사용하는 것이라 부서지기도 쉽고 재료에 따라 다시 사용하기 어려운 것도 있다.

3) 방학 준비하기

여름방학이나 겨울방학을 하기 전에는 학기별로 마무리를 하고 방학에 필요한 것을 준비한다. 유아들이 사용했던 개별 용품은 가정으로 돌려보내고 폐기할 것은 없앤다.

방학 동안 유아들이 할 활동이나 습관 지도를 가정에 안내할 수 있다. 가정에서 부모와 함께할 수 있는 활동이나 체험학습 장소를 제공할 수 있다.

방학 동안 교실의 안전검점이나 보수할 공간을 확인하고 공사계획을 한다. 교사의 연수 일정을 계획하기도 한다. 기관에 따라 졸업 전 졸업작품전이나 발표회 형식의 행사를 하기도 한다.

4) 학부모 면담하기

학기별로 한 번 이상은 학부모 면담을 통하여 유아의 발달상황을 알려주는 것이 좋다. 졸업 전이라면 초등학교 가기 전에 유아의 발달 변화에 대하여 알려주고 부모가 알아두면 좋은 사항들을 안내하는 것이 좋다.

5) 졸업식 준비하기

유아교육기관을 마감하면서 유아와 부모가 그동안 가르쳐준 교사에게 감사의 뜻을 전하고 교사와 내빈들은 유아의 새로운 생활의 시작을 축하하는 졸업식을 준비한다. 교사협의 과정을 거쳐 졸업식장 준비, 식순, 안내장, 필요 자료 등을 계획한다. 식전에는 최종 점검 및 예행연습을 실시한다.

6) 교사 자신의 평가하기

교사 자신의 학급운영에 대한 전반적인 평가를 한다. 수업, 환경, 유아지도,

학부모상담 등을 계획했던 것을 바탕으로 평가한다. 평가결과는 항상 다음의 계획에 반영한다.

7) 기관 전체 운영에 대한 평가 및 계획하기

기관의 전체적인 운영에 대한 평가를 한다. 교사협의를 거쳐 연초의 계획에 맞추어 학급운영, 교육과정, 업무분담, 행사 등 전반적인 것을 평가한다. 평가 후에는 수정·보완점을 다음해의 계획에 반영한다.

> 반성하지 않는 삶은 살 가치가 없다. – 소크라테스

생각해 봅시다

1. 교사로서 수업을 계획하고 진행하는 것은 아주 중요하다. 유아 놀이 중심 수업을 잘 진행하기 위해서 필요한 것들은 무엇인지 생각해 보자!

2. 자신의 수업이나 교사의 역할에 대하여 돌아보고 반성해 보는 저널은 효과적이다. 예비교사로서 자신의 생활을 저널로 작성해 보자!

3. 교육과정은 기관마다 달라질 수 있다. 자신이 원하는 교육관과 가치관을 세우고 이에 적합한 교육과정을 계획해 보자!

4장 지혜로운 유아교사 되기

31 학급운영 계획하기

새 학기를 시작하기 전에 교사로서의 교육철학을 재정립해서 전체적인 학급운영을 계획해보자. 실천에 따른 반성적 사고를 통해서 성숙할 수 있는 계기를 마련할 수 있고, 교사의 역량에 의해 진행되는 것을 활성화할 수 있는 기회를 마련할 수 있다.

새 학기를 시작하기 전에 교사로서의 교육철학을 재정립하여 보고 전체적인 학급운영을 계획해보자. 교사는 유아교육기관에서 정해진 교육철학 및 교육과정을 바탕으로 학급운영을 계획함으로써 실천에 따른 반성적 사고를 통해서 성숙할 수 있는 계기를 마련할 수 있다. 또한 학급에서 교사의 역량에 의해서 진행되는 분야를 활성화시킬 수 있는 기회를 마련할 수 있다.

학급운영계획의 시기는 새 학기가 시작하기 전에 학급운영계획을 한다. 그리고 1학기를 마친 뒤, 계획한 학급운영이 어느 정도 실천이 되었는지에 대한 확인과 함께 수정해야 할 부분과 보충해야 할 부분을 다시 계획을 한다.

학급운영계획에 포함될 수 있는 항목은 다음과 같다.

- 교사의 교육철학
- 유아상(원훈)
- 학급의 실태 조사 및 학급 유아의 발달 이해하기

- 교육과정 계획 및 편성
- 교실환경 구성(언어영역/과학영역/역할놀이 영역/쌓기놀이 영역 등)
- 부모 관리계획 : 면담의 방법, 면담의 횟수
- 관찰기록
- 독특한 우리 반의 문화 등

1) 교사의 교육철학

교사의 교육철학은 유아의 교육과 발달에 많은 영향을 미친다. 그러므로 교육철학을 정립하는 것이 중요하다. 다음은 현장에서 근무하고 있는 교사들을 인터뷰한 내용이다.

> **A 교사의 교육철학 : 아이들의 눈높이에서 생각하기**
> 아이들의 눈높이에 서서 웃어주고 먼저 손을 내밀어 주면 아이들은 그 이상을 보답해줘요. 이러다 보니 행여나 아이들이 실수를 했을 때에도 꾸짖음을 하기보다는 왜 그랬는지 아이들의 눈높이에서 먼저 생각해요.
>
> **B 교사의 교육철학 : 자연주의에 입각한 교육**
> 아이들은 스스로 성장하고 발달할 수 있어요. 그러므로 학습의 결과보다는 과정과 자율성을 중요하게 생각해요.

2) 유아상

교사의 유아상은 교육철학과 함께 유아를 지도하는데 중심적인 역할을 하므로 전반적인 영향을 미친다. 다음은 현장에서 근무하고 있는 교사들을 인터뷰한 내용이다.

> **A교사의 유아상 :**
> 저의 유아상은 꿈이 있는 어린이 / 창의적인 어린이 / 몸과 마음이 건강한 어린이예요. 그래서 아이들이 어떤 이야기를 하더라도 귀를 기울이려고 노력하고, 의문점이나 문제를 스스로 해결할 수 있도록 기다리고 격려해요. 그리고 하루 일과를 계획할 때 자유롭게 놀 수 있는 활동과 시간을 배정해요.

3) 학급의 실태 조사 및 학급 유아의 발달 이해하기

유아의 원활한 학급활동 진행을 도와주기 위해서는 학급 유아의 개인적 특성과 보편적 발달특성을 알아야 한다. 즉 유아의 가정배경, 인지적인 능력, 사회, 정서적인 발달과 부모의 교육 요구 및 기대, 교육환경, 연령에 따른 발달을 이해해야 한다.

4) 교육과정 계획 및 편성

교육과정 계획 및 편성을 할 때는 다음과 같다. 첫째, 유아교육기관의 철학 및 교육목표를 고려해야 한다. 둘째, 유아의 발달 특성, 지역사회 및 부모의 요구, 계절, 명절 및 문화적 특성과 사건 등을 반영해야 한다. 셋째, 교육내용 간의 통합성을 고려해야 한다. 넷째, 유아의 연령, 발달, 개인차 등의 발달적 수준을 고려해야 한다. 다섯째, 유아의 흥미를 최대한으로 고려하면서 발달적 요구에 적합한 것을 내용으로 선정해야 한다.

5) 교실환경 구성

교실환경을 구성할 때는 유아가 잘 적응할 수 있도록 가성과 같은 편안한 분위기로 구성해야 한다. 또한 유아의 개인차와 연령을 고려하여 교육적 효과, 안전, 위생 관리에 중점을 두도록 한다. 특히 교실의 흥미 영역은 유아들이 가장 좋아하는 놀이를 중심으로 구성하는 것이 좋으며, 유아들이 흥미를 보이지 않는 영역은 융통성 있게 다른 영역과 통합하거나 다른 영역으로 대체할 수 있다(교육부·보건복지부, 2019a). 특히 유아가 좋아하는 쌓기놀이 영역이나 역할놀이 등을 더 넓게 배치하고 유아가 자유롭게 놀이할 수 있도록 규칙이나 이동을 느슨하게 운영하는 방식도 필요하다. 언어, 수·조작, 음률, 미술, 과학 영역 등을 고정시켜 배치하기보다는 유아가 만들고 싶어하는 놀이 공간으로 대체하는 융통성이 필요하다(임부연 외, 2021).

6) 부모 관리계획 : 면담의 방법, 면담의 횟수

부모와 교사는 서로 면담을 통하여 상호 친밀감이 형성되고 유아를 이해하는 데 도움을 줄 뿐만 아니라 바람직한 유아지도 방안을 모색할 수 있다. 면담은 개인면담과 집단면담 또는 시기에 따라 정기적 면담과 비정기적 면담으로 나눌 수 있다. 유아교육기관에서 비정기적 면담은 전화, 일일보고서, 대화수첩, 인터넷 등 다양한 방법으로 이루어진다. 참고로 부모들은 자녀가 유아교육기관에서 어떻게 생활하고 있는지 무척 궁금해하기 때문에 교사들은 일주일에 한 번은 개별적으로 부모에게 비정기적인 면담을 하면 부모 입장에서는 무척 고마워한다. 그리고 공식적인 면담은 학기 초(3~4월쯤), 혹은 학기 말(11~12월쯤)로 계획하는 것이 일반적이다.

7) 관찰기록

관찰기록은「제5장 다정한 유아교사 되기」에서 '42. 관찰하기'를 참고하기 바란다.

8) 독특한 우리 반의 문화 등

우리 반만의 독특한 문화를 만들면 교사뿐만 아니라 반 유아들도 소속감과 애착이 더 생긴다. 예를 들면 매주 월요일은 각 가정에서 친구들에게 보여주고 싶은 물건을 가져와 소개하기, 일일기자 발표하기, 유아도우미를 정해서 간식시간에 친구들에게 간식을 나누어주기, 각 모둠별로 할 일 정하기, 매일 명상하는 시간 갖기 등이 있다.

[그림 4-1] 명상하는 시간

[그림 4-2] 일일기자 발표하기

32 등·하원 지도하기

등원 시에는 유아가 즐겁게 하루를 시작할 수 있도록 유아의 건강 및 심리상태를 파악하고 도와주어야 한다. 귀가 시에는 하루 일과 마무리를 잘하고 안전하게 귀가할 수 있도록 지도한다.

1) 등원지도

교사의 실질적인 교수활동이 시작되는 시점은 유아가 등원하는 순간부터이다. 등원지도 시 교사가 살펴야 할 역할을 신발장에 신발을 바르게 정리하기, 교실에 등원 및 맞이하기로 나누어 살펴보고자 한다.

(1) 신발장에 신발을 바르게 정리하기

유아들의 등원 방법은 개별 등원과 차량 등원이 있다. 개별 등원은 부모가 유아교육기관에 직접 데려다주는 방법이며 차량 등원은 유아교육기관의 차량으로 유아들이 등원하는 방법이다. 차량 등원으로 도착하면 일반적으로 현관에서 신발을 벗고 들어가게 되는데 많은 유아들이 동시에 신발장에 신발을 넣으면 복잡해진다. 따라서 현관 앞에서 시간차를 두어 유아를 차례로 들여보내는 것이 신발을 바르게 정리하는데 도움이 된다. 예를 들어, 유아 한 명씩 교사가 정해준 높이만큼 점프하여 교사의 손바닥에 유아의 머리를 닿게 하는 방법, 하이파이브 등의 인사를 하고 들어갈 수 있다.

신발장에 유아 이름표를 붙일 때 어린 연령일수록 유아 사진과 함께 유아 이름을 붙여 놓으면 자리를 찾는 데 수월하고 본인의 이름뿐만 아니라 친구들의 이름 글자를 익히는 데도 도움이 된다.

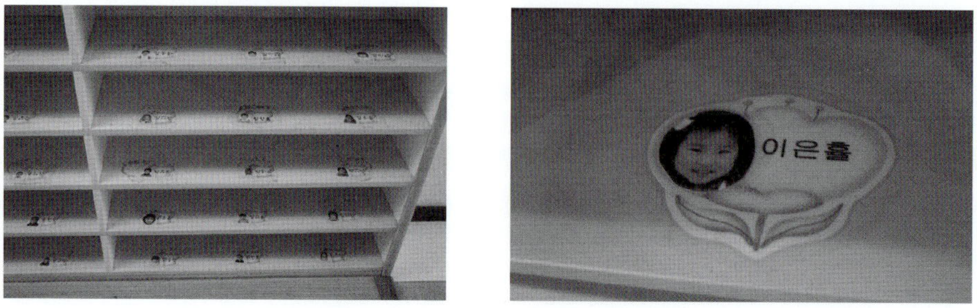

[그림 4-3] 신발장 유아 이름표

신발장에 신발을 정리할 때는 신발장 바깥 선에 맞추어 신발을 정리할 수 있도록 지도하고 한다. 그리고 시간이 걸리더라도 교사는 유아가 신발을 바르게 정리할 수 있도록 격려와 함께 기다려주는 마음이 필요하다. 또한 신학기 초에 '신발장에 신발을 바르게 정리하기'라는 주제로 이야기 나누기, 게임, 노래, 동화 등 다양한 활동을 통해서 지도하는 것도 좋은 방법이다.

(2) 교실에 등원 및 맞이하기

① 유아의 건강 및 심리 상태 파악하기

유아가 등원하면 일반적으로 원장은 유원장이나 현관에서 유아를 맞이하고, 교사는 각 교실에서 유아와 반갑게 인사를 나누고 맞이한다. 이때, 교사는 유아의 전체적인 건강과 심리 상태 등을 점검하고, 문제가 있을 경우 적절한 조치를 하여서 유아가 하루 일과를 즐겁게 시작할 수 있도록 돕는다. 필요한 경우 유아를 데리고 온 보호자와 함께 유아의 건강상태나 아침 식사 여부, 전날 하원한 후 가정에서 있었던 일 등에 대한 의견을 간단히 교환하여 이를 반영한다. 부모와의 개별적인 만남이 어려울 경우, 현관이나 교실 입구에 메모판을 마련하여 부모와 교사가 서로 전하고 싶은 의견을 교환할 수 있게 한다.

② 교사와 인사나누기

유아교육기관에 따라 인사하는 방법과 인사말은 다르지만 유아가 바르게 인사하도록 지도한다. 인사하는 방법의 예는 다음과 같다.

> 교사, 유아 : 멈춘다.
> 교사 : 예쁜 손! (유아의 눈을 바라보고 공수자세)
> 유아 : (교사 눈을 바라보며 공수자세)
> 교사 : 인사!
> 유아 : 허리와 고개를 숙여 '안녕하십니까?'라고 말한다.
> ❖ 인사말은 각 유아교육기관에 따라 다르다.
> 유아 : (일어나서 교사의 눈을 바라본다)
> 교사 : (유아에게 인사한다)

③ 옷과 가방 정리하기

유아가 출석카드(유아수첩)에 도장을 찍은 후 출석카드(유아수첩)를 정해진 바구니에 담도록 한다. 그리고 가방 속에 가정에서 전달한 약이나 메모 등은 없는지 살펴보도록 한다. 그리고 유아가 스스로 개인 사물함에 옷과 가방을 정리할 수 있도록 지도해야 하며 유아의 연령과 개인차를 고려해야 한다.

겉옷을 옷걸이에 정리할 경우에는 옷 거는 법을 알려주고 겉옷을 사물함에 넣을 경우에는 옷 개는 방법을 알려주어서 유아 스스로 정리할 수 있도록 지도한다.

가방은 개인 사물함에 넣을 때 가방의 끈이 흘러나오지 않도록 가방의 밑 부분부터 넣도록 지도한다.

[그림 4-4] 출석카드에 도장 찍는 모습

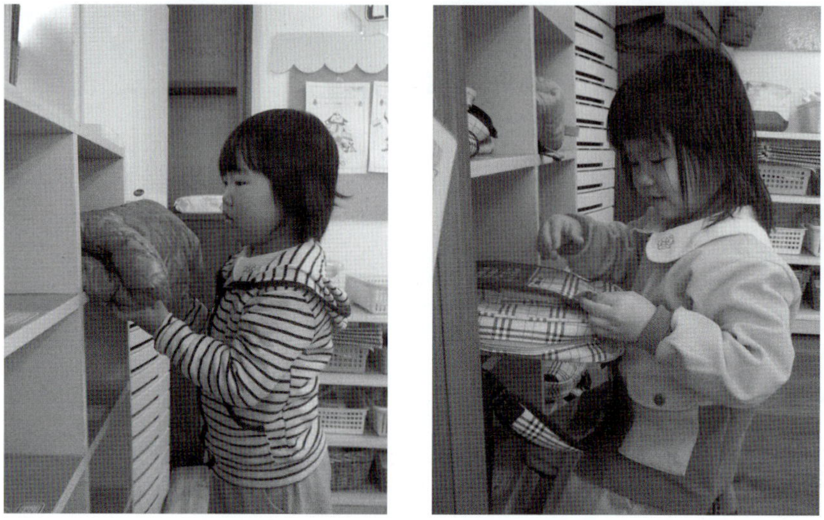

[그림 4-5] 옷과 가방 정리하기

2) 귀가지도

귀가지도 시간은 유아가 유아교육기관에서 하루 일과를 보내면서 마무리하는 시간이다. 그러므로 교사와 유아는 하루 활동 중 즐거웠던 일이나 속상했던 일에 대해 이야기를 나누고, 교사는 내일의 활동에 대한 정보 제공과 전달사항을 알려준다. 유아는 차량지도 교사나 보호자에게 정확하게 인계하여 유아가 안전하게 귀가할 수 있도록 한다. 귀가지도 시 교사가 살펴야 할 역할 중에서 자신의 물건을 스스로 챙기기, 옷을 바르게 입기, 교실에서 질서 있게 나오기, 귀가지도 후 부모와 소통하기 중심으로 살펴보면 다음과 같다.

(1) 자신의 물건 스스로 챙기기

유아교육기관에서 활동한 결과물(입체작품, 평면작품 등), 출석카드, 가방 등 자신의 물건을 유아교육기관에 놓고 가지 않도록 지도한다. 특히 어린 연령의 경우는 담임교사가 매일 유아 개인 사물함을 확인하여 유아가 놓고 가는 물건이 없도록 지도한다. 학급 유아들에게 돌아가면서 '사물함 대장'을 할 수 있도록 순서를 정하고 사물함 대장인 유아가 매일 사물함을 확인하고 사물함에 물건이 남아 있을 경우에는 해당 유아에게 알려주는 역할을 하도록 하는 방법도 효과적이다.

(2) 옷을 바르게 입기

귀가 전 유아들이 스스로 자신의 옷차림과 모습을 확인할 수 있는 시간을 주어야 한다. 즉 옷을 바르게 입었는지 살펴보게 하고 외투는 지퍼나 단추를 제대로 잠갔는지 확인하게 한다. 특히 여자 유아인 경우에는 머리 모양이 단정한지 살펴보고 헝클어져 있을 경우에는 빗으로 단정하게 만들어주거나 긴 머리카락은 단정하게 다시 묶어준다. 부모는 귀가 시 보이는 유아의 옷차림과 얼굴(상처)에 매우 민감하기 때문에 교실을 나가기 전에 교사의 눈으로 개별 유아의 옷차림과 얼굴 상태(상처)를 반드시 확인해야 한다.

(3) 교실에서 질서 있게 나오기

귀가 인사 후 교실을 나올 때 유아들이 한꺼번에 나가게 하면 혼란스럽다. 그러므로 시간적 간격을 두고 나오게 한다. 예를 들면 교사가 개별 유아에게 안아주기, 하이파이브, 검지를 이용한 손가락 뽀뽀 등을 활용하여 질서 있게 나와서 유아들이 여유 있게 신발장에 있는 신발을 신도록 한다.

(4) 귀가지도 후 부모와 소통하기

귀가지도 후 하루 일과 중 그날의 특이한 유아 상태(평소와 다른 행동, 식사량, 다친 곳 등), 공지사항 등은 메모나 전화 통화로 전달하여 부모와 신뢰감을 형성할 수 있도록 한다. 결석 시에는 반드시 가정으로 연락하여 확인하여야 한다.

부모는 자녀가 유아교육기관에서 특별한 배려와 관심을 받기를 원한다는 것을 꼭 기억하면 좋겠다.

33 기본생활습관 지도하기

기본생활습관 지도는 일상생활 속에서 지속적이고 체계적인 반복지도를 통해 유아가 올바른 습관화가 형성될 수 있도록 도와주어야 한다.

기본생활습관 중에서 여기서는 일반적으로 신임교사들이 지도하기 어려워하는 놀잇감 정리정돈지도, 간식 및 식사지도, 낮잠지도, 화장실지도를 중점적으로 살펴보도록 하겠다.

1) 놀잇감 정리정돈지도

> 신임교사의 사례 :
> 자유선택활동이 끝나면 항상 유아들이 쓰던 놀잇감이 아무렇게나 나뒹굴고 있어요. 양도 정말 엄청나요. 정리정돈 시간에 아이들이 정리정돈을 하지 않아 너무 힘들어요…….

놀잇감 정리정돈은 하나의 생활습관이므로 일상생활 속에서 꾸준히 지도해야 한다. 즉 놀잇감 정리정돈에 대한 습관을 형성할 수 있도록 지속적이고 체계적으로 이루어져야 한다. 놀잇감 정리정돈의 지도방법을 살펴보면 다음과 같다.

첫째, 놀잇감 정리정돈을 놀이처럼 지도하는 것이 효과적이다. 먼저 5분 전에 정리정돈 시간을 영역별로 알려주는 것이 좋다. 그래야 정리하는데 많은 시간이 소요되는 영역(쌓기놀이 영역, 역할놀이 영역 등)에서 놀이하는 유아들이 미리 마음의 준비를 할 수 있기 때문이다.

정리준비 신호로 트라이앵글 등 악기를 이용하거나 정리정돈 음악을 틀어주면 효과적이다. 예를 들어 "모두 제자리!" 같은 신나는 노래를 틀어주어 노래를 부르며 정리정돈을 하거나, 상황에 따라 교사가 피아노를 치면서 "그대로 멈춰라!" 노래를 개사하여서(예 : 즐겁게 정리하다가, 그대로 멈춰라…….) 유아와 함께 노랫말에 맞게 움직이면서 정리 정돈하는 방법도 재미있다. 또한 정리정돈 상황을 교사가 생중계하듯 이야기를 하면 유아들은 더 즐거워하면서 정리 정돈하게 될 것이다.

둘째, '놀잇감 정리정돈'에 관련된 주제로 다양한 활동(예 : 이야기 나누기, 게임, 동화 등)을 해보자. 예를 들어 학기 초에 노래 '그냥 두고 나갔더니'에 나오는 가사내용에 맞는 그림을 보여주면서 놀잇감의 중요성과 정리정돈에 대해서 이야기를 나누거나 동화로 들려주거나 노래로 배우는 활동도 재미있다. 또한 교구장과 놀잇감이 있는 바구니에 사진과 명칭을 부착해서 '놀잇감 제자리 찾기' 게임도 재미있는 방법이다.

셋째 교사는 좋은 모델링이 되어야 한다. 유아에 따라 차이가 있겠지만 평소에 교사가 정리정돈을 잘하고 교실의 환경구성이 깔끔하게 정리정돈이 되어 있을 때 유아들도 스스로 정리정돈을 하려고 한다.

넷째, 유아에게 정리정돈을 너무 강조하다 보면 오히려 역효과가 난다. 즉 아예 놀잇감을 가지고 놀지 않거나, 정리정돈을 하지 않거나, 지시할 때만 따르는 소극적인 대응을 하게 된다. 어떤 교사는 유아가 놀이에 열중하고 있을 때 정리되지 않은 놀잇감을 정리하도록 계속적인 간섭을 하는 경우가 있다. 그렇게 되면 유아의 정리정돈이 형성되기보다는 매우 성가신 일로 생각할 것이다.

2) 간식 및 식사지도

> **신임교사의 사례 :**
> 말 그대로 점심시간은 정말 밥이 입으로 들어가는지 코로 들어가는지 모르겠어요. 숟가락이나 젓가락으로 장난치거나 자기가 먹기 싫어하는 음식을 다른 친구의 그릇에 넣거나 아니면 교사의 눈치를 살피고는 음식을 휴지통에 버리고 나서는 다 먹었다고 거짓말을 해요.

교사는 간식 및 점심식사 시간도 교육의 한 활동이므로 지도계획을 세우고 올바른 식사습관을 형성하도록 지도해야 한다.

간식 및 점심식사 시간에 지도해야 하는 내용은 다음과 같다.

(1) 간식 및 식사 전

음식을 먹기 전에 손을 씻는다. 기관에 따라 음식을 먹는 장소가 다르겠지만 교실에서 음식을 나누어줄 때는 안전하게 나누어줄 수 있도록 배식 준비를 하고, 활동했던 책상 위도 깨끗하게 닦은 후 바른 자세로 기다리도록 한다. 또한 유아들이 오래 기다리지 않도록 배려한다. 4~5세 유아의 경우, 당번을 정하여 간식을 각 분단에 가져가거나 친구들에게 반찬을 나누어주는 역할을 주는 것도 좋은 경험이다. 음식을 모두 받은 후에는 감사하는 마음을 가질 수 있도록 감사의 기도나 노래를 부른다.

[그림 4-6] 식사 전 모습

(2) 간식 및 식사

음식을 기쁘고 즐거운 마음으로 먹도록 하고, 간식 및 식사 중에는 작은 소리로 말하기, 입에 음식이 있을 때는 삼킨 뒤 말하기, 바르게 앉아서 먹기, 음식을 골고루 먹기, 음식을 꼭꼭 씹어서 먹기, 음식을 남기지 않고 깨끗이 먹기 등을 지도하고, 교사 자신이 좋은 모델이 되어주면 유아들이 간식 및 식사예절을 익히는 데 도움이 된다.

[그림 4-7] 즐거운 식사시간

(3) 간식 또는 식사 후

음식을 다 먹은 후에는 교사에게 알려 도시락이나 식판에 있는 음식을 모두 잘 먹었는지 확인받고 정리할 수 있도록 한다. 도시락을 사용하는 유아교육기관은 가방에 정리하기 전 뚜껑은 잘 닫혔는지, 수저통에 수저를 바르게 놓았는지, 도시락 주머니 지퍼는 잘 닫혔는지 확인받고 정리할 수 있도록 한다.

먹은 자리는 스스로 정리할 수 있도록 하고, 음식을 먹은 후에는 양치질하도록 지도한다.

3) 낮잠지도

유아기에는 끊임없이 활동하면서 놀이를 하기 때문에 적절한 휴식이나 낮잠이 필요하다. 낮잠은 휴식과 피로회복을 제공함과 동시에 유아에게 필요한 하루 수면량을 충족시킨다. 그러므로 종일제인 경우에는 매일 일정한 시간을 정하여 규칙적으로 낮잠을 취할 수 있도록 고려해야 한다. 효과적인 낮잠 시간을 진행하기 위해서 교사의 역할을 다음과 같다.

(1) 낮잠 전

낮잠을 자기 전에는 반드시 화장실에 다녀오게 한다. 잠을 자기 전 30분 정도는 휴식의 상태로 있는 것이 좋으며, 이 시간에 조용한 목소리로 책을 읽어주거나 조용한 음악을 틀어준다. 이불, 베개 등을 준비하고 낮잠 잘 준비가 되어 유아가 자리에 누웠다면 커튼을 닫고 전등을 꺼서 편안하고 안락한 분위기를 마련해준다.

(2) 낮잠

낮잠은 일반적으로 1~2시간 정도로 계획한다. 낮잠을 자려는 유아는 잠을 잘 수 있도록 도와주고 자지 않으려는 유아에게는 조용히 책을 보거나 퍼즐을 맞추는 등 조용한 활동을 할 수 있도록 지도한다. 유아들이 낮잠을 자는 동안 한 명의 교사는 반드시 유아들이 자고 있는 방을 지켜야 한다. 왜냐하면 잠자는 동안 예기치 못한 여러 가지 상황이 발생할 수도 있으며, 무서운 꿈을 꾸거나 잠에서 깨어나면 유아에게는 자고 일어난 장소가 낯설게 느껴지거나 무섭게 느껴질 수도 있기 때문이다.

(3) 낮잠 후

낮잠 시간이 끝날 무렵 교사는 유아들이 깨어나는 순서대로 조용히 잠잔 자리를 정리하게 한 다음, 화장실을 다녀오게 한다. 그리고 조용한 활동부터 시작하게 해서 다음 활동으로 서서히 옮아갈 수 있게 해준다. 잠에서 일어나지 않은 유아는 어깨를 토닥여 주면서 작은 소리로 '일어나자' 라고 알려주어서 잠에서 깰 수 있도록 도와준다.

4) 화장실 지도

유아들은 놀이에 열중하다 보면 화장실을 가는 것을 잊어버려 옷에 실수를 하는 경우도 있다. 그러므로 일일 교육계획안에 화장실 가는 시간을 계획하도록 하고 유아들의 생리적 욕구에 따라 개별적으로 이용할 수 있도록 한다.

화장실을 사용할 때는 질서를 지켜서 사용하도록 한다. 화장실은 공동공간이기 때문에 질서가 없으면 다른 사람에게 피해를 줄 수 있기 때문이다. 화장실 입구에서 또는 화장실 안에서 한 줄로 서서 기다릴 수 있도록 지도하고, 기다릴 수 있는 자리 표시로 바닥에 일정한 간격으로 테이프로 표시해주는 것도 좋다.

그 외 화장실을 사용할 때는 깨끗하게 사용하기, 휴지를 아껴 쓰고, 사용하고 난 휴지는 휴지통에 버리기, 대소변 후에는 반드시 손을 씻기, 화장실에 들어가기 전 노크하기, 화장실을 나올 때는 문을 닫기, 화장실에 있는 슬리퍼 사용하고, 슬리퍼 사용 후 제자리에 두기, 양치 시 물은 바닥에 버리지 않고 꼭 세면대에 버리기 등을 유아들과 이야기 나누고 약속으로 정할 수 있다.

34 부적응 행동 지도하기

교사는 유아가 유아교육기관에 잘 적응할 수 있도록 기다려주는 마음과 개별적인 배려가 필요하며 가정에서의 부모 협조도 필요하다.

3월 초 유아교육기관에 오기 싫어하거나 친구들과 잘 어울리지 못하는 부적응 행동의 유아들이 있다. 교사는 원인을 잘 파악하고 원인을 제거하는 것이 필요하다. 그리고 유아 자신의 속도에 맞추어 적응을 할 수 있도록 기다려주고 개별적인 배려가 필요하다.

부적응 행동 유형에 따른 지도 방법은 다음과 같다.

첫째, 유아교육기관에 오기 싫어하는 유아가 있다.

유아교육기관을 안전하고 편안한 장소로 느낄 수 있도록 환경구성을 하도록 하자. 예를 들어 신발장이나 교실에 있는 개인 사물함 자리에 사진과 이름을 부착하여 소속감을 느끼도록 돕거나 유아들이 흥미를 끌만한 놀잇감을 준비하는 것도 좋다. 무엇보다 교사가 유아에게 먼저 다가가서 인사하며 관심을 보이고 개별적인 배려를 해주는 것이 중요하다.

둘째, 부모(보호자)와 떨어지지 않는 유아가 있다.

유아를 부모와 억지로 분리시키면 역효과가 난다. 늘 부모와 연결되어 있다는 것을 느끼게 하여 불안을 줄이도록 도와주어야 한다. 예를 들어 적응 초기에 부모와 함께 교실에서 지낼 수 있도록 배려한다거나 유아가 부모를 보고 싶어 할 경우 수시로 가족사진을 보거나 전화로 부모의 목소리를 들려줄 수 있다. 이때 중요한 것은 교사가 성급하게 신체적, 언어적 접촉을 하는 것보다 유아 자신의 속도와 흥미에 맞추어 환경을 탐색하고 적응을 기다려주는 것이 중요하다.

셋째, 말을 하지 않는 유아가 있다.

교사는 먼저 유아에게 "이야기하고 싶은 것이 있을 때는 선생님한테 오렴" 하고 허용적인 분위기를 만들고 기다리는 마음이 필요하다. 그리고 유아의 이름을 불러도 대답하지 않을 때에는 귓속말을 하게 하거나 손으로 의사표현을 하도록 하게 하는 것도 효과적이다. 어느 날 작은 소리를 내거나 입만 벌리는 식으로 대답을 할 때에는 칭찬해주며 자신감을 갖도록 도와주자.

넷째, 친구들과 어울리지 못하는 유아가 있다.

팀이나 짝꿍을 정해주자. 팀이나 짝꿍을 정해주는 것은 소속감을 느끼고 친구 만들기 기술을 연습할 수 있는 기회를 제공하기 때문에 효과적이다. 예를 들어 팀이나 짝꿍끼리 공동 작업을 하게 하거나 교사가 팀이나 짝꿍이 된 유아를 관찰하고 공통점을 말해주거나 이들이 스스로 공통점을 발견할 수 있는 기회를 준다면 서로를 더욱 친밀하게 느낀다.

친구와 함께 놀이하는 방법을 모를 때는 처음에는 교사가 함께 놀이하다가 주위의 친구들을 함께 놀이에 참여시키면 자연스럽게 친구들과 어울릴 수 있다.

유아가 유아교육기관에 잘 적응을 할 수 있도록 교사는 기다려주고 개별적인 배려와 함께 가정의 협조도 필요하다. 그러므로 적응을 위한 안내문을 가정으로 보내는 것도 유아가 적응하는 데 도움이 된다.

〈표 4-1〉 적응을 위한 안내문(예시)

유치원 적응을 위해 부모님은 이렇게 도와주세요

입학 전에 꼭 알려주세요

- 유치원 이름, 자기 이름, 주소 및 전화번호를 정확히 알고 있도록 해주세요.
- 유치원 선생님에 대한 기대감과 유치원은 좋은 곳이라는 긍정적인 생각을 갖도록 해주세요.

입학 후 이렇게 도와주세요

- 새로운 환경, 친구 등으로 긴장할 수 있으므로 귀가 시 따뜻한 손길로 맞아주세요.
- "오늘은 무엇을 배웠니?"보다는"오늘은 즐겁게 지냈니?"하고 질문하는 것이 어린이에게 부담감을 덜 주게 됩니다.

유치원 생활은 이렇게 도와주세요

- 복장은 활동하기에 편한 옷을 입혀주시고 신발은 신고 벗기에 편한 것을 신겨 주세요.
- 애국조회와 체육활동이 있는 날은 원복을 입혀 주세요.
- 용변은 아침 등원 전에 보고 올 수 있도록 지도해 주세요.

유치원 교육활동은 이렇게 도와주세요

- 교육비는 스쿨뱅킹을 이용하며 납입기한을 맞춰주세요.
- 아침자유선택활동시간은 유치원 활동 중 아주 중요한 시간이니 등원이 자주 늦지 않도록 지도해 주세요.

☎ 이럴 땐 원으로 연락 주세요

- 어린이에게 문제(등원거부, 질병, 가정사로 인한 결석 등)가 있을 때, 전화나 메모로 담임선생님께 꼭 연락주세요.
- 유치원에 문의사항이 있거나 상담을 원하실 경우 오후시간(1시~4시 30분)을 이용해 주세요.

출처: 충청북도교육청(2016).

35 사회관계 증진 경험하기

다른 사람들과 갖게 되는 사회관계는 곧 유아의 자기존중감 형성에 영향을 주게 되므로 원만한 사회관계를 형성할 수 있도록 다양하고 구체적인 경험을 제공해 주어야 한다.

유아에게 적합한 사회관계 증진 경험 제공으로 현장학습, 소집단 토의, 사회극놀이, 도서 이용하기, 시청각 자료의 활용, 교사의 모델링 등으로 구분하여 소개하려 한다.

1) 현장학습

유아의 주변 세계를 알아가기 위해 여러 가지 방법이 있을 수 있지만 직접 경험함으로써 배울 수 있는 '견학'이야말로 사회관계 증진을 위한 효과적인 방법이다. 그러나 현장학습이 사회관계 증진에 적합한 방법일지라도, 일시적인 방문으로만 그친다면 현장학습 방법의 교육적 의미를 살리기 어렵다. 즉 현장학습이 왜 필요하며, 현장학습을 통해서 유아들의 경험을 확장시키고, 현장학습 장소에 대한 사회적 이해를 향상시키는 쪽으로 노력해야 한다.

현장학습에 대한 자세한 내용은 '제8장 재치 있는 유아교사 되기'에서 '71. 현장학습'의 내용을 참고하기 바란다.

2) 소집단 토의

토의는 유아들이 서로의 생각을 교환함으로써 자신의 입장뿐 아니라, 상대방의 입장을 고려하도록 하는 데 효과적인 방법이다.

소집단 토의 진행과정은 다음과 같다(오채선 외, 2008).

첫째, 소집단 토의를 위한 주제를 선정한다. 주제를 선정할 때 교사는 유아들의 개인적인 요구와 능력을 파악해야 하며 유아들이 이미 잘 알고 있는 쉬운 주제부터 시작하는 것이 효과적이다.

둘째, 소집단 토의를 할 인원수를 정한다. 보통 한 집단에 6~8명이 적당하다. 그리고 처음부터 같은 시간에 모든 유아들이 동시에 소집단 토의를 하는 것은 바람직하지 못하다. 교사는 서로 다른 시간에 소집단 토의를 계획해서 지도한 후 유아들이 토의에 익숙해지면 몇 개의 집단이 동시에 실시할 수 있도록 점진적으로 계획한다.

셋째, 소집단 토의 환경을 준비한다. 토의하면서 유아들이 궁금한 점을 찾아볼 수 있도록 인터넷 활용이 가능한 컴퓨터, 녹음 자료, 토의주제와 관련된 서적(백과사전, 책, 그림, 화보 등) 등을 토의할 장소에 배치한다.

넷째, 교사는 토의주제에 대해 충분히 숙지하고 있어야 하며, 토의를 활발히 하기 위한 질문목록을 준비한다. 이러한 준비를 통해 토의 중간에 잘 이해하지 못하는 유아나 중요한 사항을 짚고 넘어가야 할 때 교사가 적절히 질문할 수 있다.

토의 과정에서 교사의 간섭은 최소화하면서, 교사의 설명 위주 토의가 되지 않도록 한다.

다섯째, 소집단 토의의 시작 시간과 마무리 시간을 정한다. 마무리 시간 10~15분 전에는 토의를 종합하는 활동을 제공한다. 모든 토의를 꼭 활동으로 마무리할 필요는 없으나, 경우에 따라 토의 결과가 너무 많거나 말로 설명하기 어려운 경우, 유아들에게 그림, 도표, 벤다이어그램, 그래프, 글쓰기 등 을 사용하여 토의 결과를 요약할 수 있는 활동을 제공한다.

여섯째, 소집단 토의 후, 함께 토의했던 내용을 소집단 유아나 전체 집단 유아들에게 발표할 기회를 준다.

3) 사회극놀이

Smilansky는 사회극놀이 경험을 통해서 유아가 사회내의 다양한 역할을 경험할 수 있으며, 이는 감정이입이나 협동적 기술 등의 사회, 정서적 행동을 발달시킬 수 있다고 설명한다.

유아들의 사회극놀이가 원활히 일어나도록 도와주기 위해 교사는 다음과 같은 점에 유의하여 지도한다(이영자 외, 2004).

(1) 사회극놀이를 위한 시간 배정

실내와 실외의 자유놀이 시간은 유아들이 사회극놀이 아이디어를 계획하고 수행하기에 충분한 시간이다. 교사는 보다 많은 유아들이 사회극놀이에 참여하는 것이 필요하다고 생각될 경우, 자유놀이 시간에 제공하는 다른 흥미영역의 수를 줄일 수 있다. 유아들이 사회극놀이 참여 빈도는 모래놀이, 물놀이, 퍼즐 활동, 미술 활동이 제공될 때는 줄어드는 것으로 보고되었다.

(2) 사회극놀이 영역 기구 및 소품 준비

사회극놀이는 역할놀이 영역과 쌓기놀이 영역에서 주로 이루어진다. 또한 사회극놀이 활동 주제별로 소품을 분류하여 모아 두는 것은 유아들의 사회극놀이 활동을 도와주는 데 많은 도움이 된다. 이를 위해 다양한 주제의 소품들을 각각 넣어 둘 수 있는 견고하면서도 가벼운 상자를 많이 준비해 두면 소품들의 보관과 운반이 쉽다.

(3) 사회극놀이 연장, 확대해줄 수 있는 경험의 제공 및 교사의 사회극놀이 참여

사회극놀이 연장, 확대해줄 수 있는 경험의 제공 및 교사의 사회극놀이 참여를 통해서 교사는 문제를 해결하도록 돕고, 역할의 갈등이 일어났을 때 다른 가능한 역할을 제시해주며, 놀이가 확대될 때 부가적으로 필요한 소품들을 제공해 주는 역할을 한다. 유아들이 사회극 활동에 교사가 불쑥 끼어드는 것은 바람직하지 않으며, 언제 유아가 도움을 필요로 하는지 알아야 한다.

[그림 4-8] 병원놀이

[그림 4-9] 빵집놀이

[그림 4-10] 방송국놀이

(4) 도서 이용하기

특별히 어려운 사회관계 경험은 도서를 이용하여 설명하거나 간접 경험하도록 도움을 줄 수 있다. 사회관계 경험에 관련해서 유아들이 책을 직접 읽을 수 있게 하거나, 교사가 책을 읽어준 후 토의하는 방법도 있다.

(5) 시청각 자료의 활용

시청각 자료는 유아들이 직접 경험할 수 없는 사회관계 경험들을 영상에 담아 전달할 수 있으므로 매우 효과적이다. 시청각 자료는 영상자료(영화, 비디오 등)와 사진자료(그림, 화보 등)로 구분할 수 있다.

(6) 교사의 모델링

유아는 여러 상황 아래서 사람이나 사물에 대한 교사의 행동과 반응을 주의 깊게 관찰한다. 이때 교사의 행동과 태도는 항상 유아의 모델이 된다. 그러므로 교사는 유아가 학습하기를 바라는 행동에 대해 자신이 먼저 행동으로 모범을 보여주도록 한다.

36 안전사고 예방과 환경 점검하기

안전사고를 예방하기 위한 방법 중의 하나는 안전한 환경을 만들고 유지하는 일이고, 다른 하나는 유아의 안전교육을 통해 예방하는 일이다.

우리는 일반적으로 사고란 예측할 수 없는 일이고 우연에 의한 것이라고 생각한다. 그러나 사고는 결코 우연이나 불의의 사고에 의해서 생기는 것이 아니라, 어떤 원인에 따른 결과로서 여기에는 인과관계(因果關係)가 성립하고 있다. 게다가 그 사고에 여러 가지 요인이 서로 얽혀 있다. 따라서 안전에 대한 올바른 의식을 가지고, 사고의 원인이 되는 잠재적 가능성을 충분히 파악하고 대처한다면, 사고는 미연에 예방할 수 있을 뿐 아니라 그 피해도 최소화할 수 있을 것이다(허혜경 외, 2005). 기관에서의 안전사고 예방을 위하여 유아의 안전교육과 안전한 환경을 만들고 유지하기로 나누어 살펴보고자 한다.

1) 유아의 안전교육

유아 대상 안전교육을 실시해야 하며, 다양한 안전교육은 다음과 같다. 유아

생활안전교육(학기당 2회 이상, 연간 13시간), 교통안전교육(학기당 3회 이상, 연간 10시간), 폭력예방 및 신변보호교육(학기당 2회 이상, 연간 8시간), 약물 및 사이버 중독 예방 교육(학기당 2회 이상, 연간 10시간), 재난안전교육(학기당 2회 이상, 연간 6시간), 직업안전교육(학기당 1회 이상, 연간 2시간), 응급처치 교육(학기당 1회 이상, 연간 2시간), 소방훈련교육(연 2회 이상)을 실시한다((제5주기 2021학년도 유치원 평가 매뉴얼, 2021).

유아를 위한 안전교육의 방법은 다양하게 실시될 수 있다. 예를 들면 주제 선정에 따른 통합적 접근방법에 의한 안전교육, 상황에 근거한 안전교육, 부모에 의한 안전교육, 전문단체에 의한 안전교육 등이 있다. 무엇보다 유아의 안전교육에는 교사의 역할이 중요하다. 교사는 유아의 안전에 대한 중요성을 인식하고 지식을 습득해서 발달단계에 맞는 활동내용을 선정해 연간안전교육계획안을 작성하여 실천하는 것이 중요하다. 기본생활안전교육, 교통안전교육, 소방대피훈련 등 구체적인 내용으로 다양한 활동과 매체를 활용한 안전교육자료를 활용하여 지도한다면 효과적이다. 그리고 지속적인 재교육을 통해서 유아가 안전에 대한 중요성을 바르게 이해하고 실천할 수 있도록 해서 올바른 습관화가 이루어질 수 있도록 해야 한다. 또한 유아의 안전교육이 가정과 지역사회와 연계되어 이루어질 수 있도록 계획하면 교육의 효과는 크다.

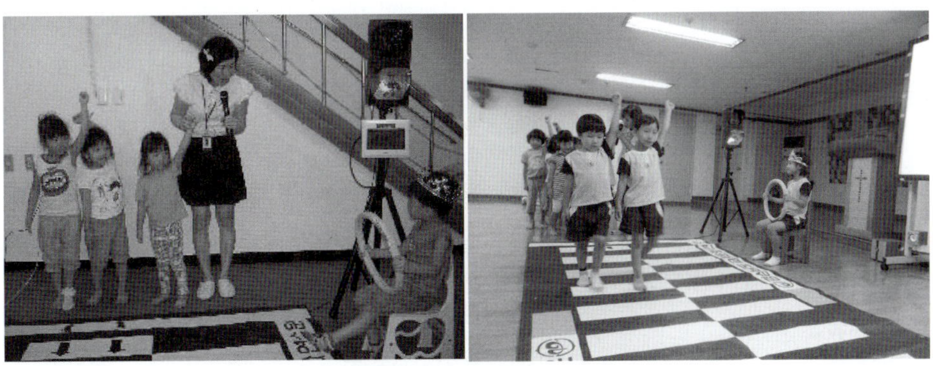

[그림 4-11] 교통안전교육

〈표 4-2〉 어린이 안전교육관련 인터넷 사이트

사이트명	주소	내용	비고
어린이안전짱	www.nema.go.kr/child	• 공부방 • 평가 및 안전증 발급	소방방재청
사이버안전 체험관	www.nema.go.kr/cyberexperience	• 순간의 방심이 • 예전에 이런 일이 • 안전지킴 도우미 등	소방방재청
한국소방방송	www.119fbn.fire.go.kr	• 소방영화관 • 소방다큐관 • 소방어린이관	소방방재청 한국소방 안전협회
어린이안전넷	www.isafe.go.kr	• 어린이안전사고 예방 • 가스 안전생활화 • 안전관련 뉴스 및 학부모 뉴스 등	한국소비자보호원
어린이안전 학교	www.go119.org	• 교통·화재·학교·가정·가스·전기·식품·놀이·안전 • 응급처치, 자연재해	안전생활 실천연합
한국어린이 안전재단	www.childsafe.or.kr	• 안전사고사례 • 안전수칙 • 어린이 안전교육 버스	
한국교통안전 교육센터	www.ktec.or.kr	• 어린이교통안전교육 소개 • 아동교통안전지도사 소개	
꼬마안전짱	www.ccoma.redcross.ac.kr	• 어린이 사고예방 • 안전한 놀이환경 • 안전한 가정환경	적십자 간호대학 어린이안전교실
세이프키즈 코리아	www.safekids.or.kr	• 영유아안전, 교통·물놀이·놀이 및 스포츠·낙상·화상·놀이터·가정 내 안전	
어린이 교통 안전협회	www.ksafekids.or.kr	• 안전교실(문답형 운영) • 교통캠페인 내용 수록	어린이안전협회 교통봉사회원주지회
안전보건 정보서비스	www.kosha.net	• 어린이 안전코너 • 산업안전코너	한국산업안전관리공단
어린이 소방본부	www.kid.gfbn.net	• 응급상황 등 행동요령, 소방동요 • 소방영화, 소방게임 등 애니메이션 구성	경기도소방재난본부
어린이 안전교육관	www.isafeschool.com	• 영유아안전, 교통·물놀이·스포츠·낙상·화상·놀이터·가정 내 안전·안전사고 사례사진전	서울 송파구청
안전생활실천 시민연합	www.safelife.or.kr	• 생활안전소식지 개재, 시민안전신고센터 운영 • 각종 안전관련 자료실 운영	안전생활 실천운동

출처: 조희연 외(2019). 아동안전관리.

2) 안전한 환경을 만들고 유지하기

안전한 환경을 만들고 유지하기 위해서는 안전 점검이 필요하다. 즉 하루 일과를 중심으로 안전관련 점검을 하는 것이 필요한데, 유아가 등원하기 전부터 교사가 퇴근하기 전까지의 항목들은 다음과 같다(박은혜 외, 2011).

첫째, 유아 등원 전의 환경 점검은 유치원 현관, 교실, 복도, 계단, 화장실 위험요소 확인, 실외놀이터 위험요소 확인, 이동수업 장소의 위험요소 확인, 놀잇감 확인 등이 있다.

둘째, 유아가 등원할 때의 환경 점검은 등원 차량 안에서의 안전지도, 안전하게 입실하기, 유아의 건강상태 확인 등이 있다.

셋째, 유치원 활동 중의 환경 점검은 실내·외 놀이 활동 중 안전지도, 대·소집단 활동 시 안전지도, 급·간식 활동 시 안전지도 등이 있다.

넷째, 유아 하원 중의 환경 점검은 하원 차량 안에서의 안전지도, 보행자 안전지도 등이 있다.

다섯째, 교사 퇴근 전의 환경 점검은 교실 내 놀잇감 위험요소 확인, 문 잠금 상태 확인, 보안 점검표와 교실환경 평가표 작성 등이 있다.

이처럼 교사는 유아가 위험에 노출되지 않고 안전하게 활동할 수 있도록 유아교육기관의 안전점검은 반드시 필요하다. 안전점검을 시행하기 위해서는 유아교육기관의 특성에 맞는 문서화된 유아교육기관 시설안전 점검표를 준비할 필요가 있다. 그 예로 다양한 안전 점검표(서식예시 1, 서식예시 2)를 제시하면 〈표 4-3〉, 〈표 4-4〉과 같다.

〈표 4-3〉 일일안전점검표(서식 예시1)

1. 교실(　　　)반

○○유치원

날짜: 　　년 　　월 　　일 　　　　　점검자:

항목	점　검　내　용	점검	조치날짜 / 점검결과	비고
바닥	교실 바닥의 안전상태(균열, 보행 장애물, 날카로운 돌출물 상태 여부 등)를 확인하였습니까?			
벽	벽체 안전상태(균열 및 기울임 상태여부 등)를 확인하였습니까?			
	벽체 부착물 안전상태(칠판, 선풍기 등의 고정상태 여부 등)를 확인하였습니까?			
전기	콘센트 및 전열기구가 바르게 연결되었는지 확인하였습니까?			
출입문	출입문의 안전상태(레일 등)을 확인하였습니까?			
창문	창문 안전상태(유리, 레일, 창틀의 손상여부)를 확인하였습니까?			
복도	복도의 안전상태를 확인하였습니까?			
위생 (급식소 점검 추가)	급식실 공간(바닥, 벽, 천장)이 청결한지 확인하였습니까?			
	조리시 앞치마, 머릿수건, 조리실 전용 신발이나 위생화를 착용하였습니까?			
천장	천장 마감재 안전상태(파손, 누수 흔적 등)를 확인하였습니까?			
	천장 부착물 안전상태(전등, 선풍기, 냉방설비 고정 등)를 확인하였습니까?			
기타	소화 및 가스설비 안전상태를 확인하였습니까?			
	책상, 의자 안전상태(파손 등)를 확인하였습니까?			

※ 양호: 점검결과 이상없음 / 불량: 내용 기재

2. 실외

○○유치원

날짜: 년 월 일 점검자:

항목	점 검 내 용	점검	조치 날짜 / 점검 결과	비고
운동장	운동장의 안전상태(돌출물이나 패인 곳 등)를 확인하였습니까?			
	운동장의 청결상태를 확인하였습니까?			
모래장	모래장의 안전상태(위험 요소 등)를 확인하였습니까?			
	모래놀이 도구의 안전상태(파손 여부 등)를 확인하였습니까?			
놀이 시설	놀이시설의 안전상태(낙후, 파손 여부 등)를 확인하였습니까?			
	놀이시설 내 안전상태(위험 요소 등)를 확인하였습니까?			

※ 양호: 점검결과 이상 없음 / 불량: 내용 기재

출처: 제 5주기 유치원 평가 메뉴얼(2021).

〈표 4-4〉 일일안전점검표(서식 예시2)

		점 검 사 항	결과
교실	1	교실 환기가 수시로 잘 이루어지고 있다.	
	2	실내 조명이 적절하다. 단, 인공조명에 의한 눈부심이 발생되지 않는다. ※ 책상면을 기준으로 400룩스 이상.	
	3	교실에 햇빛이 잘 들어온다. 단, 교실 바깥의 반사물로부터 눈부심이 발생되지 않는다. ※ 자연채광상태 확인.	
	4	창문주변에는 딛고 올라설 만한 물건이 비치되어 있지 않다.	
	5	실내온도는 18도 이상 28도 이하를 유지하고 있다.	
	6	교실은 교사의 시선이 미치지 않는 구석이 없다. ※ 교실이 한 눈에 들어오는지를 확인할 것.	
	7	적정온도의 온수가 나오고 있다.	
교실 내 놀잇감	8	놀잇감이 부서지거나 날카로운 모서리가 없다.	
	9	놀잇감에 유해색소가 칠해져 있거나 칠이 벗겨져 있는 부분이 없다.	
	10	유아가 삼킬만한 작은 놀잇감이나 부품이 없다.	
	11	볼트와 너트 및 부품 등이 빠진 것이 없다	
	12	놀잇감 및 놀이기구의 수납상태가 양호하다.	
	13	나무로 된 놀잇감은 가시가 없다.	
	14	그네, 말타기, 자동차 등 움직이는 이동식 놀잇감은 부딪히지 않도록 배치되어 있다.	
	15	위험한 놀잇감이 방치되어 있지 않다.	
복도 등	16	복도 및 계단에는 충분한 조명 또는 창문이 설치되어 어둡지 않다.	
	17	유치원 내 모든 여닫이문 상부에 설치된 문이 자동으로 서서히 닫히게 하는 도어클로저(Door-Closer) 등 안전장치가 이상이 없다.	
화장실	18	화장실 바닥의 미끄럼방지 장치는 안전하게 되어있다.	
	19	화장실 내 전기 콘센트 등 전기용품은 안전하다.	
	20	세면대에 부착된 거울은 깨지지 않고 안전하게 부착되어 있다.	
	21	세면대의 고정 상태는 안전하다.	
	22	화장실내 세제나 락스 등 위험한 물건이 영유아들의 손이 닿지 않는 곳에 비치되어 있다.	
	23	뜨거운 물이 나오지 않도록 온수에 잠금장치가 되어 있다.	
	24	화장실과 세면장의 바닥이 청결하고 물기나 비눗기가 없다.	
	25	유아가 사용할 마른 수건과 비누, 휴지가 비치되어 있다.	
	26	칫솔과 양치컵은 개인별로 사용하고 보관이 청결하다.	
	27	환기가 잘 되고 화장실 냄새가 나지 않는다.	
	28	변기와 쓰레기통이 청결하다.	

출처: 제 5주기 유치원 평가 메뉴얼(2021).

더불어 유아의 안전사고는 미리 예방하는 것이 최우선이지만 사고가 발생하면 교사는 역할분담에 따라 신속하게 대처하는 것이 중요하다. 그러므로 학기 초에 교사회의를 통해서 비상시 업무 분담, 응급사고 발생에 대비하여 대피계획 및 행동 요령 숙지와 함께 문서로 작성하고 규칙적으로 점검을 해야 한다. 안전사고 예방을 위한 문서의 예는 비상시 업무 분담표, 응급상황 발생 시 비상연락처, 응급동의서 등이다.

〈표 4-5〉 비상시 업무 분담표(예시)

담당자	업 무	화재 및 재난발생 시	안전사고 발생 시	돌발상황 발생 시
원장 (김OO)	지휘명령 총괄	지휘명령 총괄	지휘명령 총괄	지휘명령 총괄
주임 교사 (홍OO)	소방시설유지 문서관리	- 연간소방교육계획 - 비상사태 시 비상벨 및 원내 전달 - 전원차단, 관계기관 통보	- 부모와 관계기관 통보 - 응급처치 및 지정 병원으로 긴급후송	- 119 신고 및 원내 전파 - 관계기관 통보
교사 (손OO)	시설 및 설비 최종 점검	- 자체 소방시설을 활용한 소화활동 - 건물 내 단속 및 비상문 개방 - 소화활동상 장애물 제거와 복구 - 주요 서류와 물건반출	- 시설 및 설비 안전 점검 - 사고 문서 관리	- 건물 내 단속 - 비상문 개방
교사 (박OO)	화장실, 현관 및 실외 최종 점검	- 인명구조 - 대피유도	- 화장실 시설 및 설비 안전 점검 - 실외 시설 및 설비 안전 점검	- 대피유도
교사 (전OO)	후송	- 구급약품관리 - 응급처치 및 지정 병원으로 긴급후송	- 응급처치 및 지정 병원으로 긴급후송	- 응급처치
취사원	조리실 점검	- 가스 및 전기 관리	- 안전사고 장소 확인 및 현장보관	- 응급보조 대비
사무원 및 운전사	비상시 통합 연락망 관리	- 응급기관 연락 및 화재장소 확인	- 응급처치 및 지정 병원으로 긴급후송	- 긴급후송

출처: 중앙보육정보센터(2011).

〈표 4-6〉 응급상황 발생 시 비상연락처(예시)

구분	기관명	전화번호	주 소	비 고
화재 및 재난	○○○ 소방서			
	○○○ 도시가스			
	119	(국번 없이) 119		
안전 사고	○○○ 병원응급실			
	○○○ 소아과			
	○○○ 정형외과			
	응급의료안전센터	(국번 없이) 1339		
돌발 상황	112, 119	(국번 없이) 112, 119		
	○○○ 경찰서			
	○○○ 파출소			
	○○○ 경비업체			
참고	국번 없이 1339로 전화를 걸면 응급병원 안내 및 응급처치와 각종 질병을 상담해준다.			

교직원 비상연락망

연번	성 명	직 책	핸드폰

※ 사고발생 후 반드시 부모에게 연락한다.

〈표 4-7〉 응급처치동의서(예시)

반 이름		생년월일	
성별	남, 여	이름	

〈원내 응급환자 관리 체계 안내〉

1. 응급상황으로 즉각적인 병원이송이 필요한 경우를 제외하고 유아가 학습활동 중 상해를 입어 병원의뢰가 필요한 경우 보호자에게 인계함을 원칙으로 합니다.
2. 유치원 내 응급환자 발생 시 보호자와 연락한 후 교사가 동행하여 인근병원으로 후송합니다. 항상 연락 가능한 전화번호를 알려주십시오.
3. 필요한 경우 119구조대에 연락할 것이며, 보호자께서 지정하신 의료기관이나 유치원 인근 병원으로 신속히 응급 후송할 것입니다.

〈응급처치 동의서 및 비상연락처〉

사고 발생 시 응급처치는 부모의 동의를 받아야함을 이해합니다.
따라서 귀 유치원에서는 사고발생 시 다음의 연락처로 연락을 취해 주시고, 다음의 절차에 따라 응급처치를 하는 경우 그 권한을 귀 유치원에 위임할 것을 동의합니다.

날짜 : 20 년 월 일 부모명 : (서명 또는 인)

1. 사고 발생 시 가장 먼저 부모님께 연락 합니다.
   (시간 / 기간) (전화 번호)
   어머니와는 동안에 ☎ 로 연락됩니다.
   아버지와는 동안에 ☎ 로 연락됩니다.

2. 부모님과 신속하게 연락이 되지 않을 경우 부모님이 정해주신 다음의 연락처로 연락드립니다.
   이름 (유아와의 관계:)은(는) ☎ 로 연락할 수 있습니다.
   이름 (유아와의 관계:)은(는) ☎ 로 연락할 수 있습니다.

3. 필요한 경우 119 구조대에 연락할 것이며 (부모님이 정하신 의료기관이나 유치원 인근 의료기관)으로 응급 수송 할 것입니다.

4. 의료기관 수송 후에는 다음의 의료보험 관련 정보를 주어 신속한 치료를 받을 수 있도록 합니다.
   의료보험 종류 번호 기관

○○유치원장 귀하

출처: 제 5주기 유치원 평가 메뉴얼(2021).

37 안전사고 대처하기

교사는 안전사고 상황별로 유아에게 적절한 응급처치를 신속하고 정확하게 실행할 수 있어야 한다.

사고에 의해 부상이 발생하였을 경우, 그 피해를 가능한 한 줄이기 위해서는 응급처치가 행해져야 한다. 응급처치란 의사의 치료를 받을 때까지의 즉각적이며 임시적인 처치를 말하는데, 사고 또는 긴급 시에 발생한 상해에 대하여 피해를 될 수 있는 대로 적게 하려는 예비치료이다. 교사는 안전사고 상황별로 유아에게 적절한 응급처치를 신속하고 정확하게 실행할 수 있어야 하는데 상황별 응급처치는 다음과 같다(서울응급의료정보센터, 2009; 경상남도유아교육원, 2007; 박은혜 외 2011).

1) 머리를 다쳤을 때

넘어지거나 부딪치거나 떨어지면서 머리를 다치는 경우 사고가 발생한 상황을 판단하여 응급처치를 실시한다. 피가 나는 경우는 깨끗한 거즈로 상처 부위를 덮고 머리와 어깨를 약간 위로 올린 자세로 눕히고 상처 주변을 약간 강하게 압박하여 지혈한다. 혹이 생긴 경우, 유아를 안정시키고 차가운 수건으로 냉찜질한다. 머리를 부딪친 후의 상태(안색, 기분)가 좋고 여느 때와 같이 먹고 마신다면 그다지 걱정하지 않아도 좋다. 그러나 심하게 머리를 다친 경우 다친 유아를 절대로 움직이게 해서는 안 되므로 주의해야 한다. 머리를 다쳤으나 외부에 손상이 없더라도 시간이 지나면서 증상이 나타나는 경우도 있으므로 머리를 강하게 부딪친 때에는 가능한 한 안정시키고 상태를 관찰해야 한다. 혹시 구토를 하거나 자꾸 자려고 하거나 귀나 코에서 혈액이나 액이 유출되거나 호흡이 흐트러지고 딸꾹

질을 빈번히 하는 경우는 일단 병원으로 가서 진단을 받아야 한다.

2) 베인 상처(절상)

베인 상처는 날카로운 물체(가위, 칼, 유리조각, 종이, 풀잎 등)에 의해서 피부조직이 절개된 상태로 발생 빈도가 비교적 높다. 응급처치 순서는 이물질이 있는 경우는 상처를 흐르는 물로 잘 씻고 난 뒤 소독된 거즈로 덮어 지혈 후, 외용연고를 발라주고 일회용 밴드나 거즈를 붙인다.

주의할 점은 상처 부위 소독 시, 과산화수소 등은 피부조직이 손상될 수 있으므로 피한다. 그리고 베인 상처가 클 경우 봉합수술을 해야 할 수 있으므로 연고는 바르지 않는다.

3) 찔린 상처(자상)

찔린 상처는 못, 바늘, 압정, 나무의 가시 등과 같은 물건에 찔린 좁고 깊은 상처이다. 파상풍의 위험이 있으므로 예방조치를 해야 한다. 가시가 박힌 경우 기관에서 응급처치가 가능하다. 즉 상처 주위를 흐르는 물에 깨끗이 닦고 끝이 보이면 핀셋을 소독하여 뽑아낸다(보이지 않으면 피부를 헤치고 끝이 나오게 하여 뽑는다). 그리고 흐르는 물로 닦아내고 일회용 밴드를 붙인다. 손톱 사이에 찔린 가시는 손톱깎이로 손톱을 조금 깊게 깎고 나서 가시를 뽑는다. 가벼운 상처 정도는 기관에서 응급처치가 가능하나 길이가 긴 조각이 박힌 경우는 주위의 피부까지 손상을 주고 파상풍을 일으키기 쉬우므로 병원으로 데리고 가는 것이 좋다.

4) 탈구와 골절

탈구는 관절부위의 뼈가 원래 있던 자리에서 빠져나가는 것으로 관절 주위의 손상을 입는 것을 말한다. 주로 어깨, 팔꿈치, 손가락, 턱 등에서 발생한다. 골절은 뼈에 금이 가거나 부러지는 것이다. 탈구와 골절이 되었을 때에는 상처 부위가 부어오르고 움직이기 싫어하며 통증을 호소할 수 있다. 상처 부위를 움직이지 않도록 부목을 대고(부목이 없다면 골판지나 잡지를 대고 그 위에 붕대를 감으면 고정시키기 쉽다) 붕대를 감고 병원에 가서 치료를 받는다. 유아가 아파하면 통증과 부종을 감소시키기 위해 다친 부위에 차가운 것을 대준다.

5) 멍

멍이 드는 것은 피부 가까운 곳의 실핏줄이 손상되는 것을 의미한다. 멍이 든 상처 부위의 색은 붉은색, 보라색, 노란색의 순서로 변화한다. 상처 부위가 부어오르며 만지면 통증을 느끼게 된다. 멍이 들었을 경우의 응급처치는 다음과 같다.

첫째, 손상된 부위를 높여 주고 차가운 수건으로 냉찜질을 한다.

둘째, 5~10분간 차가운 수건을 올리고 있다가 15~20분간 떼어내는 과정을 3~5회 반복한다.

셋째, 피부가 손상되지 않았다면 냉찜질 후 통증완화를 위해 연고를 발라줄 수 있으며 비타민 C를 충분히 섭취할 수 있도록 한다.

넷째, 24시간 이후 더운찜질을 해주어 빨리 낫도록 도와준다.

다섯째, 심하게 멍들거나 변형을 보인다면 병원에 가서 치료를 받도록 한다.

6) 치아 빠짐

유아의 영구치가 빠졌을 경우 중요한 것은 재이식을 잘 받을 수 있도록 조치를 하는 것이다. 재이식은 빠른 시간 안에 치아를 적절하게 보관하여야만 좋은 결과를 얻을 수 있다.

응급처치의 순서는 다음과 같다.

첫째, 치아가 빠진 부분을 확인하고, 소독된 거즈를 둥글게 말아 다친 부분에 물게 한다.

둘째, 차가운 수건을 대주어 통증을 줄여준다.

셋째, 부러지거나 빠진 이를 찾아 우유에 담근다.

넷째, 24시간 이내에 치과에 가서 치료를 받는다.

주의사항은 빠진 치아의 뿌리 부분은 절대로 만지지 않아야 하며, 빠진 치아는 물이나 구강세정액, 알코올 등에 넣지 않는다. 그리고 반쯤 빠진 치아는 빼지 말고 치과에 가서 느슨한 치아를 고정시킨다.

7) 코피가 날 때

유아의 경우 뚜렷한 이유 없이 코피를 흘리는 경우가 있다. 코 부분의 타박상이나, 코를 후비다가 모세혈관을 자극하여 코피가 나기도 한다. 피로하거나 감기증상으로 인해서도 코피가 난다. 너무 자주 특히 아침에 일어나자마자 코피를 흘린다면 병원 검사를 받아보는 것이 좋다. 응급처치 순서는 다음과 같다.

첫째, 유아를 의자에 앉게 하고 고개를 약간 앞으로 숙이게 한다.

둘째, 코뼈 바로 밑의 부분을 두 손가락으로 5~10분간 꼭 누르고 입으로 숨쉬게 한다.

셋째, 차가운 수건을 코에 얹어준다.

넷째, 20분 이상 지혈이 되지 않거나, 코뼈가 부러진 것으로 의심되는 경우는 응급실에 가서 치료를 받는다.

8) 끼인 경우

창문에 손이나 손가락이 끼이거나 바람에 의해 문이 세게 닫히면서 손가락을 다치는 경우가 있다. 응급처치로는 붓기가 심하지 않으면, 찬물에 적신 헝겊을 대고 움직이지 않도록 한다. 만일 통증이 강하거나 피부의 심한 손상, 붓기가 심한 경우에는 뼈나 관절이 손상을 받고 있을 수가 있으므로 병원(정형외과 또는 성형외과)에 간다.

간혹 남자아이들은 급하게 화장실에 다녀오느라 지퍼 올릴 때 성기가 지퍼에 끼이는 경우가 있다. 응급처치로는 가능한 한 성기나 지퍼를 건드리지 말고 병원으로 데리고 가는데 병원으로 가는 동안 얼음 조각을 성기에 대주어 통증을 경감시키는 것도 좋은 방법이다.

9) 벌에 쏘였을 때

벌에 쏘인 경우 일반적으로 심한 반응은 대부분 짧은 시간 안에 일어나는데 이 반응은 홍반, 가려움증, 두드러기, 기침, 쌕쌕거리는 숨소리, 호흡곤란으로 나타난다. 벌에 쏘일 때 일반적으로 부종, 통증이 24~48시간 동안 이루어진다.

응급처치로는 벌침이 남아 있으면 제거하고 칼라민 로션이나 묽은 암모니아수를 발라주고 찬 수건을 부위에 대어준다. 만일 메스꺼워하거나 호흡곤란을 일으키면 알레르기가 있는 것이므로 바로 병원에 데리고 간다.

38 유아건강 관리하기

교사는 유아의 발달 상태와 개인적인 특성을 이해하고, 건강한 생활에 필요한 반복적인 습관 지도가 필요하며 유아 건강관리의 내용 및 방법을 바르게 이해하고 이를 교육계획에 반영할 수 있어야 한다.

유아들의 건강한 삶을 위해서는 치료보다 예방에 중점을 두어야 한다. 그러기 위해서 교사는 유아의 발달 상태와 개인적인 특성을 이해하고, 건강한 생활에 필요한 습관 지도가 필요하다. 또한 유아 건강관리의 내용 및 방법을 바르게 이해하고 이를 교육계획에 반영할 수 있어야 한다.

여기서는 유아의 건강관리를 위한 교사의 역할과 사전 건강조사, 정기 건강검진, 일일 건강검진, 질병에 걸린 유아 보살피기를 중점으로 살펴보기로 하겠다.

1) 유아건강관리를 위한 사전 건강조사

유아교육기관에 유아가 입학하면, 교사는 유아가 태어나서 지금까지의 건강상태에 관한 기록을 부모가 작성하도록 해야 한다. 이유는 유아가 자라온 가정환경을 이해하고 특별한 요구에 맞는 개별지도를 하기 위해서이다.

2) 정기 건강검진

유아의 정기 건강검진은 연 1회 이상 구강, 영양상태, 전염성 질환 등에 관한 검진을 실시하며 필요에 따라서는 비정기적으로 실시하기도 한다. 그리고 검사결과를 건강기록 카드에 기록하여 보관하여 부모나 의사 등과의 의견교환이 필요한 경우에 적절히 활용할 수 있어야 한다.

검진기관은 인근 보건소 및 건강관리협회, 유아의 검진에 필요한 의료진 및 시설을 갖춘 의료기관에서 실시하며, 검사 항목 중 구강검사는 필히 하도록 되어 있다.

3) 일일 건강검진

유아교육기관에서 교사는 항상 유아의 건강상태를 관찰해야 한다. 왜냐하면 유아는 성인과 달리 스스로의 건강상태에 대하여 판단과 말로 표현하는 능력이 부족하기 때문이다. 그러므로 교사는 등원 시 유아의 건강상태를 파악하고, 하루 일과 동안 유아들의 행동을 관찰하여 건강상태를 파악할 수 있어야 한다. 유아의 관찰을 통해 평소와 다른 점이 보일 때는 부모에게 연락하여 병원에 데리고 가거나 귀가 시 부모에게 알려줌으로써 전문의의 진단을 받을 수 있도록 한다.

일일 건강관찰 시 교사의 역할은 다음과 같다(정미라 외, 2009).

- 교사는 유아의 눈높이로 자세를 낮춘다.
- 말을 건네면서 자연스럽게 유아의 뒤 목덜미를 쓰다듬으며 열이 있는지 느껴 본다.
- 자연스럽게 얼굴이나 팔을 쓰다듬으면서 유아의 피부 상태를 살핀다.
- 짧은 시간 안에 유아의 표정이나 병색의 유무, 청결함의 정도 등을 관찰한다.
- 조금이라도 이상이 있는 경우 유아에게 아프거나 불편하지 않은지 물어보고 하루 일과 동안 유아의 표정, 병색의 유무, 행동 특징을 관찰한다.
- 이상이 발견되면 상태에 따라 즉시 또는 귀가 시 부모에게 구체적으로 알려준다. 부모에게 알려 줄 때에는 "○○이가 오늘 아픈 것 같아요"라고 말하기보다는 "○○이가 오늘 기침을 자주 하고 누런색의 코를 자주 흘렸어요." 또는 "○○이가 오늘 몇 시경부터 38.5C° 정도로 열이 있었어요. 그리고 힘이 없고 보통 때처럼 활발하게 놀지 않았어요."와 같이 구체적인 증상을 말해 주어 부모가 유아의 상태를 잘 알 수 있도록 하며 나아가 전문의가 유아의 건강상태를 바르고 빨리 진단하는 데 도움이 되도록 해주어야 한다.

4) 질병에 걸린 유아 보살피기

유아기는 질병에 대한 감수성이 높고 모체로부터 부여받은 선천적인 면역 능력이 거의 소실되어 단체생활을 하는 동안에 감기, 폐렴 등 질병에 잘 걸린다.

유아가 아픈 경우 가정에서 보살펴야 하지만 여성의 사회진출 등 사회구조적인 변화로 인하여 많은 유아가 유아교육기관에서 일과를 보내고 있다. 따라서 교사는 자주 발생되는 질병의 원인과 유형에 대한 기초지식과 함께 각각의 질병에 대해 적절하게 대응하는 방법을 알고 있어야 하며 질병에 걸린 유아를 적절하게 보살필 수 있어야 한다.

(1) 휴식 제공하기

휴식은 질병에 걸린 유아에게 가장 필요하기 때문에 충분히 쉬게 하거나 잠을 자게 한다. 유아의 상태에 따라 누워서 쉬게 하거나 조용한 활동을 하게 하면서 쉴 수 있도록 도와준다.

(2) 관찰하기

교사는 아픈 유아의 상태를 세심하게 관찰하고 증상이 심하여 격리시켜 보호하는 경우 곧바로 부모에게 알리는 것이 필요하다. 또한 가능한 한 구체적으로 기록하여서 부모에게 알려야 한다. 이를테면 교사는 언제 어떤 증상을 보였는지, 지속시간, 유아의 행동 변화, 체온, 지난 12시간 이내에 먹은 음료와 음식의 종류와 양, 지난 12시간 이내의 소변, 대변, 구토 상황, 증상발견 이후의 대처내용 등을 구체적으로 기록해 두어야 한다. 또한 기록한 것은 부모에게 주어 부모의 판단과 결정을 도와줄 수 있어야 한다.

(3) 병원에 데려가기

유아의 질병이 심한 상황일 때는 부모와 원장에게 연락하고 병원에 데리고 간다. 비상시 부모와 연락이 안 될 경우를 대비하여 응급처치동의서를 입학 초기에 미리 받아두도록 한다.

(4) 약 먹이기

유아에게 약을 먹일 때는 다음과 같은 점을 주의해야 한다.

- 유아에게 먹이는 약은 반드시 부모의 동의가 있어야 한다.
  그러므로 유아교육기관에는 현관입구나 교실입구에 부모가 투약의뢰서를 작성할 수 있도록 용지와 필기도구를 마련해 놓아야 한다.
  그리고 투약확인서는 작성해서 부모에게 보내고 투약일지는 유아교육기관에 보관할 수 있도록 한다.
- 처방전에 따라 정확한 투여시간과 투여량을 제공한다.

특히 시럽은 대개 맛과 향이 좋으므로 용량을 초과하여 먹일 가능성이 있으므로 주의해야 한다.

- 다른 유아의 약과 섞이지 않도록 유아의 이름을 기재하고, 유아의 손이 닿지 않는 곳에 보관한다.
- 냉장보관을 요하는 약은 반드시 냉장보관을 하고, 다른 음식물과 구분이 될 수 있도록 별도의 통에 넣어서 보관한다.
- 가루약을 먹일 때는 숟가락에 물로 개어서 먹인다. 약을 먹기 힘들어 하면 설탕이나 꿀을 타서 먹인다. 그러나 주스나 우유와는 섞어 먹이지 않는 것이 좋다.
- 물약일 때는 한번 흔들어서 먹인다.
- 유아가 먹기에 알약의 크기가 클 경우에는 알약의 반 표시된 선 따라 나눈 후 먹인다.
- 약 먹이는 시간을 한번 놓치는 경우에도 다음에 정량의 약을 먹인다. 약 먹이는 시간을 한번 놓쳤다고 다음에 2배의 양으로 약을 먹여서는 안 된다.
- 캡슐에 들어 있는 약은 의사의 지시 없이 캡슐을 열어 먹이지 않도록 한다.

다음은 투약의뢰서 및 투약확인서 양식이므로 참고하기 바란다.

투약의뢰서 및 투약확인서

✚ 투약의뢰서 ✚

아 동 명	(남/여)
반 명	반
증상 및 병 명	
약의 종류 및 투약 용량	□ 물 약 ( )
	□ 가루약 ( )
	□ 연 고 ( )
	□ 기 타 ( )
투약 시간	□ 오 전 ( )
	□ 점 심 ( )
	□ 오 후 ( )
약품 보관	□ 실온 □ 냉장

✚ 투약확인서 ✚

의 뢰 자	(인)
아 동 과 의 관 계	□ 아버지 □ 어머니
	□ 기타 ( )
의 뢰 일	년 월 일
비 고	
※ 투약으로 인한 책임은 유치원에서 지지 않습니다.	
투 약 자	(인)
투약 시간	
※ 의뢰하신 내용에 따라 투약하였습니다.	

○○ 유 치 원

출처: 제5주기 유치원 평가 매뉴얼(2021).

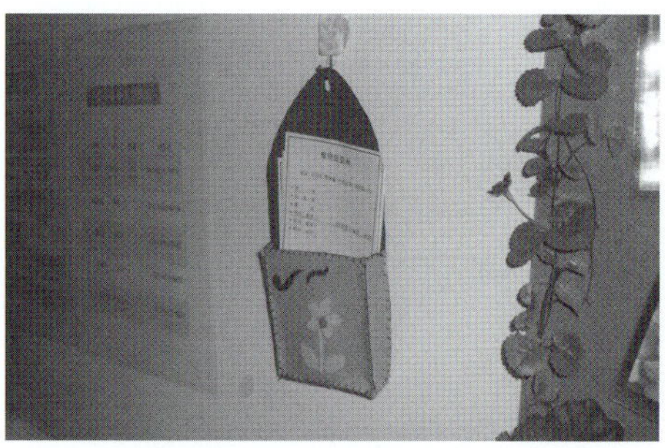

[그림 4-12] 투약의뢰서

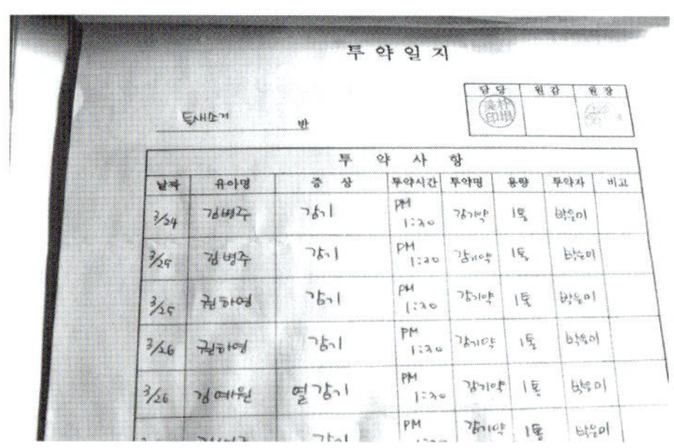

[그림 4-13] 투약일지

39 유아영양 관리하기

유아기의 영양 상태는 모든 발달에 영향을 주기 때문에 유아기에 올바른 식습관이 형성될 수 있도록 지도해야 하며 부모나 교사는 영양이 풍부하고 양도 적당한 식사와 간식을 규칙적으로 제공해야 한다.

유아기 때 필요한 영양분을 충분히 공급해주면 면역력과 질병 저항력을 높여주어 신체적·정신적으로 건강하게 성장을 할 수 있지만, 그렇지 못한 경우에는 질병에 걸릴 위험이 높아진다. 즉 유아기의 영양 상태는 매우 중요하기 때문에 부모나 교사는 영양이 풍부하고 양도 적당한 식사와 간식을 규칙적으로 제공해야 한다. 또한 유아기에 올바른 식습관이 형성될 수 있도록 지도해야 한다. 따라서 유아의 영양 상태에 영향을 줄 수 있는 간식, 급식, 올바른 식습관 지도에 대하여 알아보고자 한다.

1) 간식

유아기는 위(胃)의 용량이 성인보다 적고 소화흡수 기능이 미숙하여 한꺼번에 많은 양을 먹지 못한다. 그러나 이 시기 때는 신체활동이 크게 증가하며 운동기능이 발달됨에 따라 1일 3회 식사만으로는 필요한 영양 량을 채우기 힘들다. 그러므로 간식이 필요하다. 간식이란 식사와 식사 사이에 음식을 먹는 것을 말한다.

간식은 1일 1~2회의 간식을 주도록 권장하고 있고, 간식을 주는 시간은 보편적으로 오전 10시 30분과 오후 3시 30분경 2회로 다음 식사까지 2시간 정도의 간격이 있어야 한다.

간식을 선택할 때는 다음과 같은 것들이 고려되어야 한다.

첫째, 유아가 식사시간에 부족 되기 쉬운 영양소인 수분과 무기질, 비타민을 공급해줄 수 있는 식품으로 한다.

둘째, 소화하기 쉬운 것과 다음 식사에 영향을 주지 않는 것으로 한다.

셋째, 맛이 있고, 시각적으로 매력적인 것을 선택한다.

넷째, 신선한 계절식품으로 선택한다.

반면에 칼로리가 높고 설탕과 지방의 함량이 높거나 짭짤한 식품-콜라와 같은 기호음료, 사탕, 초콜릿, 스낵류-은 열량이 높으나 다른 영양소를 공급해줄 수 없으므로 바람직하지 않다.

2) 급식

유아는 영양적으로 균형된 식사를 제공받음으로써 성장과 발육에 필요한 적합한 영양소를 공급받을 수 있다. 즉 1일 영양 요구량의 1/3 정도를 확보할 수 있고 유아의 바람직한 심신발달, 바람직한 식습관을 형성하는 데 도움을 줄 수가 있다.

성장과 발육에 필요한 영양소를 충분히 제공하고, 소화되기 쉽고 즐거운 식사가 되기 위해서는 식단의 계획이 중요하다. 즉 영양섭취의 균형을 위하여 다섯 가지 식품군이 골고루 포함될 뿐만 아니라 칼슘과 단백질이 충분히 함유되도록 한다. 또한 조리 방법 면에서는 소화하기 쉬운 방법을 선택하고, 자극성이 강한 조미료 사용은 삼간다.

유아의 점심식사 시 고려해야 할 사항은 다음과 같다(김수향 외, 2008).

첫째, 점진적으로 새로운 음식을 소개하는 것이 적합하다. 새로운 음식을 소개할 때는 친숙한 음식과 함께 작은 양을 주어서 점차적으로 익숙해지게 한다.

둘째, 사용하기 쉬운 도구를 제공한다. 유아는 소근육 발달이 미숙하고 도구의 사용이 서툴기 때문에 유아가 사용할 수 있고 크기가 알맞은 식사도구를 준비해준다.

셋째, 요리방법을 적절하게 고려한다. 유아는 음식의 모양, 크기, 씹는 느낌 때문에 음식을 싫어할 수 있으므로 유아들이 좋아하는 모양, 크기, 느낌의 음식을 제공한다.

넷째, 교사가 지나치게 간섭하거나 강요하는 것은 바람직하지 않다. 간식과 식사는 즐겁게 음식을 먹는 것이 중요하므로 편안한 분위기에서 식사지도를 한다.

다섯째, 간식시간은 15분, 식사시간은 30분 내외로 진행하는 것이 좋으나 개인 유아에 따라 유동적으로 지도한다.

여섯째, 직접적인 지도방법보다는 관련 동화나 비디오 자료를 보거나, 이야기 나누기, 토의, 견학 등의 활동을 통해서 유아 스스로 이해하고 문제를 해결해 나가도록 지도한다.

일곱째, 교사 스스로 바른 식습관을 보여주고 가정과 연계하여 일관성 있게 식습관을 지도한다.

3) 식습관 지도

식습관이란 음식에 대한 태도, 기호, 식사예절, 식사 태도 등을 의미하며 식습관 지도는 음식물을 먹는 시간 선후를 통하여 일상적으로 이루어져야 한다. 교사는 유아의 발달수준을 고려할 뿐만 아니라 개인적인 특성도 고려하여 지도해야 한다.

좋은 식습관을 형성하기 위해서 지도해야 할 내용은 다음과 같다.

첫째, 음식을 먹기 전에 손을 깨끗이 씻도록 지도한다.

둘째, 음식을 먹기 전에 감사하는 마음을 표현하게 한다.

셋째, 음식을 즐거운 마음으로 먹게 한다.

넷째, 어른이 먼저 수저를 든 후 식사를 하는 것이 바른 태도라는 것을 알려준다.

다섯째, 음식을 골고루 먹고 편식하지 않도록 한다.

여섯째, 음식을 돌아다니지 않고 자기 자리에 앉아서 먹는다.

일곱째, 음식물이 입안에 있을 때는 넘기고 대화를 할 수 있도록 지도한다.

여덟째, 음식을 먹은 자리와 식기는 스스로 정리하게 한다.

아홉째, 음식을 먹은 후에는 양치질을 하게 한다.

생각해 봅시다

1. 본인이 담임교사가 된다면 학급운영에 포함될 영역을 생각해 보고 계획해 보자.

5장 다정한 유아교사 되기

40 유아들과 친해지기

유아들과 친해지려면 유아의 마음을 이해하려는 노력과 사랑과 관심을 표현해야 한다. 또한 유아가 사랑받고 보호받고 있음을 느낄 수 있도록 해야 한다.

유아들과 친해지려면 유아의 마음을 이해하려는 노력이 필요하며 다양한 방법으로의 긍정적인 표현으로 유아가 사랑받고 보호받고 있음을 느낄 수 있도록 해야 한다. 유아를 이해하는 마음과 사랑을 표현하는 방법을 다음과 같이 제안하고자 한다.

첫째, 교사의 따뜻한 눈빛으로 유아와 자주 눈을 맞추자

눈은 말보다 호소력이 강하다. 교사의 따뜻한 눈빛과 웃는 얼굴로 유아와 자주 눈을 맞춘다면 유아로 하여금 사랑받는다는 좋은 느낌을 줄 수 있다.

둘째, 스킨십을 자주 가지자

손을 쓰다듬기, 안아주기 등 스킨십을 자주 가짐으로써 정서적 교감이 이루어진다. 그런데 유아를 안아줄 때는 과격하게 안아주면 유아가 놀라기 때문에 살포시 안아준다. 그리고 “○○야! 사랑해” 또는 “선생님에게는 ○○가 특별한 아이란다” 등의 사랑의 언어를 표현해주면 유아들은 사랑받고 보호받는 느낌 때문에 행복해한다.

셋째, 편애하지 말자

교사는 모든 유아들을 평등하게 대하여야 한다. 유아교육기관에 있다 보면 교사도 사람이기 때문에 유아들 중에 특히 좋은 마음이 가는 유아가 있고, 또한 약속을 지키지 않거나, 질서를 지키지 않아 다른 유아에게 피해를 주거나, 예의 없는 부모의 자녀에 대해서는 좋은 마음을 가지기 어렵다. 그러나 부정적인 상호작용은 유아의 마음을 열 수가 없다. 반드시 긍정적인 상호작용이 유아들의 마음을 열 수 있다는 것을 기억하면 좋겠다. 장점이 없는 유아는 없기 때문에 각 유아들마다 장점을 발견하여 격려하면 유아들은 교사를 잘 따르게 된다.

넷째, 유아의 이름을 자주 불러주자

유아의 이름을 평소에 자주 불러주자. 예를 들면 개별적으로 유아와 상호작용할 때, 유아와 놀이할 때, 노래를 부를 때 유아의 이름을 넣어서 불러주기 등은 유아에게 친밀한 느낌을 주게 된다.

다섯째, 유아의 마음을 읽어주자

유아의 어떤 행동에 대해서 교사가 지나치게 따지거나 계속 추궁하기보다는 허용적인 분위기 속에 왜 그랬는지 먼저 물어보고 유아의 현재 마음을 읽어주는 것이 중요하다. 즉 교사가 유아를 진심으로 이해하고 믿고 있음을 느끼게 해주는 것이 중요하다.

다섯째, 유아에게 심부름을 부탁하자

유아들에게 심부름을 부탁하면 유아의 입장에서는 '선생님이 나를 믿고 있구나.'라고 생각한다. 그리고 교사의 일을 도와주는 것에 대해 대단한 자부심을 가진다.

단, 심부름을 부탁할 때는 구체적으로 이야기하고, 한 번에 한 가지만 부탁하는 것이 효과적이다.

좋은 예 : "○○야, **그림책을 ○○에게 갖다 줄래!"

나쁜 예 : "○○야, 그림책을 갖다 주고, 컵에 물을 담아오고, 색연필 갖다 줄래!"

41 학급 연령의 발달특성 이해하기

학급배정을 받으면 내가 맡게 될 유아들의 연령별 특성을 이해하고 인지해야만 그에 적합한 교육계획을 세우고 교육환경과 교육내용을 제공할 수 있다. 또한 발달에 대한 개인차가 크게 나타나는 유아에게 적합한 교육경험을 제공할 수 있다.

학급배정을 받으면 내가 맡게 될 유아들의 연령별 특성을 이해하고 인지해야 한다. 아무리 훌륭한 수업이라도 반 유아들의 발달특성에 맞지 않는다면 교육적 효과는 없다. 즉 학급 연령에 따른 발달특성을 파악하여야만 그에 적합한 교육계획을 세우고 교육환경과 교육내용을 제공할 수 있다. 또한 발달에 대한 개인차가 크게 나타나는 유아에게 적합한 교육경험을 제공할 수 있다. 그러므로 연령에 따른 발달특성을 구체적으로 살펴보기로 하자(아이사랑보육포털).

1) 0세

- 누워만 있던 영아는 고개를 가누고, 뒤집고, 잡아주면 앉게 된다.
- 주 양육자와의 애착이 형성된다.
- 반사적인 미소에서 차츰 사회적인 미소를 짓는다.
- 옹알이를 시작한다.
- 오감을 통해 사물을 탐색하고 차츰 의도적인 행동을 시작한다.

2) 1세

- 혼자 걸을 수 있게 된다.
- 성인에게 애정을 표현한다.
- 자아개념이 생기기 시작한다.
- 열 가지 정도의 단어를 말하며, 두 단어를 결합시키기 시작한다.

- 끊임없이 탐색을 시도하고 행동의 결과를 관찰하며 자신의 놀이를 발달시킨다.

3) 2세

- 운동기능이 발달하고 신체 움직임이 유연해진다.
- 자신의 감정을 다른 사람이 알아주기를 원한다.
- 친구들에게 관심을 갖기 시작한다.
- 언어를 사용하여 어른들과 교류한다.
- 주변을 탐색하기 위해 관찰, 질문, 조작, 분류, 측정을 사용한다.

4) 3세

- 기본적인 운동기능이 확립된다.
- 자기통제를 하기 시작한다.
- 친구와 활발히 놀기 시작한다.
- 그림책 등의 줄거리를 이해한다.
- 질문이 많아진다.

5) 4세

- 약간 복잡한 운동이 가능해진다.
- 자기주장이 강해지고 성취에 기쁨을 느낀다.
- 필요한 규칙은 스스로 따른다.
- 구어가 완성되고 문자에 흥미를 갖는다.
- 원인과 결과를 때때로 혼동하면서 이치를 알고자 한다.

6) 5세

- 가위질이 능숙해진다.
- 성취나 경쟁적인 욕구가 충족된 일에 만족한다.

- 집단활동에 대한 즐거움이 강하다.
- 발음체계가 완성되고 구어를 완전히 습득한다.
- 알고자 하는 것들에 적극적인 질문, 궁리, 해결하려는 탐구력이 증가한다.

42 관찰하기

유아를 관찰하는 것은 자연스러운 상황에서 대상 유아의 언어나 행동을 객관적으로 살펴보고 기록해서 정보를 수집하는 방법이다.

유아기는 급격한 발달적 변화 및 의사소통에 어려움이 있는 시기이기 때문에 직접적이고 지속적인 관찰이 요구된다. 유아에 대한 관찰이 제대로 진행되기 위해서는 무엇보다 관찰자의 객관성이 요구되는데, 자신의 편견이나 선입견이 개입되지 않은 객관적이고 사실적인 기록을 해야 한다.

관찰한 내용이 기록된 것은 각 유아별로 철해서 모아 놓고 보관한다. 그리고 그것을 부모상담, 유아의 행동이나 발달특성 이해 및 교수방법을 선택하고 평가하는 모든 교육활동에 활용한다. 관찰을 통해 결과를 수집·기록하는 방법으로는 일화기록, 시간표집법, 행동목록법, 평정척도법 등이 있다.

교사는 관찰 목적에 따라 적절한 방법을 선택하여 사용하는 것이 바람직하다.

1) 일화기록

일화기록은 한 가지 행동이나 상황에 초점을 맞추어 구체적이고 사실대로 기록하는 방법이다. 다양한 상황에서 유아의 자연스러운 행동에 관한 정보를 제공해주므로 개인 유아의 발달특성과 성장을 이해할 수 있다. 특정한 시간이나 사건에 제한 없이 언제 어디서나 관찰 기록할 수 있는 것이 장점이지만, 정확하고 객관적인 관찰이어야 유아에 대한 올바른 평가자료가 된다는 제한점도 있다.

일화기록 작성 시 유의할 점은 다음과 같다.

첫째, 매일 모든 유아를 관찰하여 기록하는 것이 불가능하기 때문에 일화기록표를 만들어 하루에 관찰할 유아의 순서를 정하여 기록하면 효과적이다.

둘째, 어떤 사건이 발생한 후 될 수 있는 대로 즉시 기록해야 한다.

셋째, 유아의 행동이나 말을 구별해서 기록하고, 그 상황에 있는 다른 사람들의 반응도 함께 기록한다.

넷째, 객관적이고 사실적으로 기록하며 사건이 일어난 순서대로 기록한다.

다섯째, 일화기록 내용으로는 관찰대상(유아 이름, 생년월일, 성별), 관찰일자와 시간, 관찰 장소, 관찰내용, 발달영역, 요약 및 평가 등이 포함되어야 한다.

다음의 〈표 5-1〉은 일화기록의 예이다.

〈표 5-1〉 일화기록

관찰대상	임태경(2001. 07. 30. 여)
관찰교사	서민영(지혜반 담임교사)
관찰일자	2004. 09. 08(시간 : AM10 : 00-10 : 06)
관찰장소	자유선택놀이시간 중 소꿉놀이 영역
관찰내용	태경이는 소꿉놀이 영역에서 칼을 도마에 대고 자르는 시늉을 하고 있다. 이준이가 퍼즐판에 블록을 담아서 태경이에게 다가간다. 이준이는 "약이야."라고 태경이에게 말한다. 이준이가 태경이에게 "어디가 아파요?"라고 묻자 태경이는 "여기요"라고 대답하면서 얼굴에 있는 상처를 손가락으로 가리킨다. 이준이가 블록 한 개를 태경이에게 준다. 태경이는 블록을 받아먹는 시늉을 한다. 이준이는 태경이에게 "또 아프면 나한테 말해."라고 한다. 그러자 태경이는 "아~아악!" 하면서 배를 양손으로 움켜쥐고 아픈 시늉을 한다.
발달영역	정서, 사회성 발달
요약 및 평가	① 상황에 맞는 행동이나 감정을 표현한다. ② 친구와 협동놀이를 한다. ③ 태경이는 흉내놀이, 상징놀이를 할 수 있다.

출처: 이기현 외(2009). 영유아 보육프로그램의 이론과 실제.

2) 시간표집법

관찰을 실시하는 기준은 시간이다. 즉 관찰자가 관찰할 때 정해진 시간 내에 관찰하고자 하는 행동이 얼마나 자주 발생하였는지를 기록하는 방법이다(예 : 1분 내에 유아가 몇 번이나 친구와 놀잇감을 교환하며 놀았나?).

시간표집법은 계획된 시간 내에 관찰 가능한 행동을 표집하기 때문에 서술적인 관찰기록처럼 관찰대상에 대한 풍부한 정보를 얻을 수 없다. 그러나 일정한 시간 동안에 특정한 행동이 얼마나 발생하였는가를 양적으로 확인할 수 있기 때문에 통계처리가 편리하고 객관적이다. 시간표집법은 관찰 가능하고 자주 나타나는 행동에 대해서만 적합하다.

3) 행동목록법(체크리스트)

구조화된 관찰법으로 관찰자가 관심 있는 행동목록을 사전에 준비하여 그 행동의 출현 여부를 관찰한 뒤에 '예/아니오'로 체크하는 방법이다. 즉 행동목록법의 목적은 중요하게 생각하는 행동 유무를 확인하는 데 있다. 이 방법의 장점은 관찰자가 특별한 훈련을 받지 않고도 관찰대상의 행동을 쉽게 체크할 수 있으며 관찰시간이 절약될 수 있다. 그러나 행동목록은 관찰 항목이 미리 정해져 있기 때문에 그 행동의 빈도, 지속시간, 특성에 정보를 제공하지 못하고 행동을 자세하게 설명해주지도 못한다.

다음의 〈표 5-2〉는 행동목록법의 예이다.

〈표 5-2〉 행동목록법

관찰아동	김태균(2008. 04. 30. 남)		
관찰자	홍길동(햇님반 담임교사)		
관찰일자	2010. 09. 08(시간 : AM10 : 00-10 : 06)		
영역	내용	예	아니오
기본생활습관	1. 정리정돈을 할 수 있다.(장난감, 작업, 간식책상)		
	2. 간식/식사 전에 손을 씻는다.		
	3. 혼자서 옷을 입을 수 있다.		
	4.고마워, 괜찮아, 미안해 등의 말을 적절하게 사용한다.		

4) 평정척도법

체크리스트가 어떤 행동의 출현 여부를 알아보는 것이라면 평정척도법은 어떤 행동의 출현 여부뿐만 아니라 그 행동의 질적인 특성을 알고자 할 때 사용하는 방법이다. 즉 그 행동의 정도를 수량화된 점수가 부여된 기록지에 점수를 부과하는 방법이다. 예를 들어 1, 2, 3, 4 척도 또는 매우 그러함, 보통, 매우 그렇지 않음 등으로 알려준다. 일화기록보다는 시간이 적게 걸리지만 어떤 행동이 일어나는 사건 전후 상황에 대한 정보를 담고 있지 못한다는 한계가 있다.

다음의 〈표 5-3〉은 평정척도법의 예이다.

〈표 5-3〉 평정척도법

관찰아동	김태균(2008. 04. 30. 남)			
관찰자	홍길동(햇님반 담임교사)			
관찰일자	2010. 09. 08(시간 : AM10 : 00-10 : 06)			
문항	평정기준	단계		
		1	2	3
1. 간식/식사 전에 손을 씻는다.	1. 교사가 지시해도 간식/식사 전에 손을 씻지 않는다.			
	2. 교사가 지시할 때만 간식/식사 전에 손을 씻는다.			
	3. 스스로 간식/식사 전에 손을 씻는다.			

43 특별한 요구를 가진 유아 도와주기

특별한 요구를 가진 유아를 도와주기 위해서는 먼저 원인을 파악하고 원인을 제거해주면 특별한 요구도 해결된다는 것을 기억해야 한다.

특별한 요구를 가진 유아를 도와주는 일은 늘 어렵고 고민된다. 그러나 유아의 특별한 요구에는 반드시 원인이 있고 원인을 제거해주면 특별한 요구도 해결된다. 교사가 혼자 특별한 요구를 가진 유아를 도와줄 수 없는 경우에는 선배교사와 상의해서 좋은 조언을 받을 수 있다. 또한 부모와 상의함으로써 문제의 원인을 알게 될 수도 있고 일관성 있는 교육을 하는 데 도움이 된다.

1) 공격적 행동을 하는 유아

공격적 행동은 어떠한 상황에서도 허용되지 않음을 가르친다. 또한 유아의 공격적인 행동에는 반드시 원인이 있으므로 교사의 주의 깊은 관찰이 필요하다. 일반적으로 공격적인 행동의 원인은 다음과 같다.

첫째, 유아는 부모나 교사, 그리고 또래의 관심을 받기 위해서 공격적인 행동을 할 수가 있다. 이럴 경우에는 교사는 유아에게 바람직한 행동을 함으로써 타인의 관심이나 인정 그리고 애정을 받을 수 있다는 것을 가르쳐야 한다. 교사는 관찰을 통해 일정기간 동안 공격적인 행동을 하지 않을 때는 칭찬해주어서 공격적인 행동을 감소시킬 수 있다.

둘째, 유아는 욕구불만이나 스트레스로 인해 공격적인 행동을 할 수가 있다. 예를 들면 유아가 원하지 않는데 많은 학원을 다닐 경우에는 스트레스를 받을 수 있다. 동생이 태어나면서 엄마의 사랑과 관심이 아기에게 옮겨가는 것 같이 느껴져서 욕구불만이 생길 수 있다. 이럴 경우에는 유아의 행동원인이 가정에 있으므로 기관은 반드시 가정과의 상담을 통해서 유아의 현재 상태를 정확하게 전달하고 함께 노력해야 한다. 또한 공격적인 행동을 신체 운동을 통해 넘치는 에너지를 발산할 수 있도록 도와주고, 유아에게 자신의 감정표현 방법을 가르쳐 주는 것도 좋은 방법이다.

셋째, 공격적 행동의 모방이다. 즉 공격적인 모델이 될 수 있는 책, 장난감, 오락, 비디오, 인터넷 게임 등을 보고 모방하는 경우이다. 따라서 공격적인 모델이 될 수 있는 것은 사용을 제한하고 유아들이 그러한 것에 노출되지 않도록 예방해주는 것도 중요하다. 또 유아가 시청한 공격적인 장면을 비판함으로써 교사는 공격성에 대한 모방을 규제할 수 있고 공격적 행동은 비난의 대상이 되는 행동임을 가르칠 수 있다. 유아들은 판단력이 부족하기 때문에 공격적인 행동은 나쁜 것임을 끊임없이 인식시켜 주어야 한다.

2) 거짓말하는 유아

유아의 거짓말은 두 가지 유형으로 생각할 수 있다.

첫째, 유아가 현실과 공상의 세계를 구분하지 못하는 경우다. 특히 만 3세까지는 현실과 공상의 세계를 구분하기를 힘들어 하기 때문에 꿈을 꾸었거나 상상한 것을 마치 진짜처럼 말한다. 그럴 경우에는 자연스럽게 상호작용함으로써 현실의 세계가 아니라 공상의 세계라는 것을 이야기해주는 것이 바람직하다. 예를 들면 유아가 "선생님! 어제 달나라에 갔다 왔어요!" 하고 말하면 "어제 달나라에 갔다 온 꿈을 꾸었구나. 정말 즐거웠겠다!"라고 말해주어 유아가 꿈을 꾸어서 그렇다는 것을 깨달을 수 있게 한다.

둘째, 궁지에 몰린 자신을 변호하기 위해서 또는 혼나지 않기 위해서 또는 자기 과시를 하기 위한 의도를 담은 거짓말이 있다. 예를 들면 친구를 먼저 때려놓고 "나 때리지 않았어요." 그러거나, 먹기 싫은 반찬을 휴지통에 버려놓고 "내가 안 그랬는데요." 하는 경우나, 주말 지낸 이야기를 할 때 주말에 동물원에 다녀오지 않았음에도 불구하고 동물원에 다녀왔다고 이야기하는 경우이다.

이러한 경우에 교사는 원인이 무엇인지 이해하려는 태도가 중요하고 그 원인에 따른 해결할 수 있는 좋은 방법에 대하여 이야기 나누면서 거짓말은 나쁜 것임을 말해주되 부드럽게 타이르는 것이 바람직하다.

3) 화를 잘 내는 유아

유아가 화를 내는 원인에 대하여 파악하고 화가 나는 상황에 대하여 인정하고 부정적 정서를 수용해준다. 유아가 화를 잘 내는 원인은 다음과 같다.

첫째, 병약하거나 영양결핍 등으로 불안·초조하여 화를 내는 경우이다.

둘째, 교사나 부모가 화를 잘 내면 모방해서 유아들도 화를 잘 낸다.

셋째, 신체적으로 피곤하거나 졸음이 오거나 배가 고프면 화를 잘 낸다.

이 외에도 유아가 요구하는 것을 즉시 들어주어 언제나 제 마음대로 할 수 있다는 인식을 가지게 내버려 둔 경우와 교사나 부모가 일관성이 없어서 평소에는 요구에 잘 응해주지 않다가 울면서 화를 내면 들어주어 화를 자주 내는 경우도 있다.

화를 잘 내는 유아의 지도방법은 다음과 같다.

첫째, 충분한 영양과 휴식 그리고 운동을 하게 한다. 유아는 건강하면 화를 잘 내지 않는다.

둘째, 일관성 있게 지도해야 한다. 화를 내고 행패를 부린다고 해서, 어리다고 해서 부당한 요구를 들어주면 똑같은 방법으로 계속 화를 낸다.

셋째, 교사와 부모가 좋은 모델이 되어야 한다. 화를 내는 것을 보고 자란 유아는 화를 잘 내므로 화를 적절한 방법으로 표현할 수 있도록 좋은 모델이 되어야 한다. 화가 났을 때 화가 나는 상황에 대하여 「I - 메시지」 화법을 사용함으로써 의사표현을 하는 방법도 좋은 방법이다.

넷째, 강요, 명령, 금지, 잔소리, 지나친 간섭 등은 유아들을 화나게 하는 원인이 되므로 유아의 의견을 존중하는 상호작용을 한다. 유아가 지나칠 정도로 흥분하였을 때는 어떤 장소에 일정시간 격리시키는 방법도 한 방법이 될 수 있다. "화가 풀릴 때까지 ○○에서 왜 화가 났는지 생각하는 시간을 갖기로 하자. 화가 풀리면 다시 이야기하기로 하자."라고 말해줄 수 있다. 큰 베개, 펀치 볼, 모래, 진흙 등을 제공해서 화가 났을 때 발산할 수 있는 영역을 만들어주는 것도 효과적이다.

4) 잘 우는 유아

유아가 울 때 위로해주어야 할 것은 유아가 슬플 때나 짓궂은 일을 당했을 때, 아플 때, 분할 때 등이다. 그러나 요구를 관철시키려고 할 때나 주목을 끌려고 할 때, 책임을 회피하려고 할 때의 울음에 위로해주는 것은 바람직하지 못하다. 그럴 때는 잠시 동안은 모르는 체 놔두었다가 나중에 "왜 우는지 이유를 말해주겠니?"라고 말을 건다. "말하지 않으면 선생님도 알 수 없잖아"라고 유아에게 언어로 설명하도록 하게 한다.

5) 고자질을 하는 유아

유아가 고자질을 하는 원인을 파악하는 것이 중요하다. 일반적으로 유아는 더 많은 관심과 사랑을 받고 싶어 하는 경우가 많으므로 고자질을 할 때는 반응을 보여주지 않음으로써 고자질의 효과가 없음을 스스로 느끼게 한다.

44 건강상 문제나 신체장애를 가진 유아 도와주기

건강상 문제나 신체장애를 가진 유아를 도와주기 위해서는 교사의 세심한 관찰과 배려가 필요하며 그에 관련한 정확한 지식을 알고 적절하게 대응하는 자세가 필요하다.

1) 건강상 문제가 있는 유아 도와주기

유아에게 자주 나타나는 건강상의 문제는 복통, 구토, 설사, 고열 등이다. 따라서 교사는 유아에게 자주 발생되는 질병의 원인과 유형에 대한 기초지식을 가지고 조기에 발견하고 적절하게 대응하는 자세가 필요하다. 여기서는 유아가 자주 걸리는 병에 대한 안전한 조치에 대하여 알아보고자 한다(허혜경 외, 2005 : 최민수 외, 2006).

(1) 복통

복통은 여러 가지 원인에 의하여 일어날 수 있기 때문에 복통의 원인을 찾는 것이 중요하다. 원인은 식품으로 인한 것, 변비 또는 심각한 장(腸)의 문제로 인한 것, 정신적 요인(긴장 또는 흥분) 등이 있다. 유아가 소리를 지를 정도로 심각하고 지속적인 복통은 부모에게 연락하여 의사의 도움을 받도록 한다. 대부분 정신적 요인에 의하여 발생한 복통이나 변비로 인한 경우는 조용한 곳에서 편안하게 안정을 취하면 통증이 사라진다.

(2) 구토

구토의 주된 이유는 과식이며, 독극물에 중독되었을 때, 식중독, 뇌질환, 호흡기 질환, 비뇨기 질환, 순환기 질환, 근육 골격 질환, 각종 분비선 질환 및 전염성 질환, 기생충 감염 시에 구토한다. 구토증은 대부분 복통과 함께 일어난다. 3~7세 유아에게 관찰되는 주기적인 구토증은 그 원인이 확실하지 않다. 유아의 구토 시에는 옷을 느슨하게 하고 편안한 자세를 취하게 하며 가슴 부위를 차갑게 하거나 등을 문질러 준다. 누워 있다가 갑자기 토하는 경우에는 토물이 기도에 들어가지 않도록 머리를 옆으로 돌리고, 토한 후에는 입 주위를 깨끗이 하며 반드시 입을 헹구도록 한다. 유아가 토하는 것이 누그러지도록 돕기 위해 얼린 주스나 얼음을 제공한다. 구토가 멎으면 누워서 안정을 취하도록 하며 완전히 멈춘 후에는 약간의 탄산음료나 냉수를 줄 수 있다. 관찰하는 동안 열이 동반한다든지 다른 증상이 나타나면 곧바로 부모에게 알리고 병원으로 데리고 간다.

(3) 설사

설사란 대변의 횟수가 많아지며 대변 내 수분의 함량이 높은 것을 의미한다. 유아의 경우 신체의 수분 함유량이 높으므로 장기간의 심한 설사나 구토는 탈수증을 유발하게 된다.

설사의 원인은 대개 위장관계통의 질환에 의한 것이며, 내분비계의 이상이나 신경성으로 인한 식중독이 설사와 구토의 주요 원인이 된다. 설사의 횟수가 많아지면 유아는 피곤해보이고 창백해지는데, 계속 통증을 호소하면 전문가의 치료를 받아야 한다. 설사의 횟수와 소변 본 횟수를 기록하여 부모나 의사에게 알리는 것이 좋다. 설사가 심하면 12시간 정도 금식(禁食)시키고 탈수를 막기 위하여 보리차와 같은 액체만 공급한다.

(4) 고열(열이 날 때)

일반적으로 열이 나는 유아는 숨이 가쁘고 맥박이 빠르며, 목말라 하고 입술이 바싹 마른 것을 볼 수 있다. 기운이 처져 보이며, 심한 경우 몸을 떠는 것을 볼 수 있다. 고열은 39℃ 이상의 체온을 말하며 편도선염, 기관지염, 폐렴, 홍역, 풍진, 중이염 등에서 나타날 수 있는데, 고열이 날 때는 바로 의사에게 진료를 받아야 한다.

열이 높은 유아는 안정을 취하게 하고 체열을 떨어뜨리기 위하여 찬 물수건으로 몸을 닦아준다. 주의할 점은 의사의 처방 없이 함부로 해열제를 투여하지 않는다는 것이다. 유아를 안정시키고 음료수를 자주 준다.

2) 신체장애를 가진 유아 도와주기

신체장애를 가진 유아를 도와주기 위해서는 교사의 세심한 관찰과 배려가 필요하며 기초지식이 필요하다. 여러 가지 신체장애 중에서 유치원 현장에서 볼 수 있는 틱 장애와 ADHD(주의력결핍과잉행동장애)에 대하여 설명하고자 한다.

(1) 틱 장애

틱 장애란 본인의 의사와는 상관없이 특정 근육을 불규칙적으로 움직이거나 소리를 내는 것을 말한다. 예를 들면 눈 깜빡거림, 얼굴 찡긋거림, 어깨를 으쓱거림, 킁킁거림 등 자신의 의지로 억제할 수 없이 이상행동을 반복하는 증상을 보이는 것이 특징이다.

틱 장애의 정확한 원인은 밝혀진 바 없으며 다만 신경생물학적, 유전학적, 환경적, 심리적 등 여러 원인이 있을 것이라고 전문가들은 추측한다. 틱 장애 치료법은 약물치료, 정신치료, 행동수정치료가 있다. 틱 장애 유아들은 이상행동으로 인해 친구들에게 따돌림을 받기 쉽다. 그러므로 교사의 각별한 관심과 주의가 요구되는데, 틱 증상을 하지 말라고 강요하거나 지적하는 것은 유아에게 스트레스를 유발하며 더욱 증세를 악화시키기 때문에 금물이다.

(2) ADHD(주의력결핍과잉행동장애)

ADHD 유아는 과잉활동, 짧은 집중력, 주의력이 없고 충동적으로 행동하거나 싫증을 잘 내고 참을성이 적다. 원인으로는 유전적 요인, 생화학적 요인, 신경의학적 요인 등이 있다. ADHD 유아는 또래보다 정서적으로 미성숙하며 정확한 과제수행이나 집중을 위해서는 또래보다 많은 시간이 요구된다. 그러므로 유아에 대한 특성을 사전에 이해하고 배려하는 것이 필요하다. 대집단 활동 시 고려해야 할 부분은 다음과 같다.

첫째, 주의력이 없기 때문에 집중할 수 있고 조용한 앞쪽에 앉힌다.

둘째, 유아와 교사만의 '비밀신호(예 : 눈 맞추어 웃어주기)'를 이용해서 산만할 때는 주의를 주고 잘하고 있을 때는 칭찬을 해준다.

셋째, ADHD 유아들은 색깔에 민감하기 때문에 시청각 자료를 사용하는 것도 효과적이다.

넷째, 유아에게 전달할 사항이 있을 때는 꼭 눈을 맞추고 전달사항을 반복해서 이야기해준다.

그 외 넘치는 에너지를 분산시키기 위해서 간단한 스트레칭, 사소한 심부름 등도 유아에게 도움이 된다. 교실 안에서 유아의 행동을 면밀히 관찰하고 기록하여 담당의사에게 정보를 제공함으로써 의사의 정확한 진단에 큰 도움을 줄 수 있다.

45 큰 변화에 적응해야 하는 유아 도와주기

큰 변화에 적응해야 하는 유아를 도와주기 위해서는 교사의 따뜻하고 애정적인 관심과 개별적인 배려가 필요하다.

여기서는 부모의 이혼과 재혼, 병원입원, 죽음경험으로 나누어 설명하고자 한다.

1) 부모의 이혼과 재혼

부모의 이혼과 재혼은 유아에게 여러 가지 부정적 정서를 경험하게 한다. 그러므로 교사는 세심한 관찰이 필요하며 유아의 마음을 알아주고 공감해주는 태도가 중요하다. 부모의 이혼과 재혼가정의 유아에게 도움을 줄 수 있는 방법은 다음과 같다.

첫째는 교사와 부모의 소통이다. 즉 그들 자녀의 어려움을 올바르게 이해시키고 각각의 부모가 자신의 자녀에게 정서적인 지원을 제공할 수 있도록 돕는 것이다.

둘째는 유아의 수준에 맞게 이야기 나누기 주제로 다루어주는 것이다. 예를 들면 학급에서 '가족'이라는 주제를 통해 모든 유아들이 이혼과 재혼에 대한 개념 및 이혼과 재혼가정 아동에 대한 편견을 가지지 않도록 안내한다.

셋째는 전문가의 도움이 필요하다. 즉 이혼과 재혼가정의 자녀는 여러 가지 부정적 정서와 함께 여러 가지의 문제행동들이 유발되므로, 유아들이 현재에 경험하고 있는 어려움을 정확하게 파악하고 적절한 도움을 제공해줄 수 있어야 한다.

2) 병원입원

학급 유아가 사고 또는 질병 등 기타 여러 가지 이유로 병원에 입원하는 경우가 있다. 교사는 입원한 유아가 소외감을 느끼지 않도록 따뜻하고 애정적인 관심이 필요하다.

먼저 부모와 전화통화로 방문날짜와 시간을 정해서 입원한 유아를 방문한다. 방문할 때는 유아의 병 상태를 참고해서 유아가 좋아하는 음식 또는 선물을 준비해 간다. 입원한 유아에게 위로가 되는 것은 무엇보다 교사의 웃는 얼굴이다. 웃는 얼굴로 몸은 어떤지 물어보고, 빨리 나을 수 있도록 용기를 준다. 그리고 유아교육기관의 소식과 학급 친구들의 소식 등을 전하는 것이 좋다.

장기 입원을 하는 유아에게는 처음 병원 방문 후 1주일, 혹은 10일 정도 지나면 한 번 더 방문한다. 방문할 때는 학급 친구들의 편지와 그림, 부모에게 전할 가정통신문도 같이 가져가면 좋다. 상황이 여의치 않을 경우에는 유아와 전화통화로 몸 상태는 어떤지 물어본다. 그리고 기관의 소식과 학급 친구들의 소식을 알려주어서 유아가 사랑과 관심을 받고 있다는 것을 느끼게 해주는 것이 중요하다.

퇴원 후 유아가 유아교육기관에 왔을 때는 낯설어 할 수 있다. 그러므로 유아가 잘 적응할 수 있도록 교사의 개별적인 배려가 필요하다. 예를 들면 친구들과 어울릴 수 있는 기회를 의도적으로 만들어주거나 도움이 필요하면 언제든지 교사에게 도움을 요청할 수 있도록 따뜻하고 허용적인 분위기를 만들어준다. 그리고 당분간은 퇴원한 유아의 부모와 매일마다 연락(전화 또는 알림장)을 통해 유아의 상태를 알려주고 가정과 연계해서 유아가 자연스럽게 잘 적응할 수 있도록 도와주어야 한다.

3) 죽음경험

만 5세가 되면 한번 죽으면 다시 예전 생활로 돌아올 수 없다는 사실을 이해하기 시작한다. 이때 중요한 점은 유아들의 감정을 자유롭게 표현하도록 허용해주어야 한다. 그리고 유아에게 위로와 함께 이해를 돕기 위해 설명이 필요하다. 유아에게 죽음을 설명할 때는 살면서 늘 해오던 일이 불가능하다고 이야기해줄 수 있다. 즉 “사람이 죽으면 움직이거나 볼 수 없고, 느낄 수도 없고, 숨 쉴 수도 없단다. 그리고 생각할 수 없단다.” 식으로 설명이 필요하다.

정을 쏟던 애완동물이 죽었을 때도 유아들은 마음의 상처를 입는다. 상실감 때문에 먹지도 않고 많이 울기도 한다. 이때 교사와 부모는 유아의 마음을 알아주고 이해해주는 태도가 필요하다. 애완동물이 죽었다고 울 때는 실컷 울 수 있게 해주고, 유아가 죽은 애완동물과 관련된 추억을 이야기할 때는 열심히 들어주고 반응해주어야 오히려 슬픔에서 벗어날 수 있다. 그리고 죽은 애완동물을 묻어주고 가벼운 묵념을 통해서 생명을 존중하는 마음을 갖게 해야 한다. 애완동물의 죽음은 유아에게 심리적 상처만 주는 것이 아니다. 애완동물의 죽음을 통해 생명의 중요성을 알 수 있는 기회가 될 수 있고 상실감에서 극복하는 과정을 경험함으로써 보다 성숙된 유아로 클 수 있는 기회를 제공할 수도 있다.

46 상호작용하기

교사가 유아와 상호작용할 때 유아의 마음을 공감해 주면서 유아를 존중하는 말과 행동과 질문하기는 유아에게 친밀감과 신뢰감을 형성하여 준다.

교사가 유아와 상호작용을 하는 데 도움이 되는 내용은 많이 있으나 여기서는 마음 알아주기, 유아를 존중하는 교사의 말과 행동, 질문하기 중심으로 살펴보고자 한다.

1) 마음 알아주기

마음 알아주기 단계는 다음과 같다.

(1) 교사는 하던 일을 멈추고 관심을 갖고 주의 깊게 유아의 이야기를 들어준다.

(2) 유아의 말을 인정해준다.

"오, 음, 그래……."

(3) 유아가 느끼는 감정을 이야기해준다.(감정의 수용 및 인정)

"실망했겠구나!", "속상했겠구나!"

(4) 유아가 원하는 것을 상상으로 표현해준다.

때로는 유아가 정말로 원하는 것을 교사가 이해해주는 편이 유아로 하여금 원하는 것을 쉽게 참을 수 있도록 도와준다.

예) 유아 : 아이스크림 먹고 싶은데…….

교사 : 그래, 네가 얼마나 먹고 싶은지 알아!

유아 : 지금 당장 먹고 싶은데…….

교사 : 선생님이 마술을 부려서 아이스크림을 나타나게 했으면 좋겠구나!

2) 유아를 존중하는 교사의 말과 행동하기

(1) 유아와 이야기를 나눌 때 무릎을 구부리고 자세를 낮추어서 눈높이를 맞춘다. 이런 교사의 행동은 유아에게 존중받는 느낌을 주기 때문에 자아존중감 형성에 많은 도움을 준다.

(2) 친숙한 관계가 형성이 될 수 있도록 유아의 이름을 부르고, 청유형으로 말한다.

나쁜 예 : "너희들, 이리 와 봐!" / "좋은 예 : ○○야, 선생님한테 와 볼래!"

(3) 유아의 말이 끝나기 전에 대답하거나 평가하지 않는다. 유아가 이야기를 마무리 지을 수 있도록 중간 중간에 맞장구나 비언어적 표현을 해준다.

맞장구 예 : 으음…… 그랬구나…… 그래서 어떻게 되었니?

비언어적 표현 예 : 눈 맞추기, 적절한 미소, 끄덕임.

(4) 부드러운 목소리와 온정적인 태도로 유아를 대하고 유아가 도움을 청할 때 언제든지 도와줄 수 있다는 태도를 보여준다.

예 : 무슨 일이니? / 도와줄까?

그리고 일방적으로 대화를 이끌거나 도움을 주지 말고 유아에게 의견을 물어본다.

예 : ○○는 어떻게 하고 싶니? / ○○는 어떻게 생각하니?

이러한 교사의 태도는 유아 스스로 가치 있다고 느끼고 존중받는다는 느낌을 가지게 되므로 자기존중감과 긍정적인 자아 형성에도 도움을 준다.

(5) 유아가 하는 놀이행동이나 작품 등에 관심을 가지고 격려해준다. 격려를 해줄 때는 구체적인 사실과 과정에 근거해서 격려해준다. 예를 들면 유아가 발표를 잘 했을 때는 "참 잘했어요!"라는 막연한 말보다는 "친구들이 잘 들을 수 있도록 분명한 목소리로 잘 말해주었어요!"라고 이야기해준다.

3) 질문하기

질문은 유아의 사고를 촉진하고 다양한 생각을 이끌어 낼 수 있는 역할을 한다.

효과적인 질문의 방법은 다음과 같다.

(1) 허용적이고 수용적인 분위기를 조성한 다음에 질문한다.

(2) 유아의 수준, 관심, 요구, 흥미를 고려하여 알맞은 용어나 어휘를 사용한다.

(3) 유아의 사고를 촉진하기 위해서 구체적인 사고의 방향과 초점을 명확히 제시해주어야 한다. 예를 들면 막연하게 "생각해보자!"보다는 "무엇을 어떻게 생각할 것인가"의 질문이 효과적이다.

(4) 확산적인 질문을 많이 한다.
예 : 너는 어떻게 생각하니? / 왜 그렇게 생각하니?

(5) 교사가 질문하고 난 후에 유아가 응답할 시간을 충분히 준다.
충분한 시간을 주었음에도 불구하고 응답을 하지 못할 경우에는 언어적 형태를 바꾸어 질문할 수도 있고, 그래도 못하면 완전히 다른 질문을 하는 것이 효과적이다.

(6) 발문은 완성된 문장으로 한 번에 한 가지씩만 표현한다.
나쁜 예 : "너는 지금 무엇을 보고, 느끼고, 발견했니?"
좋은 예 : "너는 지금 무엇을 보고 있니?", "어떻게 느끼니?", "무엇을 발견했니?"

(7) 교사가 유아의 질문에 응답할 때는 직접적인 응답보다는 유아의 생각을 물어볼 수 있는 적절한 반응을 해준다. 예를 든다면 "아주 좋은 질문이구나. 어떻게 해야 될까?"나 "왜 기차가 빨라요?"라고 할 경우 "너는 왜 빠르다고 생각해?" 하며 유아의 질문에 다시 거꾸로 되물음으로써 유아의 의도를 확인할 수 있다.
한 유아가 다른 유아들을 이해하지 못하는 응답을 계속하는 경우 교사는 유아의 응답을 명확히 하도록 도와준다. 예를 든다면 "네가~ 라고 말한다고 생각하는데 내 말이 맞니?" 또는 "네 말이 맞기는 하지만, 조금 다르게 생각해볼 수 있을까?" 라는 응답을 할 수 있다.

47 칭찬하기

교사가 유아에게 칭찬과 꾸중을 할 때는 따뜻하고 온정적인 태도와 일관성이 중요하다.

1) 칭찬하기

저자가 신임교사로 있을 때이다.

유아들은 그림 그린 것을 가져와 나에게 보여주었다. 그러면 난 그림을 보여주는 유아들마다 앵무새처럼 "정말 멋진 그림이다!" 라고 같은 말을 했다. 그랬더니 유아들끼리 하는 이야기가 "우리 선생님은 무조건 멋지대! 그래서 기쁘지 않아." 라고 말하는 것을 듣고 참으로 무안했던 기억이 있다. 그 후 나는 막연하고 의미 없는 칭찬은 유아에게 의미가 없다는 것을 깨달았다.

칭찬을 싫어하는 유아는 없다. 칭찬은 유아에게 자신감을 심어주는데 중요한 역할을 한다. 칭찬을 할 때 유의할 점은 다음과 같다.

첫째, 구체적인 사실과 과정에 근거해서 구체적으로 표현해야 한다.

유아가 무엇에 대해 칭찬을 받는지를 알 수 있도록 구체적으로 표현한다.

예를 들어, 유아가 바람직한 행동을 했을 때 "멋지구나!", "착하구나!"라고 하기보다는 "장난감을 제자리에 갖다 두었구나!", "정리정돈을 깔끔하게 잘했다." 라고 이야기하는 것이 효과적이다.

둘째, 유아의 나이와 능력 수준에 맞게 하기

예를 들어 아주 어린 유아에게 기쁜 소리로 "매일 이를 잘 닦는구나."라고 말한다면 그 유아는 자신이 한 일에 대하여 자랑스럽게 생각할 것이다. 그러나 십대 아이들에게 똑같은 말을 한다면 모욕감을 느낄 것이다.

셋째, 말로 하는 칭찬도 있지만 보상을 통해 칭찬을 할 수도 있다. 예를 든다면 알림장에 도장 찍어주기, 스티커 주기, 상장주기 등이 있다.

2) 꾸중하기

입에 좋은 약이 쓰듯이 교사의 따끔한 꾸중이 유아들의 바람직하지 못한 행동을 바꾸는데 효과적일 수 있다. 그러나 안전과 관련되는 경우와 다른 친구를 때리거나 피해를 주는 것을 제외하고는 가급적 자제한다.

유아를 꾸중할 때 기억해야 할 점은 다음과 같다.

첫째, 일관성 있는 태도와 함께 조용히 온화하게 꾸짖는다.

꾸짖을 때는 감정보다는 이성을 갖고 신중하게 생각해야 한다. 또한 교사의 일관성 있는 태도가 중요하다. 교사가 유아에게 요구하는 것이 때와 장소, 교사의 기분에 따라 달라진다면 유아의 입장에서는 혼란스럽게 생각한다.

둘째, 한 가지 잘못을 여러 번 꾸짖지 않는다.

유아들은 같은 잘못을 자주 되풀이하곤 한다. 그렇다고 그때마다 똑같은 방법으로 여러 번 꾸짖으면 잔소리로 들리게 된다. 몇 번은 그냥 타이르듯이 주의를 주고 한 번 크게 혼내는 것이 효과가 크다.

셋째, 지난 일을 들춰내지 말아야 한다.

비슷한 잘못을 예전에 했다고 해도 지금 잘못한 일만 혼을 내야 한다. "너 전에도 친구를 꼬집어서 선생님한테 혼났잖아. 그런데 또 그래?" 하는 식으로 혼을 낸다면 유아는 예전에 저질렀던 잘못으로 혼나는 건지, 지금의 잘못으로 꾸중을 듣는 건지 혼란을 겪게 된다.

넷째, 혼을 낸 후 반드시 안아주고 위로해 줘라.

야단을 친 후 유아가 잘못을 인정하고 반성을 했다면 반드시 위로를 하고 안아주는 게 좋다. "선생님은 널 미워하거나 네가 싫어서 혼을 낸 게 아니라 너의 잘못된 행동을 고쳐주려고 그랬던 거야. 선생님은 네가 바른 행동을 해서 사람들한테 사랑받고 생각을 잘하는 사람이 되었으면 좋겠어." 등의 말로 혼을 낸 이유에 대해 잘 설명해주고 위로해준다. 또한 간과되기 쉽지만 유아들에게 자존심이 있다는 것을 잊지 말고 남들이 없는 곳에서 꾸짖어야 한다. 인정받고 싶은 친구나 성인들 앞에서 혼나는 경험은 유아에게 상처를 줄 수 있다.

3) 타임아웃

타임아웃은 유아가 바람직하지 못한 행동을 했을 때 일정한 장소에 격리되어 있는 것을 의미한다. 보통 빈방이나 생각하는 의자를 활용하는데 격리되는 상황이나 장소에는 흥미를 끄는 물건이 없어야 된다. 만 3세 이상의 유아에게 할애할 수 있는 시간은 5분이 넘지 않도록 한다. 타임아웃을 실시할 때는 유아에게 타임아웃 장소를 왜 가야 하는지 설명하고 가게 한다. 왜냐하면 유아는 자신의 행동이 문제가 된다는 것을 이해하지 못할 수 있기 때문이다. 타임아웃 장소에서 나오면 교사는 유아가 했던 옳지 않은 행동에 대해 설명하고 해서는 안 된다는 것을 주지시키며, 그와 같은 상황에서 할 수 있는 행동의 대안을 제시해주는 대화의 시간을 잠시 갖도록 한다.

48 포트폴리오 만들기

포트폴리오는 장기간에 걸쳐 유아의 활동과정 및 결과를 증명해줄 작품들을 수집하여 시간의 흐름에 따라 유아의 변화를 살펴보는 평가방법이다.

포트폴리오에는 유아의 수행결과물, 수행과정에 대한 사진과 비디오테이프, 체계적 관찰을 위한 체크리스트와 일화기록, 교사와 유아와의 개별면담 및 부모와의 면담 자료 등 포괄적이고 다양한 자료들이 포함될 수 있다.

포트폴리오 구성 내용에 대하여 구체적으로 살펴보자면 다음과 같다(김경철, 1997).

• 유아의 활동 작품의 표본
  - 미술 작품, 이야기 꾸미기, 쓰기 활동의 표본(쓰기 원고와 수정본)
  - 오디오 기록(말하기, 이야기하기, 읽기, 인상적인 놀이 에피소드 등)
  - 비디오 기록(미술 및 음악 활동, 사회적 상호작용, 프로젝트 활동, 인상적인 놀이 주제 등)
  - 블록 또는 3차원 입체작품 사진, 실험이나 프로젝트에 관한 사진 등
• 교사의 관찰과 면접
  - 관찰결과에 대한 진술은 체크리스트, 평정척도, 일화기록, 활동 작품 등으로 정리할 수 있으며, 비디오테이프나 사진도 교사의 관찰과 면접을 보강해줄 수 있다.
• 교사가 보고하는 유아 자신의 정기적인 자기평가
  - 태도 항목 : 취미, 좋아하는 책, 일과가 끝나고 집에 가서 제일 하고 싶은 것, 좋아하는 음식, 좋아하는 텔레비전 프로그램, 좋아하는 인형 등
  - 흥미 항목 : 어린이집에 오는 것(등원)이 좋니? 블록놀이가 재미있니? 집에서 만화영화 보는 것을 좋아하니? 선생님에 대해 어떻게 생각하니? 낮잠 시간은 어떠니? 등
• 유아와 교사가 함께 작성한 진보(prograss) 노트
• 부모 관련 정보
  - 부모의 관찰 : 부모는 어린이집에서 유아의 행동발달을 관찰하도록 초대되어야 하며, 가정 내·외에서도 관찰을 하도록 유도해야 한다.
  - 완성된 앙케트(질문표), 부모상담 기록 등

포트폴리오를 만들 때는 커다란 컬러 폴더(color folder) 또는 상자(boxes)를 사용하여 자료를 보관한다. 교사는 포트폴리오를 통해 과거에서 현재까지 유아의 발달 정도를 알 수 있으며, 유아가 어떻게 학습해 가는지의 과정도 알 수 있어 유아를 이해하는데 적절한 자료가 된다.

포트폴리오 평가 시 유의할 점은 다음과 같다(이소희 외, 2011).

- 그림, 공동 작업 결과물, 개별 작업 결과물, 구성활동 결과물, 비디오, 녹음, 여러 활동사진 자료 및 쓰기 자료 등 유아의 다양한 작품을 수집한다.
- 평가자료로서 질적 가치를 위해 지속적이면서도 체계적인 자료 수집이 필요하다. 따라서 내용에 따라 한 달 또는 1분기, 한 학기 등과 같이 일정한 간격을 두고 유아가 만들어 낸 자료를 체계적으로 수집해야 한다.
- 수집된 작품에는 날짜, 작품에 대한 유아의 설명, 태도, 활동 맥락, 특정 행동의 동기, 다른 유아들과의 관계 등을 기록하여 그 작품을 이해하는데 많은 정보를 제공할 수 있도록 한다.
- 자기 반영 활동 및 그 결과 수집을 위해 유아가 자신의 작품에 대한 반영과 느낌이 포함되도록 한다. 그러므로 자신의 활동이 목표대로 이루어졌는지에 대해 스스로 생각해보거나 느낀 점, 새로 알게 된 것, 다음 활동에서의 반영 여부 등을 유아 입장에서 생각할 수 있도록 기회를 제공하여야 한다.
- 유아작품에 대한 교사, 부모, 또래의 의견이나 생각, 작품의 특이한 사항에 대한 기록이 필요하다.

생각해 봅시다

1. 유아와 친밀감을 형성하기 위한 교사의 역할에 대하여 생각해 보자.

2. 유아의 바람직하지 않은 행동에 대한 지도방법에 대하여 생각해 보자.

6장 친근한 유아교사 되기

49 학부모 전화상담하기

학부모와 의사소통하는 방법 중 가장 흔하고 쉽게 할 수 있는 방법이 전화상담이다. 주의점이나 전화상담기법을 미리 익혀 효율적으로 활용할 수 있도록 하자.

교사가 학부모와 의사소통을 하는 방법 중 가장 간편하면서 자주 할 수 있는 것 중 하나가 전화상담이다. 하루의 일과 중 일어난 일이나 결석한 유아에 대한 안부 전화 등의 간단한 내용부터 평소에 의논하고 싶었던 사항을 교환할 수 있는 방법이다. 그리고 어떤 특별한 사항에 대한 것이 아니라도 정기적으로 부모와 유대관계를 가질 수 있고 쉽게 사용할 수 있는 방법이기도 하다.

또한 직장을 가진 부모에게는 시간적으로 자유롭게 이용할 수 있는 방법이며, 필요할 때 수시로 이루어질 수 있는 이점이 있다. 주로 하루의 일과가 끝난 후에 교사가 활용하며, 유아 간의 관계에 문제가 발생했을 때나 다쳤을 때, 아플 때 등과 같은 사항에 대하여 전화상담을 한다.

전화상담은 편한 방법이긴 하지만 직접 만나서 하는 것이 아니라 주의할 사항들이 있다. 전화상담을 하기 전에는 교사가 간단하게 하고 싶은 말을 적어서 주제를 벗어나지 않도록 하는 것이 필요하다. 그리고 통화내용은 메모를 하면서 기록을 남겼다가 정리를 하는 것이 좋다. 전화상담 시에는 직접 얼굴을 보지 않고 말을 하는 것이므로 목소리의 톤이나 단어사용에 특히 신경을 써야 한다. 부모와의 전화 대화 중에 갑작스러운 질문에 대답해야 하는 경우나 특히 유아의 문제행동에 대하여 이야기할 때는 더욱더 오해의 소지가 생길 수 있다.

미리 전화상담 기법에 대하여 알아두고 경력교사에게 좋은 기법을 전수받는 것도 좋은 방법이다. 특히 신임교사는 인사 방법부터 대화기법, 적절한 질문과 대답하는 방법을 연구하여 연습해보는 것이 필요하다.

1) 전화상담 시 유의점

교사가 알아두면 좋은 전화상담기법을 몇 가지 살펴보면 다음과 같다.

① 전화를 걸면 자신을 먼저 밝히고 상대방을 확인한다. 첫인상은 사소한 한 마디에서 시작된다는 것을 기억하자.

② 기관에서 사용하는 인사법을 익혀두자. 기관마다 중요시하는 내용을 넣은 인사법이 다르므로 자기 기관의 방법을 익혀두자.

③ 전화상담을 시작하면 먼저 유아에 대한 칭찬으로 시작하는 것이 좋다. 그 뒤에 문제행동이나 일어난 일에 대하여 이야기한다.

④ 부모들은 학기 초에는 유아의 전반적인 생활에 대해 궁금해한다. 자주 전화를 해서 적응 정도를 알려주는 것이 좋다.

⑤ 유아가 다쳤거나 아팠다면 하원 지도 후 되도록 빨리 전화를 하는 것이 좋다. 자세한 상황을 설명하고 학부모가 이해할 수 있도록 공감을 하면서 통화한다.

⑥ 혹시 유아의 약 복용을 잊거나 부탁 사항을 챙기지 못하고 그대로 가방에 넣어서 집으로 보냈다면 이런 것도 유아가 집에 도착하기 전에 부모와 통화를 하는 것이 좋다. 사소해 보이는 메모 내용의 전달이나 유아의 상처 등에 관하여 교사가 빨리 알리지 않으면 부모는 교사가 관심이 없다고 생각하여 다른 것에도 오해를 할 경우가 생긴다.

⑦ 전화가 일상적인 내용으로 길어질 수 있으므로 해야 할 일에 초점을 맞추어 상담을 진행한다.

⑧ 특히 걱정이 많은 부모는 다른 부모보다 더 교사와의 전화통화를 어려워할 수 있다. 유아의 문제행동을 언급하면 더욱더 긴장하게 되므로 학부모의 성향에 대한 파악을 미리 해둘 필요가 있다.

⑨ 전화상담의 내용 기록은 유아의 발달과정에 대한 것을 기록해 두면 좋다. 다음에 전화할 때 앞의 통화내용을 언급하면서 대화를 시작하면 부모는 교사가 관심을 가지고 지도한다는 느낌을 갖게 된다.

전화로 하는 상담이 아니라도 전화는 일상적인 연락장 역할이 되고 갑작스런 일이 생길 때 가장 이용하기 편한 도구이다. 아침 등원하는 시간이나 하원 시에는 전화통화가 가장 복잡한 업무가 되곤 한다. 일을 하다 보면 원장이나 담임교사가 직접 통화하지 못하고 다른 사람이 전해주게 되는 경우가 있다. 전체 교직원들이 전화상담이나 전화받은 내용을 다른 사람에게 전달해주는 기술과 훈련이 필요하다.

원무실에는 전화기록 대장이나 메모를 할 수 있는 기록장을 마련하여 누구든지 전화사용법을 알고 있도록 일관성 있는 교육이 필요하다. 이런 훈련이 전화로 인한 혼란이나 오해를 없애는 방법이 된다.

> 유능한 교육자는 학생에게 시간을 할애한다.
>
> – 펠드먼(K. A. Feldman)의 연구결과

50 학부모 연락하기

연락장 활용은 평소에 자주 활용되는 상호 소통의 방법으로 유아의 발달상황을 전달하고 원하는 사항을 알리는 도구로 사용된다.

연락장은 담임교사와 학부모 간의 상호작용에서 이루어지는 대화소통의 도구이자 유아의 일일활동을 통해서 일 년 동안의 발달상황을 알 수 있는 자료가 되기도 한다. 교사가 일일이 개인 유아마다 발달상황을 매일 기록하는 것은 좋은 방법이지만 모든 유아에 대한 기록을 하기에는 시간상으로 어려운 것이 현실이다. 연락장 활용은 하루 일과 중에 교사가 간단하게 작성하고 부모와 매일의 일상을 상호전달하고 기록하기에 좋은 방법이다. 그리고 학부모가 특별히 전달한 사항이 있는 경우에는 놓치지 않고 확인하여 답을 할 필요가 있다.

하루의 일과 중에서 유아에게 일어나는 사소하거나 중요한 사건들을 전달하는 것에서 상담의 과정이 이루어진다. 등원하는 차량 지도 시 학부모와 교사의 짧은 만남도 중요한 상호 간의 의사소통이 된다. 교사는 평소에 유아의 생활에 대한 정보를 기억하고 있을 필요가 있다. 등·하원 지도 시 건네받는 알림 사항이나 메모, 전달물이 각반의 담임교사에게 전달될 수 있어야 한다. 사소한 일에서 학부모는 교사의 유아에 대한 애정을 느끼고 있음을 기억하자.

1) 연락장의 내용

(1) 유아의 수행 정도

연락장은 출석수첩을 주로 활용한다. 유아의 그날의 특정 발달상황이나 주 단위의 내용을 적어서 가정으로 보낸다. 학부모는 교사가 보낸 것에 대한 답이나 궁금한 사항 또는 가정에서의 유아 발달상황을 적어서 원으로 보낸다.

(2) 유아행동 상황

유아의 문제행동이나 가정에서 도움을 주었으면 하는 내용을 적기도 한다.

(3) 축하 메시지

유아의 생일이나 유아가 특별히 잘한 사항에 대하여 축하 메시지를 보낼 수 있다. 또 자원봉사와 같은 학부모가 학급에 도움이 된 내용이 있으면 그에 대한 감사의 메시지를 보낼 수 있다.

2) 연락장의 종류

(1) 출석카드(수첩)

출석카드는 월별로 날짜가 적혀 있는 칸이 있고 매일 등원을 하면 유아가 직접 자신의 출석을 인정하는 도장을 찍는 것이 보통이다. 출석도장 확인란 아래에는 메모를 할 수 있는 공간이 있어 학부모나 교사가 기관이나 가정에 알리고 싶은 내용을 적을 수 있다.

(2) 알림장

알림장은 기관마다 양식이 다를 수 있는데 보통 날짜별로 기록할 수 있는 칸이 있고 하루에 일어난 특이 사항이나 발달사항을 간단하게 적어서 가정으로 보낸다. 가정에서 확인 후 학부모가 하고 싶은 말을 적어서 다음날 기관으로 보낸다.

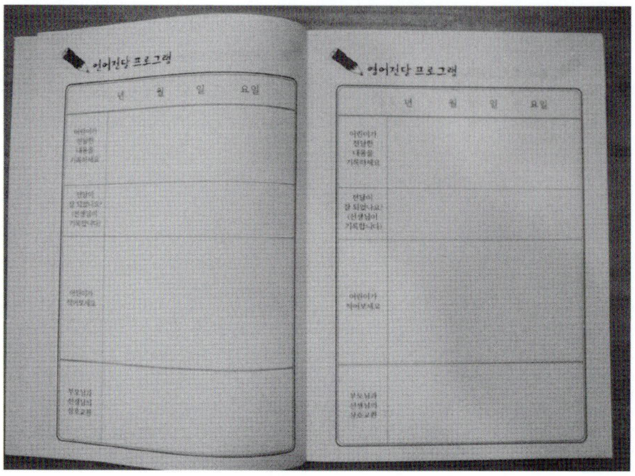

〈알림장 예1〉

☆ 가정에서 보낸 알림장 예: 9월 6일(만 3세, 남아)

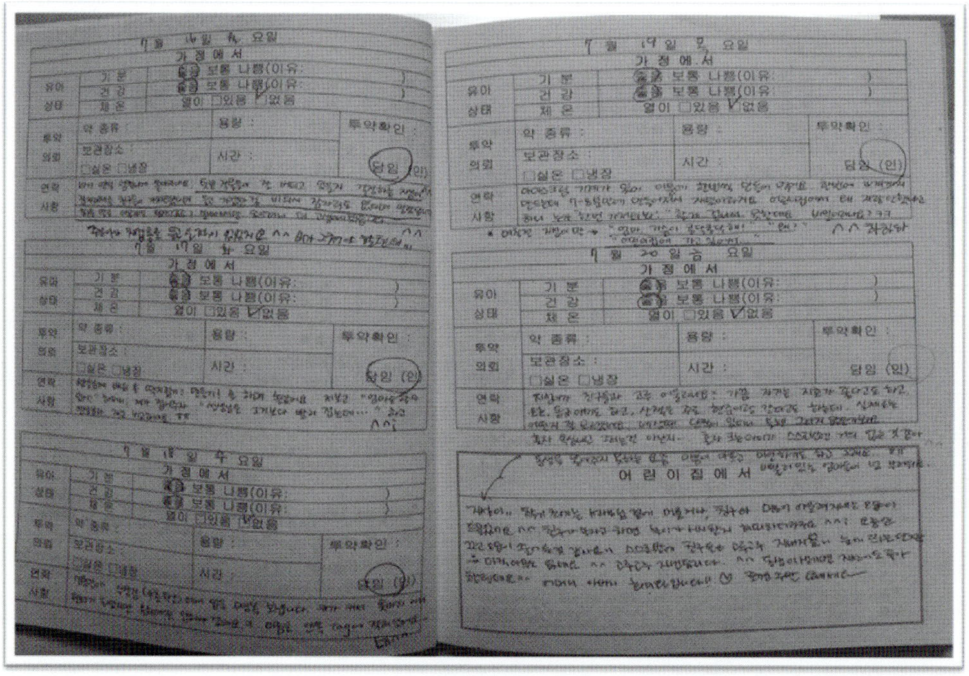

〈알림장 예2〉

(3) 메모

특별한 양식은 없고 메모지에 적어서 급히 알려야 할 일이나 평소에 감사했던 내용을 적어서 보내는 것이다. 크기는 작고 간단하지만 평소에 학부모와 교사 간에 정보교환과 의사소통에 아주 효과적인 방법이다.

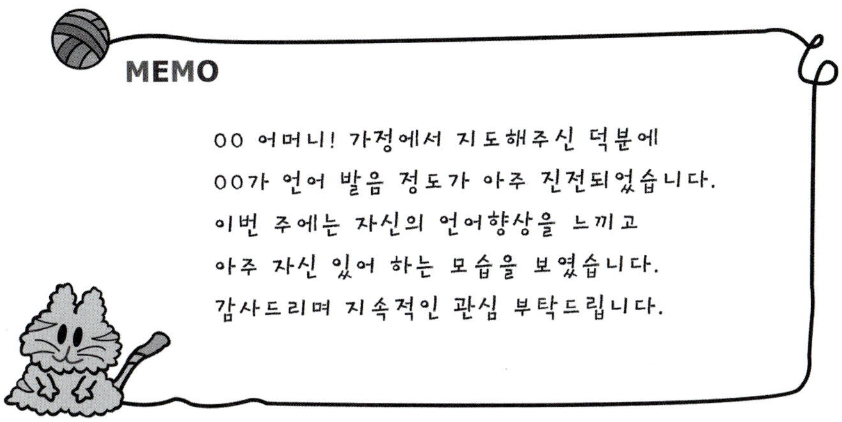

〈메모 예〉

> 인간의 모든 기관은 마음에 의해 좌우되고 있다. 마음은 보고, 듣고, 걷고, 서고, 굽어지고, 부드러워지고, 기뻐하고, 슬퍼하고, 화내고, 거만해지고, 설득되고, 사랑하고, 미워하고, 부러워하고, 질투하고, 사색하고, 반성한다. 그러므로 세상에서 가장 강한 인간은 자신의 마음을 통제할 수 있는 인간이다.
>
> – 마빈 토케이어

51 가정통신문 작성 및 활용하기

가정통신문은 교육계획과 함께 가정으로 보내지는 것으로 기관과 가정 간의 기본적인 의사소통 도구이다. 가정통신문의 양식과 작성방법을 알고 활용하자.

가정통신문은 유아교육기관과 가정 간의 의사소통 중 가장 흔하고 효율적으로 사용되는 도구이다. 가정통신문은 유아교육기관과 가정에서 소식을 알려주기 위하여 서로 간에 주고받는 통신문을 말하는데, 연간, 월간, 주간, 매일, 또는 필요에 따라 수시로 작성된다. 교육계획과 함께 구성되기도 하고 통신문만 따로 작성하기도 한다,

기간에 따라 입학 초기에 기관의 전반적인 안내와 교육에 대한 소개를 하는 연간 단위로 만들어지는 것이 있다. 월간에 한 번이나 일주일 간격으로 작성되는 가정통신문은 구체적인 주간 교육활동과 행사계획, 급·간식표, 가정협조 사항 등으로 구성된다. 주간 가정통신문이 가장 대표적으로 사용되는 형식이다.

가정통신문은 유아교육기관의 최근 소식을 알려주거나 앞으로 할 행사 등을 소개하고, 기관에서 이루어지고 있는 활동을 안내해주는 역할을 한다. 그리하여 학부모가 기관에서 이루어지는 활동을 알게 되고 앞으로 할 것에 대하여 알고 미리 준비할 수 있도록 한다.

가정통신문은 교육기관과 가정에서의 일관성을 위하여 유아교육에 대한 나아가야 할 방향이나 교육방법의 적용을 전달함으로써 부모교육의 정보교류 방법으로 사용된다.

가정통신문의 정기적인 내용은 수업계획, 수업관련 공지사항, 가정에서의 준비물, 부모교육 내용, 식단 등이다. 수시로 제작되는 가정통신문은 특별한 행사나 갑자기 알려야 할 사항이 있을 경우에 사용하는 데 필요한 서류 제출 기일이나 견학 또는 야외수업에 관한 변동사항이나 갑자기 요청된 설문지 조사 참여,

응급상황 알림, 허락이 필요한 서류작성이나 행사준비물 등 필요한 것을 준비해 올 수 있도록 학부모에게 협조를 요청한다. 이럴 경우에는 정기적인 통신문이 아니라 전달이 잘 안 될 수도 있기 때문에 담임이 더 꼼꼼하게 챙겨야 한다.

가정통신문의 내용 중 부모의 자녀 발달과 교육에 도움을 줄 수 있는 것으로 그 내용은 유아발달과정, 놀이의 중요성, 유아의 학습방법, 문제행동지도, 유아 영양, 가정에서 할 수 있는 교육방법, 유아 사회성 및 정서지도, 기본생활습관 지도, 부모교육, 부모참여 교육의 중요성 등으로 구성될 수 있다.

새로 추천할 도서나 박물관 등 유아에게 도움이 될 만한 정보를 제공해 줌으로써 학부모와 유아가 함께 주말을 보낼 수 있는 정보도 제공할 수 있다.

가정통신문은 내용을 너무 길지 않게 작성하는 것이 좋고 학부모가 궁금해 할 내용을 제공하는 것이 좋다. 그리고 학부모에게 고맙다는 인사를 넣는 것도 기억하자!

가정통신문의 예시를 보면서 구성하는 방법을 알아보자.

〈가정통신문의 예와 작성요령〉

00유-21-6-3

가 정 통 신 문

따스한 햇살이 땀을 흘리게 하는 신록의 계절입니다. 초여름 날씨는 유아들을 지치게 할 수 있습니다. 영양이 풍부한 음식과 충분한 수분섭취를 할 수 있게 해주시고, 피곤이 쌓이지 않도록 휴식을 충분히 하도록 도와주시기 바랍니다. 더욱 건강하고 힘찬 한주가 되시기 바랍니다!

♠ 알 림 ♠

1. 5세 소방서 견학 안내입니다.

119 구조대와 소방관 아저씨들이 근무 하시는 소방서를 둘러보고 불조심 교육을 받고 옵니다.

▶날　짜: 2021년 6월 14일 (월)
▶장　소: 창원 소방서
▶복　장: 활동복, 운동화, 모자 (간식과 점심은 유치원에서 이루어집니다.)

2. 김해가야테마파크 견학 안내입니다.

물을 아끼고 깨끗이 하고, 물의 소중함을 느낄 수 있는 물 홍보관 견학을 갑니다.

▶ 날 짜 : 2021년 6월 15일(화)
▶ 준비물: 물, 점심, 간식, 돗자리, 젓가락, 물수건
▶ 복　장: 활동복, 운동화

마스크 착용에 주의해 주시기 바랍니다.
코로나 19상황에 따라 체험활동 일정이 변경, 취소될 수 있습니다.

3. 수두 예방 안내입니다.

최근 기온의 급상승 등으로 수두가 발생하고 있습니다. 아이들이 항상 손을 깨끗이 씻을 수 있도록 가정에서도 지도해주시고, 손톱도 깨끗이 해주시기 바랍니다.
수두는 법정 전염병이므로 결석처리는 되지 않습니다.
(몸에 모기 물린 것 같은 상처가 있으면 배나 등을 한번 살펴봐 주세요.)

4. 부모교육- 구체적인 칭찬을 해주세요!

자녀를 칭찬할 때는 어떤 행동을 잘 했는지 구체적으로 언급해주세요. 무조건 "잘했어"처럼 습관적인 말이 아니라 "스스로 옷을 입어보았구나. 정말 잘 했어!" "엄마가 시키지 않아도 혼자 장난감을 정리했구나. 정말 대단한데?" 등으로 이야기해주면 자신이 어떤 행동으로 칭찬 받은 것인지 명확하게 알 수 있습니다.

5. 부모참여 교육안내입니다.

부모참여교육이 7월중에 실시될 예정입니다.
자세한 내용은 다음 주에 보내 드리는 통신문을 참고해 주시기 바랍니다.

2021. 6.

[기관직인] 00유치원장

〈가정통신문의 내용별 설명〉

제목: 가정통신문

인사말: 날씨, 건강관리, 주간 이슈, 명절, 국경일, 학기말 인사 등 시기와 상황에 맞는 적절한 인사말로 시작한다.

알림의 내용
1. 교육활동: 학급의 활동안내 및 결과보고, 현장체험학습의 안내 및 결과보고를 간단하면서도 명료한 문장으로 작성한다.
날짜, 장소, 준비물이나 복장을 기록한다.

2. 가정 협조 및 연계: 건강 및 위생지도, 복장기준, 등원시 물건소지 유의점, 차량 유의사항, 투약의뢰 안내, 자료협조 등에 관한 사항

3. 서류 제출 및 교육비 납부안내: 미 제출한 서류나 교육비 미납에 관한 사항 안내

4. 부모교육자료: 매주 가정에서 학부모가 실시할 수 있는 간단한 내용으로 자녀지도의 내용을 적는다.

5. 앞으로의 일정안내: 부모참여교육, 교사연수, 졸업식 등에 관련된 일정을 미리 알려준다.

보내는 날짜, 기관의 직인을 찍고, 기관의 명칭을 기록

52 다양한 학부모 이해하기

학부모의 유형은 양육방법에서부터 학부모 개인의 성향까지 다양한 특성을 가진다. 유아교사는 이러한 학부모의 유형을 파악하여 이해하고 유아를 지도할 필요가 있다.

유아의 효율적이고 바람직한 교육을 목적으로 하는 측면에서 교사와 학부모의 관계는 너무나 중요한 요소이다. 교사와 학부모의 관계를 형성하는데 영향을 끼치는 요인은 다양하고 교사와 학부모의 관계는 교사가 학부모에 대하여 어떤 태도를 가졌는가도 크게 작용한다.

요즘은 시대적인 변화로 인해 다양한 삶의 방식을 가지고 다양한 요구를 하는 학부모가 확대되고 있다. 학생 때와는 달리 유아를 맡아서 교육하는 교사가 되고 나면 다양한 부모를 접하게 되고 부모와의 상호작용하는 방법을 알아둘 필요가 있다. 다양한 부모와 교사 자신도 각자의 방식을 가진 서로 다른 인간으로 서로를 이해하기 위해서는 먼저 객관적인 입장에서 학부모를 이해하는 자세가 필요하다.

1) 양육모형에 따른 학부모 유형

학부모 이해에 있어 학부모의 양육방법에 따라 다른 몇 가지의 유형을 살펴보는 것은 지혜로운 교사가 되기 위한 우선 단계이다. 유아의 성장과 발달 지도에 있어 부모가 어떤 태도를 가지느냐에 따라 많은 영향을 끼친다.

Baumrind(1991)는 네 가지 부모양육 유형을 제시하는데 독재적인 부모는 지시적이고 복종 요구적이며 규칙이 분명하고 가정의 분위기가 구조적이다. 관대하고 허용적인 부모는 자기통제를 허용하고 민감하게 반응하는 부모이다. 권위적인 부모는 자식을 부모의 의지대로 독단적으로 대하지 않고 지지해주려 하고 부모로서 자식에게 요구를 함과 동시에 책임을 다하는 부모이다. 관여하지 않는 부모는 자식에 대해 어떠한 요구와 책임을 지지 않으려 하며 심할 경우 자녀를 거부하는 양상을 보이기도 한다.

존 가트맨(Gattman, 2011)은 감정코치형, 축소전환형, 억압형, 방임형의 네 가지 양육유형으로 분류하였다. 축소전환형 부모는 아이의 감정을 중요하지 않거나 대수롭지 않게 여기며 대개 무관심하거나 무시하고 때로는 아이의 감정을 비웃기도 하는데 특히 부정적 감정일 때 특징이 더욱 나타난다. 억압형 부모는 부모의 가치판단이 개입되어 비판하고 벌을 준다. 특히 아이가 부정적인 감정을 표현할 때 감정 자체보다는 감정을 나타내는 행동이 아이를 약하게 만든다고 생각하여 꾸짖거나 벌을 준다. 방임형 부모는 아이의 감정을 인정하고 공감하지만 아이의 행동을 좋은 방향으로 이끌거나 어떤 지침도 제공하지 않는다. 감정코치형 부모는 자식과의 관계에서 감정은 수반되며 자식과 감정과 정서가 교류될 때 더 친밀한 관계를 맺을 수 있다고 본다. 아이의 긍정적 감정뿐만 아니라 부정적 감정을 무시하지 않고 공유하는 것이 필요하다. 아이의 감정을 존중하고 행동에 한계를 정해주며, 자녀에게 부모의 감정도 솔직하게 표현하여 감정에 대처하는 방법을 가르치는 양육모형이다.

이러한 부모의 양육유형을 살펴보는 것은 양육형태에 따라 유아의 행동이 달라지고 영향을 미치기 때문에 중요하다. 또한 교사가 부모를 대하거나 부모교육을 실시할 때에도 이런 부모의 유형에 따라 받아들이는 것이 달라질 수 있다는 점을 고려해야 한다.

2) 학부모 특성에 따른 부모유형

학부모를 대하다 보면 교사의 의견을 신뢰하고 지지해주는 유형이 있는가 하면, 적대적이거나 대하기 까다로운 부모들이 있다. 이러한 학부모의 요구사항이 맞지 않으면 극단적으로는 유아가 교육기관을 떠나게 되는 경우도 생긴다. 학기초에 부모면담을 통하여 부모의 유형을 파악해 두면 유아지도에 도움이 된다.

부모 유형을 예를 들어 보면 다음과 같다.

(1) 적대적인 태도를 보이는 부모

이 부모들은 자녀를 거칠게 대하거나 교사에게 예의를 갖추어 대하지 않으며, 불만이나 요구사항을 알릴 목적이 있어야 교사와 접촉하려 한다.

(2) 모든 것을 다 아는 것처럼 행동하는 부모

육아에 대하여 아는 것이 많은 경향이 있으며 교사의 잘못된 점을 말하는 경우가 많다. 자신의 자녀 문제에 대하여 조급해하는 경우도 있다.

(3) 불만을 토로하는 부모

불만을 토로하는 경우에는 경청하여 들어주고 수용하여 불만이 줄어들도록 하는 것이 좋다.

(4) 반응이 없거나 수줍어하는 부모

수줍어한 부모들로 교사가 칭찬과 격려로 장점을 부각시키며, 편하게 기관을 방문하도록 배려한다.

이처럼 다양한 부모들의 말을 경청하다 보면 귀담아 들어야 하는 점들도 있다. 교사가 부정적이거나 방어적인 태도를 가지는 것보다는 수용하는 태도를 가질 때 서로간의 소통이 원활해진다.

까다로운 학부모를 대할 때 유념해야 할 것은 교사가 그 부모를 바꿀 수는 없다는 사실이다. 보다 쉽게 바꿀 수 있는 것은 교사 자신이 그들을 대하는 기술을 변화시키는 것이다. 이를 위하여 부모를 대하는 기술 중 몇 가지를 열거하면 다음과 같다.

① 학부모를 대할 때는 눈을 정면으로 보면서 얘기할 것, 아래로 내려다보거나 위로 올려다보지 않는다.

② 어려운 학부모라도 존중하며 그 존중이 나에게도 돌아올 것이라 기대한다.

③ 항상 침착함을 유지한다. 침착한 태도는 화난 상황이라도 중립을 지킬 수 있게 한다.

④ 부모의 말을 주의를 기울여 듣는다.

⑤ 화를 내거나 방해하지 말고 끝까지 듣는다.

⑥ 비난하거나 판단하지 말고 그 상황에 대하여 자신이 어떻게 느끼는지를 말한다.

⑦ 선택적인 침묵은 어려운 사람을 대할 때 가장 효과적인 방법 중의 하나이다. 어려움에 처한 사람들은 주의를 끌거나 힘을 과시하려고 하는 경우가 종종 있다.

부모를 대하는 기술을 습득하는 것은 금방 되는 것이 아니며 많은 경험을 요한다. 교사 자신이 새롭게 변화하는 것도 아주 어려운 일이다. 그러나 유아의 발달과 보다 잘 자라게 하는 것이 부모와 교사 모두의 목적이므로 노력을 할 필요가 있다.

53 다양한 가족형태 이해하기

시대가 변하면서 가족의 구조는 변화되고 있고, 한부모 가족이나 다문화 가족도 많이 늘어가고 있다. 이와 함께 유아를 둘러싼 가족의 형태를 이해하고 그 특성을 고려한 부모교육도 이루어져야 한다.

급격하게 변화하는 시대적 상황은 개인의 삶뿐만 아니라 가정의 형태에도 큰 영향을 주었고 그 결과 가족의 다양한 형태가 이루어졌다. 유아교사가 가정의 다양한 형태를 이해해야 하는 이유는 교육기관에서의 유아 관리뿐만 아니라 교육의 효과를 높이기 위해 부모의 요구에 부합하기 위함이다. 이를 위한 유아의 다양한 가족형태를 이해하기 위해 그 특성을 고려할 필요가 있다. 다양한 가족형태를 몇 가지로 나누어 알아보자.

1) 맞벌이 가정

맞벌이 가정이 늘어가고 있는데, 이런 가정의 부모들은 육아에 대한 부담감을 많이 갖고 있다. 정규 시간의 교육 외에도 유아 혼자서 보내야 하는 시간이 많으므로 과외 활동을 하거나 유아기관에서 종일 머물러야 하는 경우가 생긴다. 더 어린 유아들은 종일반 교실에서 지내야 하고, 부모들은 건강검진을 갈 시간도 맞지 않아 양육의 어려움을 호소하기도 하는 실정이다. 2019년도 통계청 자료에는 46%인 5562천 가구가 맞벌이 가정으로 해마다 늘어가고 있다. 교육과학기술부에서는 저소득층 가정, 맞벌이 가정의 자녀보육에 대한 걱정을 덜기 위하여 학교 교실에 머무르며 과제나 체험 위주 프로그램으로 '엄마품 온종일 돌봄교실'을 무료로 운영한다. 그러나 혜택을 받는 학생의 수는 많이 부족한 실정이어서 앞으로의 확대가 필요하다.

2) 이혼 가정

이혼율이 점점 증가하고 있는 시대에 이혼가정에서 자라는 유아들의 심리적 상태를 고려한 교육이 필요하다. 2019년 이혼(11만 8백건)으로 전년보다 2.0% 증가하였다. 미성년 자녀가 있는 이혼부부 비중은 전체 이혼의 42.3%, 조금씩 지속적인 감소 추세이다. 그러나 혼인건수는 21만 4천 건으로 전년보다 10.7% 감소하여 가정을 이루는 비율이 줄어들고 있다. 한국의 조이혼율은 2.3건(2014년)으로 OECD 평균 2.1건보다 높은 편이다(통계청, 2020). 부모의 이혼에 대하여 유아들의 반응은 심리적으로 상실감과 좌절을 갖기가 쉬우며, 분노, 죄책감, 버려질 것에 대한 두려움을 갖기도 하고, 퇴행행동을 보여 관심을 유도하기도 한다.

이혼 가정의 유아들을 위하여 교사가 알아두어야 할 점들은 이혼의 시기, 이혼으로 인한 가정의 변화, 현재 누구와 살고 있는지, 부모가 유아교육기관을 방문하거나 정보를 원하는지 등이다. 이혼을 한부모는 기관의 방문을 어려워하는 현상을 보이기도 하는데 이러한 부모나 유아의 심리적인 특성을 배려할 필요가 있다.

3) 한부모 가정

한부모 가정이란 어머니나 아버지가 혼자서 자녀를 양육하는 가정을 말한다. 한부모 가정은 산업재해나 교통사고 등 사회적 위험의 증가와 가치관의 변화에 따른 이혼 가정이 늘어가면서 그 수가 점점 증가하고 있다.

또한 미혼모가 혼자서 아이를 양육하는 경우도 있으며, 2019년 기준으로 152만 9천가구로 7.3%이다. 결혼한 자녀의 이혼으로 인해 손자의 양육을 조부모가 책임지는 조손 가정의 비율도 증가하고 있다. 조손 가정이 2015년 기준으로 11만 3100여 가구로(2010년 자료에 의하면 6만 9,157가구) 많이 증가하였다(경향신문, 2019.5.4.). 특히 저소득 조손가정이 늘어가고 있는 있어 손자녀의 돌봄문제가 양육에 따른 심리적 스트레스와 양육자의 역할에 대한 압박감을 가지는 문제가 있다.

4) 혼합 가정

혼합 가정이란 이혼을 하기 이전의 결혼에서 있던 자녀들을 합쳐서 이룬 가정을 말한다. 이혼 가정이 늘어감에 따라 재혼하는 가정 또한 증가하고 있다. 생물학적 부모가 아니라는 생각과 함께 서로 다른 가정의 문화가 만나게 되는 혼합 가정은 양육과 함께 가정을 이루는 과정에서도 스트레스 요인이 많다고 한다.

5) 다문화 가정

다문화 가정은 급격히 증가하여 2019년 통계청 자료에 의하면 다문화혼인이 24,721건으로 전년보다 4.0%(948건) 증가하였다. 이는 전체 혼인 비중의 10.3%이다. 다문화이혼은 9,868건으로 전년보다 3.8%(386건) 감소하였다. 다문화 가정의 수는 늘어나는데 비해, 부부간의 서로 다른 문화적 배경으로 인하여 자녀 양육관이 다르고 자녀들의 교육기관에의 적응력이 떨어지는 것, 부부 불화로 인한 가정 분위기나 이혼가정 등으로 문제점이 증가하고 있는 실정이다.

유아의 생활지도 면에서나 학습적 측면에서도 다문화 가정이 가지는 요인들을 파악하여 이해하고, 도움을 주어야 할 것이다. 유아교육기관에서 할 수 있는 것이나 지역사회기관의 프로그램을 활용하여 교사들이 지원할 수 있는 방법을 최대한 동원하여 지원할 필요가 있다.

시대적 흐름에 따른 가족구조의 변화는 새로운 현상과 함께 다양한 문제를 동반한다. 앞으로 가족구조의 변화는 더욱 다양해지고 지속적으로 일어날 것이다. 유아를 지도하는 교사는 유아를 가족과 분리하여 생각할 수가 없다. 교사가 다양한 가족형태에 열린 마음을 가지고 선입견을 갖지 않는 태도가 우선적으로 필요하다. 이와 함께 다양한 가족을 이해하고 지지해주려는 마음을 갖는 것이 요구된다고 하겠다.

54 부모교육하기

부모교육은 유아교육의 효율성을 위하여 적극 협조하는 의미에서부터 부모 개인의 자녀양육을 돕고 지원해주는 의미를 갖는 것으로 아주 중요하다.

부모교육은 부모가 자녀를 양육하는 데 있어 필요한 지식과 이해를 제공하거나 어려움을 해결하는데 도움을 제공하는 기관의 역할을 말한다. 시대적인 변화로 인하여 유아양육이나 교육에 대한 정보는 양적으로 넘쳐나고 건강가정지원센터 등에서 실시하는 부모교육 프로그램도 다양하다. 하지만 젊은 부부 둘만이 자식을 키우거나 맞벌이 부부의 증가로 인하여 부모 역할에 있어 육아에 대한 혼란과 두려움을 갖는 경우가 많다. 또한 가족형태의 다양성 또한 부모의 역할을 수행하는데 또 다른 어려운 요소로 작용한다.

여기에서 부모교육은 유아교육기관에서 학부모에게 부모 역할을 잘할 수 있도록 제공하는 프로그램이나 활동 등을 의미한다. 부모교육 활동을 통해서 유아의 가정과 유아교육기관의 일관성을 유지하게 되고 상호 신뢰를 할 수 있도록 돕기 위한 것이다. 부모와 유아교육기관이 긴밀한 관계를 갖고 일치된 협력 체제를 유지할 때 유아의 전인적 발달을 도모할 수 있다.

1) 부모교육의 의의

부모는 과거와 달리 다양한 사회를 살아가기 위해서 자녀양육에 대한 사회적 요구 및 자녀에 대한 이해와 지식이 요구된다. 그러나 부모의 역할은 쉽지 않고 보다 체계적인 부모교육이 필요함을 인식하게 된다. 부모교육은 다양하게 정의가 되는데, 부모 역할을 잘할 수 있도록 전문적인 지식을 알려주는 것이며 기관과 가정에서의 상호작용을 최적화하여 유아의 발달을 도모하는 것이라 할 수 있다.

부모교육의 내용으로는 부모의 역할, 자녀양육방법, 의사소통방법, 놀이지도, 훈육기법, 가정에서 할 수 있는 교육방법 등에 대한 지식을 제공할 수 있다. 보다 적극적인 의미로는 기관이나 교실에 부모가 참여하여 활동이나 도움을 제공하거나 운영위원회 구성을 통하여 참여하는 것이다.

2) 부모교육의 형태

부모교육의 형태로는 가정통신문, 부모 오리엔테이션, 부모면담, 부모회, 강연회, 토론회, 수업 참관, 부모참여, 역할극, 워크숍, 소책자 등으로 다양하다. 여기에서는 강연회, 소책자, 가정통신문에서의 부모교육자료에 대하여 살펴보도록 한다.

① 강연회

강연회는 부모에게 우선 어떤 내용을 필요로 하는지 조사를 한 후에 그 주제들을 선정하여 원장이 실시하거나 전문가를 초빙하여 강의를 듣는 형식이다. 유치원 교육과정안내, 자녀지도 방법, 부모 역할훈련, 유아기 성교육, 창의성 교육, 기질에 따른 자녀교육 등의 내용으로 구성된다. 부모 자신의 정체감이나 자신감 향상을 위한 내용들로 구성되기도 한다. 특히 많은 학부모가 함께 참여하여 들을 수 있는 장점이 있으므로 신학기에 새로운 환경에 대한 안내나 기관의 교육목적 및 교육활동 등에 관한 내용을 전달하는 방법으로 활용된다.

부모 강연회를 실시할 때 고려할 점(교육과학기술부, 2009)은 그 내용이나 실시 방법에서 부모의 요구를 충분히 반영해야 하고, 1년 단위로 계획하여 실시하며, 부모 참석이 가능한 시기와 시간을 선택하는 것이 필요하다. 이를 위해서는 미리 질문지를 통해 편리한 시간, 주제를 조사하여 반영한다. 주제와 강사가 정해지면 가정에 초대장을 보낸다. 초대장에는 강연 제목, 일시, 장소, 주제 등을 간단히 소개한다. 학부모가 참석 가능한 여부를 조사하여 강연 장소 마련에 참고한다. 강연회가 끝나면 그날 강연에 대해 간단한 평가를 하여 다음 강연계획에 반영한다.

② 소책자와 동영상 자료

부모교육이론과 방법, 유아발달 이해, 유아교육기관의 이해, 학습방법, 문제행동지도, 대화법, 지침 등에 관한 것을 소책자로 만들어서 제공한다. 내용의 구성은 부모들이 보기에 읽고 이해하기 쉽도록 간략하게 만든다. 학기 초 오리엔테이션 시기에 배부하는 것도 좋다. 소책자는 유아의 발달에 대한 내용에서부터 기관의 철학 및 목적, 교육 내용 및 부모의 역할에 대한 내용으로 광범위하게 사용되고 있다.

비대면 상황을 고려하면 학부모교육을 온라인 동영상으로도 사용할 수 있다. 교육부 사이트인 '아이누리포털'을 참고하면 학부모코너에 온라인 동영상 자료를 제작해 놓은 것도 활용할 수 있다.

〈부모교육 소책자 예〉

부모교육자료

창의성은 기를 수 있어요!

♡ 창의성은 어릴 적 가정과 주변 환경에 의해 많은 영향을 받습니다.

♡ 창의성은 평범하고 일상적인 사물이나 행위를 새로운 각도로 관찰하고, 그 속에서 새로운 의미를 찾아내려는 자세이며 사고방식입니다.

♡ 어릴 때 직접 보고, 듣고, 냄새 맡고 만져볼 수 있는 감각활동을 충분히 할 수 있는 풍부한 환경이 필요합니다.

♡ 아주 사소한 일이라도 남과 다른 생각을 했을 때는 인정해 줍니다.

♡ 창의성은 주변 환경에 대한 관심과 호기심에서 출발합니다.

♡ 문제가 생겼을 때 바로 해결방법을 가르쳐주는 것보다 아이 스스로가 어떻게 할지 생각해 보도록 기다려 줍니다.

♡ 창의적인 부모 밑에서 창의적인 아이로 자랄 수 있답니다.

OO 유치원

3) 가정통신문

가정통신문은 유아교육기관의 교육내용이나 행사 등을 소개하는 것으로 주간 교육계획안을 포함하는 기본적인 방법이다. 가정통신문에 사용하는 부모교육의 자료는 부모가 자녀를 양육하거나 교육하는 데 필요한 내용을 간단하게 작성하여 가정통신문에 실어 가정으로 보낸다.

연간 교육계획에 맞게 부모교육 내용의 주제를 정하여 '연간부모교육'을 계획하기도 한다. 부모교육 내용은 기관에서 적절한 양식을 만들어 사용하거나 교사의 독창적인 아이디어를 활용하여 만들면 좋다. 학부모가 이해하기 쉽도록 간략하고 읽기에 부담 없는 쉬운 내용으로 적성하는 것이 좋다. 학부모들은 가정에서 눈에 띄기 쉬운 곳에 부착하여 보거나 책처럼 묶어서 보관하기도 한다. 부모들이 가장 쉽게 많이 활용하는 것이 가정통신문이므로 가정에서 활용하기 편하도록 만들 필요가 있다.

〈가정통신문 부모교육자료 예〉

부모교육자료

규칙 지키기

우리가 생활하는 일과를 보면 정해진 규정대로 지켜야 하는 규칙이 있습니다. 서로의 안전을 주고 신뢰할 수 있는 기본 토대가 규칙을 지키는 것입니다. 그렇지 않을 경우에는 불편함을 가져오기도 합니다. 규칙 지키기는 어릴 때부터 일상적인 습관이 되도록 지도하는 것이 좋습니다.

1. 쉬운 것부터 지도합니다.

식사예절, 식사 후 이 닦기, 자는 시간과 일어나는 시간 지키기, TV보는 시간 정하고 지키기, 등 아주 쉬운 규칙부터 정하고 꾸준히 지도합니다.

2. 규칙은 일관성있게 지도되어야 합니다.

한 번 정한 규칙은 꼭 지키도록 꾸준하게 같은 방법으로 지도되어야 합니다. 상황에 따라 귀찮고 힘들다고 해서 그냥 내버려두면 규칙은 곧 깨지고 맙니다. 습관이 들 때까지 계속 지도해야 합니다.

3. 규칙은 부모와 함께 지켜야 합니다.

TV보는 시간 지키기와 같은 규칙은 부모도 같이 지키는 것이 필요합니다. 부모는 지키지 않으면서 아이들보고만 지키라고 하면 아이들은 오히려 반항심이 생기고 부모를 신뢰하지 않게 됩니다.

4. 규칙을 정할 때에는 아이들도 함께 참여하도록 합니다.

아이들의 의견이 반영된 규칙이라면 스스로 지키기 위해 더 많이 노력하게 될 것입니다. 아이들과 함께 가정에서 지켜져야 할 규칙을 정해보세요....

"자녀교육은 쉬운 일이 아닙니다. 그러나 꼭 해야 하는 일입니다."

2019년 발생한 코로나19는 대면 수업에서 비대면 수업으로의 전환을 가져왔다. 특히나 신학기에 비대면으로 유치원 교육에 대한 소개를 시작으로 학부모나 유아들과 수업을 진행하는 어려움이 생겨났다. 학부모와의 비대면 소통방법으로 유치원에 대한 소속감 향상 및 쌍방향 의사소통을 위하여 플랫폼을 구성하여 비대면 원격수업이나 가정과 연계한 유아놀이중심 교육 활동을 운영할 수 있다.

유치원 교육활동 안내 플랫폼 종류

구분	e-알리미	밴드	kidsnote 키즈노트	CLASSTING 클래스팅	Class123 클래스123
메뉴구성	▪ 일반 • 공지 ▪ 설문 • 신청 • 투표 ▪ 서명	▪ 전체글 ▪ 사진첩 ▪ 첨부	▪ 알림장 ▪ 공지사항 ▪ 앨범 ▪ 식단표 ▪ 투약의뢰서 ▪ 귀가동의서 ▪ 출석부 ▪ 안심승하차	▪ 게시글 ▪ 학급공지 ▪ 앨범 ▪ 비밀상담방	▪ 수업화면 ▪ 커뮤니티 ▪ 알림장 ▪ 메시지
학부모가입	휴대폰 번호 초대 관리자 승인	초대 링크	핸드폰 번호 입력 초대수락	초대코드 입력 초대링크 이메일 SMS	학부모 이메일 초대코드
용량제한	▪ 첨부파일 ▪ 이미지, 문서 형식만 등록 ▪ 동영상, 음원 형식 불가	▪ 사진 100장 ▪ 동영상 - 게시물당 1개 - 1GB - 15분 이내 ▪ 첨부파일 5개	▪ 사진 100장 ▪ 동영상 - 게시물당 1개 - 1GB	▪ 사진 20개 ▪ 동영상 - 게시물당 1개 - 300MB ▪ 첨부파일 10개	▪ 사진 무제한 ▪ 동영상 - 게시물당 1개 - 100MB ▪ 첨부파일 20MB
소통방법	메시지 보내기	1:1 대화	여러 명 보내기 전체 보내기	학부모와 친구 맺기 후 1:1 메시지	1:1 메시지
비용	유료	무료	무료	무료	무료
특징	▪ 기관용 어플 ▪ 학부모 가입 용이	▪ 학부모 가입 용이 ▪ 다양한 개인, 기관에서 사용	▪ 학급용 어플 ▪ 학부모 가입 용이 ▪ 기능이 단순	▪ 학급용 어플 ▪ 학부모 가입 용이 ▪ 기능이 단순	▪ 학급용 어플 ▪ 기능이 많음 ▪ 학생, 학부모 따로 가입 ▪ 학부모가 교사에게 편지를 쓸 때 파일 첨부 불가

출처: 서울시교육청, 2021년도 유치원 신학기 도움자료

55 부모 참관/참여수업 실시하기

효과적인 유아교육을 위해서는 부모의 참여가 필수적이다. 부모참여는 더욱 적극적인 부모교육의 의미를 갖는데, 수업 참관, 수업참여, 행사 참여 등으로 나누어질 수 있다.

부모참여는 수업 참관, 수업참여, 행사 참여 등으로 나누어질 수 있는데, 참여는 참관보다는 더 적극적인 의미로 사용된다.

1) 수업 참관

수업 참관은 교육기관과 학부모가 연계되어 교육의 효율성을 위한 것으로 학부모가 직접 교실 내·외에서 수업을 참관하는 것이다. 가능한 한 자주 하는 것이 좋지만 적어도 일 년에 한 번 이상은 실시하는 것이 필요하다.

수업 참관은 학부모가 자신의 자녀 발달 정도를 객관적으로 파악할 수 있게 하고, 교사의 수업방법이나 생활지도법을 알 수 있는 계기가 된다. 또한 기관과 가정에서의 지도에 일관성을 유지하기 위한 좋은 방법이다. 참관을 통하여 부모는 자녀가 기관과 집에서 하는 행동의 차이를 알 수 있게 되어 자신의 자녀에 대한 이해를 하게 되고, 이것은 교사와의 유아지도에 관한 의사소통 시 도움이 된다.

수업 참관 시 미리 일정을 정하고 안내문을 보내며, 참관 시에는 고려해야 할 사항을 미리 안내하여 수업에 방해가 되지 않고 참관이 효율적으로 이루어지도록 한다.

부모수업 참관 시 부모가 관찰할 사항은 다음의 예와 같다.

〈부모참관 시 유아행동관찰 양식의 예〉

관찰대상 유아명 :		관찰자 :		관찰일시 :
참관하실 때 다음 사항을 관찰하시고 기록을 해주시면 자녀의 성장과 발달을 이해하는데 도움이 됩니다.				
체크리스트				
번호	내용	평가		비고
		예	아니요	
1	친구와 즐겁게 놉니까?			
2	놀잇감을 친구들과 나누어 사용합니까?			
3	놀잇감을 함부로 다루지 않습니까?			
4	친구들에게 어떤 놀이를 하자고 주도합니까?			
5	놀이규칙이나 교사가 제시하는 규율을 지킵니까?			
6	다양한 활동에 참여합니까?			
7	스스로 시작한 일을 끝까지 마무리합니까?			
8	놀이 시 문제가 생겼을 때 어떻게 해결합니까?			
9	새로운 놀이나 활동을 하려고 시도합니까?			
10	새로운 놀잇감이나 활동에 호기심을 보입니까?			
11	집단으로 운영되는 활동에서 집중합니까?			
12	특정한 친구하고만 놀지는 않습니까?			
13	도움이 필요할 때 적절히 요청합니까?			
14	남의 이야기를 듣는 태도는 어떻습니까?			
15	이야기를 듣는 자세는 바릅니까?			
16	친구들 앞에서 의견을 잘 발표합니까?			
17	교사의 말을 잘 알아듣고 반응을 합니까?			

출처: 교육인적자원부, 2002.

2) 수업참여

부모 수업참여는 학부모가 교육활동에 직접 참여해보는 것으로써 유치원이나 어린이집의 교육이념과 목표를 더 잘 이해할 수 있고, 자신의 자녀교육에 대한 관심을 높일 수 있으며 교사의 수업방법에 대하여 알 수 있는 기회가 된다.

수업참여는 미리 학부모에게 날짜, 소요시간, 장소, 프로그램의 내용 등을 알려주고, 참여도가 높도록 사전조사를 통하여 결정한다.

교사는 부모수업 참여 활동계획안을 작성하여 시간과 공간에 적절하고 수업의 진행이 원활하게 이루어지도록 한다.

수업참여 진행 시에는 이름표, 안내문, 환경구성을 하여 친근한 분위기 조성을 하고, 장소로 이동하여 유아와 함께 활동을 한다. 활동 후에는 강당 같은 곳에 모여 전체모임을 하며 마무리 인사와 평가지에 평가하는 시간을 갖는다. 간단한 다과를 준비하여 나누는 친목 시간을 갖는 것도 좋다.

가족 수업참여를 위한 가정통신문의 예는 다음과 같다.

〈가족 참여수업 가정통신문 예〉

문성유 20○○ – 19호 20○○년 ○월 ○일	문성가정통신문	원 무 실 : 279-○○○○ 원 장 실 : 279-○○○○
제목	20○○ 유치원 학부모 특강 연수 및 참여수업 안내문	

안녕하십니까?

여름에 고생한 결실의 열매를 수확하는 이 계절에 교사와 학부모가 협력하여 보다 효율적인 교육활동을 전개해 나가고자 아래와 같이 『학부모 수업 참여의 날』을 운영하고자 합니다.

이번 수업참여의 날은 학부모가 직접 참여하는 수업으로 원아, 교사, 학부모의 협력수업이 운영될 예정입니다. 바쁘시더라도 꼭 참석하시어, 유치원의 궁금했던 자녀의 유치원 생활에 참여하여 직접 경험해보시고, 자녀들과 함께 행복한 시간을 즐기시기를 바랍니다. 아울러 학부모 특강을 함께 실시할 예정이오니 바쁘시더라도 참석해 주시어 좋은 정보를 공유하는 소중한 시간이 되시기를 바랍니다.

1. 수업 공개일 : 20○○. ○. ○.(○요일)
2. 학부모 특강 연수 및 수업참여 일정

교시	시간(분)	내 용	장 소	담 당 자	비 고
1	09:40~10:20(40분)	▪각 학급 참여수업	교실	담임	▪수업 준비
2	10:20~10:30(10분)	▪학부모 휴식	강당		▪다과 준비
2	10:30~11:40(70분)	▪ 학부모 특강: 행복한 부모 행복한 아이 행복한 가정 강사: ○○대학교 ○○○교수	강당	강사	▪특강 자료

20○○. ○. ○.

문성유치원장 ○ ○ ○

20○○ 학부모 특강 연수 및 학부모 참여수업 참여 희망 조사서

유치원 (　　)반　이름 (　　　　　　)

구분	참 가	불 참	비고
의견(○표)			
특기 사항			

위와 같이 학부모 특강 연수 및 학부모 참여수업에 참여할 것을 동의합니다.

학부모　성명 :　　　　　　(인)

문성유치원장　귀 하

3) 행사 참여

부모참여 수업이나 견학 등에 학부모가 참여하는 경우 미리 사전조사를 하고 학부모와 유아가 함께 할 수 있는 활동을 계획한다. 부모의 참여율이 높을 수 있도록 부모의 의견을 수렴하여 이를 반영한 일정 및 활동을 정한다. 행사 전에 초대장, 활동계획, 준비물 등을 소개하는 안내장을 배부한다. 행사 일에는 행사의 진행에 따른 다양한 활동 안내나 활동 시에 필요한 주의사항을 자세하게 안내하는 것이 필요하다. 그리고 활동에 필요한 정보를 제시하여 학부모가 쉽게 참고할 수 있도록 준비하는 것도 필요하다. 행사에 참여한 후에도 소감문을 작성하여 다음의 행사계획에 참고하도록 한다.

참여수업 후 소감문 작성의 예를 들면 다음과 같다.

〈가족 참여수업 소감문 예〉

<숲체험 가족참여수업 소감문>

이름 :

* 오늘 하루 자녀와 함께 한 부모참여수업이 다 끝난 후 소감문을 작성하여 제출하여 주시기 바랍니다. 소중한 부모님의 소감을 다음 참여 수업에 의견을 반영하도록 하겠습니다.

1. 가족구성원별로 가장 재미있었던 활동은 적어주세요.
   유아 :

   부모님 :

2. 숲 체험을 하면서 느낀 점을 적어주세요.

3. 다음에 가족 참여수업을 준비할 때 참고할 수 있도록
   부족한 점이나 아쉬운 점이 있으시면 적어주세요.

56 학부모와 협력하기

학부모와 협력하기는 부모교육 중에서 가장 적극적인 방법으로 보조교사, 활동준비, 교재교구 제작, 전문지식 활용, 자원봉사자 등이 있다.

학부모와 협력하는 방법은 보다 적극적인 부모교육이다. 학부모가 가진 전문자원을 활용하여 교재교구를 제작하거나 수업활동의 준비나 자원봉사자의 역할을 할 수 있다. 학부모가 가진 직업을 활용하여 수업시간에 자신의 직업을 소개하고 직업의 역할을 보여주는 활동을 할 수도 있다. 다문화 가정의 경우에는 여러 나라의 소개를 할 때 자원으로 활용하면 편견도 없애고 살아 있는 문화를 경험할 수 있는 좋은 기회가 된다.

1) 보조교사 역할

학부모가 수업의 일부분에 참여하거나 행사에 참여하는 경우가 있다. 교실에서의 간단한 활동, 예를 들어 책 읽어주기, 활동보조교사, 소집단 활동에 참여하기 등으로 보조교사의 역할을 할 수 있다. 이러한 활동참여는 학부모가 수업을 도와줌으로써 자신의 능력을 발휘할 수도 있고, 교실에서 수업전개 과정을 본 후 유아의 학습방법을 잘 이해하는 데 도움이 된다.

2) 활동 준비자

기관의 교육활동이나 행사에 직접 참여하여 준비를 도와주는 역할이다. 간식준비나 지도, 놀이시간의 지도, 현장학습이나 소풍, 운동회와 같은 행사의 준비에 참여하고 행사진행 시 역할을 맡아서 하는 경우도 있다.

3) 교재교구 제작

교재교구의 제작 활동에도 참여하게 되는데, 학부모가 직접 교구를 제작하거나 가정에서 교재의 자료를 지원해주는 경우이다. 워크숍을 통하여 교재교구의 제작법을 교사가 지도할 수도 있고 이때 부모와 교사 간에 자연스러운 교류가 일어나 친밀감 형성의 시간을 만들 수도 있다. 교사의 바쁜 일을 도와줌으로써 문제해결의 방안이 되기도 하고 부모는 자신의 능력을 인식하고 개발하는 계기가 되기도 하는 장점이 있다.

4) 전문지식 활용

학부모가 가진 전문지식을 활용하는 경우도 있는데, 부모의 전문적 직업을 활용하여 학급에서 직업에 관해 설명하고 보여주는 수업을 진행할 수 있다. 또는 학부모의 직장을 견학하여 유아들이 직접 참관하고 인터뷰를 통하여 궁금한 것들을 알아보는 활동을 할 수 있다. 이 경우에는 학부모도 자신의 전문지식을 활용하여 자신감을 가지게 되고 그 유아는 자신의 부모에 대한 뿌듯함을 느낄 수 있다.

5) 자원봉사

자원봉사는 교실환경 정리 및 청소, 놀잇감 세척, 작품정리, 교통안전지도, 놀이기구 수선, 도서대여 활동, 실외활동 보조, 식물 가꾸기 등에 참여한다. 개별 유치원 단위가 아니어도 교육청 단위의 마을교육공동체에서 주최하는 유치원 학생보호인력(학교안전지킴이)나 유치원 청결 및 위생관리 등을 위한 자원봉사자 모집을 통하여 하는 경우도 있다.

57 학부모 개별/집단상담하기

학부모와의 개별상담이나 집단상담은 유아의 발달을 위하여 필요하다. 효율적인 부모상담이 되도록 기법을 배우고 편안한 환경을 마련할 필요가 있다.

기관에서 부모와의 상담은 부모회 같은 정기적인 프로그램이나 또는 등·하원 시의 즉각적인 상황에서도 이루어질 수 있다. 형식적으로 이루어지는 부모상담을 개별상담과 집단상담으로 나누어 보자. 먼저 학부모에게 교사와의 상담은 편하지 않을 수 있다는 점을 고려해야 한다. 상담을 위한 편안한 분위기가 있는 장소를 마련하고 어떤 생각이든 받아들일 수 있는 교사의 자세를 부모에게 보여주어야 한다.

1) 개별상담

개별상담은 교사와 부모가 유아에 대하여 궁금한 사항을 서로 나누는 시간이다. 기관에서 자신의 유아가 어떻게 적응하고 발달하고 있는가에 대한 구체적인 내용을 알 수 있는 시간이다. 개별상담은 한 학기에 한두 번 정도로 실시한다.

부모나 교사 모두가 첫 만남은 더욱 어색할 수 있고 긴장이 되는 시간이다. 상담하기 전에 준비를 잘해서 실수가 없도록 하고, 편안한 분위기를 위한 환경을 마련한다. 그리고 유아의 장점을 먼저 언급하면서 상담을 시작하는 것도 중요하다.

(1) 개별상담 시 유의점

① 교사는 개별상담을 미리 가정통신문을 통하여 공지하고 개별 부모와의 상담 시간을 부모의 사정을 고려하여 가능한 시간을 정한다.

〈학부모 상담 신청서 예시〉

문성 교육 통신	제 20○○ - 호	
	대상	유치원 학부모

2학기 학부모 상담신청

자녀의 바람직한 성장과 교육에 도움을 주고자 부모님과 교사가 함께 하는 상담의 시간을 다음과 같이 마련하였습니다. 참석하셔서 자녀의 교육에 많은 도움을 주시기 바랍니다.

1. 일시: 2021년 10월 4일(월) – 2021 10월 8일(금) 오후 14:00 – 18:00
2. 장소: 유치원 샛별반 교실(변경될 경우 추후 다시 안내 예정)
3. 내용: 유아의 전반적인 발달 및 생활태도 이해
4. 기타
   - 가. 상담 시간은 약 15분 정도 진행됩니다.
   - 나. 방문 상담이 여의치 않으신 분은 전화 상담도 가능합니다.(희망서에 상담 시간과 전화상담요청으로 기재)
   - 다. **개인상담 희망서와 설문지는 9월 30일(목)까지 보내 주시기 바랍니다. 상담 신청서 기일 내 미제출 시 신청안함으로 간주합니다.**
   - 라. 상담 확정 날짜는 신청서 취합 후 다시 안내해 드리겠습니다. (상담 신청시간이 겹칠 경우 맞벌이 자녀, 동생이 있는 유아에게 우선권 부여)
   - 마. 상담하러 오실 때 음식 및 음료는 일체 받지 않습니다.
   - 바. **아래 개인상담 신청서 작성하신 분은 뒤에 첨부한 〈유치원 상담신청서〉에 학부모님 의견란 작성하신 후 함께 보내주세요.**

2021. 9. 24.

문 성 유 치 원 장

-----------------자--------르--------는--------선-----------

개인상담 신청서

이름:

	10.4(월)	10.5(화)	10.6(수)	10.7(목)	10.8(금)
2:00 ~ 2:15					
2:20 ~ 2:35					
2:40 ~ 2:55					
3:00 ~ 3:15					
3:20 ~ 3:35					
3:40 ~ 3:55					
4:00 ~ 4:15					
4:20 ~ 4:35					
4:40 ~ 4:55					
5:00 ~ 5:15					
5:20 ~ 5:35					
5:40 ~ 5:55					

2021.9. 24.

문성유치원장 귀하

② 교사는 유아가 수업시간에 한 활동결과물이나 관찰기록 등 객관적인 자료를 준비하여 학부모가 볼 수 있게 전시해 두거나 파일로 만들어 보여줄 수 있게 준비한다. 프로젝트 활동기록물, 그림들, 블록놀이 사진, 역할놀이 사진, 글쓰기나 언어적 기록물들을 준비한다.

③ 학부모와 이야기할 사항을 미리 생각하고 목록을 정하여 적어두고, 상담 시간에 확인하면서 기록한다. 정해진 시간에 의견을 주고받아야 하므로 교사나 부모 모두 알고 싶은 사항이나 질문을 적어서 진행하는 것이 편리하다.

④ 학부모가 미리 교사와 이야기하고 싶은 사항을 생각할 수 있도록 상담 전에 공지해 두는 것도 좋다. 상담신청서에 원하는 내용을 적도록 하여 미리 정리해 둔다.

⑤ 대부분의 학부모가 궁금해하는 것은 자신의 유아가 무엇을 얼마나 하고 있는가에 대한 것이다. 개별 유아의 활동모습 사진이나 활동결과물들을 포트폴리오로 만들어 부모에게 보여주면서 상담을 하는 것이 좋다. 유아 관찰을 위한 기록결과물들을 준비하여 상담 시 객관성을 제공할 수 있는 자료를 준비한다.

⑥ 상담 전에 부모가 작성한 개인환경조사서 같은 개별 자료를 통해 정보를 수집해 놓는다. 특히 다양한 가족형태를 이루는 가족들이 있으므로 미리 숙지해 놓을 필요가 있다.

⑦ 시작하면서 상담의 목적을 알려주고 그날의 주제에 대하여 진행이 되도록 초점을 맞춘다.

⑧ 상담환경은 깨끗하고 편안한 분위기가 되도록 꾸미고, 방해받지 않도록 조용한 곳을 택한다. 무엇보다 학부모가 환영받는다는 느낌이 들도록 꾸민다.

⑨ 기다리는 부모들을 위하여 기다리는 공간을 마련하고, 양육이나 가정에서 부모가 할 수 있는 활동 등에 관한 책이나 자료를 비치하여 기다리면서 볼 수 있도록 한다.

⑩ 상담 후 상담일지를 작성하여 보관한다.

〈상담일지 기록 예〉

아동 정보	성별 나이 좋아하는 것 싫어하는 것	– 여아 – 만4세 – 신체적 접촉 (안아주기, 뽀뽀하기등) – 혼자있기
문제행동	행동묘사 자주 관찰되는 상황 행동발생전 상황 행동발생후 상황	– 손톱물어뜯기 – 혼자있는 상황 – 야단맞거나 장난감을 빼앗기거나 좋아하는 것들을 철회당할 때 – 손을 때리거나 위협하여 물리적으로 행동을 못하게 함
아동 발달 정보	신체발달상태 인지언어사회적발달상태 병원진단치료경험 학습경험	– 하위30% – 하위30% – 없음 – 엄마외 양육자 없었음
아동 가족 정보	가족형태 부의 결혼만족도 모의 결호만족도 부의 스트레스원인 모의 스트레스원인 부와의 애착유형 모와의 애착유형 부의 양육형태 모의 양육형태 부의 양육관/태도 모의 양육관/태도 형제와의 관계 또래관계	– 3인가족 – 상위 30% – 상위 30% – 잦은 출장과 회식으로 집에서 휴식하기 원함 – 거의 나홀로양육으로 지쳐있는 상태, 둘째 가지고 싶으나 경제적 여건때문에 못하는 상황 – 어릴때 부 자신의 부모관계가 소원(무관심) – 맞벌이 부모 아래 안정적 때로는 반항적 – 거의 얼굴을 못 봄, 대체로 허용적 – 때에 따라 허용적 또는 권위주의적 – 아이는 엄마가 키워야, 아빠는 경제적 지원 – 아이는 부모모두의 책임 – 형제 없음 – 새로 이사온 동네라 또래 친구 거의 없음
기타정보	학습기관경험 기관양육경험	– 신나는 한글나라 무난하게 하고 있음 – 예전에 엄마가 직장을 가지고 아이를 기관에 맡기려고 했을 때 아이의 심리정서적 불안행동으로 그만둔 적이 있음
원인 추정	아동 부모	–심리적 안정을 자기자극상태로 찾는듯함 –일관되지 않은 양육태도가 원인일수 있음 –지나친 육아부담에서 오는 스트레스로 강압적인 문제행동 진압
아동 행동 과제	아동	–문제행동수정에 대한 약속하기(1주일간 안하기) –칭찬, 격려, 보상하기(뽀뽀 , 안아주기, 예쁜 손톱 만들어 엄마랑 같이 좋아하는 색으로 매니큐어하기, 좋아하는 활동 하기) –이후 수정기간을 늘인다
부모양육관/태도 과제	부모	–아이는 부모모두의 책임 –육아에 대한 의견 조율 노력
부모양육 행동 과제	부모	–주1회이상 아이와 집중적으로 놀아주기 (부의 무관심을 관심으로, 사랑받는 느낌주기; 모의 양육스트레스 해소) –손톱물고 있을 때 다른 곳/활동에 집중시키기

출처: 교육부, 2012, 유아 인성교육을 위한 부모 훈련 프로그램 및 연수자료집.

2) 집단상담

집단상담은 여러 부모들이 유아들에 대한 문제에 대하여 함께 이야기를 나누는 형태로 개별상담보다는 심적 부담을 덜 가지고 접할 수 있다. 교사는 미리 주제를 정하여 공지하고 여유를 가지고 상담 일정을 미리 조사하고 알려서 부모참여도를 높이도록 하는 것이 좋다. 집단상담은 부모들의 양육법에 관하여 서로의 사례를 얘기하면서 다른 사람과 공감하고 해결방법을 찾을 수도 있으며, 개별 학부모의 유아에 대한 객관적인 시각을 갖게 하는 장점이 있다.

(1) 집단상담 시 유의점

① 서로를 쉽게 알 수 있는 게임이나 재미있는 활동을 통하여 부모들이 모임을 편하게 시작하도록 돕는다.

② 부모의 이름이나 유아의 이름을 적힌 이름표를 만들어 입실 전에 착용하도록 한다.

③ 교사는 자신 소개하고 모임의 목적을 알리며 적극적으로 토론에 참여하도록 격려한다.

④ 분위기를 조성하기 위하여 서로 인사를 나눌 수 있는 기회를 제공한다.

⑤ 간식이나 저녁 시간인 경우는 간단한 식사를 준비하는 것이 부모들에게 좋은 인상을 줄 수 있다.

⑥ 부모들이 자유롭게 유아에 대한 성격, 생활습관, 학습문제 등에 대하여 말할 수 있는 기회를 준다.

⑦ 교사는 유아의 활동에 대한 것이나 부모의 참여에 대하여 긍정적인 메시지를 전달하면서 진행을 한다.

⑧ 교사는 부모들이 골고루 얘기할 수 있는 기회를 제공하고, 언급된 내용을 기록한다.

⑨ 교사는 모임이 끝날 무렵에 기록한 것을 정리하여 요약해서 다시 한 번 알려준다.

⑩ 모임에 참석한 것에 대한 감사의 말을 하고 공지사항이나 추후의 활동에 대하여 안내를 한다.
⑪ 모임에 대한 평가지를 작성하게 하여 다음 모임에 반영하는 것도 좋은 방법이다.

개별상담이나 집단상담 모두 교사와 부모가 서로에 대하여 알 수 있는 좋은 기회를 제공한다. 그리고 부모는 교사와의 상담을 통해서 유아에게 도움이 되는 정보를 얻고 싶어 한다. 유아에 대한 긍정적인 요소만이 아니라 부족한 점이나 지도개선이 필요한 점에 대하여 얘기할 때도 있다. 그리고 유아가 아닌 부모가 가진 문제가 원인인 경우에는 상담하기가 까다로워지기도 한다. 또한 다양한 요구를 가진 부모들이 있다는 점도 교사의 어려움 중 하나이다.

(2) 상담 시 피해야 할 점

① 교사가 너무나 지나친 전문용어는 사용하지 않는다.
② 유아의 부정적인 능력 평가나 유아에 대해 단정 지어 말하지 않도록 한다.
③ 교사가 모든 것을 알고 있는 것처럼 말하지 않는다.
④ 사적인 이야기나 편견 등으로 윤리적인 태도에 어긋나지 않도록 한다.
⑤ 부모에게 충고하는 듯한 태도를 보이지 않는다.
⑥ 변명하거나 탓을 하려는 태도를 보이지 않는다.

경력이 적은 교사들은 학부모와 상담하는 것을 매우 어려워하는 경향이 있다. 학부모들도 교사와의 만남 자체를 과거의 부정적인 학교경험에 의해 힘들어하는 경우도 있다. 그러나 유아의 발달을 위해서는 물론이고 서로 정보교환과 교육의 일관성 있는 지도를 위해 부모상담은 필요하다.

긍정적인 언어를 연습해 보자!

"잘할 수 있을 거야!"
"이런 면에서 아주 좋아지고 있어."
"변화하는 모습이 보여."
"협조해줘서 고마워."
"일 처리하는 방식이 마음에 들어."
"네가 좋아하니 나도 기뻐."
"내가 어떻게 도와줄까?"
"어제보다 오늘은 좀 나아졌어."
자신이 생각하는 긍정적인 언어는 어떤 것이 있나요?

생각해 봅시다

1. 학부모와의 관계형성은 아주 중요하지만 어려운 점이 있다. 우선 여러 사람들 앞에서 편안하고 자신감 있게 말하는 연습을 해보자.

2. 사소한 관심이 큰마음을 사게 된다. 평소에 친구들에게 감사의 마음을 전하는 메모를 적는 습관을 가져보자.

3. 다문화 가족, 다양한 가정이 점점 생겨나고 있다. 자신의 선입견이나 편견을 없애고 열린 마음을 갖기 위한 노력은 어떤 것들이 있을까?

7장 모두와 잘 지내는 유아교사 되기

58 유아교육기관 교직문화 이해하기

유아교육기관의 교직문화는 고유의 집단적인 특성을 가지고 있고 그 문화에 따라 교사생활은 영향을 받게 된다. 교직문화는 특정한 교사집단, 혹은 광범위한 교직사회에 공유되고 있는 태도, 가치, 신념, 습관, 가정 및 행동양식이다.

유치원이나 어린이집의 교직문화는 고유의 집단적인 특성을 가지고 있고 그 문화에 따라 교사생활은 영향을 받게 된다. 교직문화는 특정한 교사집단 혹은 광범위한 교직사회에 공유되고 있는 태도, 가치, 신념, 습관, 가정 및 행동양식이다(Hargreaves, 1992). 이러한 교직문화는 교사가 자신의 교직생활을 통해서 사회화해 나가는 과정에서 서서히 자신의 직업을 인식하고 이해하게 하는데 중요한 역할을 한다. 교사의 근무환경이나 조직의 분위기, 의사소통 방식 등에도 교직문화는 영향을 끼치며 교사의 직무만족도에도 영향을 준다.

유아교육을 하는 기관이 가지는 특성적 교직문화를 형성하는 요인을 중심으로 살펴보면 다음과 같다.

첫째, 여성적 직업 성향을 가진다.

대부분의 교사가 여성으로 이루어져 있으며 보통 2명 이상에서 20명 내외의 인원수를 이룬다. 일반직장과 비교해볼 때 소규모의 집단이며 인간관계를 우선하는 특성을 지닌다. 순종하며 희생적으로 교직에 임하는 경향이 있다. 여성 특유의 섬세한 언어적 상호작용도 중요하므로 의사소통기술을 훈련하는 것도 중요하다.

둘째, 소규모를 이루는 집단의 특성을 갖는다.

소규모의 유아교육기관은 동료교사와의 관계, 원장과의 관계가 교사생활에 중요한 영향을 끼친다. 비교적 가족적이며 개인사도 함께 나누는 밀접한 인간관계를 가지는 만큼 인간관계에 어려움이 생기면 직무에 있어 더욱더 어려움을 느끼게 되는 경향이 있다.

셋째, 수업의 전개에 있어 비구조적인 교육과정을 가진다.

교육과정이 국가적으로 구성이 되고 학교에서 과정을 전개하는 방법을 배우지만, 실제 수업을 계획하고 전개하는 데에는 근무하는 기관의 특성을 살리고 담당하는 학급 반의 유아들에 따라 융통성을 가지고 교육활동을 전개해야 하는 능력이 요구된다. 그리고 다양한 발달영역의 통합된 교육을 위하여 계획하고 교구자료를 찾고 수업을 진행하는 과정이 초임교사에게는 특히 힘들고 혼란스러운 경우도 생긴다. 교육과정을 재해석해서 적용하는 일은 수업방법에 창의성과 자율성을 갖는 긍정적인 측면도 가지며 새로운 교육활동을 추구하는 경향이 생기게도 한다. 그리하여 지속적인 학습을 위하여 연수나 교육을 찾아서 하는 경향이 있다. 그리고 많은 교육기관들이 주말에 새로운 연수를 주최하거나 교사교육에 참여한다. 이런 노력들은 교사에게 발전적인 부분이 되기도 하지만 휴식의 부족을 가져오는 원인이 되기도 하다.

넷째, 과중한 근무조건을 들 수 있다.

유아교사의 일이 전체 교사의 인원에 비하거나 한 교원의 업무로 보면 일이 과중한 경우가 많다. 특히 소규모의 집단은 한 사람이 여러 가지의 일을 동시에 책임지고 해결해야 하는 경우가 많다. 이러한 과중 업무로 인하여 늦은 퇴근을 하는 경우가 많다. 이런 요인이 교사 간에 협력을 도모하는 이유가 되기도 한다.

유치원 교직문화를 교사의 일의 특성을 살펴보면서(조혜선, 2008) 함께 일하기, 부지런히 행동하기, 보수적으로 살기, 외부인식 고려하기, 현장에서 배우기로 분류해 볼 수도 있다.

먼저, 함께 일하기는 다른 교직단체와 달리 공동의 일이 많은 부분을 차지하는 것을 말한다. 학급 내의 수업계획 및 준비, 수업진행, 수업 결과처리와 같은 개인 일이 있고, 그 외의 행사, 소풍, 견학, 운동회, 참여수업, 환경구성과 같은 공동 일이 있다. 그리고 수업이나 유아의 지도 면에서도 동료 간의 협조가 많이 일어나 도움을 받는다. 수업시간 외에 모여서 일을 하면서 이루어지는 비구조적인 대화에서 경력교사에게서 경험적 사례를 듣거나 동료 간에 이루어지는 대화에서 해결책을 얻어가는 경우가 많다.

둘째는 '부지런히 행동하기'의 특성은 유아교사가 가지는 근면성과 민첩성을 요구하는 능력이다. 끊임없이 일어나는 크고 작은 일들을 즉시 처리해야 하는 일이 많다.

셋째, '보수적으로 살기'는 외부에 대하여 교사다움의 복장을 보임으로써 순응, 방어와 같은 의사표현을 집단적으로 하여 교사집단에 대한 사회에 이미 형성되어 있는 보수적인 특성을 고수하려는 경향을 말한다. 교직 내부에는 보수적인 경력 서열적인 질서가 형성되어 있는 것으로 파악되었다.

넷째, '외부인식 고려하기'는 보이는 것을 중시하는 태도로 유치원 교사들 대부분이 사회에서 유치원 교직의 직업 위세를 낮게 인식하는 것에 대하여 양면적인 감정과 행위양식을 가지고 있는 것으로 나타났다. 낮은 사회적 지위와 보수에도 불구하고 자신 스스로 유아의 전인교육을 담당하는 자부심과 사명감으로 버티어내고 있다고 한다.

다섯째, '현장에서 배우기'는 유치원에 근무하는 유치원 교사들이 교무실에서 다른 교사들의 수업준비를 어깨너머로 보며 경력교사의 기술 및 노하우를 현장에서 직접적으로 배우는 표현 특성을 말한다.

유아교사의 교직문화는 개인적이면서도 집단적인 특성을 가지고 상호 협력적이다. 많은 일을 함께 해 나가는 특성으로 서로 의사소통이나 양보하는 의식을 가지는 것이 중요하며 항상 발전하려고 노력하는 자세가 필요하다고 하겠다. 여러 가지의 힘든 문화 요인도 있지만 무엇보다 소중한 유아를 사랑하고 가르치는 일의 중요성을 깨닫고 자신이 어떻게 그 문화에 적응해 갈 것인가 하는 적극적인 태도가 요구된다.

59 나 알기

교사생활을 원활하게 실천하는 과정에서 필요한 대인관계가 있다. 우선적으로 자기 자신을 객관적으로 파악하고 이해하는 과정이 원활한 의사소통 역할이 아주 중요하게 작용한다. 나와 다른 사람의 특성을 파악하여 서로를 이해하는 기술을 습득하는 것이 중요하다.

유치원의 직장문화에서는 동료교사나 원장님 때로는 학부모와 의사소통할 상황이 자주 일어난다. 그런데 의사소통 과정에서 의도하지 않은 오해가 생기거나 전달하고자 하는 것을 제대로 전하는 데 있어 어려움을 느낄 때가 있다. 때로는 상대를 이해할 수 없는 상황이 일어나기도 한다.

이러한 갈등상황이 일어날 때 자기 자신에 대하여 객관적으로 살펴보고 상대방의 성격유형을 파악해보면 왜 이런 상황이 일어난 것인지 이해하기가 쉽다. 사람들은 모두가 다르고 또 다른 점 때문에 이해하기 어려운 상황이 일어난다. 어떤 사람들끼리는 잘 어울리고 원만한데 다른 사람들과는 일하기가 어려운 이유는 서로가 생각하고 일하는 방식이 많이 비슷하거나 다르기 때문이다.

우선 '나'를 알아보기 위하여 자기가 가진 언어적 표현방법, 일의 처리하는 방식은 어떠한지 살펴보는 것이 필요하다. 흔하게 사용하는 'MBTI 성격유형'으로 자신의 선호성향을 파악해보자.

1) MBTI 성격유형

MBTI 성격유형 검사는 심리학자 융의 이론을 근거로 발전된 검사인데 자기 보고식으로 자신이 선호하는 행동이나 생각 등을 표시하여 16가지의 성격유형으로 분류해보는 것이다. 세상을 받아들이는 방식으로 감각을 통하여 구체적인 형태로 인식을 하는 사람이 있는가 하면 눈에 보이지는 않는 이면의 것을 느끼고 알아보는 것을 선호하는 유형이 있다.

직장생활을 하다 보면 누구나 여러 면에서 조금의 어려움을 겪게 된다. 적절한 상황에 맞게 자신을 맞추어 나가는 기술을 익히는 것은 직장생활에 도움을 준다. 내가 다른 사람보다 모자라거나 나쁘다는 것이 아니라 나와 다른 사람은 '다르다'라는 가정을 한다. 동료교사, 경력교사, 원장님, 학부모는 모두 다른 성향을 가지며 자라온 환경이 다르다. 이러한 배경의 차이로 인하여 모든 사람이 다른 것이 당연한 결과일지도 모른다. 그런데 사람은 자기와 다른 의견을 갖거나 공통점이나 동의하는 점이 없는 사람과 가까이 지내려고 하지 않는 경향을 보인다. 그래서 동문이나 동창과 같은 경우에는 다른 동료들과 달리 보다 가까운 결속력을 갖는 경우가 있다.

그러나 이러한 갈등상황이 일어날 때 자기 자신에 대하여 객관적으로 살펴보고 상대방의 성격유형을 파악해보면 왜 이런 상황이 일어난 것인지 이해하기에 도움이 된다. 성향을 파악하고 나면 어떤 사람들끼리는 잘 어울리고 원만한데 다른 사람들과는 일하기가 어려운 것은 서로가 생각하고 일하는 방식의 동일과 차이에 있다는 것을 파악할 수 있다. 이것이 자기와 타인을 이해하는 첫걸음이 된다.

우선 '나'를 알아보기 위하여 자기가 가진 사고유형과 언어적 표현방법, 일의 처리하는 방식은 어떠한지 살펴보는 것이 필요하다. 이런 경우 흔하게 사용되는 검사로는 MBTI 성격유형이 있는데 자신의 성향을 파악해보자.

다음의 선호 경향을 보면서 자신의 타고난 성향은 어떤 것에 더 편안하게 느끼는지, 나는 어떤 행동을 더 많이 하게 되는지를 생각해보면 자신의 유형을 파악할 수 있다.

(1) 내향(I) – 외향(E) 선호는 에너지의 방향을 나타낸다.

내향적 성향을 선호하는 교사는 상대방에게 자기가 원하는 말을 하려고 할 경우 혼자서 생각하고 정리하는 시간을 많이 필요로 한다. 많은 사람 앞에 나서서 발표를 하거나 의사표현을 하는 것을 어려워하는 경향이 있다. 많은 사람들과 일을 함께하는 것보다는 친한 소수의 사람들과 하거나 혼자 일하는 것을 선호한다. 반대로 외향성을 선호하는 교사는 말이 많은 편이고 많은 사람들과 쉽게 사귀는 편이며 활동적인 것을 선호한다. 어떤 일을 할 때 깊이 생각하고 시작하기보다는 우선 시작하고 방법을 찾아보는 경향이 있다.

이런 두 유형의 교사가 함께 일을 하게 되면 의사소통을 하거나 일을 진행하는 방법에 있어 부딪히는 일들이 일어날 수 있다. 한 사람은 빨리 대답을 원하고 다른 한 사람은 늦게 대답하거나 대답하는 것을 불편해하는 경향이 있다. 게다가 외향성을 가지면서 사고형인 사람은 간단명료하게 업무적인 사실만 전달을 하는 편이고 내향성이면서 감정형인 사람은 대답이나 의사표현을 하는 데 시간이 걸리고 상대방의 감정을 고려해가면서 둘러서 말하기 때문에 더욱 자신의 생각을 전달하는 데 어려움을 겪는다. 외향형 교사가 보기에 내향형 교사는 답답해 보이고 무엇을 원하는지 알기 어려운 사람으로 보이게 되는 경향이 있다. 내향형 교사가 보기에 외향형 교사는 생각을 많이 하지 않고 쉽게 말을 내세우거나 정신없게 만드는 사람이라고 생각할 수 있다.

(2) 감각(S) – 직관(N) 선호는 사물을 보는 관점으로 정보를 수집하고 인식할 때 어떤 것에 먼저 주의를 기울이는 가에 대한 차이를 나타낸다.

감각형 성향을 가진 교사는 오감각을 이용하여 직접 눈으로 보고 듣고 냄새를 맡아서 정보를 지각하고 받아들인다. 현실적이며 실용적인 특징을 가지며 단계적으로 일의 순서에 따라 처리하는 것을 편안해한다. 일의 세부적인 측면을 잘 보고 기억을 잘하는 편이다. 감각형 교사에게는 자세하게 구체적으로 일을 전달해야 잘 이해하고 해낸다.

직관형 교사는 육감형이라고도 하는데, 통찰이나 직관에 의존하여 외부세계를 인식한다. 현재나 현실적인 측면보다는 미래나 장기적인 측면에 관심을 가지고 세부적인 측면보다는 전체적인 면을 보며 가능성에 도전하는 경향이 있다. 세부적으로 자세하게 설명하기보다는 의미를 중요시하고 새로운 아이디어를 중요시한다. 자세하고 길게 설명하는 것이 부족하며 세부적인 사항을 놓칠 수 있다.

(3) 사고(T) - 감정(F) 선호는 의사결정을 하는 방식이나 결론에 도달하는 방식의 차이를 말한다.

사고형 교사는 이성적으로 판단하며 합리적인 논리를 중요시한다. 보편적인 원칙을 중심으로 판단하며 감정보다는 객관적인 사실을 중요시한다. 감정표현이 서툴고 일과 인간관계를 분리하는 경향이 있다. 감정형 교사가 보기에는 사람관계보다는 일을 우선으로 하여 딱딱하고 냉정하게 보일 수도 있다. '맞다', '틀리다'라는 말을 많이 사용하며 진실인지 거짓인지에 근거하여 판단하고 친분과 상관없이 공정하게 일을 처리하는 경향이 있다.

감정형 교사는 개인적이고 가치지향적 측면을 중시하여 판단하며 객관적인 것보다는 감정과 정서를 중시한다. 감정표현이 자연스럽고 일에서도 인간관계의 조화를 시도한다. 판단에 있어 '좋아한다', '싫어한다'는 말을 많이 사용하며 동의하는지 동의하지 않는지에 근거하여 판단한다. 사고형 교사가 보기에는 감정에 이끌려 일을 제대로 처리하지 않는 것처럼 보일 수도 있다. 감정형 교사는 남에게 일을 부탁받으면 자기가 힘들어도 관계를 해칠까 봐 들어주는 경향이 있다.

(4) 판단(J) - 인식(P) 선호는 개인의 삶의 양식과 관련되는 것이다.

판단형 교사는 계획하고 조직하고 체계적인 방식을 선호한다. 결정을 빨리 내리는 편이고 계획하고 결정한 것에 대하여 변경하지 않는 편이다. 규범을 좋아하고 정리정돈을 잘한다. 판단형 교사는 그때그때의 일을 미루지 않고 잘 처리하며 계획적으로 일을 추진한다. 갑자기 계획하지 않은 일이 일어나면 쉽게 처리하는 것을 어려워하는 경향이 있다.

인식형 교사는 새로운 정보를 받아들이기 위해 결정을 쉽게 내리지 못한다. 계획적이고 조직적인 것보다 자율적이고 융통성 있는 방식으로 생활하는 것을 선호한다. 자유로운 것을 좋아하고 계획적인 일보다는 마지막에 일 처리를 하는 경향이 있다. 조직적이고 깨끗하게 정돈이 된 환경보다는 편안하게 놓여 있는 것을 좋아한다. 계획하지 않던 일이 일어나도 융통성 있게 처리하는 경향이 있다. 일상적인 일을 처리하는 과정에서 판단형과 인식형 간에 갈등하는 일이 많이 일어난다.

자신의 성격유형을 파악해보는 방법은 여러 가지가 있다. MBTI 성격유형의 파악은 사람을 대하는 방식이나 일을 처리하는 방법의 차이를 파악해볼 수 있으므로 직장생활을 하는 데 있어 도움이 될 수 있다.

2) 교사평가지를 통한 자기평가

질문지를 통하여 자신을 파악해보는 방법도 있다. 개인의 성격유형은 교사 역할의 전반적인 부분에 있어서도 차이를 가져온다고 할 수 있다. 자신을 파악하는 것은 직장생활에서 동료 간 관계뿐만 아니라 유아를 대하는 방식이나 담임교사의 역할에도 도움을 준다. 보다 나은 교사생활을 해 나가는데 어떤 면을 개선하고 발전시켜야 하는지 어떤 면을 수정해야 할 것인지 알 수 있을 것이다.

TA 성격 이론에 의한 유아교사의 성격 특성을 질문지를 통하여 파악해보자.

TA 성격특성 : K-KSEG 척도 질문지

※ 다음의 각 문항을 주의 깊게 읽고 난 후, 해당되는 란에 [보기]와 같이 ✔나 O표시를 해 주십시오. 너무 오랫동안 생각하지 마시고, 처음 떠오르는 생각을 그대로 표시하시면 됩니다. 한 질문도 빠뜨리지 말고, 솔직하게 표시해 주시면 감사하겠습니다.

[응답 요령]

	매우 그렇지 않다	그렇지 않다	보통	그렇다	매우 그렇다
00. 나는 계획을 세워 행동으로 옮긴다.		✔			

문 항	매우 그렇지 않다	그렇지 않다	보통	그렇다	매우 그렇다
1. 남의 일을 도와주는 것을 좋아한다.					
2. 대화에서 감정적이기보다는 이성적으로 풀어간다.					
3. 타인의 잘못에 대해 따지는 편이다.					
4. 감정표현이 자유롭다.					
5. 상대방의 말을 가로막고 자신의 생각을 말한다.					
6. 다른 사람으로부터 부탁을 받으면 거절하지 못한다.					
7. 부모나 윗사람이 시키는 대로 한다.					
8. 아이나 후배에게 엄격하게 지도하는 편이다.					
9. 자신의 행동이 자유분방하다고 생각한다.					
10. 타인의 감정을 의식하여 자신의 감정을 억눌러 버린다.					
11. 자신의 생각을 양보하지 않고 끝까지 주장한다.					
12. 객관적인 자료를 토대로 사실을 확인하고 설명하는 편이다.					
13. 동정심이 강하여 어린이 돌봐주기를 좋아한다.					
14. 타인의 표정을 먼저 살피고 행동하는 편이다.					
15. 현상에 대한 관찰·분석으로 합리적인 결정을 한다.					
16. 삐뚤어지거나 잘못된 것을 보면 즉시 지도한다.					
17. 말끝을 흐리거나 우물쭈물 사양하는 편이다.					
18. 재미있는 말과 행동으로 분위기를 잘 이끈다.					
19. 어려운 부탁도 도움을 요청받으면 거절하지 않고 도와준다.					
20. 자신의 생각보다 주위사람의 말과 행동에 영향을 받는다.					
21. 다른 사람의 장점보다는 단점을 지적하는 편이다.					
22. 어떤 일이라도 사실에 근거해서 판단한다.					
23. 기발한 착상을 잘한다.					
24. 상대의 실수를 지적하고 정정한다.					

문 항	매우 그렇지 않다	그렇지 않다	보통	그렇다	매우 그렇다
25. 무엇인가를 받기보다는 베풀기를 좋아한다.					
26. 행동으로 옮기기 전에 사전계획을 세운다.					
27. 창조성이 풍부하다.					
28. 타인의 비위를 맞추려고 노력한다.					
29. 냉정하고 예리하게 예측하여 행동한다.					
30. 남에게 농담을 하거나 장난치는 것을 좋아한다.					
31. 다른 사람에게 어려운 일을 맡기면 마음이 아프고 염려된다.					
32. 매사에 비관적이다.					
33. 나보다는 다른 사람을 먼저 배려한다.					
34. 의문점이 생기면 차분하게 분석하고 생각한다.					
35. 마음에 들지 않아도 참아버리는 일이 많다.					
36. 어려움을 겪고 있는 사람을 도와주지 않으면 내 마음이 불편하다.					
37. 명랑하고 사교성이 있다.					
38. 일에 있어서는 재미보다는 논리적이고 이성적이다.					
39. 천진난만하다.					
40. 다른 사람의 의견보다는 내 의견이 옳다고 주장한다.					
41. 분위기나 눈치를 잘 본다.					
42. 후배나 부하에게 위로나 격려를 잘해준다.					
43. 속으로는 불만이지만, 겉으로는 만족한 것처럼 행동한다.					
44. 어떠한 일이든 여러 가지 가능성을 탐색해본다.					
45. 딱 떠오르는 생각을 잘 활용하는 편이다.					
46. 혼자서 하기보다는 조언을 받아야 편하다.					
47. 타인에게 명령이나 충고를 자주하는 편이다.					
48. 어떤 일이든 계획적이고 계산적이다.					
49. 호기심이 강하다.					
50. 지나치게 동정적이어서 손해를 보기도 한다.					

출처: 최미숙, 2011.

"조금만 더 노력했다면 그 일은 틀림없이 해낼 수 있었을 텐데……."
"에이, 모처럼의 기회를 아깝게 놓쳐버렸다."
"할 수 있었던 일인데, 왜 안 했을까?"
"이미 늦었다"라는 말을 하는 순간, 인생은 지옥이 된다. –아이젠하워

60 의사소통하기

의사소통능력은 업무를 원활하게 하고 직장의 분위기를 보다 좋게 만드는 기술이다. 감정이해와 표현, 경청, 나-전달법 등을 익히고 활용하는 것이 필요하다.

의사소통능력은 어느 분야에서 일을 하든 기본적으로 필요하며 일의 원활한 흐름을 돕고 서로의 관계를 좋게 만드는 기술이다. 효율적인 의사소통을 위한 감정이해와 표현, 경청, 나-전달법의 중요성을 알고 방법을 익혀보자.

1) 감정이해와 표현

자신이 느끼는 감정을 잘 아는 것은 자기의 원하는 욕구 만족도를 알 수 있는 방법이다. 인간은 감정의 상태에 따라 행복하다고 느끼거나 불행하다고 느낀다. 그런데 우리는 감정을 잘 알지 못하거나 적절한 감정표현이 어려워 못하는 경우가 있다. 감정은 느낌뿐만이 아니라 자신의 생각과 행동에도 영향을 미친다.

의사소통이란 상호존중의 바탕에서 이루어지고 나의 생각과 느낌을 존중하고 타인의 생각과 느낌도 함께 존중하는 것을 의미한다. 한 직장에서 모두와 똑같이 친할 수 있다고 생각하는 것은 무리이다. 모두 다른 사람이 만나 일을 하는데 있어 경쟁적인 관계는 언제든지 만들어질 수 있다. 다르다는 것은 서로가 공감대가 적거나 없고 친할 수 있는 기회를 줄이는 요소가 되기도 한다.

서로가 다른 상황에서 내가 느끼는 것을 적절하게 표현하는 것은 의사소통에서 중요하다. 또 상대방이 전하고자 하는 내용을 내가 잘 이해하고 공감해주는 것도 중요하다.

2) 경청

경청은 다른 사람의 말을 잘 들어주고 잘 듣고 있다는 표현을 함으로써 타인에게 '자기가 이해되고 받아들여지고 있다'는 것을 느끼게 하는 것이다. 경청을 하기 위해서는 먼저 상대의 입장에서 들어주려고 노력하는 것이 필요하다. 많은 사람들이 타인이 말을 할 때 집중해서 듣는 것이 아니라 자신의 입장에서 듣거나 비판이나 분석을 하면서 대답을 미리 준비하면서 듣는 경향이 있다. 우선 상대방이 전달하고자 하는 것이 무엇인지에 초점을 두고 듣는 것이 중요하다.

경청을 하는 방법은 상대방의 말 속에서 전달하려고 하는 의미를 파악하며 듣는 것이 필요하다. 때로는 말의 뜻보다는 말하는 사람의 감정이나 느낌을 이해하는 것이 더욱 중요할 때가 있다. 경청은 상대방의 말을 듣고 난 후 바로 자신의 생각을 말하기보다는 상대방이 한 말의 의미가 무엇인지를 확인해보는 말을 한다. 서로의 의미전달 정도를 파악해볼 수 있으며 때로는 서로의 말을 열심히 들었지만 오해를 하는 경우가 있기 때문이다.

적극적인 경청을 하는 방법은 상대의 말을 듣고 그 의미를 파악하여 상대에게 내가 상대의 기분을 공감하고 있다는 것을 확인시켜 주는 것이다. 그러나 이러한 적극적인 경청은 상대방의 숨은 감정까지 알아내는 것으로 쉽지 않다.

비언어적인 공감적 경청하기는 웃음, 얼굴표정, 어깨를 두드려주는 것과 같은 행동을 통해서 가능하다. 우리가 하는 의사소통에는 언어가 아니라도 비언어적인 것이 나타내는 것이 더욱 영향이 클 때가 대부분이다. 칭찬을 하고 있더라도 얼굴표정이나 억양이 칭찬을 나타내지 않으면 상대방은 그 말을 칭찬으로 받아들이지 않는다.

언어적으로 공감적 경청하기를 하는 방법은 "당신이 ~하니까 ~한 느낌이 드는군요."라고 공감의 표현을 한다. 공감적 표현은 상대가 말로 표현했던 경험과 행동을 먼저 읽어주고, 상대가 갖는 감정을 찾아서 반영적으로 말을 해주는 것이다.

3) 나-전달법

나-전달법은 내가 느끼고 있는 것이나 내가 상대에게 원하는 것을 상대에게 불쾌한 느낌이 들지 않게 전달하는 방법이다. 일상의 사소한 일을 하다 보면 의사소통의 과정에서 불만이 생기거나 갈등이 생기는 경우가 많다. 또한 힘든 상황에 처하거나 상대로 인하여 불쾌한 감정에 대한 이야기를 해야 할 때는 더욱 소통하기가 힘들다.

그런데 "김 선생님이 이렇게 했어요?", "아직도 그걸 처리 안 했어요?", "박 선생님은 늘 그것밖에 못 만들어요?", "제대로 좀 해보세요!", "게을러서 그렇지!"라는 말들은 상대를 비난하거나 무시하는 말들로 상대의 자존심을 상하게 하거나 행동의 책임이 상대에게 있음을 지적하는 것이다. 즉 너-전달법은 상대에게 문제의 책임을 전가시키고 부정적인 감정을 느끼게 하는 방법이다. 이러면 상대는 방어적이거나 적의적인 태도를 갖게 된다.

효과적인 의사소통을 위한 나-전달법은 상대의 행동을 비판하지 않고 일어난 일에 대한 나의 느낌을 전달하는 것이다. 상대방을 인격적으로 비난하는 것이 아니라 일어난 행동에 대한 결과나 내가 느끼는 것을 말하는 것으로 상대방의 감정을 상하게 하지 않는 방법이다. 그리고 상대에게 내가 느끼는 것을 얘기하고 상대에게 원하는 행동을 구체적으로 말하게 되어 서로에게 분명한 정보를 줄 수 있다.

나-전달법의 방법은 첫째, 문제가 되는 상대의 행동과 상황을 구체적으로 말한다. 둘째, 상대의 행동으로 인하여 일어난 결과 또는 나에게 미치는 구체적인 영향을 말한다. 셋째, 상대의 행동으로 인하여 내가 느끼는 느낌을 말한다. 넷째, 자신이 원하는 바를 구체적으로 말한다.

나-전달법을 사용할 때에는 나의 감정을 추스르고 화가 나지 않은 상태에서 표현하는 것이 효과적이다. 의사소통을 할 때에는 말의 내용보다도 말을 전달할 때의 억양이나 목소리가 더욱 강한 전달력을 가진다는 것을 잊지 말자.

그리고 의사소통에 우선되는 것은 평소에 좋은 상호적 관계를 만들어 놓아야 문제가 생겼을 때 서로가 이해하고 싶은 마음이 생긴다는 것이다. 하루하루 서로의 감정은행에 저금을 많이 해 놓자.

61 동료교사와 잘 지내기

동료교사와 잘 지내는 것은 특히 소규모이며 여성위주인 문화특성을 가지는 유아교육기관에서 일하는 데 아주 중요하다. 동료교사와 잘 지낼 수 있는 태도를 갖도록 하자.

동료교사와의 관계는 소규모의 특성을 가지는 유아교사의 교직생활에서 직무만족에 영향을 끼치는 아주 중요한 요소가 된다. 가족적인 분위기를 가지는 친밀한 교사 간의 관계는 좋을 때는 서로 지지하고 유아에 대한 정보를 교환하는 등의 긍정적 요인이 된다. 하지만 관계가 좋지 않을 때는 직장생활이 힘들게 되는 원인이 되기도 한다.

유아교육기관은 소규모이면서 한 교사가 다양한 업무를 담당해야 하는 공동적인 일이 있다. 또한 공동의 업무라는 것이 학급의 일은 각 학급의 일정대로 개인별로 해야 하면서, 공동의 일은 교사 전체가 같은 시간에 같이 해야 하는 경우가 많다. 그러다 보면 각 교사마다 시간의 부족함이나 일의 업무량이 다르므로, 일에 대한 스트레스가 생길 수도 있고, 서로 오해가 발생할 수도 있다. 교사들 간에 인간관계를 저하하는 요인들을 보면 첫째는 책임전가나 책임회피, 둘째는 협동심과 봉사심 부족, 셋째로 업무처리 미숙과 의타적 성격이다(이고미, 2003). 교사 간에 서로가 같은 입장이라고 생각하고 이해하고 조금씩 양보한다면 이러한 일로 인한 불화는 줄어들 것이다.

원장이나 주임교사는 교사들 간의 소통의 다리를 만들어주는 것이 필요한데,

교사 간의 일의 조화로운 분장을 하고 일에 대한 지침과 함께 융통성을 발휘하는 것이 중요하다. 이를 위하여 원장이나 중간관리자는 평소에 교사들과의 의사소통을 통하여 어려움을 들어주려는 열린 마음을 갖는 것이 우선적이라 하겠다.

업무분장이 제대로 이루어지지 않거나 담당한 일을 타인에게 책임전가하는 경우에는 서로가 충돌이 일어날 수 있다. 자신의 능력만을 인정받고 싶고 이기적인 생각으로 타인에게 피해를 준다면 바람직한 직장생활을 기대하기는 어려울 것이다.

보다 좋은 동료 간의 관계형성을 위해서는 우선 자신을 객관적으로 돌아보고 남을 이해하려는 마음을 갖는 것이며, 책임감 있는 행동을 보이는 것이 좋은 동료관계를 유지할 수 있는 방법이다. 아이를 사랑하고 가르치는 일이 좋아서 이 일을 선택했는데, 동료 간의 불화로 인하여 직장을 옮기거나 교직을 그만두는 일이 생겨서는 안 될 것이다.

동료교사 간에 서로 지지하고 격려하는 관계형성은 직무만족의 중요한 요인이며 특히 유치원 조직에서 교육목표를 효율적으로 달성하기 위해서는 교사 상호 간의 인간관계에 있어서 신뢰를 토대로 하는 상호협력의 정신, 관용을 베푸는 태도, 구성원에 대한 일체감 등이 융화되어야 한다(최보영, 2002).

동료교사와의 관계에 있어서 가져야 할 바람직한 태도와 그에 따른 행동을 구체적으로 살펴보면 다음과 같은 것들이 있다.

첫째, 교사 각자의 인격을 존중하고 사적 권한을 인정하는 한도 내에서 자신에게 주어진 일을 책임감을 갖고 임한다.

둘째, 동료 간에 정보를 교환하면서 서로를 비방하거나 경시하지 않고 서로에게 도움을 주려고 한다.

셋째, 공동체 의식을 갖고 함께 같은 목표를 향해 나간다는 생각을 갖고 직장 전체에게 도움이 되는 것을 우선으로 한다.

넷째, 자신의 이익을 추구하거나 조금 편하기보다는 봉사정신이나 희생하고자 하는 생각을 먼저 갖고 솔선수범하여 일에 임한다.

다섯째, 의사소통기술이나 상대를 이해하려고 하는 기술을 익혀 서로 간의 갈등 요소를 줄이는 노력을 한다.

여섯째, 학벌, 종교, 연령에 따른 파벌을 조성하지 않는다.

일곱째, 일 뿐만이 아닌 동료 간에 개인적인 관계의 중요성을 알고 이를 위한 시간적 배려나 정신적 교류를 위해 노력한다.

여덟째, 경쟁적이기보다는 협조적인 태도를 갖고 일한다.

아홉째, 서로 각자의 모습을 있는 그대로 인정한다.

열째, 의사소통기술을 익히고 열린 마음을 갖는다.

교사 간의 관계가 좋을 때에는 공동의 일을 하는 시간이 힘이 들더라도 서로 유대를 강하게 만드는 계기가 되고, 서로에 대하여 자세하게 알게 되어 친밀해질 수 있는 기회가 된다. 그리고 직장에서의 힘든 일에 대하여 서로 얘기를 나눔으로써 조언도 구하게 되고 스트레스를 풀 수 있는 시간도 될 수 있다. 특히, 학급의 유아에 대한 지도나 상담경험 등을 서로 교환할 수 있는 유익한 시간이 되기도 한다. 이런 유대관계가 힘이 되어 직장생활에 활력소가 되도록 하자.

> 아름다운 입술을 갖고 싶다면 친절한 말을 하라.
> 사랑스런 눈을 갖고 싶다면 사람들의 좋은 점을 보아라.
> 날씬한 몸매를 갖고 싶다면 맛있는 음식을 배고픈 사람들에게 나눠주고,
> 아름다운 머릿결을 갖고 싶다면 어린아이에게 하루 한 번씩 당신의 머리를 쓰다듬게 하라.
> 아름다운 자세를 원한다면 결코 혼자서는 걷지 말아라.
>
> –샘 레벤슨

62 선후배 교사와 잘 지내기

유아교육기관에서 일하다 보면 선후배 교사를 만나게 된다. 선배교사에게 배우고 후배교사를 지지해주는 관계를 형성하는 것이 중요하다.

어느 직장이든 첫 한해는 모든 새롭고 익숙하지 않아서 서투른 일들로 힘들게 느껴지기가 쉽다. 그리고 신임교사와 경력교사 간에는 일을 하는 정도의 차이뿐 아니라 일을 전체적으로 보는 견해의 차이가 있기 마련이다. 교사의 보수적인 사회특성으로 인하여 선후배 간에 상하구조적인 위계를 갖기도 한다. 이러한 여러 가지 면에서 선배교사와 후배교사 간의 갈등 요소가 생길 수 있다.

유치원의 특성상 공동 일을 해야 하는 경우도 많은데 그러다 보면 선배교사의 눈에는 후배교사들의 일 처리방법이 만족스러울 수가 없는 경우가 많다. 선배교사는 이런저런 조언도 하게 되고 새롭게 일하는 방법을 알려줘야 하는 것이 귀찮게 느껴질 수도 있다. 반면에 후배교사는 이런 조언들이 고맙지만 때로는 잔소리처럼 느껴지기도 하고 시집살이처럼 생각될 수도 있다. 그러나 이런 도움이 나중에는 자신의 큰 자산이 된다는 것을 생각해보자. 선배교사가 미리 겪었던 실수들을 줄일 수 있고, 노하우를 배우는 시간이 됨을 감사해야 할 때가 올 것이다. 영유아교사를 대상으로 직무 스트레스를 연구한 결과에서도 전문성이 부족하거나 1년 미만의 경력이 적은 교사일수록 스트레스를 많이 경험하고 있는 것으로 나타났다(김옥주, 조혜진, 2010).

그러나 서로가 바쁜 일과를 보내다 보면 남을 배려하거나 다른 사람의 일에 신경 쓰는 것이 힘들 때가 있다. 선배교사는 자기 일도 바쁘고 벅찬데, 익숙하지 않아서 어려워하거나 잦은 실수를 하는 후배교사를 도와준다는 것이 생각처럼 잘 실천되지 않을 때가 있다. 사람들이 힘이 들면 남에게 베푸는 여유 갖기가 평소보다는 더 힘들다. 가끔은 쓴소리로 들릴 때도 있고, 듣기 불편한 말이 갈 때도 있을 수 있다. 선후배의 관계가 되면 이런 상황은 더욱더 해결하기가 힘들어지기도 한다.

대부분의 예비교사들이 원하는 직장은 일하기 편하고 동료 직원들 간의 관계가 좋고 집에서 거리가 가까운 곳을 우선하는 경우가 많다. 그리고 월급은 많이 주는 곳을 선호한다. 그러나 원하는 모든 조건을 갖춘 곳이 존재한다는 것은 거의 불가능하다. 사회생활의 초기에는 어렵더라도 새로운 것을 배운다는 생각으로 일을 하다 보면 다음에는 더욱 쉽게 일할 수 있을 것이다.

직장에서 후배교사는 경력이 많은 선배교사에게 출신학교와 상관없이 사회생활 선배로서 예의를 갖추도록 한다. 선배교사는 후배교사에게 선임자로써 먼저 경험한 교사로서 알고 있는 바를 조언해주거나 모르는 것을 안내해주는 것이 좋다. 특히 신임교사는 모르는 것이 많으므로 선배교사와의 관계를 잘 형성해 놓으면 도움을 받을 경우가 많다. 그런데 간혹 자기 학교의 후배가 아니라는 이유로 다른 신임교사와 차별 대우를 한다든가 서로가 거리를 두고 상호관계를 갖게 된다면 이러한 요소가 직장생활을 힘들게 하는 원인이 되곤 한다. 학교와 상관없이 같은 직장에 일하는 동료로서 선후배로 좋은 관계를 갖는 열린 마음이 필요하다.

초임교사가 아니라 하더라고 경력이 적은 교사와 경력이 많은 교사 간의 눈에 보이지 않는 갈등도 존재한다. 나이를 중요시하는 한국문화의 영향인지 같은 경력이나 나이의 교사끼리 친하게 지내는 경우가 많은 것 같다. 그리고 기관의 규모가 커서 교사의 수가 많은 곳일수록 교사 간에 공통점을 가진 집단끼리 친하게 지내는 그룹구성이 이루어지는 경향이 있다. 공통점이 있고 비슷한 동료 간에 잘 지내는 것은 바람직하지만 다른 교사들에게 불편함을 주어서는 안 되겠다.

1) 선후배교사 간의 좋은 관계형성을 위한 방법

① 모든 교직원과 잘 지내려고 노력한다.

② 서로가 가진 좋은 정보를 공유한다.

③ 후배교사에게는 따뜻한 칭찬과 격려를 아끼지 않는다.
④ 선배교사에게는 예의를 갖추고 배우려고 하는 태도를 갖는다.
⑤ 선후배 간에 서로가 존중하는 태도를 갖고 대한다.
⑥ 공동체 의식을 갖는다.
⑦ 동창과 같은 학력이나 지역 간의 차별을 두지 않는다.

2) 미래의 교사가 된 자기모습을 상상하기

직장생활에서 아주 밀접한 관계이자 직무만족도에 영향을 끼치는 동료교사 간의 관계는 중요하다. 자신이 앞으로 직장에서 어떤 사람을 만나게 될지 모르지만 마음에 드는 사람만 만날 행운은 드물 것이다.

미래의 자신을 모습을 떠올리면서 어떤 선배교사가 되고 싶은지 생각해보자! 또는 어떤 후배교사가 되고 싶은가?

63 다른 직원과 잘 지내기

유아교육기관에는 교직원 외에도 일하는 다른 직원들이 있다. 다른 직원과도 서로의 입장을 고려하고 존중하는 분위기 조성이 필요하다.

유아교육기관에서는 원장과 교사 외에도 다른 직원이 있는데, 조리사, 영양사, 운전기사, 사무장, 자원봉사자 등이다. 동료교사 간의 관계가 중요하듯이 다른 직원들과도 잘 지내는 것이 필요하다. 매일의 사소한 일들에서 장기적인 기관의 목표달성에도 교사와 직원들 간의 관계가 직간접적으로 영향을 끼친다.

유아들의 간식과 식사를 담당하는 조리사나 영양사 선생님이 있다. 매일 교사들과 직접 만나는 사람들이고 유아의 영양과 건강에 관련하는 중요한 임무를 갖는다. 유아들이 직접 식당에 가서 음식을 운반하기도 하고 교사가 운반을 도와주기도 한다.

보통 유아교육기관에서 운행하는 버스의 운전을 책임지는 기사분이 있다. 등·하원 시 교사가 버스에 함께 동승하여 유아들의 안전운행을 책임진다. 그러나 안전운행은 직접 운전하는 기사분이 가장 중요한 임무를 맡는다. 등·하원 노선에 따라 각 유아들을 제시간에 내려주고 태우는 일은 정확해야 함과 동시에 안전해야 하는 민감한 일이다. 학부모와 기사분은 아침마다 만나게 되어 기관을 대표하는 역할도 한다. 운전기사분과 교사의 원활한 의사소통도 필요하고 이를 효율적으로 도울 수 있는 인간관계도 요구된다.

사무장이나 사무실장님 등의 이름으로 불리는 직원이 있다. 보통 기관의 정원 관리, 운동장 관리, 시설의 보수 및 확인 등의 다양한 일을 처리한다. 사무장은 유아들과 매일 보기도 하고 이름을 알고 불러주기도 하며 놀이터에서 놀다가 같이 대화를 하는 경우도 생긴다. 교사의 시선이 미치지 못하는 곳에서 다른 교사의 역할을 할 수도 있다.

자원봉사자의 경우는 학부모도 있고 학교 같은 기관에서 온 학생이나 일반인인 경우도 있다. 교실에서의 수업이나 교구자료 정리 등의 일을 한다. 연령대는 다양하고 나이가 많은 어른들이 참여할 수도 있다. 자원봉사자의 일도 효율적으로 하고 기관의 이미지도 높일 수 있는 상호관계를 형성할 필요가 있다.

살아가다 보면 모든 사람은 각자가 가진 장점이 있고 필요한 곳이 있다. 모든 사람들은 자신을 인정해주고 예를 갖출 때 서로가 상대방에게 최선의 것을 제공할 수 있다는 것을 염두에 두고, 기관 내의 모든 직원은 같은 목적을 가지고 일한다는 것을 기억하자.

〈다른 직원들과 잘 지내기 위해 알아두면 좋은 점〉

- 어떤 일을 하는 사람이든 동등하다는 생각을 갖자.
- 나이가 많은 사람에게는 공손한 예의를 갖추고 대하자.
- 같은 직장에서 일하는 모든 사람은 직장의 권익을 우선으로 생각하자.
- 모든 직원은 유아에게 영향을 끼친다는 것을 잊지 말자.
- 기관 모든 구성원의 행동은 외부에 보여 지는 이미지라는 것을 기억하자.
- 누구에게서든 좋은 점을 배우려는 태도를 갖자.

64 원장/원감 역할이해와 소통하기

원장과 교사 간의 관계는 공동의 목적을 가지면서도 어떤 면에서는 상대적인 입장이다. 그러나 교사가 원장이나 원감의 관점으로 생각해보면 기관의 일을 하는데 있어 효율적이면서 상대방의 입장을 고려하여 잘 지낼 수 있다.

유아교육기관에는 원장, 원감, 주임교사, 교사로 구성되며 그 외의 조리사, 운전기사, 여러 가지 일을 봐주는 사무장 등의 조직으로 이루어진다. 직위라는 것이 교사에게는 다소 어려운 요인일 수도 있지만 각 지위에 맞는 역할이 있고, 그 역할이 제대로 이루어져 갈 때 성공적인 기관운영을 기대할 수 있다.

원장은 기관장으로써 전체적인 운영에 관한 계획, 조직, 실행을 하는 책임을 갖고 있으며 기관 전체를 대표하는 역할을 하며 인사의 결정권을 가지고 있는 직책이다. 그 외에도 교육관계 행정가, 지역사회 인사와 학부모 등 관계 인사들과의 협력 등도 중요한 원장의 역할이다. 특히 사립기관의 경우에는 원장의 경영관과 교육관이 전체적인 운영에 더욱 중요한 요소로 작용하기도 한다.

원감은 일반 교사의 역할을 함과 동시에 원장대리자의 역할을 하게 되고, 원장과 교사 간의 다리 역할을 하는 중간관리자 입장이다. 때로는 원감의 역할이 교사에게 원장보다 더 직접적이고 큰 영향을 끼친다. 교사의 관리라는 면에서 원감의 리더십도 무엇보다 중요하다고 하겠다.

일이라는 것은 그 당사자의 역할이나 입장에 따라 보는 견해가 다르고, 보이는 것이 다르다. 그리고 다른 관점은 일의 구성과 진행에 있어 차이라는 것을 가져오게 되고, 갈등의 요소가 되기도 한다. 교사들의 직무만족도 연구에서도 원장과 교사의 관계는 중요한 요소로 작용하며 그 기관의 효율적인 목표달성을 위해서도 중요한 영향을 끼치는 것을 알 수 있다(이재경, 2006; 김혜순, 2011).

원장은 유아교육에 대한 전반적인 전문지식을 가지고 있어야 하며, 경영적인 측면에서도 업무능력이 요구된다. 그리고 조직을 관리하는 측면에서 심리학적인 충분한 지식을 갖추는 것이 필요하다. 원장의 경영적 리더십은 교사의 직무스트레스뿐만이 아니라 교사의 수업, 유아, 유치원 조직에 대한 헌신도에 영향을 끼친다(고현, 이종철, 2009; 서지영, 서영숙, 2002). 교직원들 간의 분위기 조성과 함께 교직원이 편안히 일할 수 있는 일에 대한 물리적 환경과 동기화시키고 활성화시키는 심리적 지지를 하는 원장의 역할이 중요하다. 원장의 심리적 지지는 교사들에게 필요한 정보를 제공할 뿐 아니라 교수전략의 다양성, 자신의 직업이 가치롭다는 명확한 인식을 주기 때문에 교사의 성공적인 교직생활에 결정적인 영향을 미친다(조동섭 외, 2009; 이남희, 2008). 결국 원장의 훌륭한 리더십은 교사가 자기 직업에 더욱 충실하고자 하는 동기를 가져오며 직무만족도를 높이는 결과를 가져온다고 할 수 있다.

원장의 역할과 함께 교사도 원장의 입장을 고려하여 자신의 역할을 돌아볼 필요가 있다. 교사는 자신이 갖는 어려움만을 생각하기가 쉽고 원장이 되어보지 않고는 원장이 갖는 관리직의 어려움을 알기 어렵다. 초임교사가 갖는 어려움이 있듯이 원장과 원감도 초임이거나 경력이 적을 경우에 갖는 어려움이 있다. 교사가 원장의 어려움을 알고 격려나 고마움의 표시를 할 수 있는 마음과 여유를 갖도록 하자.

효율적인 업무를 위해 원장의 교육관이나 경영관을 이해하고 원장이 바라는 교사의 역할은 무엇인지 생각해보자. 원장도 교사가 원하는 원장의 역할이 무엇인지 서로의 입장을 고려하고 이해하려는 노력이 필요하다.

원장이 바라는 교사상을 생각해보면 다음과 같은 요소들을 들 수 있다.

- 자신이 맡은 일을 정해진 시간 내에 완수하는 교사, 학부모로부터 민원이 발생하지 않는 교사, 안전사고가 발생하지 않는 교사, 믿음이 가는 교사, 비전이 있는 교사, 아이를 사랑하는 교사, 수업을 잘하는 교사, 책임감 있는 교사

교사가 바라는 원장상은 다음과 같은 요소들을 들 수 있다.

- 인간적 역량, 확실한 교직관과 소신, 솔선수범, 교사에 대한 관심, 이해, 직무충실, 민주적 운영, 교사의 능력신장, 교사의 자율성 존중, 금전적 투명성, 철저한 자기관리, 인화단결, 공평무사한 태도, 뛰어난 직무능력, 기관목표와 방향제시, 목표에 대한 도전과 성취욕 등을 가진 원장

– 자신이 미래의 원장이라고 가정하고 원장이 되었을 때 바라는 교사상을 생각해 보자!

어떤 사람이라도 자신이 원하는 것을 열심히 들어주는 사람과 성실히 일하는 사람을 싫어하는 경우는 드물다. 그리고 어떤 사람이라도 자신을 좋아해주는 사람을 좋아한다. 이왕이면 원장과 좋은 관계형성을 위하여 신임을 받는 교사가 되어보는 것은 어떨까?

65 업무분장과 협조하기

직장에서의 업무분장은 효율적으로 일하기 위해서 꼭 필요하다. 업무분장은 기관의 특성에 따라 다르게 구성하는데, 먼저 적극적으로 일하려는 자세와 다른 사람과 협조하려는 마음가짐이 중요하다.

유아교육기관의 업무는 학급운영을 중심으로 한 담임교사의 일과 원의 전체 일을 나누어서 맡는 공동의 업무 부분이 있다. 유치원 교육과정에 나타난 내용을 중심으로 직무 분석을 해보면 교육과정 편성 및 운영, 교수·학습방법, 평가로 나누어진다. 김은영(2006)은 사립유치원 교사를 대상으로 한 교사 역할에 따른 직무 연구에서 교수·학습준비, 교수·학습 실제, 교수·학습평가, 전문성 신장, 유아보호관련 업무, 학부모관련 업무, 행사관련 업무, 사무관련 업무, 시설설비관련 업무, 대인관계 및 사회적인 업무의 10가지로 분류하였다.

유아교육기관의 업무를 분장하여 하는 것이 일을 책임 있고 효율적으로 수행할 수 있는 방법이다. 그러나 교사 개인 업무와 공동 업무는 일의 성격상 중복되는 부분이 많고 정확히 공평하게 나누어 분류하기는 어려운 경우가 많다.

학기 초에 자신의 학급이 결정되면 유아의 연령과 같은 학급의 특징이나 원의 업무 특성에 따라 또는 구성원의 경력이나 업무성향에 따라 적절히 일을 분담하는 것이 요구된다.

실제로 운영되고 있는 유치원의 업무분장의 예를 보면 기관마다 차이점이 있음을 볼 수 있다. 또한 유치원과 어린이집의 특성상 두 기관의 업무분장은 조금 다를 수 있다. 주로 교사의 개별적 업무들은 학급을 중심으로 이루어지는 일들이다. 학급의 수업에 관련되는 일, 유아관리에 관련된 업무, 교실환경 구성 등이 있다. 공동적 업무란 유치원 전반에 관련된 업무로서 교육과정, 원아모집, 환경구성, 비품 및 소품관리, 학부모 업무, 행사준비 등의 일을 들 수 있다.

구분이 불확실한 개인과 공동의 업무의 특성상 모두에게 공평한 업무로 나누거나 중요도를 균등하게 배분하기에는 어려움이 있다. 그러다 보면 어느 교사는 업무가 과중하기도 하고 교사 간의 업무를 분리하는 점에서 교사 간에 서로 갈등이 생기기도 한다. 해마다 업무를 교체하여 골고루 분장이 되도록 하거나 서로가 이해를 우선으로 하여 협조하는 것이 중요하다.

업무분장을 하기 전에 회의를 통하여 서로의 의견이 적절하게 반영되도록 한다. 업무가 분장되고 나면 학기가 시작되기 전에 업무분장표를 만들어서 기록 보관하고 필요할 때 평소에 쉽게 볼 수 있도록 게시해 둔다. 학기말이나 연말에는 업무분장에 대한 평가를 실시하여 다음 계획에 반영한다.

〈유치원 업무분장의 예시〉

20○○학년도 업무 분장 조직

부서			담당자	담 당 업 무
교육과정운영	원감			〈원무 관리〉 • 유치원 대외·내 업무 총괄 • 교육과정 운영 기획 및 원내 장학 • 교원, 계약제교원 인사 및 관리 • 유치원 교육과정 운영 및 관리 • 교원 다면평가 및 성과급 • 제규정 관리 • 교직원 포상 • 교직원 청렴, 행동강령 등의 관련 업무 • 법정장부 관리 • 교직원 사무전반 지도
	교무	교무		• 교무기획, 교육과정운영계획 수립 및 평가, 학사운영, 유치원 평가, 행사 및 월중 주간업무계획, 현장학습, 학부모 연수, 교육과정설문지 작성 및 분석, 학부모회, 유아모집, 교수준비실 관리
		연구		• 자율장학, 학급교육과정, 전문적 학습공동체 운영, 교원능력개발평가, 주제별학습안내, 유아평가, 졸업앨범
		학적		• 유치원운영위원회, 입·퇴학처리, 출석부관리, 생활기록부, 유아 모집, 숲체험, 텃밭관리, 교무실 관리, 유·초 연계교육
		안전건강		• 건강·안전교육, 체격 및 영유아건강검진 관리, 보건약품 관리, 자료실 관리
		인성환경		• 인성 및 다문화교육, 특성화교육, 유치원 독서교육, 도서 관리 및 구입, 교원단체, 교육봉사자 관리, 유치원 환경, 교직원 휴게실 관리
		정보자료		• 정보업무, 정보공시, 홈페이지 시스템 관리, 방송업무, 기자재 관리, 물품구입 관리, 문자서비스, 홍보, 학부모상담, 학부모공개수업
	방과후과정			• 방과후과정 운영, 소위원회, 방과후 전담사 및 인력 관리, 교육실습, • 방과후과정 돌봄활동 및 관리, 방과후과정 관련 업무 지원, 유아 관리 및 생활지도, 방과후과정 교실정리 및 청소, 유희실 관리
	특수			• 특수교육과정운영 전반, 특수교재·교구관리, 특수교육 종일반 담당 • 특수교육활동 지원, 특수업무 보조, 통합학급 지원 • 특수학급 종일반 보육담당, 월간교육계획 작성, 교실 및 화장실 청결 관리, 하원 명부 관리, 도서실 관리
	행정			• 행정 업무 총괄 • 복무관리 • 발령대장 작성 관리 • 회계 예산편성 및 결산관리 • 공사·용역·물품·급식 계약 및 지출 • 보안업무관리 • 물품관리(등록·불용결정·매각 등) • 시설관리 및 보고 • 회계재정공개 • 법인카드 관리
				• 교직원 급여(공제회, 4대보험, 세금납부, 연말정산) • 학교회계 지출업무(카드 및 일반지출, 여비, 인건 비, 급식지출) • 연금, 4대 보험, 맞춤형 복지 업무 • 세입세출외 현금 관리(수입 및 지출) • 지방공무원 및 교육공무직원 교육훈련 • 신용카드 자체점검보고서 • 사무인수인계업무 •교육통계, 정보공개

부서		담당자	담 당 업 무
			• 학교회계 징수 및 수입 • 유아학비 시스템 • 기록물 관리 • 민원업무 및 제증명 발급 • 회계지출(공과금, 서비스용역) • 일일금궤관리 및 증빙서류 편철 • 우편물 관리 • 행정정보통신망이용시스템 관리
	시설		• 시설안전점검 및 하자보수관리 • 수목 및 화훼(실내외 텃밭 및 화분) 관리 • 유치원주변 환경정리 • 원아등원지도 지원 • 외부인 출입관리 • 특별실관리(현관, 자료실 등)
	급식		• 급식제반 업무
			• 급식조리업무 • 급식실, 조리실 관리

※담당업무 내용은 유치원 교육과정 운영 실정에 따라 추가 또는 변경될 수 있음.

66 실습생 지도하기

실습은 학교에서 배운 지식과 이론을 직접 유아교육 현장에서 보고 배우는 기회를 갖는 기회이다. 수업, 유아지도와 그 외의 교사로서의 업무를 경험하게 된다. 좋은 교사가 되는 것을 돕기 위해 실습생 지도는 지도교사의 중요한 일이다.

교육실습은 대학에서 배운 학문이론과 교수방법·기술을 직접 교육현장에서 적용해보고 교사의 역할을 직접 경험해보는 중요한 기회이다. 실습기간 동안 유아전문지식의 적용, 수업의 계획과 지도 경험, 유아의 생활지도와 기술습득, 행정사무 능력 습득, 전반적 기관의 행사 및 인간관계 경험, 교사로서의 자신의 적성과 능력을 시험해볼 수 있다.

대학 초기에는 참관실습을 통해서 유아교육기관에 가서 수업을 참관하게 되거나 교육봉사활동을 통하여 다양한 학급의 수업진행이나 교사의 역할을 간접적으로 경험하게 된다. 그러나 교육실습은 4주 이상의 기간을 통하여 전반적인 수업의 진행을 참관하고, 관찰과 부분수업을 통하여 직접 수업계획과 진행을 해 보는 경험을 한다. 부분수업은 하루의 일과 중 활동의 한 부분을 진행하는 교사가 되어보는 것이다. 그리고 마지막 주에는 등원부터 하원까지 전일수업을 진행해 봄으로써 실습을 마치게 된다.

실습을 받는 학생이나 지도를 하는 교사는 한 사람의 교사를 만들어내는 작업을 함께 하는 '공동의 창조자'라고 할 수 있다. 성공적인 실습을 위해서는 실습생과 지도교사의 상호협조적 관계가 무엇보다 중요하다. 그러나 실습이라는 과정에는 흥미로움과 설레는 기대만 있는 것이 아니라 두려움과 불편도 같이 존재한다. 실습을 받는 입장과 지도하는 입장은 서로 상반되는 관점을 갖게 되는 것도 사실이다. 미리 이런 상황적인 이해를 바탕으로 효율적인 실습이 되기 위하여 실습생과 지도교사의 역할을 알아보자.

1) 실습생의 입장에서 본 실습

실습생은 학교에서 배운 것을 경험하고 교사로서의 자신의 직업관을 확고히 하는 계기가 된다는 점에서 의의가 크다. 수업진행, 유아지도, 학급운영과 같은 교사의 직무 외에도 전반적인 사무능력이나 관리방법, 유아와의 관계형성, 학부모 관리 등을 경험해보는 기회가 된다.

무엇보다 자신의 적성이 유아교사의 직업에 맞는지 또는 얼마나 능력을 갖추고 있는지를 확인해볼 수 있는 좋은 기회를 갖는 것이 실습의 중요성이라 할 수 있다. 실습과정 동안의 경험에서 긍정적인 교사상을 갖게 되고 교사의 길을 계속해서 찾아가는 계기가 되기도 한다. 그러나 부정적인 경험을 하거나 적성에 맞지 않는 점을 발견하고 유아교사의 직업을 포기하게 되는 경우도 있다.

실습생에게 처음으로 접하는 교육환경이라 여러 가지로 서투르고 잘 모르는 지도교사와 같은 공간에서의 실습은 부담스러운 것도 사실이다. 다른 사람으로부터 평가를 받는 입장은 스트레스의 요인이 되며 한 달이 길게 느껴질 수도 있다. 유아교육기관의 특징인 다양한 업무로 인해 때로는 무엇을 해야 하는지에 대한 범위가 정확하지 않고 담임의 일과 실습생의 일을 정확하게 구분하기가 어려운 점도 있다. 새로운 환경에서 무엇을 어떻게 해야 하는지 잘 모르는 것은 불안과 갈등의 요소가 되기도 한다.

실습생은 지도교사의 수업방법이나 유아지도 기술을 보고 배우게 된다. 보고 배우는 학습의 효과는 대단하다. 처음으로 만난 지도교사의 수업은 실습생의 앞으로의 수업이나 교사의 역할에 모델링이 된다. 실습지도교사를 통해 교사의 언어, 태도, 유아에 대한 상호작용 등 현장에서 필요한 지식과 기술, 태도 등을 보고 배우게 된다.

실습생에게 있어 실습을 하는 기관, 교육프로그램, 교사가 누구인가는 실습의 질에 영향을 끼친다. 그리고 무엇보다도 실습생 개인에게는 자신의 교사에 대한 신념이나 태도를 갖게 되고 유아교사라는 직업에 적합성을 결정하는데 영향을 끼치기 때문에 아주 중요하다. 실습을 통해 예비교사들은 긍정적인 또는 부정적인 영향을 모두 받게 된다. 그래서 실습 후에 유아 교사의 일에 대한 자긍심을 갖게 되기도 하고 갈등이나 부적합성 등을 느끼는 경우도 있다.

한 달 정도의 짧은 기간에 모든 것을 경험하고 이해하기는 어렵지만 이 기간에 보고 배우는 경험은 전공 진로와 교사로서의 준비에 있어서 아주 중요한 의미를 가진다. 그러므로 실습지에서 어떤 경험을 하느냐가 실습생에게는 아주 중요한 일이다.

2) 실습지도교사의 입장에서 본 실습

실습지도교사의 역할이 실습생에게는 최초의 교사 모델이 되고 실습과정을 통해 교육철학, 가치관, 태도, 교수방법과 전반적인 교사역할에 영향을 미치게 된다. 효율적인 실습지도를 위하여 실습교사는 실습생을 맡게 되면 체계적인 지도계획을 하고 실습지도교사로서의 모범을 보일 수 있어야 한다.

실습지도도 제대로 알고 하지 않으면 잘 지도하기 어렵고 이제 새롭게 교직의 길로 나가고 있는 실습생의 앞날에 방해가 될 수도 있다. 실습지도교사는 올바른 실습의 의미와 실습지도의 체계적인 계획이 필요하다. 초임교사의 경우는 실습생 지도를 해본 적이 없어서 방법이나 기술적인 측면에서 지도하는데 어려운 상황에 놓인다. 경력이 많은 교사라고 해서 모두 실습지도 경험이 많거나 실습지도의 수준이 높은 것이라 할 수는 없다(박현우, 2006).

또한 실습지도교사에게 실습은 자신의 수업을 한번 되돌아보고 반성해볼 수 있는 기회를 가진다는 점에서 중요하며 실습생을 통하여 새로운 교육의 접근을 접할 수 있다는 장점도 있다.

그러나 실습생을 지도하고 수업의 모범이 되어야 한다는 사실은 지도교사에게도 긴장감과 스트레스의 요인이 된다. 어디까지 지도해야 할지, 제대로 지도를 하고 있는 것인지, 지도교사로서 평가를 받게 되는 점도 중압감을 가져오기도 한다. 하루의 일과가 바쁘게 이루어지는 과정에서 실습생을 지도하고 실습일지를 검사하고 조언과 평가를 한다는 것이 쉬운 것은 아니다.

실습지도교사의 지도는 중요하고 실습에서 얻는 이미지가 실습생의 장래 진로에 미치는 영향은 아주 크다고 할 수 있다. 처음 실습하는 실습생의 입장을 고려하여 지도교사는 실습생을 맞이할 준비가 필요하다.

3) 실습기간에 생길 수 있는 일

한 달여 동안의 짧은 실습기간을 통하여 그 학급의 전체적인 수업을 안다는 것은 어렵다. 유아의 발달은 짧은 기간에 많은 변화가 일어나고 실습 전후의 모습을 볼 수 없기 때문에 실습생이 짧은 시간에 본 장면으로 지도교사의 수업이나 유아의 행동에 대해 판단하여 단정 짓는 실수를 범해서는 안 된다.

지도교사가 제공하는 지도의 방법이나 지원은 각각 달라서 실습생들이 긍정적인 지원을 받기도 하지만 부적절하거나 충분한 지원을 받지 못하는 경우도 있다. 무관심한 지도교사는 실습생의 문제와 요구조차 인식하지 못하거나 부정적으로 작용하기도 한다(조운주, 2004).

지도교사와 실습생의 상반된 지각도 갈등의 원인이 된다(이명순, 2000). 지도

교사는 실습생이 학교에서 배운 대로 하려는 노력을 해야 한다고 생각하거나, 이미 알고 있을 거라고 생각하기 때문에 미리 적절한 개입이나 도움을 주지 않게 되는데, 이러한 현상은 실습생들로 하여금 막막함과 불안감을 느끼게 하고 수업의 성공보다는 실패감의 확률을 높이게 되기도 한다.

지도교사와 실습생의 성격이 맞지 않거나 서로가 원하는 태도나 행동이 보이지 않을 때 갈등이 일어난다. 실습생은 원하는 방향으로 지도를 받지 못하거나 지도교사가 기대하는 만큼 실습생이 열성적으로 임하지 않을 때 많은 어려움을 느끼게 된다.

유아들은 실습생이 교실에 오면 새로운 실습생에게 관심을 끌려고 하며 이제껏 지켜오던 교실의 규칙이나 일상기본생활습관 태도가 흐트러지는 모습을 보이기도 한다. 이런 부분에서 지도교사와 실습생의 미묘한 심리적인 갈등이 생기기도 한다. 실습생에 맞는 태도를 분명히 하여 담임교사가 지켜온 규칙을 지켜주도록 한다.

실습생은 각자 개인이 실습하는 기관의 특성이나 주변 상황에 따라 수업방법이나 학급운영의 경험이 다를 수 있다. 기관의 교육프로그램이나 교육관 또는 교사의 교육철학이 실습생이 기대하던 것과 다르다 하더라도 실습하는 기관의 특성을 존중해줄 필요가 있다.

한 달 이상의 실습기간 동안 서로 모르는 두 사람 이상이 같은 공간을 공유하게 된다. 그리고 지도교사와 실습생의 관계는 지도하고 점수를 주는 입장과 실습을 받고 점수를 받아가야 한다는 입장으로 힘든 관계가 될 수 있다. 교직이라는 일 자체가 아니라 실습지도교사와의 경험 때문에 실습생의 미래 직업관에 부정적인 영향이 가지 않도록 노력하는 자세가 필요하고 실습생은 단편적인 부분으로 판단하지 않도록 해야 한다. 따라서 상호 간의 입장을 고려하는 지도교사의 리더십과 실습생의 객관적 관점이 요구된다.

4) 실습지도교사의 역할

(1) 실습의 의미를 알고 실습이 효율적으로 이루어지기 위한 구체적인 계획을 세운다.
(2) 실습 시작 전에 전반적인 실습에 대한 사전 안내를 한다.
(3) 교사로서 갖추어야 할 자질과 태도, 수업기술에 대한 모범이 된다.
(4) 실습생의 수업계획안 작성과 수업진행에 대한 안내와 조언을 한다.
(5) 실습생의 수업에 대한 평가와 조언을 한다.
(6) 실습생에 대하여 인격적으로 적절한 대우와 함께 필요한 일을 설명하고 배울 수 있도록 지도한다.
(7) 실습생에 대하여 지지적인 언행과 객관적인 지도가 필요하다.
(8) 실습일지 검사 등을 통한 지원과 조언을 하며 전체적인 실습평가를 한다.

〈지도교사 평가에 대한 실습생의 저널 예〉

수업 후 지도교사 선생님께서 부분수업에 대한 조언을 해주셨다. 걱정스런 내 표정을 본 선생님이 괜찮다고 격려해주셨다. 너무 자신 없어 하지 말하고 처음에는 누구나 실수를 많이 하며 경험이 쌓이면 나아진다고 위로해주셨다. 그리고 몇 가지 수정하면 좋을 점에 대하여 말씀해주셨다. 덕분에 나의 마음이 조금씩 편안해지는 것을 느낄 수 있었다. 부족한 나의 모습을 보면서도 인내심을 가지고 나를 기다려주시는 선생님이 감사했다. 나도 다음에 지도교사가 되면 그런 교사가 되고 싶다는 생각이 들었다. 실습을 하면서 아직은 부족하지만 조금씩 변화되고 있는 나의 모습이 기대된다. 다음 수업에는 더욱 더욱 자신감을 가지고 준비해야 되겠다는 생각을 했다.

5) 실습생의 역할

(1) 실습기관의 교육철학, 운영 방침, 시설 및 비품 사용규칙 등을 알고 따른다.
(2) 기관의 장과 지도교사, 그 외 기관의 교직원을 존중하는 태도를 갖고 예의를 갖춘다.
(3) 적극적으로 수업 및 학급운영 등 전반적인 교사생활을 관찰하고 경험하는 기회를 갖는다.

(4) 객관적으로 지도교사의 지도방법과 언행을 판단하고 좋은 것을 받아들이도록 한다.
(5) 유아를 지도하는 데 있어 발달특징과 개인차를 고려하고 유아를 존중하는 상호작용을 한다.
(6) 시간을 엄수하고 정해진 기간 내에 실습에 관련된 수업, 준비물, 실습일지 등을 제출하여 확인을 받는다.
(7) 실습생의 한계를 지키면서 실습기관에 피해가 가지 않도록 주인의식을 갖고 행동한다.

6) 실습과정

처음에는 참관실습을 통해서 교육기관에 가서 수업을 보는 것 위주의 참관을 하게 된다. 그러나 교육실습은 4주 이상의 기간을 통하여 전반적인 수업의 진행을 알게 되고, 관찰과 부분수업, 전일수업을 직접해보는 기회를 갖게 된다. 1~2주 동안은 관찰과 참관을 하고, 3주경부터는 부분수업 활동을 진행하는 교사가 되어보고 마지막 주에는 전일수업을 진행해 봄으로써 실습을 마치게 된다.

실습을 통하여 수업계획안 작성, 교구제작, 유아관찰과 지도, 교실환경 정리, 서류작성 등 전반적인 유아교사의 일을 경험한다. 성공적인 실습은 실습생과 지도교사의 상호협조적인 관계에 달려 있다고 할 정도로 아주 중요하다.

> 중요한 건 비판이 아니다. 누가 어떻게 비틀거렸으며 어디서 실수를 저질렀는가를 지적하는 사람이 중요한 게 아니다. 중요한 것은 실제로 인생의 경기장에 뛰어들어 먼지와 땀과 피로 얼굴에 상처를 입은 사람, 용감하게 재도전하고 연거푸 실수하고 모자랐다 해도 결코 포기하지 않는 사람, 자신의 열정을 쏟는 사람, 또한 가치 있다고 생각하는 목적에 인생을 바치는 사람이다.
> 그는 성공과 결실을 거두었든, 아니면 과감히 도전했으나 실패했든, 자신이 결코 승리도 패배도 모르는 소심하고 무감각한 영혼이 아니라는 사실을 깨닫게 되리라.
>
> –레오도어 루스벨트

생각해 봅시다

1. 유아교사는 특수한 교직문화를 가지고 여러 사람을 대해야 하는 직업이다. 자신이 이러한 교직문화에서 잘 적응하고 행동하기 위하여 자신이 변화할 점은 무엇인지 생각해 보자.

2. 의사소통은 대인관계의 꽃이다. 평소에 자신의 의사소통의 방법은 어떤 것이며, 어떤 말을 자주 하는지 생각해 보자.

3. 모든 시작에는 두려움과 기대가 함께 한다. 실습을 하기 전에 자신이 준비해야 할 마음가짐이 어떤 것인지 구체적으로 생각해 보자. 다른 사람들은 어떻게 실습에 임했는지 한번 물어보자.

8장 재치 있는 유아교사 되기

67 담임 첫인사

자신감 있는 표현과 말투, 미소, 단정한 옷차림, 준비된 첫 인사말로 좋은 첫인상을 남기도록 하자.

인간관계에서 첫인상이 중요하듯이 내가 맡게 되는 유아들과 유아들의 부모님을 처음 만나는 날은 아주 중요하다. 그런데 오리엔테이션 또는 입학식을 앞두고 가장 고민되는 것 중의 하나가 인사말 시간이다.

이 시간은 공식적으로 나의 교육관, 학급운영 방침 등을 이야기할 수 있는 소중한 기회가 될 수 있으며 유아들과 유아들의 부모님 앞에서 하는 약속의 시간이라고 할 수 있다. 그러나 1~2분 정도의 짧은 인사말을 앞두고 무슨 말을 어떻게 해야 좋은 인상을 남길 수 있을까? 고민이 이만저만이 아니다. 특히 신입교사들은 말이 떨리거나 더듬는 등 실수에 대한 두려움도 크기 마련이다. 행사 전 동료들끼리 스피치 연습을 통해서 실수하는 일을 막고 좋은 인상을 남길 수 있도록 의견을 교환해보도록 하는 것도 좋은 방법이다.

인사말 내용으로는 본인의 이름, 본인이 맡은 반의 연령, 본인의 교육철학 및 신념, 학급운영 방침 등이 들어가도록 하자. 다음은 첫 인사말 내용의 예시이니 인사말 준비할 때 참고하면 좋겠다.

〈표 8-1〉 첫 인사말 내용 예시

① 안녕하십니까? 만 5세반 꽃님반을 맡은 김유경이라고 합니다. '어린아이들은 거울과 같다'라는 말이 있습니다. 사랑 안에 있으면 사랑을 반영하는 사람이 된다고 합니다. 우리 꽃님반 친구들이 사랑이 넘치는 따뜻한 어린이들이 될 수 있도록 진실된 사랑을 베풀겠습니다. ② 안녕하십니까? 만 3세반 기린반 교사! 김유경이라고 합니다. 기린은 기다란 목으로 다른 동물 친구들보다 더 멀리 볼 수 있다죠? 우리 기린반 친구들도 기린처럼 보다 더 높이, 멀리 내다보며 큰 꿈을 품는 아이들로 자라날 수 있도록 노력하겠습니다. 기린반 파이팅! ③ 새로운 친구들을 만난다고 생각하니 가슴이 두근두근 설레는 마음을 감출 수 없습니다. 안녕하십니까? 별님반 교사 김유경이라고 합니다. 저희 별님반은 만 4세 친구들의 반짝반짝 빛나는 보금자리입니다. 제각각 아름다운 모습과 목소리로 더욱 찬란한 빛을 뿜을 수 있도록 변치 않는 평온한 밤하늘이 되겠습니다.

출처: 키드키즈(kidkids.net).

교사의 인사말과 함께 중요한 것은 교사의 표정과 복장이다. 자신감 있는 표정과 말투, 미소, 단정한 머리와 옷차림을 해서 부모와 유아들을 만난다면 좋은 인상과 신뢰감을 주게 된다. 간혹 면 티셔츠에 청바지, 운동화 차림으로 오는 경우가 있는데 삼가야 한다.

68 학기 초 적응 프로그램

신입유아를 위한 학기 초 적응 프로그램은 유아가 부모와 헤어지는 것을 불안해하지 않고 유아교육기관에서의 생활에 편안함을 느끼면서 점진적으로 적응하도록 도와주는 프로그램이다.

유아는 유아교육기관에 처음 오면 새로운 환경, 낯선 교사, 낯선 친구들, 부모와의 분리 등으로 심리적인 부담과 불안을 갖게 된다.

흔히 심리적인 부담과 불안 증세는 여러 가지 형태로 나타난다. 교실에 들어오지 않는 유아, 계속해서 우는 유아, 친구와 어울리지 않는 유아 등 다양하다. 그러므로 신입유아가 초기에 잘 적응할 수 있도록 체계적인 프로그램을 실시할 필요가 있다.

프로그램의 기간은 1~2주 정도 기본으로 하고 하루에 약 2~3시간에서 점진적으로 늘려가며 유아의 개인차를 고려하여 융통성 있게 진행한다.

신입유아의 적응을 돕기 위한 방법은 다음과 같다.

적응 프로그램을 실시하기 전에 유아의 연령, 개인적인 생활습관과 특성, 가정환경 파악, 사전 유아교육기관 경험여부, 부모의 직장여부 등에 대한 정보를 얻어서 유아의 적응을 도울 수 있다. 또한 신입유아의 초기 적응과정을 부모와의 소통(예 : 직접적인 만남, 전화통화, 알림장 등)을 통해서 전달하고 의논을 함으로써 신입유아의 적응을 도울 수 있다.

신입유아를 위한 초기 적응 프로그램을 위한 절차는 다음과 같다. 이러한 절차는 유아교육기관의 여러 가지 특성에 따라 융통성 있게 응용하여 적용할 것을 권한다.

〈표 8-2〉 신입유아를 위한 초기 적응 프로그램을 위한 절차 예시

○○ 어린이집(_____년)

유아는 처음 오는 어린이집의 새로운 환경, 낯선 양육자, 익숙하지 않은 또래들과의 만남, 친 양육자와의 분리 등으로 불안을 느끼기 쉽습니다. 부모와 가족 역시 유아를 새로운 어린이집에 보내는데 심리적인 어려움이 있을 수 있습니다. 이에 본 어린이집에서는 신입유아와 부모가 새로운 상황에 잘 적응할 수 있도록 다음과 같이 '신입유아 적응 프로그램'을 실시하고 있습니다.

▌목적
1) 유아가 보호자와 헤어지는 것을 두려워하지 않고 어린이집을 안전하고 편안한 장소로 느낀다.
2) 새로운 교사와 친구에 대해 친밀감을 느낀다.
3) 적응기간을 통해 어린이집 생활에 잘 적응한다.

▌진행원칙
1) 유아와 보호자가 함께 프로그램에 참여한다.
2) 유아의 적응에 필요한 기본적인 활동(예 : 점심, 낮잠 등)을 경험하게 한다.
3) 적응 프로그램은 1-2주 정도를 기본으로 하되, 유아의 개인차를 고려하여 융통성 있게 진행한다.
4) 적응기간 초기의 보육시간은 약 2-3시간에서 점진적으로 늘려간다.
5) 유아의 연령, 기질, 발달, 애착, 적응상태, 어린이집 상황, 가정의 상황 등에 따라 기간과 방법을 달리할 수 있다.
6) 단기간에 적응시키는 것이 중요한 것이 아니라 유아의 적응상태를 고려하여 차근차근 진행한다.
7) 적응이 늦다는 것은 문제가 있다는 것이 아니라 주변 상황이나 사물, 사람 등에 대해 민감할 수 있음을 말하며, 민감함은 때론 낯선 상황에 대한 판단과 지각능력이 예민하다는 것을 의미할 수도 있음을 이해해야 한다.

▌신입유아의 초기 부적응 행동의 예
1) 어린이집에 가지 않겠다고 떼쓴다.
2) 어린이집 현관에 들어서기만 하면 울기 시작한다.
3) 또래와 어울리지 않고 시무룩하다.
4) 교사와 상호작용을 하지 않으려고 하며 반응이 없다.
5) 어린이집에서는 간식이나 식사를 하지 않으려고 한다.
6) 어린이집에서는 낮잠을 자려 하지 않는다.
7) 울음이 잦고 자주 칭얼댄다.

8) 밤에 자지 않고 울면서 깬다.
9) 신체적 증상이 없음에도 불구하고 아프다고 한다.
10) 대소변을 가리던 영아가 대소변을 가리지 못한다.
11) 집에서 어린이집에 대한 좋지 못한 감정을 직접적으로 표현한다.

▌진행단계 : 최소 1주일의 예

기간	내용	귀가
등원 첫날	짧게 방문하기 엄마와 함께 놀이해보기 오전 간식 먹기	적 응 : 10 : 00~12 : 00 귀가 부적응 : 10 : 00~11 : 00 귀가
둘째 날	오전 놀이와 점심식사	적 응 : 10 : 00~식사 후 13 : 00 귀가 부적응 : 10 : 00~12시 이전 귀가
셋째 날	엄마와 잘 헤어지기 선생님과 놀이하기	적 응 : 10 : 00~식사 후 13 : 00 귀가 부적응 : 10 : 00~12시 이전 귀가
넷째 날	엄마와 웃으며 안녕하기 낮잠 자보기	적 응 : 09 : 30~낮잠 잔 후 15 : 30 귀가 부적응 : 09 : 30~식사 후 13 : 00 귀가
다섯째 날	친구들과 함께 놀이하기 편안한 마음으로 낮잠 자기	적 응 : 09 : 30~낮잠 잔 후 17 : 00 귀가 부적응 : 09 : 30~식사 후 14 : 00 귀가
여섯째 날	하루 종일 지내기	적 응 : 09 : 30~낮잠 잔 후 18 : 00 귀가 부적응 : 보호자와 상담 후 귀가시간 조정

※ 적응아와 부적응아에 따라 귀가시간을 달리 조정할 수 있다.

▌신입유아 적응을 위한 배려

어린이집	부모님
• 부모와 교사가 친밀한 관계임을 느끼도록 즐겁게 대화하기 • 교실 입구에 가족사진을 붙여두거나, 흥미를 끌만한 놀잇감이나 음식을 준비하기 • 신발장이나 개인 사물함에 사진과 이름을 붙여두어 소속감과 안정감을 갖게 하기 • 적응 초기에는 유아가 탐색할 기회를 충분히 제공하고, 신체적 접촉을 서두르지 않기 • 가정에서 유아가 좋아하는 베개나 인형, 장난감 등을 가져오게 하기	• 유아에게 어린이집과 교사 소개하기 • 부모와 교사가 친밀한 관계임을 느끼도록 즐겁게 대화하기 • 적응 초기에는 교실에 들어가 놀이를 함께 하기 • 헤어질 때는 유아에게 꼭 인사를 하고 가고, 정해진 약속시간을 잘 지키기 • 잠들기 전 어린이집 생활에 대해서 이야기를 나누어 아이의 마음에 긴장을 풀어주기 • 지속적인 애정을 표현해주기

출처: 중앙보육정보센터(2011).

69 입학식

입학식은 유아교육기관에 대한 첫인상을 주기 때문에 교사는 잘 진행이 될 수 있도록 입학식 계획을 세우고 입학식에 따른 업무를 잘 알고 준비해야 한다.

입학식은 3월에 이루어진다. 새 학기를 시작하는 첫걸음인 입학식은 유아교육기관에 대한 좋은 첫인상을 갖도록 준비하는 것이 중요하다. 그러므로 입학식이 계획대로 진행될 수 있도록 꼼꼼하게 확인하고 체크하는 자세가 필요하다. 입학식에 따른 교사의 업무는 다음과 같다.

〈표 8-3〉 입학식에 따른 교사의 업무

- 입학식 이전 준비
  - 부모에게 입학원서 및 관련 서류 배부 및 받기 (응급처치동의서, 비상연락망 등)
  - 입학식 초대장 만들고 발송하기 : 입학 당일의 시간, 장소, 준비물, 식순에 대한 자세한 내용을 2주일 전에 발송하기
  - 신발장, 사물함, 출석카드, 이름표 등에 유아 이름표 붙이기
  - 간단한 다과 준비하기
  - 유아교육기관 안내책자 만들기 : 기관 및 담임소개, 연혁, 주요 교육활동, 협조사항 등
  - 입학식 관련 계획안 작성하기
  - 주간 교육계획안, 3월 식단표 및 차량운행시간 작성하기
- 입학식 당일 업무
  - 애국가, 원가 등 음악준비하기
  - 부모 및 유아 맞이하기
  - 입학식 실시하기
  - 부모에게 줄 안내문 : 유아교육기관 안내책자, 주간 교육계획안, 3월 식단표, 차량운행시간표

입학식 전에는 입학관련 서류를 부모에게 받아야 한다. 입학원서 및, 응급처치동의서, 비상연락망 등이 있다. 그리고 입학식 관련 계획안을 작성해서 그에 따른 철저한 준비가 필요하다. 입학식 이전 준비해야 할 구체적인 내용은 〈표 8-3〉을 참고하기 바란다.

입학식 당일은 교사들의 역할분담이 중요하다. 예를 든다면 A 교사는 피아노 반주, B 교사는 사회, C 교사는 레크리에이션 등이 잘 이루어져서 입학식이 잘 진행될 수 있도록 한다. 유아와 부모들이 기억에 남을 만한 이벤트(예 : 마술, 인형극 공연 등)를 마련해본다면 더 풍성하게 입학식을 진행할 수 있다. 또한 입학 축하의 의미로 유아들에게 입학 선물을 준비하는 것도 좋다.

입학식 진행시간은 길면 지루할 수 있으므로 한 시간을 넘지 않는 것이 바람직하다. 입학식 관련 계획안은 기관의 특성에 따라 차이가 있으니 융통성 있게 운영할 수 있다. 입학식 관련 계획안 작성에 대한 예시는 다음과 같다.

입학식 관련 계획안 작성 (예시)

20 학년도 ______ 입학식 계획안

○ 새 학기 생활에 대한 새로운 다짐을 하는 기회를 갖는다.
○ 부모는 부모로서의 역할을 다짐하는 기회를 갖는다.

Ⅰ. 행사 개요

1. 일　　시 : 20　.　.　(　요일), 오전 10시 30분 – 오전 11시 30분
2. 장　　소 : ______ 강당
3. 참석인원 : 약　　　명(예정)
   - ○ 입학유아 :　　　명
   - ○ 교 직 원 :　　　명
   - ○ 학 부 모 :　　　명
4. 식　　순 :

사회 :　　　　선생님

- 개 식 사 ······························ 사회자
- 국민의례 ······························ 다같이
- 원장소개 ······························ 사회자
- 축　　사 ······························ 원장님
- 반 및 교직원 소개
- 입학식 선물 증정 ······················· 원장님
- 원가 제창 ······························ 다같이
- 공지사항 ······························ 사회자
- 폐회사 ································ 사회자
- 각반 교실에서 담임교사와 만남

Ⅱ. 주요 준비사항

구 분	내 용	담 당	확 인
사전 준비	입학안내 초대장 발송	교사 ○○○	
	입학 식순 작성(Power Point를 이용)	교사 ○○○	
	입학식장 준비 : 식순게시, 좌석배치, 반별 푯말	교사 ○○○	
	입학식 선물	교사 ○○○	
당일준비	현관 : 입학식 식순지 식장 안내표지	교사 ○○○	
	강단 : 앰프, 연단, 마이크 설치, 국민의례, 원가 녹음테이프, 입학식 선물 입학식 현판, 내빈용 좌석 개	교사 ○○○	
	식장 : 앞쪽 – 유아 좌석 개, 반별 푯말 뒤쪽 – 부모용 좌석 개 입구 – 다과, 차(커피, 홍차, 녹차), 종이컵, 온수물, 티스푼, 쓰레기통, 티슈	교사 ○○○	
	각반 교실 : 유치원 안내책자, 출석카드, 이름표, 주간 교육계획안, 3월 식단표, 차량운행시간표	각반 담임	
	카메라	교사 ○○○	

Ⅲ. 소요예산 : (단위 : 천 원)

1. 입학식 현판 제작 ·· 천 원
2. 입학 안내문 우편 발송료 ································ 천 원
3. 유치원 안내책자 제작 ···································· 천 원
4. 기타 (디과 및 음료 구입, 안내표지판 제작) ····· 천 원

Ⅳ. 행사 당일 업무분장

구 분	내 용	담 당	확 인
행사안내 협조의뢰	부모 입학식 공지(우편발송)	교사 ○○○	
식장준비	연단 및 앰프 설치, 좌석배치 및 배열, 다과 준비 및 배열	교사 ○○○	
입학식 사회자		교사 ○○○	
입학식 반주 및 음악담당		교사 ○○○	
레크리에이션 담당		교사 ○○○	
식장 안내		교사 ○○○	
유아관리		교사 ○○○	
사진촬영		교사 ○○○	

70 졸업식

졸업식은 유아교육기관에서 학급 친구들과 선생님과 함께 생활했던 지난날을 돌이켜보고 모두에게 감사하는 마음을 갖고 즐거운 마음으로 마무리할 수 있도록 해야 한다.

졸업식은 '새로운 시작의 전주곡'이라고 이야기하듯이 초등학교 생활로 향한 첫 관문인 소중한 경험이다. 참고로 초등학교에 가는 유아들에게는 졸업장을 수여하고, 유치원에 다시 다니게 될 유아들에게는 수료장을 수여한다. 졸업식과 관련된 교사의 업무는 다음과 같다.

〈표 8-4〉 졸업식과 관련된 교사의 업무

- •졸업식 이전 준비
  - 졸업대장, 수료대장, 상장대장 정리하기
  - 유아 입·퇴학 처리부 정리하기
  - 졸업식 관련 계획안 작성하기 : 졸업일은 부모가 많이 참석할 수 있는 일자와 시간으로 정한다.
  - 졸업장, 수료장, 상장 만들기
  - 졸업 및 상장 선물 준비하기
  - 부모 초대장 만들기 : 2주일 전쯤 가정으로 보내기
  - 졸업할 유아들 졸업식 예행 연습하기
  - 간단한 다과 준비하기
- •졸업식 당일 업무
  - 졸업식장 환경구성 및 졸업식 식순에 따른 자료준비
  - 부모 및 유아 맞이하기
  - 졸업식 실시하기

졸업식 이전에는 졸업과 관련해서 마무리할 서류(졸업대장, 상장 등)를 정리하고 졸업식에 관련된 계획안을 작성하여서 그에 따른 준비를 해야 한다. 졸업식 이전 준비에 대한 구체적인 내용은 〈표 8-4〉를 참고하기 바란다.

졸업식 당일에는 교사들의 역할분담을 통해서 행사가 원활히 진행될 수 있도록 한다. 또한 유치원 생활을 되돌아볼 수 있도록 유아교육기관의 일 년 생활을 담은 사진이나 동영상을 보여주는 것도 효과적이다.

졸업식 진행시간은 일정이 너무 길어지면 지루할 수 있으니 한 시간을 넘지 않는 것이 바람직하다. 졸업식 관련 계획안은 기관의 특성에 따라 차이가 있으니 융통성 있게 운영할 수 있다. 졸업식 관련 계획안 작성에 대한 예시는 다음과 같다.

졸업식 관련 계획안 작성 (예시)

20 학년도 _____ 졸업식 계획안

○ 유아들의 졸업과 새로운 출발을 축하하고, 유아들을 사랑과 격려로 가르쳐주신 부모님과 선생님께 감사하는 기회를 갖는다.

Ⅰ. 행사 개요

1. 일 시 : 20 . . (요일), 오전 10시 30분-오전 11시 30분

2. 장 소 : ○○○ 강당

3. 참석인원 : 약 명(예정)
   1) 졸업 유아 : 명
   2) 교직원 : 명
   3) 부모 : 명

4. 식순

사회 : ○○○ 선생님

- 개 식 사 ……………… 사회자
- 국민의례 ……………… 다같이
- 학사보고 ……………… 원장님
- 졸업장 수여 ……………… 원장님
- 축 사 ……………… 원장님
- 상장 및 상품수여 ……………… 졸업생
- 송 사 ……………… 재원생 일동
- 답 사 ……………… 졸업생 일동
- 졸업가 제창 ……………… 졸업생 일동
- 원가 제창 ……………… 졸업생 일동
- 공지사항 ……………… 사회자
- 폐 회 사 ……………… 사회자
- 각반 담임교사와 만남의 시간

Ⅱ. 주요 준비사항

구 분	내 용	담 당	확 인
사전 준비	졸업 안내장 및 초대장 발송	교사 ○○○	
	졸업장 준비 및 졸업대장 기록	교사 ○○○	
	상장 준비 및 상장대장 기록	교사 ○○○	
	졸업식 관련 계획안 작성하기	교사 ○○○	
	졸업 및 상장 선물 구입	교사 ○○○	
	졸업식장 준비 : 식순게시(Power Point를 이용), 좌석배치	교사 ○○○	
	졸업식 관련 현수막 부착	교사 ○○○	
	간단한 다과 및 음료준비	교사 ○○○	
당일준비	좌석(앞쪽 졸업생 좌석 개, 뒤쪽 부모용 좌석 개), 식장 좌석(내빈용 좌석 개), 앰프, 연단, 졸업식 현판, 안내표지판	전직원	
	졸업식장 안내문 게시 및 부모 안내	교사 ○○○	
	다과, 차(홍차, 커피, 녹차, 종이컵, 온수물) 준비	교사 ○○○	
	국민의례, 졸업노래, 원가 녹음테이프 준비	교사 ○○○	
	졸업 가운, 모자 준비, 졸업장, 상장, 상품 진열	교사 ○○○	
	카메라	교사 ○○○	

Ⅲ. 소요예산 : (단위 : 천 원)

1. 졸업식 현판 제작 ………………………………………………… 천 원
2. 기타 (다과 및 음료 구입, 안내표지판 제작) …………………… 천 원
3. 졸업 및 상장 선물 ………………………………………………… 천 원

Ⅳ. 행사당일 업무분장

구 분	내 용	담 당	확 인
행사안내 협조의뢰	부모졸업식 공지(주간 교육계획안), 졸업식 초대장	교사 ○○○	
식장준비	연단 및 앰프 설치, 좌석배치 및 배열, 다과 준비 및 배열	교사 ○○○	
졸업식 사회자		교사 ○○○	
졸업식 반주 및 음악 담당		교사 ○○○	
식장 안내		교사 ○○○	
졸업생 관리		교사 ○○○	
졸업식 촬영		교사 ○○○	

71 현장학습

현장학습은 직접적이고 구체적인 경험활동을 통해서 유아들로 하여금 주변의 물리적 세계를 탐색할 수 있는 기회를 주고 유아의 지식, 가치, 태도의 형성에 효과적이다. 따라서 교사는 현장학습의 효과를 높이기 위해서 고려해야 할 점을 숙지하고 있어야 한다.

현장학습은 책, 그림, 토의로는 경험할 수 없는 직접적이고도 구체적인 경험활동이다. 현장학습은 장소와 범위에 제한이 없는 교육활동이다. 즉 유아교육기관 내뿐만 아니라 주변의 슈퍼마켓, 소방서, 우체국, 다른 지역, 전 세계까지 포함된다. 그러므로 유아들로 하여금 주변의 물리적 세계를 탐색할 수 있는 기회를 주며 유아의 지식, 가치, 태도 형성에 효과적이다.

현장학습의 범위와 장소를 정할 때는 유아교육기관의 교육철학이나 교육주제와 맞고 안전한 곳을 선정하는 것이 바람직하다.

현장학습의 횟수는 유아교육기관에 따라 다르다.

현장학습활동의 효과를 높이기 위해서는 사전활동·본 활동·사후활동에 대해 고려해야 한다. 구체적인 것은 다음과 같다.

1) 사전활동

첫째, 목적지에 대한 사전답사를 해야 한다. 사전답사를 고려해야 할 내용은 다음과 같다.

- 가는 데 소요되는 시간과 교통편이 적당한가?
- 유아들이 방문하기에 안전하고 교육적인 장소인가?
- 화장실, 상수도 시설, 식사할 장소, 우천 시 피할 장소는 있는가?
- 경비는 얼마나 드는가?
- 긴급한 상황이 발생했을 때 갈 수 있는 병원이 있는가?

둘째, 현장학습계획안을 작성해야 한다.

현장학습계획안 내용에는 현장학습의 목표, 현장학습 장소와 날짜, 시간에 따른 일정, 준비물, 평가 등이 포함되어야 한다.

셋째, 현장학습에 관한 가정통신문과 현장학습 참여 동의서를 발송해야 한다.

현장학습에 관한 가정통신문 내용에는 현장학습 장소와 날짜, 유아 복장 및 준비물 등이 포함되어야 한다. 그리고 현장학습 가기 일주일쯤 전에 부모에게 유아의 현장학습동의서를 받아야 한다.

넷째, 현장학습 장소가 공문을 보내야 할 경우는 미리 보낸다.

다섯째, 차량을 준비하고 현장학습 시 보조 인력의 도움이 필요한지 확인해야 한다. 차량을 대여할 경우에는 시간 여유를 두고 예약을 하는 것이 필요하다.

유아의 안전한 현장학습을 위하여 부모나 대학생 자원봉사자의 도움을 받을 수 있는지 계획해야 한다.

여섯째, 유아와 함께 사전활동 하기

현장학습 가기 며칠 전부터 유아들에게 현장학습 장소를 소개하고 그와 관련된 이야기를 나눈다. 예를 들면 '동물원'으로 현장학습을 간다면 궁금한 내용 브레인스토밍 하기, 조사할 내용 및 질문내용 결정하기, 조사방법 및 기록 방법 결정하기 등이다.

2) 본 활동

첫째, 교사는 현장학습 일정을 숙지하고 그에 관련된 물품을 정리한다.

현장학습에 필요한 물품으로는 비용, 비상연락망, 휴대폰 및 배터리 충전여부, 휴지, 여벌 옷, 유아 명찰, 쓰레기봉투 등이 있다.

둘째, 교사와 유아의 복장은 간편한 복장이 좋다. 유아의 복장은 체육복이 편하며, 교사는 유아들이 현장학습 시 교사들을 잘 찾을 수 있도록 간편하면서 통일된 복장이 효과적이다.

셋째, 출발하기 전에 유아들을 화장실에 다녀오게 하고 인원점검을 한다. 그리고 현장학습 시 주의사항을 유아들과 다시 한 번 이야기 나눈다.

넷째, 차량을 이용할 경우에는 지켜야 할 규칙에 대하여 지도한다.

예를 들면 차 안에서는 안전벨트를 매고 앉기, 차 안에서는 창밖으로 얼굴이나 손 내밀지 않기 등에 대하여 지도한다. 장난이 심하거나 몸이 아픈 아이는 교사 근처에 앉힌다. 그리고 유아들이 즐겁게 갈 수 있도록 차 안에서 음악을 틀어주는 것도 좋다.

다섯째, 현장학습을 하는 동안에 수시로 유아를 점검하고 건강상태를 체크한다.

여섯째, 현장학습 장소에 도착하면 조사 및 관찰활동 등 경험할 수 있는 충분한 시간과 기회를 준다.

3) 사후활동

첫째, 현장학습 장소를 다녀온 후 활동경험에 대해 이야기 나눈다.

둘째, 현장학습에서 조사하고 관찰결과를 발표하고, 다양한 유형의 활동과 연계하여 표현할 기회를 준다. 예를 든다면 미술시간에 자신의 생각과 느낌을 그림으로 표현하기, 수학활동시간에는 조사나 관찰결과를 그래프나 벤 다이어그램으로 나타내보기 등을 통해 유아들과 공유한다. 활동결과물은 교실에 전시하거나 가정에 보낸다.

[그림 8-1] 파출소 견학

[그림 8-2] 도서관 견학

72 행사 계획 및 평가하기

유아교육기관에서의 행사는 유아들에게 교육적인 내용을 특별한 방법으로 전달하는 것이기 때문에 평소의 생활에서 얻지 못하는 다양하고 풍부한 활동을 직접 경험할 수 있는 소중한 기회이다.

유아교육기관에서의 행사는 유아에게 소속감과 공동체 의식을 갖게 되며 통합적인 학습의 장을 마련하기 때문에 전인적인 성장에 도움이 된다. 부모에게는 유아교육기관에 대한 이해와 신뢰도를 높일 수 있는 기회가 되기 때문에 열성적인 지지자가 될 수 있다.

유치원 행사는 교육과정의 일부분으로 유아가 중심이 되는 행사이어야 하며 부모 등 외부에 보여주기 위한 '행사를 위한 행사'가 되어서는 안 된다. 그러므로 유아교육기관에서 이루어지는 모든 행사는 유아들이 즐겁고 재미있는 경험이 될 수 있도록 계획되고 진행과 평가가 이루어져야 한다.

유아교육기관에서 일반적으로 실시되는 행사내용으로는 입학식, 졸업식(수료식), 부모참여수업, 가족등반 대회, 산타행사, 음악회, 시장놀이 등 다양하게 이루어진다. 이러한 모든 행사내용은 기관마다 모두 실시되는 것은 아니며 각 기관의 특성과 유아의 연령, 지역사회의 문화 등에 맞게 행사가 이루어진다.

유아교육기관의 행사계획 시기는 대부분 연초에 계획되어 부모 오리엔테이션에서 안내되어지는 것이 일반적이다. 그래야만 유아교육기관에서는 시간적 여유를 가지고 좀 더 체계적으로 진행할 수 있기 때문이다.

〈표 8-5〉 유아교육기관 연간행사계획안(예시)

월	행사내용	월	행사내용
3월	•입학식	9월	•견학
	•어머니 교실		•2학기 신체검사
	•생일잔치		•추석 & 예절교육
	•안전교육		•안전교육(직원 소방 교육)
4월	•씨앗심기	10월	•가을소풍
	•봄소풍		•고구마 캐기
	•부모개인면담(1학기)		•부모 개인면담(2학기)
	•생일잔치		•생일잔치
	•안전교육(안전대피훈련)		•안전교육(난방기구)
5월	•어린이날 행사	11월	•소방의 날 행사
	•어버이날, 스승의 날		•부모참여수업
	•견학		•견학
	•생일잔치		•생일잔치
	•안전교육(옥상놀이 기구)		•안전 교육(불조심)
6월	•견학	12월	•신입유아 접수
	•생일잔치		•생일잔치
	•등반 대회		•산타행사
	•시장놀이		•안전교육(안전대피훈련)
	•안전교육(교통안전)		•겨울방학식
7월	•생일잔치	1월	•개학식
	•물놀이		•생일잔치
	•여름캠프		•** 발표회
	•안전교육(물놀이)		•연극공연 관람
	•여름방학식		•안전교육(동절기 건강지도)
8월	•개학식	2월	•졸업여행(만 5세)
	•물놀이		•초등학교 견학
	•생일잔치		•설날 & 예절교육
	•안전교육(장마철 안전)		•신학기 오리엔테이션
			•생일잔치
			•안전교육(협력기관을 통한 소방교육)
			•수료식, 졸업식

다음에서는 유치원에서 행해지는 다양한 행사를 치르기 위해 교사의 업무에 대하여 알아보고자 한다.

1) 행사운영 계획

교사협의를 통해서 행사운영 계획을 한다. 즉 진행하고자 하는 행사의 의의, 목표, 방향, 시기, 행사장소, 참가대상 인원, 행사내용과 소요경비 등을 결정한다. 그리고 전년도 행사 평가사항을 반영하여 올해 계획을 세운다.

2) 준비

구체적인 행사내용을 결정하여 행사운영계획안을 작성한다. 그에 따른 준비물과 관련 유인물 제작(예 : 안내장, 초대장, 참석여부 조사서) 및 발송한다.

행사진행 전에 준비해야 할 업무분담과 행사진행 시 교사 각자가 맡을 부분에 대하여 상의하고 역할분담을 작성하면, 좀 더 체계적이고 원활하게 준비하는 데 도움이 된다.

행사할 장소가 유아교육기관 외부에서 이루어져야 할 경우 반드시 사전 답사한다.

사전 답사할 때 고려해야 할 점은 다음과 같다.

첫째, 행사 특성과 규모, 목적에 맞는 장소를 섭외해야 한다. 예를 들어 도시락 먹는 곳은 평평하고 그늘진 곳이 좋으며, 보물찾기가 계획되어 있으면 숨길 곳이 있는 장소가 있는지도 고려해야 한다.

둘째, 안전과 동선체크를 해야 한다. 유아와 부모 등이 안전하게 활동할 수 있는 장소인지 확인하고, 동선이 유아가 걷기에 적당한지 고려해야 한다.

3) 진행

유아교육기관의 행사는 교육과정의 일부분이므로 '유아가 중심이 되어야 한다는 것'을 생각해야 한다. 그러므로 행사진행 시 모든 유아가 적극적으로 참여할 수 있도록 해야 하며 충분한 의사소통을 한다. 또한 유아의 몸 상태나 기분을 수시로 체크하고 간식과 생리적 요구를 적절한 시간에 마련하여야 한다.

교사는 자기가 맡은 역할을 숙지하고 잘 수행할 수 있도록 해야 하며 예상치 못한 상황에 즉각 대처할 수 있도록 긴장감을 늦추지 않는다.

진행과정은 사진, 비디오를 통해 기록한다. 왜냐하면 기록을 통해서 다음해에 참고할 수 있는 자료로 사용할 수 있기 때문이다. 또한 다음해의 신임교사에게 도움이 되며, 유아들과 함께 보면서 회상하고 평가할 수 있는 자료가 되어 효과적이다.

시작과 종결의 표현은 분명해야 하며, 뒷정리를 잘할 수 있도록 이야기한다.

4) 평가활동

행사에 대한 평가는 교사에 의해 이루어지는 경우가 많은데 행사 참여자(유아, 부모 등)의 의견도 반영이 되어야 한다. 즉 교사, 유아, 부모 등 모든 행사 참여자의 의견을 반영해서 기록에 남기고 다음 행사를 더 원활히 진행하기 위한 자료로 활용할 수 있어야 한다. 구체적인 내용은 다음과 같다.

유아들에게는 행사를 통해 경험한 것을 이야기하고, 느낌을 다양하게 표현하게 한다. 예를 들면 그림 그리기, 만들기, 신체표현 등을 통해서 유아들에게 얼마나 교육적 효과가 있었는지, 발달수준에 적합한 행사인지 파악하고 다음에 보완해야 할 점을 알아보아야 한다.

부모들에게는 직접 의견을 듣거나 참여 소감문을 배부하여 이후 행사할 때 고려하여 반영하도록 한다.

교사는 회의를 통해서 행사의 의의와 취지, 목표, 방향, 진행과 준비물, 사전 준비 등 행사의 운영에 이상이 없었는지 이야기 나누고 기록에 남긴다. 그리고 다음 행사에 반영한다.

[그림 8-3] 부모참여수업

[그림 8-4] 운동회

[그림 8-5] 인절미 만들기

[그림 8-6] 한과 만들기

[그림 8-7] 황토물들이기

[그림 8-8] 요리하는 날

73 원아모집

교사는 유아교육기관의 원아모집에 관련된 내용을 숙지하고 있어야 한다. 즉 입학대상, 원아모집 시기, 원아모집 절차 및 선발, 원아모집을 위한 부모상담의 방법 등에 대하여 숙지하고 있어야 한다.

1) 입학대상

유치원의 입학대상 유아는 「유아교육법」에 "유치원에 입학할 수 있는 자는 만 3세부터 초등학교 취학 전까지의 유아로 한다."로 규정한 내용에 의거한다. 따라서 유치원의 입학대상은 보편주의 원칙에 따라 만 3~5세에 속하는 모든 유아라고 할 수 있다.

어린이집의 입소 대상은 「유아보육법」에 의해서 0~6세 미만의 취학 전 아동과 12세까지의 방과 후 보육대상 아동이다. 즉, 0~12세 아동 중에서 "보호자가 근로 또는 질병 기타 사정으로 인하여 보호하기 어려운 영아 및 유아"의 규정에 의하여 ① "보호자가 근로 또는 질병, 기타 사정으로 인하여 직접 보육하기 어려운 아동"으로서 ② "보호자가 위탁한 아동"을 대상으로 하는 제한적 선별주의 원칙을 따르고 있다.

2) 원아모집 시기

원아모집 시기는 일반적으로 매년 11월~12월부터 다음해 2월까지 계속되나 우수한 유아교육기관으로 알려진 기관은 원아모집이 단기간에 종료되기도 한다. 또한 유아교육기관은 부모들의 사정에 따라 유아의 입·퇴원이 빈번하므로 학기 중에 수시로 모집하는 경우도 많다. 원아모집 하기 전에 고려해야 할 점은 당해 연도 재원을 희망하는 재학생 중에 '재원 희망서'를 실시한 후, 남은 인원수에 대해서 원아모집을 한다.

3) 원아모집 절차 및 선발

원아모집 절차는 보편적으로 다음과 같다.

원아모집 공고, 입학원서 교부, 입학원서 접수, 입학대상자 선발·통보, 입학금 혹은 납입금 납부, 입학대상자 확정 등의 순서에 따라 이루어진다.

원아 선발은 대부분의 유아교육기관에서는 선착순을 통해서 이루어지거나 지원한 유아 중에서 추첨을 통해 선발하고 있다.

4) 원아모집을 위한 부모의 상담

입학상담은 부모가 유아교육기관을 직접 방문하거나 전화로 문의할 경우가 있다. 입학상담자는 대부분 원장이나 원감 또는 주임교사가 하지만 평교사도 입학상담에 대한 내용과 절차를 잘 알고 있어야 한다.

원아모집에 대한 효과적인 부모상담은 다음과 같다.

첫째, 상담이 이루어지는 상담실은 청결하고 따뜻한 분위기가 좋다. 교사는 권위를 내세우기보다는 밝고 편안하고 교육적인 모습을 보여야 부모가 마음을 놓고 이야기한다.

둘째, 부모에게 보여줄 자료의 내용은 원아모집 책자, 인터넷 홈페이지, 유아교육기관 생활을 볼 수 있는 동영상 자료 또는 사진 자료, 부모들이 궁금해하는 내용을 정리한 파일 등을 준비한다.

셋째, 교사가 원아모집 상담할 때 숙지해야 할 내용은 다음과 같다.

- 입학 절차에 대한 안내(준비서류, 준비물, 교육비 및 기타 납부금, 신입 오리엔테이션 일정, 입학식 등)
- 본원의 교육특색, 교육프로그램, 수업시간
- 식단표, 교실 및 물리적 환경의 안전과 위생
- 학급 원아 수, 교사 대 유아비율
- 유아교육기관 운영 방침에 대한 안내

넷째, 무엇보다 교사는 부모가 초점을 두고 궁금해하는 사항을 잘 파악하여 그 내용을 중점적으로 안내하는 것이 효과적이다. 예를 들면 만 2세 부모가 교육의 프로그램보다는 자녀의 먹거리에 대해서 더 관심을 가질 경우는 식단표를 보여주며 믿을 수 있는 먹거리를 제공하고 있다는 점을 안내해야 한다.

그리고 없는 사실을 꾸며내서 상담을 하여 부모의 신뢰를 떨어뜨리는 일이 없어야 한다.

원아모집 직접상담의 종류는 개별상담과 단체상담이 있다. 구체적인 내용은 〈표 8-6〉을 참고하기 바란다.

〈표 8-6〉 원아모집 직접상담의 종류

기관을 직접 방문한 부모 대상으로 입학상담을 할 경우 개별상담과 단체상담이 있다.

① 단체상담

단체상담은 원에서 일시를 정하여 동시에 많은 부모를 초대해서 상담할 수 있기 때문에 시간적, 심리적, 경제적으로 효과가 있다. 강당과 빔프로젝트 시설 또는 대형 TV가 있는 원은 교육과정을 비디오나 파워포인트로 제작하여 프레젠테이션을 할 수 있다.

단체상담을 할 때 친근한 분위기를 위해 약간의 다과를 대접하면서 상담을 시작하고, 단체상담이 끝나면 작은 기념품이라도 선물해 줌으로써 기관에 대해서 좋은 인상을 남길 수 있다.

② 개별상담

개별상담은 기관이 여유가 된다면 3-4평 규모의 상담실을 따로 설치하여 연간 교육활동 내용이나 사진 또는 비디오를 한눈에 볼 수 있도록 전시한다면 상담의 분위기를 극대화할 수 있다. 상담할 때 원에 찾아온 부모에게 예의를 갖추어 다과를 대접하고 면담내용을 기록하면서 상담을 한다면 부모가 존중받는다는 느낌과 함께 신뢰감을 줄 수 있다.

유아와 부모가 함께 입학상담을 해오게 되면 원장과 부모가 단 3분도 평안히 상담할 수가 없다. 왜냐하면 유아가 자꾸만 집에 가자고 조르거나 방해하기 때문에 상담에 어려움이 있기 때문이다. 이때 교사는 유아를 실외·실내 놀이 시설 또는 특별한 간식을 마련한 옆 교실로 유아를 데리고 가서 유아와 함께 즐겁게 상호작용한다면 유아와 원장이 안정되게 면담할 수 있게 할 수 있다. 또한 유아에게도 원에 대해 호감을 가질 수 있는 기회를 제공할 수 있다.

개별상담이 끝난 후 원에 방문한 유아나 부모에게 작은 기념품을 선물해 줌으로써 좋은 인상을 남길 수 있다.

74 유아교육기관 홍보하기

유아교육기관에서의 홍보란 유아교육기관의 교육과 운영 방침 등 자신의 유아교육기관을 부모나 지역사회에 알리는 활동이다.

유아교육기관에서의 홍보란 유아교육기관의 교육과 운영방침 등 자신의 유아교육기관을 부모나 지역사회에 알리는 활동이다.

유아교육기관의 홍보 목적은 단지 원아모집의 목적뿐 아니라 가정과의 원활한 관계를 통하여 유아교육의 효과를 높이고 더 나아가 지역사회와의 화합 분위기 조성에 도움을 주고자 하는 데 있다(김수향 외, 2008).

유아교육기관의 홍보 시기는 어느 일정시기에만 홍보할 것이 아니라 장기적인 안목으로 지속적인 홍보활동이 중요하다. 왜냐하면 유아교육기관의 홍보는 부모의 입소문이 많은 역할을 하기 때문이다.

유아기 자녀를 둔 부모들의 유아교육기관을 선정하는 방법은 주변의 부모들에게 유아교육기관의 질(시설 환경 및 안전과 위생, 교육프로그램, 먹거리, 원장 및 교사의 태도 등)에 대해서 자문을 구한 후 유아교육기관을 선정하는 경우가 많다. 따라서 유아교육기관에서는 내실을 갖추어 교육 운영을 함으로써 훌륭한 교육을 펼칠 수 있는 유아교육기관이 존재함을 알리는 것에 초점을 맞추는 것이 좋다.

유아교육기관의 홍보방법은 신문, 잡지, 팸플릿, 벽보, 플래카드, 전단지, 지역방송, 유치원 홈페이지 활용, 직접 상담 등을 통해 이루어질 수 있다. 또 다른 방법으로는 유아교육 관련자, 부모 및 일반인들에게 특정한 날을 정해서 초대하는 유아교육기관 개방일(Open House)을 통해 홍보하는 방법이 있다.

다음은 홍보물의 내용에 포함되어야 하는 것들을 정리한 것이다.

- 기관명, 주소, 전화번호, 홈페이지 주소
- 기관을 찾아오는 길 : 주소와 약도 등을 안내한다.
- 교육내용에 대한 설명 : 유아교육기관의 철학 및 특색에 대한 내용을 안내하되 전문적인 용어보다 부모가 이해하기 쉬운 용어로 서술한다.
- 원아모집 대상인 원아 연령 및 인원, 원아 모집시기와 입학 절차 : 원아모집은 선착순 모집인지 추첨인지에 대한 내용을 명확히 제시하고, 장애아 통합교육 여부 등에 대해 자세하게 서술한다.
- 교육비, 교육시간, 학급편성, 등·하교 교통편 안내
- 원장과 교사에 대한 소개
- 기관운영 주체 및 후원단체 : 해당기관이 개인, 국가의 운영, 국가의 지원, 특정 민간단체나 후원인의 지원을 받는 것인지 등에 대해 밝힌다.
- 유아교육기관 전경 사진이나 내부사진

75 홈페이지 관리 및 카페 관리하기

홈페이지 및 카페는 기관을 알리고 안내하며 여러 가지 정보를 제공해주는 역할을 하며 부모와의 의사소통이 이루어지는 방법으로써 활용되기 때문에 지속적인 업데이트가 필요하다.

홈페이지 및 카페는 기관을 알리고 안내하며 여러 가지 정보를 제공하고 부모와의 의사소통이 이루어지는 방법으로 활용된다.

홈페이지 및 카페의 내용으로는 일반적으로 기관의 설립 취지, 연혁, 교육목표, 원장과 교직원 소개, 위치, 입학 안내, 기관의 실내와 실외 환경, 연령별 연간 교육계획, 연간 행사계획, 특색 프로그램, 약도 및 교통편 안내, 부모 커뮤니

티, 공지사항, 게시판 등의 메뉴로 구성된다.

홈페이지 관리 및 카페 관리할 때 주의할 점은 지속적인 업데이트가 필요하다. 업데이트를 오랫동안 하지 않으면 원의 무성의를 노출시키고 정보에 대한 신뢰를 떨어뜨릴 가능성이 많기 때문이다. 그러므로 교사는 일정한 날을 정하여 사진이나 정보, 안내를 업데이트 시켜야 한다. 이때 사진에는 모든 유아의 사진이 골고루 제공하여서 부모의 불만이 쌓이지 않도록 한다. 그리고 홈페이지 관리 및 카페 관리할 사항을 나누어서 업무분담을 하는 것도 효과적이다.

생각해 봅시다

1. 유아교육기관에서 이야기하는 행사의 의미에 대하여 생각해 보고 유아의 연령을 선정한 후 연간 행사계획안을 작성해 보자.

9장 행정실무에 능숙한 유아교사 되기

76 문서에 대해 알기

모든 행정사무는 문서로 시작하여 문서로 끝난다고 할 수 있다. 문서의 주요 기능은 '의사전달'과 '의사보존'이라고 할 수 있으며 행정기관의 모든 의사결정은 반드시 문서화되어야 한다.

문서란 도면, 사진, 디스크, 필름, 슬라이드, 전자문서 등 특수기록을 통해 행정기관의 내부 또는 상호 간이나 대외적으로 공무상 작성되고 시행되는 문서 및 행정기관이 접수한 모든 문서를 말한다. 덧붙여 문서는 조직체 또는 개인의 '의사를 전달'하고 '의사를 보존'하는 중요한 역할을 한다. 따라서 유아교육기관이나 교육행정기관에서 교육활동을 지원하거나 교육목표 달성을 위한 모든 행정적인 사무는 반드시 문서로 전달되고 보존되어야 한다.

여기에서는 행정기관의 사무행정과정에서 생산되는 문서의 권위인정과 유효한 성립을 위해 문서의 종류와 문서의 성립 및 효력발생에 대해 알아보고자 한다.

1) 문서의 종류

(1) 작성 주체에 따른 분류

- 공문서 : 행정기관 또는 공무원이 직무상 작성한 문서 또는 시행되는 문서 및 접수한 문서.

- 사문서 : 개인이 사적인 목적을 위하여 작성한 문서, 사문서도 각종 신청서 등과 같이 행정기관에 제출하여 접수된 때에는 공문서가 된다.

(2) 유통 대상에 따른 분류

- 내부결재 문서 : 행정기관 내부적으로 계획을 수립하거나 처리방침을 받거나 보고 또는 검토하기 위하여 결재를 받는 문서.
- 대내문서 : 행정기관 내부에서 보조기관 또는 보좌기관 상호 간 협조를 받거나 지시 및 명령, 보조 등을 위하여 발생시키는 문서.
- 대외문서 : 국민이나 단체 또는 다른 행정기관(소속기관 포함)을 대상으로 발송하고 접수, 처리하는 문서.
- 전자문서 : 컴퓨터 등 정보처리 능력을 가진 장치에 의하여 전자적인 형태로 작성, 송수신 또는 저장된 문서.

2) 문서의 성립 및 효력발생

(1) 문서의 성립시기

문서는 당해 문서에 대한 결재권자의 서명(전자문서 서명, 전자이미지 서명 및 행정전자 서명을 포함함)에 의한 결재가 있음으로써 성립한다.

※ 결재권자 : 조직체의 장, 위임전결규정에 의해 결재권을 위임받은 전결권자, 직무대리자로서 결재를 하는 대결권자를 포함한다.

(2) 문서의 성립요건

- 행정기관의 적법한 권한 범위 내에서 작성되어야 한다.
- 행정기관의 의사표시가 명확하게 표현되어야 한다.
- 위법 부당하거나 시행 불가능한 내용이 아니어야 한다.
- 법령에 규정된 절차에 따라 형식이 정리되어야 한다.

(3) 문서의 효력발생

- 일반문서 : 수신자에게 도달된 때에 효력이 발생한다.
- 공고문서[6] : 고시 또는 공고가 있은 후 5일이 경과한 날에 효력이 발생한다. 다만 효력 발생 시기가 법령에 규정되어 있거나, 공고 문서에 특별히 명시되어 있는 경우에는 규정과 명시된 시기에 효력이 발생한다.
- 전자문서 : 수신자의 컴퓨터 파일에 기록된 때에 효력이 발생한다.

77 문서 작성하기

좋은 문서란 정확, 간결, 명료하게 표현되어 상대방이 쉽게 이해할 수 있도록 작성된 것이다. 이를 위해 유아교사는 수집·정리한 정보를 초안으로 작성하고 검토한 후, 육하원칙에 의거하여 문장은 짧고, 쉽게 쓰되 적절한 경어와 겸양어로 기안목적에 맞는 문서를 작성하여야 한다.

문서는 기관의 대외·내적인 의사소통을 위하여 필요할 뿐만 아니라 기관의 권위와 신뢰도와도 관계가 깊다. 문서 자체의 품격을 높이기 위한 올바른 문서 작성법에 대해 살펴보면 다음과 같다.

6) 공고문서 : 행정기관이 일정한 사항을 일반에게 알리기 위한 문서로서 고시와 공고 등이 이에 해당된다.
① 고시 : 법령이 정하는 바에 따라 일정한 사항을 일반에게 알리는 문서로서 일단 고시된 사항은 개정이나 폐지가 없는 한 효력이 계속된다.
② 공고 : 일정한 사항을 일반에게 알리는 문서로서 그 내용의 효력이 단기적이거나 일시적인 것을 말한다.

1) 문서작성의 일반사항

(1) 용지의 규격

• 문서작성에 쓰이는 용지는 흰색 가로 210mm, 세로 297mm(A4 용지)로 한다.

(2) 용지의 여백

• 위로부터 3cm, 왼쪽으로부터 2cm, 오른쪽으로부터 1.5cm, 아래로부터 1.5cm 여백을 둔다.

(3) 문서의 용어

• 글자
- 어문 규범에 맞게 가로로 검은색 또는 파란 색채 한글로 작성하되, 쉽고 간명하게 표현하고, 정확한 뜻 전달을 위해 필요한 경우에는 괄호 안에 한자 그 밖의 외국어를 넣어 쓸 수 있다.

• 숫자
- 아라비아 숫자로 쓴다.

• 연호
- 서기 연호를 쓰되, '서기'는 표시하지 않는다(예 2012).

• 날짜
- 숫자로 표시하되 연, 월, 일의 글자는 생략하고 그 자리에 온점을 찍어 표시한다(예 2012.3.15.).

• 시·분
- 24시각 제에 따라 숫자로 표시하되, 시·분의 글자는 생략하고 그 사이에 쌍점(:)을 찍어 구분한다(예 오후 3시 20분 → 15 : 20).

(4) 금액의 표시

• 아라비아 숫자로 쓰되, 숫자 다음에 괄호를 하고 한글로 기재한다.
[예 15,790원(금 일만오천칠백구십원)].

(5) 문서의 수정

- 일부분을 삭제하거나 수정할 때에는 글자의 중앙에 가로로 두 선을 그어 삭제 또는 수정하고 서명, 날인한다.
- 중요한 내용일 경우, 여백에 삭제 또는 수정한 자수를 표시하고 서명, 날인한다[예 기안문 3자 삭제(서명 또는 날인), 시행문 3자 수정(서명 또는 날인)].

(6) 항목의 구분 및 표시 위치(띄우기)

- 문서의 내용을 2 이상의 항목으로 구분하여 작성하고자 할 때에는 다음과 같이 나누어 표시한다.

예

수신자X○○○교육장(○○○) 과장
제목X문서 작성요령

---

1. X첫째 항목 ○○○○○○○○○○○○○○○○○○○○
X가.*둘째 항목 ○○○○○○○○○○○○○○○○○○○○
XX1)*셋째 항목 ○○○○○○○○○○○○○○○○○○○○
XXX가)*넷째 항목 ○○○○○○○○○○○○○○○○○○○○
XXXX(1)*다섯째 항목 ○○○○○○○○○○○○○○○○○○○○
XXXXX(가)*여섯째 항목 ○○○○○○○○○○○○○○○○○○○○

※ X표시는 한글 1자(2타), *표시는 숫자 1자(1타)를 띄움.

- 첫째 항목 부호는 제목의 첫 글자와 같은 위치에서 시작한다.
- 첫째 항목 다음 항목부터는 바로 앞 항목의 위치로부터 1자(2칸)씩 오른쪽에서 시작한다.
- 항목 부호와 그 항목의 내용 사이에는 1타를 띄운다.
- 항목이 하나인 경우에는 항목 구분을 기재하지 않는다.
- 부분적으로 필요한 경우에는 □. ○, – . • 등과 같은 특수한 기호로 표시

할 수 있다.

- 하나의 본문 아래 항목 구분은 예시와 같이 첫째 항목(1,2,3…… 등)부터 시작한다.

예

> 수신자X○○○ 유치원장
> 제목X교육과정교육 실시
>
> ---
>
> XXX교육과정교육을 다음과 같이 실시하오니 참석하여 주시기 바랍니다.
> XXX1.*일시 : ○○○○○
> XXX2.*장소 : ○○○○○
> XXX3.*참석대상 : ○○○○○.X끝.

(7) 문서의 '끝' 표시

- 본문이 끝났을 경우는 1자(2타)를 띄우고 '끝'자를 쓴다.

예 (본문의 내용) ○○○○○○○○○○○○○○○○○○○○○○○○○ ○○○○○○○○○○○○○○○○○주시기 바랍니다.X끝.

※ X는 1자(2타) 표시이다.

- 붙임물이 있는 경우는 붙임의 표시를 한 다음에 1자(2타)를 띄우고 '끝'자를 쓴다.

예 (본문의 내용) ○○○○○○○○○○○○○○○○○○○○○○○○○ ○○○○○○○○○○○○○○○○○ 주시기 바랍니다.

붙임 1. 견학 신청서 1부.
　　　2. 참가자 명단 1부.X끝.

- 연명부 등의 서식을 작성하는 경우
  - 기재사항이 서식의 중간에서 끝나는 경우는 기재사항의 마지막 줄에 '이하 빈칸'이라고 표시한다.

예

번호	성명	주민등록번호	주소
3	김한솔	******-*******	도봉구 도봉로 173길
10	이준영	******-*******	종로구 사직로 8길
		이하 빈칸	

- 기재사항이 서식의 마지막 칸까지 작성되는 경우는 서식의 칸 밖 다음 줄의 기본선에서 1자를 띄우고 '끝'자를 표시한다.

예

번호	성명	주민등록번호	주소
3	김한솔	******-*******	도봉구 도봉로 173길
10	이준영	******-*******	종로구 사직로 8길

∨끝.

2) 문서작성의 실제

좋은 문서란 정확, 간결, 명료하게 표현되어 상대방이 쉽게 이해할 수 있도록 작성된 것이다. 이를 위해 유아교사는 문서작성 전에 수집·정리한 정보를 기안 목적에 맞게 초안으로 작성하고 검토하는 과정을 거친 후, 작성 중에는 육하원칙에 의거하여 작성하고 문장은 개조식으로 짧고, 쉽게 쓰되 적절한 경어와 겸양어로 서술한다. 그리고 작성 후에는 반드시 다시 읽어 보고 내용이 이해되는지, 빠지거나 틀린 부분은 없는지, 더 필요한 부분은 없는지 등을 최종 확인한다.

우리나라에서는 '사무관리규정'에 따라 공공기관에서 작성되는 문서의 범주를 기안문과 시행문으로 구분하고 있다. 기안문과 시행문은 공공기관 간 문서의 유통이라는 관점이 반영된 것인데, 기안문은 기관의 의사를 결정하기 위하여 작성된 문서이며, 시행문은 결정된 의사를 기관 외부에 시행하기 위해 작성되는 문서를 말한다. 기안문과 시행문은 원래 별도의 서식을 가지고 있었으나, 전자문서시스템의 본격적인 사용과 함께 동일 서식으로 통합되었다(사무관리규정 제73조).

다음은 좋은 문서작성을 위해 알아야 할 문서의 구성과 작성요령에 대해 소개하고자 한다.

(1) 문서의 구성

문서는 두문, 본문, 결문으로 구성된다. 문서의 구성체제와 문서양식의 예는 [그림 9-1], [그림 9-2]와 같다.

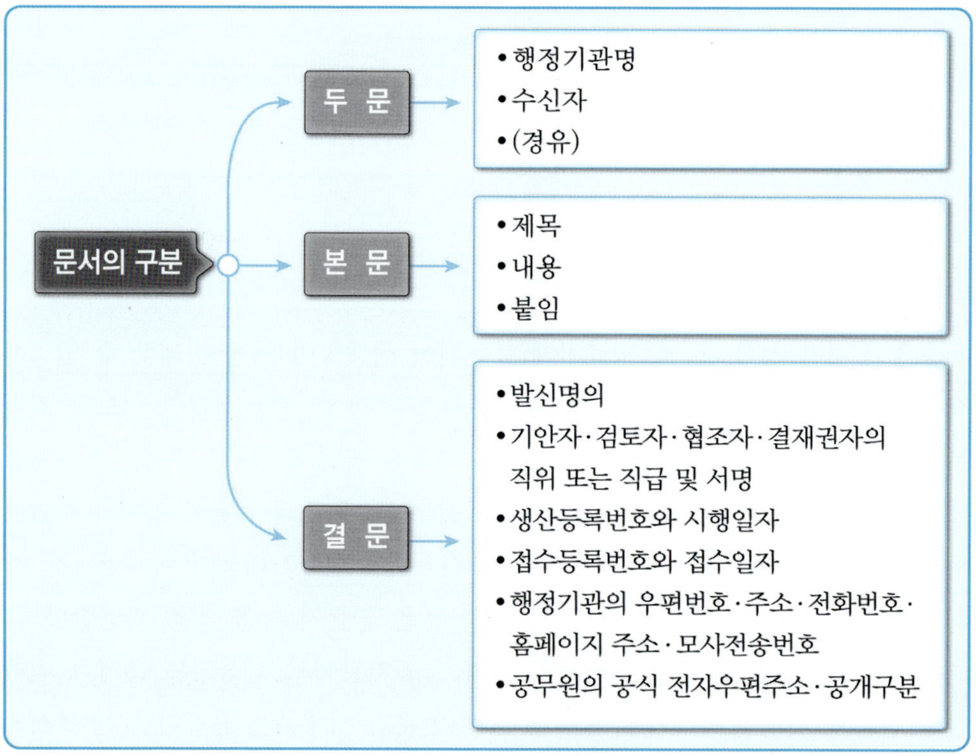

[그림 9-1] 문서의 구성체제

두문

① 행 정 기 관 명

② 수신자 ( )
(경유)

③ 제목

본문

④

결문

⑤ 발 신 명 의

⑥ 수신자

⑦ 기안자(직위/직급) 서명 검토자(직위/직급) 서명 결재권자(직위/직급) 서명
협조자(직위/직급) 서명

⑧ 시행 처리과명-일련번호(시행일자) 접수 처리과명-일련번호(접수일자)

⑨ 우 주소 /홈페이지 주소
전화( ) 전송( ) / 담당자의 공식 전자우편주소 / 공개구분

[그림 9-2] 문서(일반기안문) 양식의 예

(2) 문서 작성요령

문서의 구성요소별 작성요령은 다음 〈표 9-1〉과 같다.

〈표 9-1〉 문서 작성요령

문서의 구성요소		작성요령
두문	① 행정기관명	• 문서를 기안한 부서가 속한 행정 기관명을 기재한다 예 경상남도창원교육지원청, ○○ 유치원
	② 수신자 ( )	• 수신자명 또는 수신자 기호를 먼저 쓴다 • 이어서 괄호 안에는 처리할 자(보조기관 또는 보좌기관을 말함)의 직위를 쓰되, 처리할 자의 직위가 분명하지 않을 경우에는 ○○업무담당과장 등으로 쓴다 예 수신자 경상남도창원교육지원청교육장(교육과정지원과장) 수신자 수신자 참조(도서업무담당과장) • 수신자가 많아 본문내용을 기재할 난이 줄어들어 본문내용을 첫 장에서 파악하기 곤란한 경우에는 두문의 수신자란에 '수신자 참조'라고 쓰고 결문의 발신명의 밑의 왼쪽 기본선에 맞추어 수신자란을 설치하여 수신자명 또는 수신자 기호를 표시한다
	(경유)	• 당해 업무가 상급기관과 연계되거나 행정업무 수행상 인지되어야 한다면 문서는 상급기관을 경유해야 한다 • 경유 문서인 경우는 (경유)란에 '이 문서는 경유기관의 장은 ○○○(또는 제1차 경유기관의 장은 ○○○, 제2차 경유기관의 장은 ○○○)이고, 최종 수신기관의 장은 ○○○입니다.'라고 표시하고, 경유기관의 장은 제목란에 '경유 문서의 이송'이라고 표시하여 순차적으로 이송하여야 한다
본문	③ 제목	• 제목은 간결하게 문서의 내용을 함축하여 나타내는 문구로 기재하고, 한 줄로 표시하는 것이 좋다 • 끝에는 문서의 성격을 쉽게 알 수 있도록 계획, 개최, 실시, 조사, 의뢰, 제출, 알림, 신청, 배부, 회신 등의 용어를 사용한다
	④ 내용	
결문	⑤ 발신명의	• 당해 기관장 명의로 발신한다 • 별도 규정에 의해 행정권한이 위임·위탁된 경우에는 그 위임 또는 위탁을 받은 자의 명의로 발신한다 • 관인 생략 : 발신명의의 오른쪽에 관인 생략 또는 서명 생략을 표시한다
	⑥ 수신자	• ② 수신자 작성요령 참고
	⑦ 기안자, 검토자, 협조자, 결재권자의 직위 또는 직급 및 서명	• 직위가 있는 경우에는 직위를 쓰고, 직위가 없는 경우에는 직급을 쓴다 예 교사 김○○ 원감 이○○ 원장 박○○
	⑧ 시행처리과명- 일련번호(시행일자) 접수처리과명- 일련번호(접수일자)	• 처리과명(처리과가 없는 행정기관은 10자 이내의 행정기관명의 약칭)을 기재한다 • 일련번호는 연도별 일련번호를 기재한다 • 시행일자와 접수일자 란에는 연, 월, 일을 각각 온점(.)을 찍어 숫자로 기재한다
	⑨ 행정기관의 우편번호, 주소, 홈페이지주소, 전화번호, 모사전송번호, 담당자의 전자우편주소, 공개구분	• 공개부분은 공개, 부분공개, 비공개로 구분하여 표시한다 • 부분공개 또는 비공개인 경우에는 「공공기록물 관리에 관한 법률 시행규칙」 제18조에 따라 '부분공개( )' 또는 '비공개 ( )'로 표시하고, 「공공기록물 관리에 관한 법률」 제9조 제1항 각 호의 번호 중 해당 번호를 괄호 안에 표시한다 예 비공개(5)

참고로 다양한 문서의 예를 소개하면 다음과 같다.

〈외부기관 공문서의 예〉

○○ 교육지원청

수신자 **수신자 참조**
(경유)

제목 식중독 발생 보고 철저 알림

---

1. 관련 : 식품의약품안전청 식중독예방관리과-6119(20○○.○.○)호

2. 식품의약품안전청에서 식중독 발생보고와 관련하여 붙임과 같이 알려온 바 각급 학교장은 식중독 발생 시 신속하고 정확하게 보고가 이루어질 수 있도록 즉각적인 대응체계를 유지하여 주시고,

3. 아울러 이를 주기적으로 확인·점검하여 식중독 발생보고 및 신속 대응체계 확립, 비상연락망 유지에 철저를 기하여 주시기 바랍니다.

붙임 관련공문(사본) 각 1부. 끝.

○○ 교육지원청교육장

수신자 전 공, 사립유치원, 전 초, 중, 고등학교, 특수학교

주무관 최○○ 보건급식팀장 이○○ 교수학습지원과장 박○○
협조자 주무관 강○○

시행 교수학습지원과-12345(20○○.○.○) 접수 ○○ 유치원-232(20○○.○.○)
우 ○○○-○○○ ○○도 ○○시 ○○로 149 /http : //www.○○○.go.kr
전화(○○○)○○○-○○○ /전송(○○○)○○○-○○○ /담당자의 이메일주소 /공개구분

〈외부기관 공문서에 대한 회신 기안문의 예〉

○○ 유치원

수신자 ○○ 교육청교육장(교수학습지원과장)
(경유)

제목 20○○년 ○○ 유치원 유아 성교육 실시 현황 제출

---

1. 관련 : 교수학습지원과-4979(20○○.○.○)호
2. 유치원에서 실시되고 있는 유아 성교육 현황을 붙임과 같이 제출합니다.

붙임 성교육 실시현황 1부. 끝.

○○ 유치원장

수신자

교사 원감 원장
협조자

시행 ○○ 유치원-○○(20○○.○.○) 접수 ( )
우 ○○○-○○○ ○○도 ○○시 ○○로 ○○ /http : //www.
전화(○○○)○○○-○○○ /전송(○○○)○○○-○○○ /담당자의 이메일주소 /공개구분

〈내부결재 기안문의 예〉

○○ 유치원

수신자 내부결재
(경유)

제목 20○○학년도 학부모 참여수업 실시

유치원 교육계획에 의거 20○○학년도 학부모 참여수업을 다음과 같이 계획하여 실시하고자 합니다.

1. 일시 : 20○○년 ○월 ○일(○) ○○ : ○○~○○ : ○○
2. 장소 : 각 반 교실
3. 대상 : 만 3세 ○○반, 만 4세 ○○반, 만 5세 ○○반 학부모
4. 내용
   가. 이야기 나누기
   나. 구성활동
   다. 체육활동
   라. 체험활동
   마. 간담회 및 간식시간
   바. 학부모 평가

붙임 1. 전체 행사진행 계획서 1부.
2. 학부모 참여수업 일정 안내문 1부.
3. 학부모 평가양식 1부. 끝.

○○ 유치원장

수신자

교사 원감 원장
협조자

시행 ○○ 유치원-○○(20○○.○.○) 접수 ( )
우 ○○○-○○○ ○○도 ○○시 ○○로 ○○ /http : //www.
전화(○○○)○○○-○○○ /전송(○○○)○○○-○○○ /담당자의 이메일주소 /공개구분

〈시행문의 예〉

○○ 유치원

수신자 ○○ 도서관장
(경유)

제목 도서관 견학 협조 요청

---

1. 귀 기관의 무궁한 발전을 기원합니다.
2. 우리 유치원 교육계획에 의거 아래와 같이 귀 기관을 견학하고자 하오니 협조하여 주시기 바랍니다.

- 아 래 -

가. 견학일시 : 20○○. ○. ○.(○) ○○ : ○○~○○ : ○○
나. 견학인원 : ○○명(원생 명, 인솔교사 명)
다. 견학내용 : 도서관 운영사항 전반. 끝.

○○ 유치원장

수신자

교사 원감 원장
협조자

시행 ○○ 유치원-○○(20○○.○.○) 접수 ( )
우 ○○○-○○○ ○○도 ○○시 ○○로 ○○ /http : //www.
전화(○○○)○○○-○○○ /전송(○○○)○○○-○○○ /담당자의 이메일주소 /공개구분

※ 외부기관으로 발송하는 시행문은 수신기관에 대한 인사말을 제일 먼저 쓰는 경향이 있다.

78 문서 관리하기

유치원(어린이집)에서 생산(접수)하는 문서는 내부행사 계획에 관한 내부결재문서, 기관의 의사를 외부기관에 전달하는 목적을 가진 문서, 외부기관에서 발송한 문서 등 다양하다. 행정실무에 능숙한 교사가 되기 위해서는 이러한 문서들을 시행하고 등록하기까지 문서관리의 절차와 방법들에 대해 익혀야 한다.

문서의 작성, 전달, 보존 등 연속되는 문서관리에 있어서 올바른 절차의 준수는 당해 유치원(어린이집)의 대외적인 신뢰와 품위를 높인다. 여기에서는 문서 작성 이후 절차인 문서 시행에서부터 생산(접수)한 문서를 등록하는 절차까지 알아보고자 한다.

1) 문서의 시행 및 발송

문서 시행이라 함은 내부적으로 성립한 행정기관의 의사를 외부로 표시하는 단계로서 문서의 효력을 발생하게 하는 절차를 말한다. 문서의 시행은 전자문서로 함을 원칙으로 한다. 업무의 성격 기타 특별한 사정이 있는 경우에는 종이문서로 시행할 수 있다.

다만, 결재가 끝난 이후에 종이문서의 경우에는 기안문을 복사하여 관인을 찍으면 시행문이 되고, 전자문서의 경우에는 전자문서시스템에서 전자이미지 관인을 찍으면 시행문이 된다.

문서 시행의 일반적인 방법으로는 문서발송의 방법이 있다. 여기에는 주로 인편에 의한 발송, 우편에 의한 발송, 모사전송에 의한 발송, 정보통신망에 의한 발송, 홈페이지에 게시, 관보 또는 신문 등에 공고, 고시하는 방법 등이 있다. 이 경우 문서담당 교사는 발송할 문서와 기록물 관리대장의 기재사항을 확인한 후 발송하여야 한다.

2) 문서의 접수 및 등록

유치원(어린이집)에서 생산(접수)한 문서는 당해 문서에 대한 결재 혹은 접수가 끝난 즉시 결재·접수일자 순에 따라 기록물 등록대장에 등록·관리하여야 한다.

문서 접수란이 없는 문서일 경우에는 두문의 오른쪽 여백 또는 뒷면에 사무관리규정에 의한 문서접수인을 찍고 접수일시를 기재한다.

예 접수인

접수	– (. . . :)

※ • 접수란의 크기는 적절하게 조정하여 사용하고, 접수등록번호는 처리과명-일련번호를 기재함.

• 접수일자는 괄호 안에 기재하되, 민원문서 등 필요한 경우에는 시·분까지 기재함.

(예 2012.5.18. 또는 2012.5.18. 13 : 25).

공공기관의 기록물관리 서식인 기록물 등록대장 중에서 기본등록사항의 기재요령을 설명하면 다음 〈표 9-2〉와 같다.

〈표 9-2〉 기록물 등록대장 기재요령

(○○ 유치원(어린이집)기관코드 : 연도 :)

기본등록사항												
등록구분	생산(접수)등록일자	생산(접수)등록번호	첨부번호	제목	쪽수	결재권자	기안자(업무담당자)	시행일자	수신자(발신자)	문서과 배부번호	생산기관 등록번호	전자기록물 여부
①	②	③	④	⑤	⑥	⑦	⑧	⑨	⑩	⑪	⑫	⑬

기재요령

① 등록구분 : 기록물의 등록 종류(1. 일반문서류 생산·발송 2. 일반문서류 접수 3. 도면류 생산·발송 4. 도면류 접수 5. 사진·필름류 6. 녹음·동영상류 7. 카드류 생산·접수 8. 카드류 이첩발송을 선택하여 기입한다

② 생산(접수)등록일자 : 생산 또는 접수 기록물의 등록일자를 기입한다(예 : 20○○. ○. ○.)

③ 생산(접수)등록번호 : 연도별 일련번호를 기입한다[예 : 20○○-(○○)]

④ 첨부번호 : 첨부물이 본문과 형태 종류가 상이하여 본문에서 분리하여 별도의 등록관리가 필요한 경우에 첨부물 분리등록의 방법을 사용하여 본문의 생산·접수등록에 첨부 일련번호를 추가한 번호를 기입한다[예 : 20○○-1-(○○)]

⑤ 제목 : 기록물의 제목을 기입한다

⑥ 쪽수 : 기록물의 총 쪽수, 수록 기록물 시간 분량 등을 기입한다

⑦ 결재권자 : 결재권자의 직위(직급) 명칭을 기입한다

⑧ 기안자(업무담당자) : 생산문서의 경우에는 기안자의 성명을, 접수문서의 경우에는 해당 업무담당자의 성명을 기입한다

⑨ 시행일자 : 기록물의 시행일자를 기입한다(예 : 20○○. ○. ○)

⑩ 수신자(발신자) : 행정기관의 장의 직위를 기입한다

⑪ 문서과 배부번호 : 문서과에서 접수하여 배부한 경우에는 문서과의 기록물 배부대장에 기재된 해당 기록물의 배부번호를 기입한다

⑫ 생산기관 등록번호 : 접수된 기록물에 표기되어 있는 생산기관에서 부여한 등록번호를 기입한다

⑬ 전자기록물 여부 : 해당 기록물의 전자기록물 여부를 전자, 비전자 중 하나를 선택하여 기입한다

79 문서 보존하기

처리가 끝난 문서는 완결일자 순으로 최근 문서가 위에 오도록 편철한다. 유치원(어린이집)에서 보존하는 문서는 종류가 다양하며 문서에 따라 보존기간이 다르다.

처리가 끝난 문서는 기능 및 보존기간에 따라 분류하여 기록물 철을 만들어야 한다. 이를 편철이라 하는데, 완결일자 순으로 최근 문서가 위로 오도록 철한다.

문서의 보존기간은 행정업무 참고기간·증빙자료 유효기간·관계법령 의무기간·사료가치 보존기간 등 네 가지로 구분하여 각각의 보존기간을 책정하고, 이 네 가지 사항을 고려하여 최종적인 보존기간을 종합적으로 판단한다.

• 보존기간의 책정기준
- 행정업무 참고기간 : 처리과의 업무참고에 필요한 보존기간
- 증빙자료 유효기간 : 민원증명, 이해분쟁 및 소송 등의 증거자료로 쓰일 것에 대비해 보존해야 할 기간
- 관계법령 의무기간 : 징계시효·회계법상 시효·민형사상 시효·계약기간·기타 관계 법령상의 보존기간
- 사료가치 보존기간 : 역사자료로서 가치가 높아 영구 보존할 필요가 있는지 판단

보존기간의 종류는 영구, 준영구, 20년, 10년, 5년, 3년, 1년 보존의 7종으로 구분한다. 준영구 문서는 인적기록, 물품 관리기록, 시설관련기록 등 장기보존은 필요하나, 보존기간을 특정하기 곤란하여 보존여부를 재분류해야 하는 기록물로 관리대상인 인물·물건·시설 등이 사망 또는 소멸되면 폐기한다.

유치원(어린이집)에서 보존하는 문서는 종류가 다양하며 문서에 따라 보존기간이 다르다. 다음 〈표 9-3〉은 보존기간에 따른 문서의 종류를 나타낸 것이다.

〈표 9-3〉 보존기간에 따른 문서의 종류

보존기간	문서의 종류
영구	비품대장(도서 및 교구), 발령대장, 졸업대장, 기타 법령에 의하여 영구 보존하여야 하는 문서
준영구	인사기록카드
20년 보존	생활기록부
10년 보존	건강기록부, 생활지도 관련 서류, 생활기록부 보조부
5년 보존	소모품 수불부, 출장 명령부, 회계 관련 서류
3년 보존	교육계획서, 전·출입 유아 관련 서류, 장학지도록, 교원임용·해임 관련 서류, 학급경영 관련 서류
1년 보존	연간 교육계획안, 주간 교육계획안, 일일 교육계획안, 문서접수·발송대장, 출석부

출처: 서혜정 외(2010). 신임교사로서의 첫 출발.

80 교육행정 정보시스템(NEIS) 이해하기

교육행정 정보시스템(NEIS)은 학교(유치원)와 교육행정기관의 교육행정 업무를 온라인 시스템으로 간소화, 효율화, 합리화하여 교원의 업무경감 및 교육행정 정보를 신속하고, 정확하게 처리하게 하는 종합 교육행정 정보시스템이다.

교육행정 정보시스템(NEIS)은 학교(유치원)와 교육행정기관 등이 인터넷을 이용하여 모든 교육행정 정보를 전자적으로 연계하여 이용하는 종합 교육행정 정보시스템을 말한다.

이러한 시스템을 구축하게 된 배경으로는 첫째, 교육행정의 정보화로 교원의 업무를 경감시키고 둘째, 교육행정서비스의 개선을 통해 국민 편의를 증진시키며 셋째, 디지털 행정을 통하여 일하는 방식을 개편함으로써 국가 경쟁력을 확보하고 교육행정의 전자정부 구현 등을 들 수 있다. 현재 대부분의 학교에서 NEIS 체제를 운영하고 있으며 운용 시스템과 업무내용은 다음 [그림 9-3]과 〈표 9-4〉와 같다.

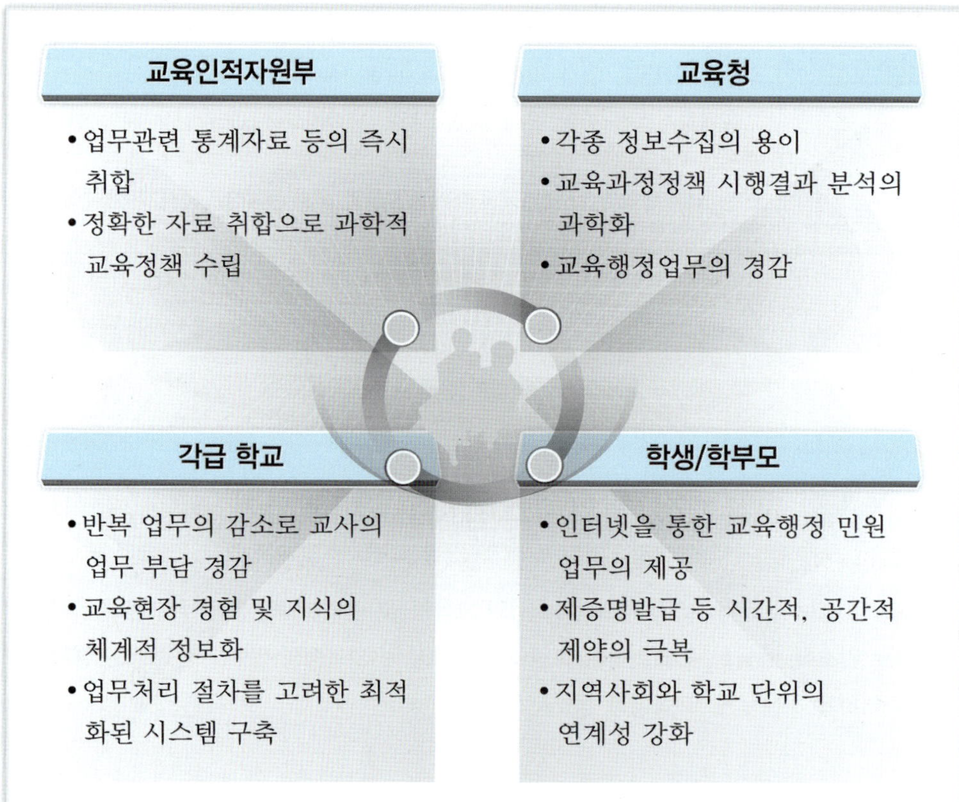

출처: http://helpsys.moe.go.kr/index.jsp

[그림 9-3] 교육행정 정보시스템(NEIS)의 구조

〈표 9-4〉 교육행정 정보시스템(NEIS)의 업무내용

단위업무	세부내용
기획	주요 업무, 기관평가
공보	보도자료 관리
법무	법률정보, 판례정보, 법령질의 해석
감사	감사계획 및 결과, 감사현황 분석, 감사자료 공유, 사이버 감사
재산등록	재산등록 대상 및 내역관리, 재산신고
교육통계	학교현황, 학생현황, 교원현황, 시설현황, 주요 업무통계 등
입(진)학	초등학교 취학, 중학교 입학, 고등학교 입학 등
장학	교육과정, 연구학교, 장학정보, 학생행사관리, 연구대회 등
교무/학사	학교교육과정, 학적, 성적, 학생생활기록부, 학생생활, 교과용 도서
검정고시	원서접수, 성적처리, 고사장 관리, 합격처리 및 각종 통계산출
평생교육	평생교육 시설 및 교육프로그램 관리, 학원 및 교습소 관리
보건	학교보건실 관리, 학교환경관리, 건강기록부 및 보건 통계
체육	학교체육시설 관리, 운동부 및 선수관리, 각종 현황 및 통계관리
교원인사	정·현원, 임용시험, 인사기록, 임용발령, 호봉, 전보, 평정, 승진, 연수, 상훈 및 징계, 복무, 기간제 교사, 전문직 임용, 자격검정관리
일반직 인사	정·현원, 임용시험, 인사기록, 임용발령, 호봉, 평정, 승진, 연수, 상훈 및 징계, 복무
급여	월 급여, 연봉제, 명절휴가비, 연가보상비, 성과상여금, 연말정산, 기여금, 건강보험, 국민연금, 고용보험
민원	제증명, 유기한 민원, 진정/건의/질의, 정보공개, 현황통계 등
비상계획	민방위 편성, 민방위 해제, 민방위 교육훈련, 공익근무요원 편성, 공익근무요원 관리
법인	법인정보, 예·결산, 법인대장
시설	시설사업관리, 학교시설승인, 학교시설사용승인, 시설유지관리, 시설현황, 수용계획
재산	공유재산관리계획, 재산대장관리, 사용허가/대부관리, 폐교재산활용 관리
물품/교구/기자재	취득/운용관리, 재물조사, 수급계획, 교구기준안 관리, 교구현황관리, 실험실습재료관리, 기자재 기준안관리, 기자재 현황관리, 기자재 통계
예산	예산편성, 예산배정, 예산이월, 예산운용, 예산통계
회계	세입, 세출, 세입세출 외 현금, 계약/압류, 결산, 자금
학교회계	예산, 세입, 세출, 결산, 세입·세출 외 현금, 세무관리, 발전기금
급식	학교급식통계, 급식관리, 급식 외 관리, 급식분석
시스템	코드관리, 시스템연계, 보안, 사용자 인증 및 권한관리, 로그관리, 인터페이스관리, 업무처리승인관리

출처: http://helpsys.moe.go.kr/index.jsp

사립유치원의 경우는 공립과 달리 별도의 자체적인 행정관리시스템에 의해 유치원의 정보관리, 예산관리, 급여관리, 인사관리, 물품 관리 등이 이루어지고 있는 실정이지만 교원 NEIS 인사기록 사용 시행(2008년 3월 1일) 등 향후 NEIS를 활용한 교육행정 정보관리가 확대될 전망이므로 사립 유아교육기관 유아교사도 NEIS에 대한 이해와 활용방법 등에 대해 깊이 숙지할 필요가 있을 것이다.

81 전자문서시스템을 활용한 공문서 작성하기

공문서의 작성, 발송, 접수 등이 전자문서화됨에 따라 많은 정보를 보다 빠르고, 정확하게 그리고 동시에 전달할 수 있으며 보관도 용이하다.

전자문서란 컴퓨터 등 정보처리 능력을 가진 장치에 의하여 전자적인 형태로 작성되어 송·수신되거나 저장된 문서형식의 자료로서 표준화된 것을 말한다(정보통신망 이용 촉진 및 정보보호 등에 관한 법률 제2조 제5호).

각 시·도교육청 별로 구축하여 운영하는 전자문서시스템을 활용하면 기안, 결재, 발송, 접수, 접수된 문서의 공람 및 담당자 지정 등의 공문서 관련 업무를 전자방식으로 처리할 수 있다. 일반적으로 전자문서시스템 로그인, 문서(결재) 정보 입력, 본문작성, 결재올림 등의 순으로 이루어진다(송기창 외, 2010).

전자문서시스템을 활용한 공문서 작성법을 살펴보면 다음과 같다.

1) 전자문서시스템 접속과 로그인

전자문서시스템을 활용하여 공문서를 작성하기 위해서는 우선 해당 교육청의 전자문서시스템에 접속하여야 한다. [그림 9-4]와 같은 접속화면에서 사용자 아이디를 입력하고 '로그인'을 클릭한 후 공인인증서 비밀번호를 입력하고 '확인'을 누르면 전자문서시스템에 로그인이 완료된다.

[그림 9-4] 전자문서시스템 접속화면

2) 문서정보 입력

① 전자문서시스템 초기화면([그림 9-5])에서 '문서작성'버튼을 클릭한다.

[그림 9-5] 전자문서시스템 초기화면

전자문서시스템 초기화면에서 '문서작성' 버튼을 클릭하면 [그림 9-6]과 같은 문서관리카드기안 화면이 나타난다. 문서관리카드는 공문의 작성, 결재 등 모든 처리과정에서 생성되는 의견이나 자료들을 기록해서 관리하는 결재정보와 본문으로 구성되어 있다(상단 검색창을 통해 문서관리, 기안, 공용서식 등 서식목록 중에서 맞는 서식을 선택할 수 있다).

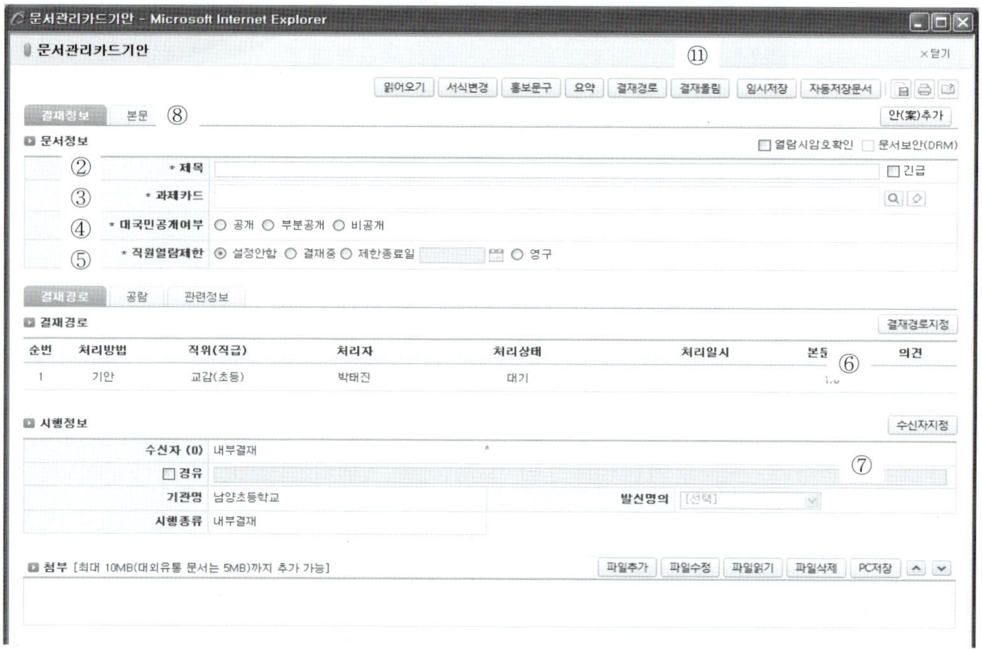

[그림 9-6] 문서관리카드 기안창

문서관리카드기안 결재정보 화면에서 문서정보를 작성한다.

② '문서제목'을 입력한다.

③ '단위과제카드 검색'을 클릭하여 해당되는 과제를 선택, 입력한다.

④ '공개여부'를 선택한다. 문서내용에 개인정보 등의 공개제한 사항이 포함되어 있는 경우에는 부분공개 또는 비공개를 선택한다.

⑤ '열람제한'을 지정한다. '열람제한'을 지정할 경우 결재경로에 지정된 사용자만 열람이 가능하며, '제한 종료일'을 지정하면 제한종료일 이후에 열람제한이 풀려 지정한 열람 범위에 따라서 문서열람이 가능하다.

⑥ '결재경로지정' 버튼을 클릭하여 나오는 [그림 9-7]과 같은 결재경로 설정창을 통해 결재경로를 지정한다.

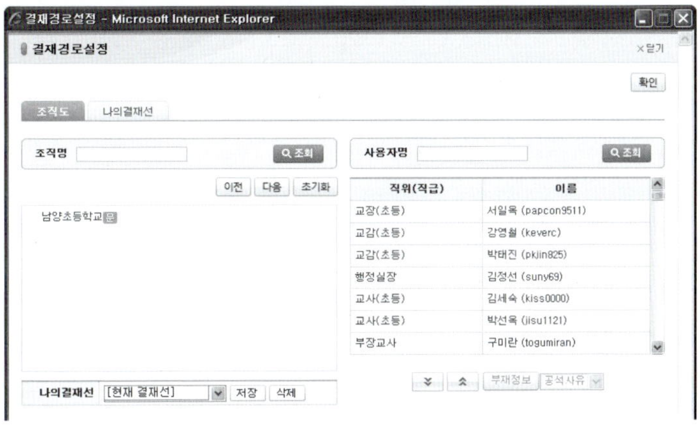

[그림 9-7] 결재경로 설정창

⑦ '수신자지정'버튼을 클릭하여 나오는 [그림 9-8]과 같은 조직도 창을 통해 수신자를 지정하고, 발신명의를 선택, 입력한다.

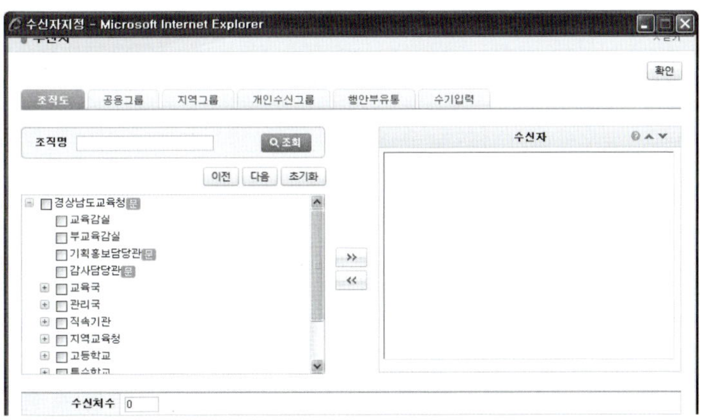

[그림 9-8] 수신자지정 조직도창

문서관리카드기안 본문 화면에서 본문을 작성한다.

⑧ '문서관리카드기안 본문탭'을 클릭하면 나타나는 [그림 9-9]와 같은 화면에 본문을 작성한다.

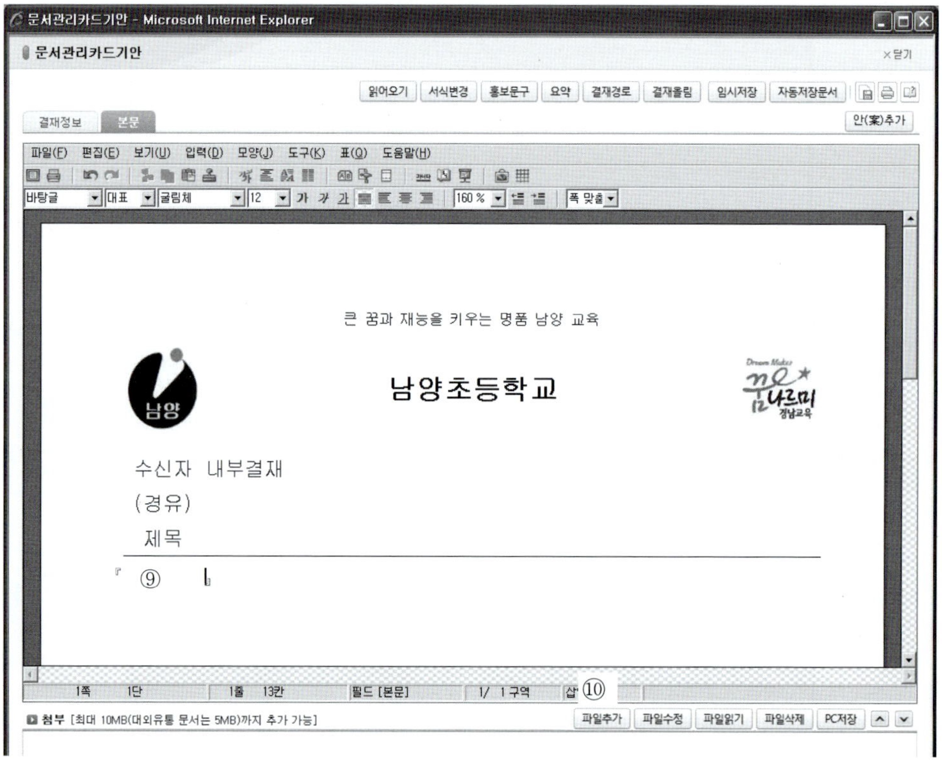

[그림 9-9] 본문 작성창

⑨ '본문을 작성'한 후,

⑩ '파일추가' 버튼을 클릭하여 첨부파일을 등록한다.

⑪ '결재올림' 버튼([그림 9-6] 참고)을 클릭하여 기안의견을 작성한 후 '확인'을 클릭하면 문서 하단에 기안자의 서명이 기재되고, 지정한 결재선 순서대로 결재가 진행된다.

82 비품 및 소모품 관리하기

비품 및 소모품 관리는 물품 구입과 운용 및 관리 그리고 폐기 등으로 구분할 수 있다. 이를 담당하는 교사는 교육업무의 효율과 유아교육기관의 이익을 고려하여 세심하게 관리하고 절약하는 습관을 가져야 한다.

비품이란 유아교육기관에서 사용하는 유형자산 중에서 토지, 건물, 차량 등을 제외한 제반 물품을 말한다. 예를 들면 책·걸상, 교구장, 수납장, 복사기, 컴퓨터, 시청각 기기, 전자제품, 소파 등 소비되어 없어지는 것이 아닌 반영구적으로 사용할 수 있는 물품 또는 시설·설비가 비품에 해당한다. 비품과 반대되는 개념으로써 소모품은 문구류, 종이류, 조형 재료, 전산기기 소모품 등 여러 번 사용하면 소모되어 없어지는 물품을 말한다. 이 모든 비품 및 소모품은 유아교육기관의 재산이므로 조직적으로 관리하여 정상적인 상태를 유지하거나, 소비하여 원가절감에 최대한 노력하여야 한다.

비품 및 소모품 관리란 물품의 구입에서 유지·보수, 폐기, 시장조사 등 제반 업무를 포괄한다. 이를 담당하는 교사는 교육업무의 효율과 기관의 이익을 고려하여 세심하게 관리하고 절약하는 습관을 가져야 한다. 여기에서는 비품 및 소모품 관리의 내용과 방법을 물품 구입, 재고 조사, 물품 관리로 나누어 알아보고자 한다.

1) 비품과 소모품 구입

유아교육기관에서 공용으로 사용하는 비품이나 교육목적에 필요한 비품 및 소모품 구입을 위해 정기적인 구입 시기에 맞추어 종류와 수량, 사용목적 등을 명기한 물품 구입 신청서를 제출한다. 신청서를 제출하면 구입 담당자는 타당성 여부를 검토한 후 필요하다고 판단되면 재고를 파악해 구입 여부를 결정한다(정기 구입 외에도 입학식, 졸업식 등 특별한 원내 행사를 앞둔 경우에는 추가 구입을 하게 된다). 값 싼 제품 하나라도 모이면 큰 금액이 되므로 쓸데없이 낭비하지 않도록 물품 구입 신청서를 작성할 때 꼭 필요한 물품인지 다시 한 번 확인해보도록 한다.

물품 구입의 대략적인 절차는 다음과 같다.

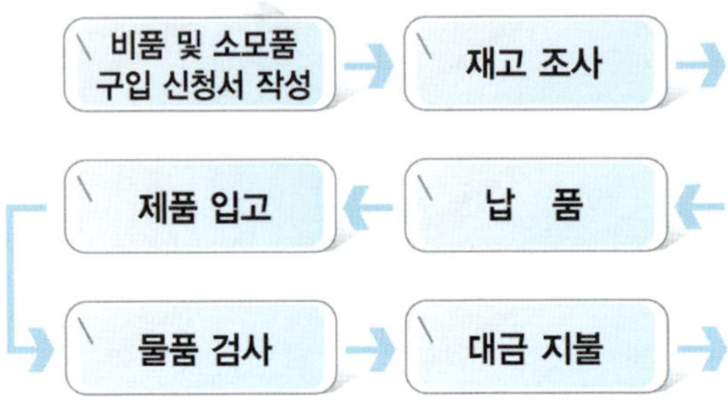

2) 재고 조사

물품 별로 재고 점검표를 만들어 체크한 후 물품 구입을 결정하도록 한다. 기본적으로 유지되어야 할 분량에 대비하여 어느 정도 재고가 남아 있는지를 조사하여 구입 분량을 정한다.

3) 물품 관리

비품을 관리하는 방법으로는 두 가지가 있다. 관리대장(종이)으로 관리하는 방법과 관리 프로그램으로 관리하는 방법이다. 물품의 개수가 적고 이력이 크게 변경되지 않는다면 종이문서로 관리하는 것이 편리하다. 반면에 물품의 개수가 많고 취득 및 변경 내역이 자주 일어나는 경우라면 프로그램을 사용하는 것이 더욱 편리하고 정확하게 관리할 수 있다.

소모품 관리에 있어서 가장 중요한 것은 절약과 정리정돈이다. 필요한 품목과 분량을 미리 메모하여 필요한 만큼 가져와서 쓰는 것이 낭비를 줄이는 방법이다. 또한 뒷정리도 다음 사용자를 위한 중요한 매너다. 바쁘다고 서둘러 가져가게 되면 물품들이 수납상자나 바구니 밖으로 빠져나와 보기에 좋지 않으며 재료들이 뒤섞여 다음 사용자가 사용하기에 불편하다. 따라서 교재실을 사용할 때에는 항상 뒷정리에 신경을 써야 한다(이대균 외, 2010).

생각해 봅시다

1. 다음의 문서 제목에 대하여 기안문(내부결재용)을 작성해 봅시다.
   - 제목 : 20○○학년도 입학식 계획

2. 다음의 문서제목에 대하여 시행문을 작성해 봅시다.
   - 제목 : 방송국 견학 협조 요청

10장 성장하는 유아교사 되기

83 평생 공부하는 태도 가지기

유아를 교육하는 일은 교사의 역량에 많이 의존하기 때문에 교사는 유아들에게 가르치는 동시에 계속적으로 배워나가야 한다.

'교육의 질은 교사의 질을 능가할 수 없다'라는 말이 있다. 특히 유아교육은 교과중심 교육과정이 아니기 때문에 교사의 역량에 많이 의존한다. 그러므로 교사는 유아들에게 가르치는 동시에 계속적으로 배워나가야 한다.

끊임없이 공부하는 태도를 가진 교사는 자기발전은 물론이고 유아들에게 다양한 것을 경험하게 해주는 좋은 교사임에 틀림없다.

여기서는 평생 공부하는 태도를 가지기 위해서 관련 도서 읽기와 일하면서 공부하는 방법에 대하여 알아보고자 한다.

첫째, 도서관, 서점을 자주 찾아 유아교육관련 책 또는 관심 있는 책(에세이, 자기개발 서적, 고전, 철학, 인문학 등)을 읽어보자. 전문지식과 다방면에 많은 정보와 시야를 넓힐 수 있다.

요즘은 부모들도 인터넷이나 다양한 정보망을 통해 유아교육에 관련된 지식을 많이 알고 있기 때문에 부모와 원활한 의사소통을 위해서도 책을 많이 읽는 것은 중요하다.

둘째, 일하면서 공부하는 방법도 있다.

현장경력이 쌓이면 쌓일수록 오히려 더 부족한 자신을 느끼게 된다. 이때 편입 또는 대학원을 진학한다면 새로운 자극이 되며 자기 발전과 유아들을 지도하는 데도 도움이 된다. 일하면서 공부를 하려면 먼저 유아교육기관의 원장과 상의가 필요하다. 그래야 원장이 일과 공부를 병행할 수 있도록 교사의 입장과 편의를 봐줄 수 있다.

공부를 하고 싶은데 시간이 여유롭지 않다면 방송통신대학교, 학점은행제, 사이버 대학교 등 다양한 곳에서 자신의 시간에 맞춰 공부할 수 있다. 또한 대학원도 일을 계속하면서 야간에 다닐 수 있는 교육대학원과 방학기간에 다닐 수 있는 계절 대학원이 있다.

일하면서 공부할 때 고려해야 할 점은 동료교사에게 피해를 주지 말아야 한다.

일과 공부를 병행하는 것은 많은 에너지가 소모되기 때문에 본의 아니게 동료교사에게 피해가 갈 수 있다. 그러므로 정교사로 일하면 업무부담도 크고 일찍 퇴근하기 어려우니 부담임이나 보조교사로 일하는 것도 방법이다. 어떤 기관은 부담임이나 보조교사도 정담임과 같은 시간에 퇴근하기 때문에 기관의 행사라도 잡히면 학교에 가기 위해 일찍 퇴근하는 것이 동료교사에게 눈치가 보일 수 있다. 그럴 때는 평소에 조금이라도 시간이 될 때 다른 교사의 일을 도와주기도 하고 월급 타면 가끔 쏘기도 하자. 또한 공부 끝나면 더 열심히 일하겠다는 약간의 애교도 필요하다.

84 미래 설계하기

자신의 미래에 대하여 확실한 비전을 가지고 있어야만 성공한다. 그러므로 성공하고 싶다면 확실한 꿈과 꿈을 이룰 수 있는 구체적인 목표와 실천이 필요하다.

A와 B라는 교사가 있다. A라는 교사는 유치원 교사를 결혼하기 전에 스쳐 지나가는 직업이라고 생각한다. B라는 교사는 평생의 직업으로 생각하고 언젠가는 자신이 유치원/어린이집 원장이 되어 자신의 교육철학을 중심으로 운영해 보고 싶다는 확실한 꿈이 있다.

A와 B교사 중에서 어느 교사가 날로 성장하고 발전할 수 있는가?

물론 B교사이다. 그만큼 자신의 미래에 대해서 확실한 비전을 가지고 있는 교사가 나중에는 성공한다. 성공하고 싶다면 확실한 꿈과 꿈을 이룰 수 있는 미래설계가 필요하다.

1) 성공적인 미래설계를 위한 질문들

성공적인 미래설계를 설정을 하려면 목표를 설정하고 계획을 수립해야 한다. 그러려면 스스로에게 다음과 같은 질문을 해야 하며 질문에 대한 답을 찾아보자.

〈표 10-1〉 성공적인 미래설계를 위한 질문들

목표 :
1. What : 진정 원하는 것은 무엇인가?
2. Why : 왜 원하는가?
3. Where : 현재 내가 있는 곳은 어디인가?
4. When : 언제까지 목표를 달성할 것인가?
5. How : 목표달성을 위한 구체적인 방법은 무엇인가?
6. Who : 누구의 도움을 받을 것인가?

출처: 이민규(2003). 1%만 바꿔도 인생이 달라진다.

2) 미래설계를 위한 구체적인 목표를 세우자

미래설계를 위한 구체적인 목표에 관련된 내용은 이민규(2003), 1%만 바꿔도 인생이 달라진다, p. 55~68의 내용을 유치원 교직실무에 맞게 편집하여 정리한 내용이니 참고하기 바란다.

심리학자들은 달성 가능성이 높은 목표를 세우기 위해서는 'SMART 규칙'을 사용하라고 조언한다. 이 규칙은 구체적이고(Specific), 측정 가능하며(Measurable), 행위 중심적이며(Action-oriented), 현실적이고(Realistic), 적절한 시간 배정을 해야 한다(Timely)는 의미를 가지고 있다.

미래설계를 위한 구체적인 목표를 세우기 위한 내용은 다음과 같다.

(1) S : 구체적(Specific)이고 명확해야 한다

모호하고 불분명한 목표는 피하자. 예를 들어, '언젠가는 유치원 원장이 될 거야.'라거나 '이 분야에서 최고가 될 거야.'라는 식의 막연한 목표는 달성 가능성이 희박하다. 목표는 구체적이고 분명할수록 달성 가능성이 높아진다. 예를 들어, '나는 마흔 살이 되는 해에 유치원 원장이 될 것이다.'거나 '현장 경력 5년 후에는 대학원에 진학할 것이다.'라는 식으로 구체적이고 명확한 목표를 설정해야 달성이 쉬워진다. 구체적인 목표 영역을 설정하고 언제, 어디서, 무엇을, 어떻게 얼마나 할 것인지를 분명하게 정해보자.

(2) M : 오감을 통해 측정 가능(Measurable)해야 한다

체중을 줄이기로 마음먹은 사람이 '목표'를 단지 '날씬해지는 것'으로 잡는다면 체중 감량에 실패할 가능성이 높다. 왜냐하면 자신의 행동 결과를 측정하고 판단할 수 있는 기준이 모호하기 때문이다. '날씬해지기'라는 측정 불가능한 목표를 '1개월에 1킬로그램씩, 5개월 동안 5킬로그램을 줄인다.'는 측정 가능한 목표로 바꾸면 그만큼 달성 가능성이 높아진다. 마찬가지로 '유아교육관련 서적을 많이 읽는다'보다는 책 제목을 정해 놓고'하루에 5장씩, 일주일에 35장 읽기'가 훨씬 달성할 가능성이 높다.

(3) A : 행동 중심적(Action-oriented)이어야 한다

목표는 사고 중심적인 것이 아니라 행동 중심적이어야 한다. '유아들에게 친절한 교사'가 되는 것을 목표로 갖는다면 달성하기 어렵다. 왜냐하면 거기에는 행위가 명시되지 않았기 때문이다. 따라서 그것을 '매일 학급 유아들 모두에게 한 번 이상 미소 띤 얼굴로 말한다.'는 행동 중심적인 목표로 바꾸어야 한다. 만약 유치원 설립을 위해 돈을 모으고 싶다면 '돈을 낭비하지 않는다.'는 사고 중심적인 목표를 세워서는 안 된다. 이보다는 '매주 월요일에는 은행에 가서 천 원 이상씩 저축 한다.'는 행위 중심적으로 목표를 세워야 한다.

(4) R : 실현 가능(Realistic)해야 한다

우리가 세운 목표를 달성하려면 구체적이면서도 실현 가능한 작은 일부터 시작해야 한다. 1년 안에 백만장자가 되겠다거나 150킬로그램의 역기를 든다는 목표를 세우고 당장 그것을 든다면 허리가 부러질지도 모른다. 모든 계단은 한 계단씩 올라가야 한다. 큰 목표를 달성하려면 반드시 실현 가능한 수준으로 단계를 나누고 점진적으로 실천해야 한다.

(5) T : 시간 배정을 적절히(Timely) 하고 즉시 실천해야 한다

성공적으로 목표를 달성하려면 시간을 적절히 배분해야 하며 즉각적인 실천이 필요하다.

어린이집 설립을 위해 40세까지 3억 원을 모으는 것이 목표라면 오늘 당장 단돈 천 원이라도 저축할 수 있어야 한다.

3) 목표가 있다면 그것을 달성한 자신의 모습을 상상하자

꿈을 이루려면 목표를 성취한 자신의 모습을 상상하는 데 매일 얼마 정도의 시간을 할애해야 한다. 유치원을 설립하는 것이 목표라면 일단 모델이 될 만한 유치원을 둘러보라. 그리고 그 유치원의 CEO가 되어 있는 자신의 모습을 그려보라. 어떤 느낌이 들고, 어떤 소리가 들리며, 무엇이 보이는지, 그리고 어떤 냄새가 나는지 오감을 동원해서 가능한 한 생생하게 상상하라.

85 경력 관리하기

어린이집과 유치원은 관할부서가 다르므로(유치원 : 교육부, 어린이집 : 보건복지부) 초임호봉획정, 경력인정범위, 승급 등이 다르기 때문에 이에 대한 정보를 잘 알고 경력 관리하는 것이 필요하다.

1) 초임호봉획정

어린이집은 보건복지부 관할이고, 유치원은 교육부 관할이다. 그러므로 어린이집과 유치원은 초임호봉의 획정에 차이가 있다.

어린이집은 학력이나 자격급수에 관계없이 초임호봉을 1호봉으로 한다.

유치원의 초임호봉은 2년제 유아교육과를 졸업하고 2급 정교사 자격증을 가진 경우에는 6호봉, 3년제 졸업하고 2급 정교사를 가진 경우에는 7호봉, 일반 4년제 유아교육과를 졸업하면 8호봉, 사범대학 유아교육과를 졸업하면 9호봉이다.

- 보육교사 1호봉(2021년 기준) : 1,940,800(월 기준)
  유치원 교사 6호봉(2021년 기준) : 1,929,300(월 기준)
  유치원 교사 7호봉(2021년 기준) : 1,980,200(월 기준)
  유치원 교사 8호봉(2021년 기준) : 2,031,000(월 기준)
  유치원 교사 9호봉(2021년 기준) : 2,082,600(월 기준)

▶ 호봉의 금액은 기본급이며, 그 외 기타 수당은 각 지역별·원별로 다르게 적용되어 책정된다.

2) 경력인정 범위

어린이집과 유치원은 관할부서가 다르기 때문에 경력인정 범위가 다르다.

즉 어린이집에 근무하다가 유치원으로 이직한다면 어린이집에 근무했던 경력이 100%로 인정이 된다. 그러나 유치원에서 근무하다가 어린이집으로 이직한다면 유치원에서 근무했던 경력이 인정이 안 된다. 단, 2005.1.30. 이후 보육교사 자격을 가진 자가 종일제 유치원(방과 후 과정을 운영하는 유치원)에서 근무한 경력은 100% 인정된다. 그러나 교원 이외의 임시강사, 직원 등으로 근무한 경력은 50% 인정된다.

경력증명서 발급은 어린이집에서 근무한 경력은 시장·군수·구청장이 발급하기 때문에 시청이나 동사무소에서 신청해서 발급받으면 된다. 단, 보육정보센터 종사자의 경우에는 보육정보센터 장도 가능하다. 유치원에서 근무한 경력은 교육청에 신청하거나, 초등학교, 중학교, 고등학교에 민원 신청하여서 발급받으면 된다.

3) 승급교육

대학(전문대학, 4년제 대학)에서 유아교육을 졸업하면 유치원 정교사 2급 자격증과 보육교사 2급 자격증을 받을 수 있다.

유치원 교사의 경우, 유치원 정교사 2급 자격을 가지고 3년 이상의 교육경력이 있으면 소정의 재교육을 받고 유치원 정교사 1급 자격을 받을 수 있다.

어린이집 교사의 경우, 1급과 2급 승급교육이 있다. 2급 승급교육은 보육교사 3급 자격을 취득한 후 2년 이상의 보육업무경력이 있는 사람으로서 보건복지부 장관이 정하는 2급 승급교육을 받으면 된다. 참고로 전문대학 또는 이와 같은 수준 이상의 학교에서 보건복지부령으로 정하는 보육 관련 교과목 및 학점을 이수하고 졸업한 사람은 보육교사 2급을 취득할 수 있다.

1급 승급교육은 보육교사 2급 자격을 취득한 후 3년 이상의 보육업무 경력이 있는 사람으로서 보건복지부장관이 정하는 1급 승급교육을 받으면 된다. 참고로 보육교사 1급은 보육교사 2급 자격을 취득한 후 보육 관련 대학원에서 석사 학위 이상을 취득하고 1년 이상의 보육업무 경력이 있는 사람으로서 보건복지부 장관이 정하는 승급교육을 받은 사람은 보육교사 1급을 취득할 수 있다.

여기서 보육관련 대학원은 학과(전공) 및 학위명에 '보육, (영)유아, 아동의 단어가 포함된 대학원 또는 보육관련 교과목 이수기준으로 인정(보육관련 교과목 최소 4과목 이상 12학점 이상 이수여부를 확인하여 인정)하는 경우이다.

86 연수·강습 참여하기

연수를 통해 전문적인 지식과 능력향상의 기회도 되고 유아들과 생활하는데도 많은 활력소가 된다.

연수에는 자격연수, 직무연수, 자율연수 등이 있다.

자격연수는 새로운 자격을 취득하기 위한 연수과정으로 유치원에서는 유치원 2급 정교사, 유치원 1급 정교사, 원감, 원장 과정으로 구분되어 있다. 어린이집에서는 보육교사 3급, 보육교사 2급, 보육교사 1급, 어린이집 원장 과정으로 구분되어 있다. 직무연수는 직무수행과 직장 적응에 필요한 능력과 자질 배양을 위한 연수이다. 자율연수는 교사들이 자신의 필요에 따라 자발적으로 참여하며 개인수준에서 이루어지는 연수이다. 연수는 전문적인 지식과 능력향상의 기회도 되고 유아들과 생활하는데도 많은 활력소가 되기 때문에 기회가 되는대로 많이 배우도록 하자.

연수를 효과적으로 할 수 있는 방법 중에서 몇 가지를 소개하자면 다음과 같다.

첫째, 피아노, 풍물 등 관심 있어 하는 분야에 대하여 틈나는 대로 배우고 다양한 활동에 참여하자. 즉 관심분야에 따른 학회활동, 동호인 활동, 연구회 활동에 참여하면 자기 발전의 기회도 되고 유아들과의 생활도 한층 즐겁다.

둘째, 유아교육관련 기관에서 개최하는 강연회에 참여하자. 끊임없이 새로운 소식을 접하고 생각해보는 기회를 가지게 되기 때문에 유아교육현장에서 근무하는데 좋은 자양분이 된다. 강연회에 직접 참여할 수 있는 시간이 없다면, 온라인 강좌에 참여하는 것도 도움이 된다. 온라인 강좌는 다양한 프로그램이 마련되어 있고, 장소 상관없이 컴퓨터에 인터넷만 연결된다면 원하는 시간에 들을 수 있는 것이 장점이다.

셋째, 다른 유아교육기관에 참관할 기회가 있으면 적극적으로 참여하자. 시야를 넓힐 수 있는 기회가 되고, 좋은 점을 배울 수 있는 기회가 된다.

넷째, 특기를 잘 살릴 수 있는 심화과정으로 연수를 받아서 교사들끼리 돌아가면서 서로의 특기를 다른 학급의 유아들에게 보여주자. 예를 들어 A 교사는 동화구연, B 교사는 장구, C 교사는 풍선아트를 심화과정으로 연수를 받아서 교사들끼리 돌아가면서 다른 학급 유아들에게 보여준다면 유아들에게는 다양한 경험이 되고 본인은 성취감을 느낄 수 있어서 효과적이다.

다섯째, 연수·강습회를 다녀와서 원장 및 동료교사에게 전달 연수하자.

전달 연수를 통해 연수·강습내용을 공유하는 것도 서로의 성장발전에 도움이 된다.

[그림 10-1] 전달 연수

여섯째, 연수·강습계획안은 신학기가 시작되기 전에 연간으로 계획해서 실천하면 좀 더 체계적으로 진행될 수 있다. 또한 교사 연수에 대한 부분은 어린이집 평가와 유치원 평가에서 관련 내용이 명시되어 있다. 그러므로 연수와 관련해서 계획하고 실천한 것은 기록으로 남겨서 유아교육기관에 보관하는 것이 바람직하다. 다음은 교사 연수계획안 및 연수 대장, 연수보고서 양식이다. 참고하기 바란다.

교사 연수계획안 (예시)

월	내 용	방 법	비 고
3월	* 신입 교사교육	교재내용 숙독 후 토의 외부 연수	신입 교사 원장
4월	* 우수 유치원 방문 * 유아놀이 관찰 및 지원 방법	외부 연수 교재 내용 발표 후 토의	전체 교사
5월	* 자체 위생교육 * 유아관찰 및 평가	시청각 또는 실습교육 교재내용 발표 후 토론	전체 교사
6월	* 외국 유아교육기관 방문 연수 * 식중독 예방 위생	외부 연수 외부 연수	부장교사 원장, 조리사
7월	* 물놀이 안전교육 * 유치원 교사 직무교육	시청각 또는 실습교육 인터넷 강의	전체 교사 유아반 교사
8월	* 응급상황 대처 및 응급처치법 * 자체 위생교육	시청각 또는 실습교육 시청각 교육	전체 교사
9월	* 유아생태 교육 * 교통안전교육	외부 연수	유아반 교사
10월	* 다양한 교수매체 활용 방법	외부 연수	전체 교사
11월	* 우수유치원 견학 * 전기 안전교육	외부 연수 시청각 또는 실습교육	전체 교사
12월	* 소방안전교육	시청각 또는 실습교육	전체 교사
1월	* 부모교육	참고자료 수집 및 토의	전체 교사
2월	* 신학기 신입생 오리엔테이션 및 기본생활습관 지도내용	교재내용 발표 후 토의	전체 교사

교사 연수 대장

결재	담당	원장

년 월 일

일련번호	이 름	구 분				교육일	교육 과정명	교육 주최	교육 장소	교육 시간	비 고
		내부		외부							
		장학	신입	직무	기타						
1											
2											
3											
4											
5											
6											
7											
8											
9											
10											

교 사 연 수 보 고 서

제출자	원장

주 제			
주 최			
일 시		장소	
강사명		참여교사	
목 표			
내 용			
평 가			

87 자기장학

교사 자신의 전문적 신장을 위하여 스스로 계획을 세우고 이를 실천하며 결과에 대하여 자기 반성하는 과정을 통해 전문적 지식이나 기술을 더 나은 방향으로 개선할 수 있기 때문에 많이 활용하자.

교사 자신의 전문적 신장을 위하여 스스로 계획을 세우고 이를 실천하며 결과에 대하여 자기 반성하는 과정이다. 즉 스스로 자신을 개발하려는 내적 동기에 의해 이행되는 형태이다. 자기장학은 새로운 학기가 시작되기 전에 1년 자기장학을 미리 계획을 세워 실천한다면 좀 더 체계적으로 진행될 수 있다.

자기장학의 실천방법으로는 자기 수업을 녹음·녹화하고 이를 분석하거나 수업에 대한 유아들의 반응과 의견을 조사하여 분석하거나 전문서적 및 자료 탐독, 대학원 수강, 각종 연구회 활동, 세미나 참석, 학술대회, 시범 수업 공개회, 강연회 참석 등이 있다. 이는 교사 자신의 필요와 요구에 따라 다양하게 실천하면 된다. 그리고 자기장학의 결과의 발표는 자체 연수시간에 발표하기 등 유아교육기관에 따라 각기 다르게 운영되고 있다. 자기장학은 교사 자신의 전문적 지식이나 기술을 더 나은 방향으로 개선할 수 있으므로 자기장학을 많이 활용하도록 노력하자.

88 동료장학

동료장학은 교사들이 자신들의 교육활동 개선을 위해 동료교사들과 공동으로 노력하는 활동이며 이를 통해서 교사의 전문적 발달, 동료의식의 고취, 성취감의 효과, 자신감을 높일 수 있다.

동료장학은 교사들이 자신들의 교육활동 개선을 위해 동료교사들과 공동으로 노력하는 활동이다. 동료장학의 형태에는 초임교사를 대상으로 이루어지는 멘토링 형태, 동료교사를 대상으로 하여 수업을 공개를 통해 관찰하고 이에 대한 의견을 나누는 형태, 관심분야가 같은 교사들이 함께 연구해 나가는 형태 등이 있다.

동료장학의 목적은 동료교사 간의 협조와 상호 정보교환을 통하여 교사의 전문적 발달, 협동적 인간관계의 수립으로 유아교육기관의 조직적 발달을 도모하기 위한 것이다. 그러므로 동료장학을 통해서 자신감, 동료의식의 고취, 성취감의 효과를 높일 수 있다.

동료장학을 효과적으로 진행하려면 새로운 학기가 시작되기 전에 1년 동료장학을 미리 계획을 세워서 실천한다면 좀 더 체세적으로 신행될 수 있고 계획을 할 때 교사들과 협의하에 시기와 내용을 정하는 것이 바람직하다.

89 장학지도(감독관청의 장학)

감독관청의 장학지도는 유아교육의 질적 향상을 높이는 것에 바탕을 두며 매년 시행된다. 그러므로 교사는 장학지도의 절차를 인지하고 있어야 하며 장학지도 결과내용은 장학협의회에 기록한다.

유치원 장학지도는 교육과정의 정상 운영으로 주요 교육시책을 점검·구현하고 교원의 전문성 신장과 유아교육의 질적 수준을 제고하기 위해 매년 시행된다. 각 지역교육청 소속 담당 장학사에 의해 진행되는 장학지도는 단순한 평가와 지도를 넘어 현안문제 해결 지원을 통해 신뢰받는 교육풍토를 조성하는데 목적이 있다(김윤섭 외, 2011). 또한 장학결과에 따라 우수 교육활동 및 자료 등 우수 사례를 발굴·표창하고 새로운 정보 및 우수 교육활동 사례를 서로 공유하며 유아교육의 질적 향상을 높이는 것에 바탕을 둔다.

교육청 주도 장학은 교수·학습과정안과 유치원 운영 현황 및 자체 평가표와 관련 실적을 준비한다.

장학지도의 진행 일정은 일반적으로 다음과 같다.

장학지도반 맞이 → 유치원 현황 설명 → 시설 및 수업 참관 → 장학지도 내용에 따른 유치원 교육계획 실태에 대한 확인 및 협의 → 피드백 협의의 순서로 이루어진다. 장학지도의 결과 내용은 유치원 '장학협의록'에 기록한다.

90 교사 자신의 포트폴리오 만들기

포트폴리오란 이력서, 자기소개서뿐만 아니라 자신이 그동안 공부한 것이나 활동한 이력 중에서 자신을 나타낼 수 있는 자료집, 작품 사진, 활동사진 등 자신의 작업 활동을 보여주는 역사이다.

이력서와 자기소개소를 통해서 자신을 나타내기에는 한계가 있다. 그래서 신임교사라면 면접을 볼 때 이력서, 자기소개서와 함께 포트폴리오를 제출하는 것도 도움이 된다. 여기서는 포트폴리오의 개념과 포트폴리오에 들어갈 수 있는 내용에 대하여 구체적으로 알아보도록 하자.

1) 포트폴리오란?

포트폴리오란 자신이 그동안 공부한 것이나 활동한 이력 중에서 자신을 나타낼 수 있는 자료집, 작품 사진, 활동사진 등 자신의 작업 활동을 보여주는 역사이다. 다른 지원자들과 경쟁력 있게 나타낼 수 있는 포트폴리오를 제출한다면 원장은 면접자에 대해 긍정적인 판단을 내릴 수 있는데 도움을 준다. 포트폴리오를 제출하면 면접 시 보고 그 자리에서 돌려주는 경우가 많지만(이력서와 자기소개서는 제외하고) 되돌려 주지 않는 경우에는 면접이 끝난 다음에 되돌려 주셨으면 한다고 이야기해도 된다.

2) 포트폴리오에 들어갈 수 있는 내용

표지, 이력서, 자기소개서, 졸업(예정)증명서, 자격증 사본, 민간 자격증, 수업계획안, 직접 제작한 교구사진과 설명, 학교 활동사진, 특기와 취미생활 하는 사진 등이 들어갈 수 있다. 이러한 내용을 클리어 파일로 준비해 가는데 A4가 가장 깔끔하며 1권으로 만드는 것이 효과적이다.

① 이력서

공식적인 서류인 만큼 누락되는 내용 없이 자세하게 기록하며 맞춤법에 유의하고 오타가 없도록 신경 쓴다. 이력서에는 연락처를 꼭 기입하고 사진은 최근 3개월 이내 사진을 사용한다. 그리고 지나친 편집이나 스냅사진을 사용하는 것은 피한다.

② 자기소개서

자기소개서는 간결하고 명확하게 적는다.

자기소개서 내용으로는 신임교사일 경우에는 일반적으로 성장과정, 성격 및 장단점, 학교생활, 지원동기 및 포부 순으로 쓰게 된다.

참고로 면접을 보는 유아교육기관의 교육철학, 신념 등을 미리 숙지해서 자기소개서에 그 기관에 맞게 내가 이 기관에 꼭 필요한 사람이라는 것을 어필하는 것도 도움이 된다.

③ 수업계획안

수업계획안은 신임교사일 경우에는 학교 다닐 때 제출했던 연령별 연간계획안, 월간계획안, 주간계획안, 일일계획안 순서로 정리한다. 또한 실습하면서 수업했던 올 데이(allday)계획안, 부분수업계획안도 첨가한다. 학교 다닐 때 모의수업 또는 실습할 때 했던 수업장면 사진을 넣거나 수업을 하고 난 뒤 느낀 점을 계획안의 평가란에 자필로 적는 것도 좀 더 전문적인 교사의 모습을 보여줄 수 있어 효과적이다.

④ 교구사진

교구사진은 신임교사일 경우에는 학교 다닐 때 만든 교구를 사진으로 찍어서 클리어 파일에 정리해 둔다. 즉 건강, 사회, 표현, 언어, 탐구 5개 영역으로 나누어 영역별로 정리해서 활동한 결과물을 넣어준다. 이때 교구를 사진으로 찍은 후 제작방법과 준비물, 수업전개 내용(도입, 전개, 마무리, 응용활동 및 유의점) 등 교육계획안을 첨가하면 효과적이다.

⑤ 기타

그 외에 자신을 나타낼 수 있는 사진을 찍어서 클리어 파일에 넣어둔다. 예를 든다면 봉사활동 가서 찍은 사진, 실습 갔을 때 유아들과 함께 찍은 밝은 표정의 사진, 유아들이 써준 편지 등이 있다.

면접 때 자신을 알리기 위한 포트폴리오도 중요하지만 본인 스스로에게 유아교육현장에 도움이 되는 포트폴리오를 만드는 것도 도움이 된다. 예를 들면 미술활동, 음률활동, 과학 활동 등 본인이 만든 자료와 함께 다른 사람의 자료 중에서 이후에 활용하고 싶은 자료 등을 인쇄해서 클리어 파일에 보관하고 그 옆에 도움이 될 만한 내용을 기재하면 활용하는 데 효과적이다.

91 원장 되기

유치원 원장은 「유아교육법」에 의하여 어린이집 원장은 「유아보육법」에 의한 자격 기준이 되어야 한다. 그리고 원장은 기관경영의 모든 부분에 영향을 미치기 때문에 끊임없이 노력하고 공부해야 한다.

유치원 원장과 어린이집 원장이 되려면 다음과 같은 자격 기준이 되어야 한다.

1) 유치원 원장(어린이집 원장)이 되기 위한 자격 기준

(1) 유치원 원장이 되기 위한 자격 기준

유아교육법(제22조 제1, 2항 관련)에 의하면 다음과 같다.

- 유치원의 원감 자격증을 가지고 3년 이상의 교육경력과 소정의 재교육을 받은 자
- 학식·덕망이 높은 자로서 대통령이 정하는 기준에 해당한다고 교육과학기술부장관의 인정을 받은 자

(2) 어린이집 원장이 되기 위한 자격 기준

영유아보육법(제21조)에 의하면 다음과 같다.

장애아 전문 어린이집 원장, 일반 어린이집, 가정 어린이집, 영아 전담 어린이집 자격기준 중 어느 하나에 해당하는 사람은 보건복지부령으로 정하는 사전직무교육(80시간 이상)을 받아야 함.

가. 일반기준

- 보육교사 1급 자격을 취득한 후 3년 이상의 보육 등의 아동복지 업무경력이 있는 자
- [유아교육법]에 의한 유치원 정교사 1급 자격을 취득한 후 3년 이상의

보육 등 아동복지 업무 경력이 있는 자
- 유치원 원장의 자격을 가진 자
- [초·중등 교육법]에 의한 초등학교 정교사 자격을 취득한 후 5년 이상의 보육 등 아동복지 업무경력이 있는 자
- [사회복지사회법]에 의한 사회복지사 1급 자격을 취득한 후 5년 이상의 보육 등 아동복지 업무경력이 있는 자
- [의료법]에 의한 간호사 자격을 취득한 후 7년 이상의 보육 등 아동복지 업무경력이 있는 자
- 국가 또는 지방 단체에서 7급 이상의 공무원으로 보육 등 아동복지 업무에 5년 이상 근무한 경력이 있는 자

나. 가정어린이집

- 일반 기준에서 정한 자격을 갖춘 자
- 보육교사 1급 이상의 자격을 취득한 후 1년 이상의 보육업무 경력이 있는 자

다. 영아전담 어린이집

: 만 3세 미만의 영아만을 20인 이상을 보육하는 시설
- 일반 기준에서 정한 자격을 갖춘 자
- 간호사 면허를 취득한 후 5년 이상의 아동간호업무 경력이 있는 자

라. 장애아 전문 어린이집

: [장애인복지법] 제32조에 따라 장애인으로 등록된 영유아만을 12명 이상 보육하는 시설

: 일반 기준에서 정한 자격을 갖춘 자로서 다음 각 호의 어느 하나에 해당하는 자
- 대학(전문대학을 포함한다)에서 장애인복지 및 재활관련 학과를 전공한 자
- [장애아동복지지원법] 제32조에 따른 장애 영유아 어린이집에서 2년 이상의 보육업무 경력이 있는 자

2) 원장의 역할

원장은 유아교육기관의 전체적인 운영 및 관리를 담당하며, 이에 대한 법적인 책임을 지는 사람이다.

「유아교육법」과 「영유아보육법」에서 유치원 원장과 어린이집 원장의 역할을 다음과 같이 명시하고 있다.

> 「유아교육법」 제21조에 의하면,
> '원장은 원무를 통할하고 소속 교직원을 지도·감독하여 유아를 교육한다.'라고 명시되어 있다.
>
> 「영유아보육법」 제18조에 의하면,
> '어린이집의 원장은 어린이집을 총괄하고 보육교사와 그 밖의 직원을 지도·감독하여 영유아를 보육한다.'라고 되어 있다.

즉 원장은 원장의 역할을 잘 수행하기 위해서는 유아의 발달을 이해하고 효과적으로 이들을 가르치는 데 필요한 지식뿐 아니라 예산수립과 집행, 법규나 법령, 임금이나 교원의 복지, 유아의 영양, 건강 및 안전관리 등에 관한 지식도 알아야 한다. 원장은 교육계획을 수립하고 이를 집행하기 위한 수단, 방법의 확보와 교육효과에 대한 평가, 지역사회와의 교류, 부모교육 및 종사자의 관리에 이르기까지 기관 경영의 모든 부분에 영향을 미치게 되기 때문이다. 그러므로 원장은 새로운 정보와 이론에 관심을 가지면서 끊임없이 노력하고 공부해야 한다.

생각해 봅시다

1. 유아교육기관의 원장이 되기 위해서 무엇을 준비해야 하는지 생각해보고 미래설계를 계획해 보시오.

11장 책임감 있는 교사되기

92 출·퇴근시간

10분 일찍 출근해서 하루 일과를 시작하고 주어진 일을 마무리 잘해서 다른 동료교사와 유아교육기관에 피해가 되지 않도록 하자.

1) 출근시간

유치원/어린이집 교사가 되기 위해서는 개인적 자질과 전문적 자질이 필요하다. 개인적 자질 중에서 중요한 것이 인성을 꼽을 수 있다. 우리들은 유아와 함께 하는 직업이다 보니 더욱 그럴 것이다. 그다음으로 중요시되는 덕목으로는 성실이다.

'성실 앞에는 장사가 없다'라는 말이 있듯이 성실하면 유치원 업무든, 무슨 일을 하든지 간에 신뢰할 수 있기 때문이다.

저자는 다양한 재능을 가지고 있다 하더라도 성실하지 못하면 퇴보되고, 아주 작은 재능이 있다 하더라도 성실히 노력하면 이후 아주 훌륭한 유아교육전문가가 되어 있는 사례를 많이 보아왔다.

저자가 원장으로 근무했을 때 성실의 잣대로 더욱 큰 비중을 둔 것은 출근시간을 지키는지, 안 지키는 지였다. 아침에 지각하지 않고 성실하게 1년 동안 출근시간을 지킨다는 것은 보통 일이 아니기 때문에 성실의 잣대로 평을 했다.

출근시간보다 10분 일찍 출근해서 유치원/어린이집의 하루 일과를 시작해보자. 시작할 하루 일과에 대하여 마음의 여유를 가지고 다시 한 번 점검하는 일은 본인 스스로도 기분 좋은 하루 일과가 시작될 것이고 주변 사람들에게 '성실하다'라는 좋은 이미지를 주게 될 것이다.

2) 퇴근시간

퇴근하기 전에 주어진 일을 잘 마무리하고 퇴근시간에 퇴근하는 것이 가장 이상적인 방법이다. 교사가 신체적으로 힘들지 않아야 다음날 유아들을 즐거운 마음으로 맞이할 수 있기 때문이다.

그러나 첫해에는 업무에 필요한 능력을 갖추고 익숙하기 전에는 제일 늦게 퇴근한다는 마음으로 근무하도록 하자. 물론 외부의 강압이 아닌 자발적인 동기가 밑바탕이 되어야 한다.

신임교사는 알아야 할 것도 많고 익혀야 할 것도 많아서 업무에 필요한 능력을 키우기 위해서는 많은 노력이 필요하다.

저자가 신임교사일 때 적응기간을 생각해보면 거의 한 학기 정도가 되었던 것으로 기억이 되는데 유아교육기관의 전체적인 상황을 파악하기까지는 그래도 1년이 소요되었다.

1년이 지나니 유아교육기관의 전체적인 업무에 대해 파악이 되면서 일이 익숙해졌다. 또한 내가 해야 할 일은 미리 계획하고 적절한 시간 관리를 하면서 일의 마무리를 빠르게 진행했던 것으로 기억한다.

경력교사와 같은 시간에 퇴근하게 된다면 업무를 다하지 않았다고 봐도 틀림없다. 왜냐하면 신임교사는 일이 익숙하지 않아 일 진행이 늦고 소요되는 시간이 훨씬 늦어지기 때문이다. 업무를 다하지 않고 퇴근하면 다른 교사에게 그리고 원에 피해를 입히는 사례들이 발생한다. 예를 들면 자료실의 관리를 맡은 신임교사가 관리를 소홀히 하면 다른 동료교사들에게 수업에 필요한 자료의 확보에 어려움이 있게 된다. 또한 신임교사가 맡고 있는 반의 수업준비 및 교실환경

구성 및 청결 관리 등을 소홀히 하면 유아들에게 피해가 가고 결국은 유아교육기관에 피해가 된다.

업무에 필요한 능력을 갖추고 익숙하기 전에는 신임교사일 때 제일 늦게 퇴근하며 스스로 익혀서 다른 교사와 유아교육기관에 피해가 되지 않도록 하자.

그래야만 퇴근하기 전에 주어진 일을 마무리 잘하는 교사가 될 수 있을 것이고 전문가로서 점차 성장하게 될 것이다.

93 지각·조퇴·결근·외근할 때

지각·조퇴·결근은 되도록이면 하지 않는 것이 바람직하다. 왜냐하면 교사의 빈자리는 유아들에게 정서적 불안정을 주기 때문이다. 그러나 부득이한 사유(예 : 질병, 사고)로 인한 경우에는 그에 맞는 행동대처가 필요하다.

1) 지각

지각은 정해진 시간까지 출근하지 못하는 것이다. 이런 경우에는 유아교육기관에 연락을 해서 상황을 설명하고, 도착 예정시간을 알려주어서 유아교육기관에서 상황에 맞게 대처할 수 있도록 한다.

> 상황설명 예 : 유치원/어린이집 가는 길에 사고가 나서 늦을 것 같아요.
> 도착 예정시간은 ○시일 것 같습니다. 죄송합니다.
> 그동안 우리 반 아이들을 잘 부탁합니다.

2) 조퇴

조퇴는 부득이한 사유(예 : 질병, 사고, 기타 사유 등)에 의하여 퇴근시간 전에 퇴근하는 것을 말한다. 조퇴를 하게 되는 경우에는 먼저 원장에게 사정을 설명하고 허락을 얻는다. 그리고 수업시간 도중이라면 유아들에게도 상황을 설명하고 대신할 선생님도 소개하여서 유아들이 불안하거나 놀라지 않도록 한다.

조퇴 시에도 만일을 대비하여 유아교육기관과의 연락이 언제라도 가능하도록 본인의 핸드폰을 늘 켜둔다.

3) 결근

결근을 할 때는 되도록 1, 2주일 전에 원장에게 사정을 설명하고 허가를 받는다. 그래야 대신할 선생님을 구하는데도 시간적 여유가 있다. 그리고 유아들에게도 이유를 설명해서 불안하지 않도록 배려해야 한다. 대체교사에게는 그 주의 생활주제, 일일 교육계획안에 따른 수업자료, 반 유아들의 상태 등에 대하여 알려줘서 유아들에게 최대한 피해가 작게 가도록 한다.

4) 외근

외근은 근무시간 중 유아교육기관의 일로 유아교육기관의 외부로 나가서 수행하는 일이다. 외근은 퇴근시간 전에 돌아오거나 상황에 따라 늦을 경우에는 외근 장소에서 바로 퇴근할 수도 있다. 외근을 할 때는 외근의 장소와 용무에 따라 적당한 복장인지 살펴야 한다. 예를 들면 현장학습 때문에 사전답사를 가야 된다면 간편한 복장, 운동화, 모자 등을 착용해야 한다. 그러나 다른 유아교육기관의 개원식에 참여해야 할 경우에는 격식을 갖춘 깔끔한 복장이 바람직하다. 외근을 끝내고 돌아오기 전에는 유아교육기관에 전화를 해서 맡은 일에 대한 상황을 원장 또는 주임교사에게 이야기하고 도착 예정시간을 알린다. 외근 장소에서 바로 퇴근을 할 경우에도 유아교육기관에 전화를 해서 원장 또는 주임교사에게 수행 여부를 알리고 퇴근한다.

비용을 지출했다면 영수증 첨부와 함께 남은 돈을 정확하게 돌려주어야 한다.

94 일직·당직업무 파악하기

일직, 당직교사는 다른 교사들보다 일찍 출근하고 늦게 퇴근한다.
일직, 당직업무는 기관마다 다를 수 있다. 그래서 원장과 주임교사에게 일직, 당직업무에 대해서 적극적으로 다가가서 물어보고 파악하여야 한다.

일직, 당직교사는 다른 교사들보다 일찍 출근하고 늦게 퇴근한다.

일반적으로 일직, 당직교사의 업무는 다음과 같다. 다른 교사들보다 일찍 출근하기 때문에 유아교육기관의 창문을 열어서 환기시킨다. 그리고 일찍 온 유아들과 함께 한 교실에 모여서 담임교사가 올 때까지 상호작용한다. 담임교사가 도착하면 일찍 온 유아들은 각반에 가는데 일직, 당직교사는 부모에게 특별히 전달받은 사항을 담임교사에게 알려준다.

퇴근하기 전에는 안전점검일지와 운영일지에 따른 내용을 매일 점검하고 기록한다. 안전점검일지와 운영일지에 따른 구체적인 내용은 다음과 같다.

안전점검일지에 관련된 구체적인 내용으로는 일직, 당직교사는 각 반 교사가 교실의 소등 및 전원 확인한 것을 한 번 더 확인하고 주방, 보일러 등을 점검한다. 마지막으로 퇴실할 때는 퇴실시간을 기록한 후 날인한다.

운영일지에 따른 구체적인 내용으로는 특이사항, 원아 현황 및 급·간식 내용과 당직근무 현황 등을 매일 점검하고 기록한다. 안전점검일지와 운영일지는 형식상의 기록이 되어서는 안 되며, 매일 점검하고 사실대로 기록한다.

95 퇴직할 때

끝은 언제나 또 다른 시작이라는 말이 있듯이 퇴직을 한다고 해서 거기에 남아 있는 사람들과 관계가 끝나는 것이 아니다. 그러므로 마무리를 잘하는 것이 중요하다.

첫인상은 좋았는데 뒤끝이 안 좋은 사람이 있다. 반면 첫인상은 별로였는데 지내면서 '진국'이라는 느낌을 갖게 하는 사람도 있다.

당신이 만약에 원장이라면 누구와 일을 하겠는가?

끝은 언제나 또 다른 시작이다!라는 말이 있다. 퇴직을 한다고 해서 거기에 남아있는 사람들과 관계가 끝나는 것이 아니다. 멋진 시작을 위해서는 마무리를 멋지게 해야 한다.

1) 퇴직할 때는 원장과 먼저 상담하자

유아교육기관은 유아들을 상대하기 때문에 학기 중간에 그만두는 것은 유아들에게 상처를 주는 일이다. 더구나 유아들은 발달적으로 자기중심적 사고를 하기 때문에 담임교사가 중간에 그만두면 '내가 잘못해서…… 내가 말을 듣지 않아서……' 담임교사가 그만둔다고 생각한다. 그러므로 힘들더라도 1년을 마무리 짓고 그만두는 것이 기본적인 예의다.

어쩔 수 없는 사정으로 학기 중간에 그만두는 경우에는 최소한 3개월 전에 원장에게 알리고 상담을 해야 한다. 그래야 다음에 새로 올 교사를 구하는데 시간적 여유가 있고 동료교사와 유아교육기관에 피해가 될 수 있는 일을 최소한 줄일 수 있기 때문이다.

2) 충실하게 마무리를 지어라

최선을 다해 끝까지 하던 일을 깔끔하게 마무리 짓는 일이 중요하다.

새로운 직장에 취직할 때 새로운 원장은 이전의 직장인 그만둔 곳에 전화를 해서 ○○○ 교사의 근무태도를 물어볼 것이다. 그리고 채용 여부에 있어서 가장 비중 있는 평가자료로 활용한다.

퇴직에 관련된 사무처리는 원장에게 먼저 물어보고 준비하는 것이 바람직하다. 일반적으로 기존의 유아교육기관에 사직서를 제출하고, 퇴직금, 국민연금, 고용보험, 해임날짜 등의 확인과 함께 업무인수인계를 정확하게 해야 한다. 그리고 유아교육기관의 물품 중에서 돌려주어야 하는 것은 없는지(예 : 학급의 디지털 카메라, 교사 단체복 등), 챙겨야 하는 개인물품이 없는지 잘 살펴야 한다.

3) 퇴직 때는 주변의 사람들에게 감사의 마음을 전하자

퇴직 시에는 유아들, 부모, 동료교사, 원장 등에게 감사의 마음을 전한다면 그들에게 특별한 사람이 될 것이고 좋은 인상을 심어줄 것이다. 그리고 퇴직한 유아교육기관과 계속적인 관계유지는 인맥형성에도 도움이 되고 여러모로 중요하기 때문에 가끔씩 안부전화를 하는 것도 효과적이다.

4) 다녔던 유아교육기관을 욕하고 다니지 말자

전에 근무했던 유아교육기관에 대한 험담을 늘어놓는다고 해서 나아질 것도 없다. 그리고 험담을 듣는 사람도 험담하는 교사 앞에서는 맞장구를 쳐줄지는 모르겠지만 마음속으로는 험담하는 교사를 좋게 평가하지는 않을 것이다. 그리고 이 세상은 비밀이 없기 때문에 어떠한 경로를 통해서라도 험담한 유아교육기관의 교직원의 귀에 들어간다. 결국은 험담한 교사만 손해이다.

96 공금관리하기

공금관리(교육비, 현장학습비, 급식비, 사진비 등)는 되도록이면 유아교육기관에 온라인 입금을 할 수 있도록 부모에게 안내하고 유아 편으로 돈을 전달받으면 액수를 확인하며 돈을 받은 날짜, 금액을 기록과 함께 당일 유아 편으로 영수증을 보낸다.

교육비, 사진 값, 현장학습비, 급식비 등은 유아 편으로 돈을 전달받으면 분실될 염려가 있다. 그러므로 신학기 시작 전 부모 오리엔테이션 때 기관의 통장으로 온라인 입금(예 : 인터넷뱅킹, 텔레뱅킹)을 할 수 있도록 안내한다. 온라인 입금을 할 때는 같은 유아 이름이 있을 수 있기 때문에 반드시 학급 이름과 유아 이름을 기재해서 입금할 수 있도록 안내한다.

간혹 부모 중에 부득이한 사정으로 유아 편으로 돈을 보내는 경우가 있다. 그럴 경우에는 다음과 같은 방법으로 잘 관리하는 것이 중요하다.

교사는 유아가 등원하면 바로 돈을 받아 액수를 확인한다. 그리고 장부에 돈을 받은 날짜, 금액을 기록하고 바로 교무실에 제출한다. 또한 돈을 받은 당일 날 유아 편으로 영수증을 보내도록 한다. 돈이 모자라는 경우가 있으면 주변을 다시 한 번 점검하고 수업이 끝난 당일 날 부모에게 전화를 해서 정중하게 상황을 설명하고 알리도록 하자.

돈을 잘 관리하지 못하면 스트레스를 받기 때문에 꼼꼼하게 잘 체크하고 관리하는 것이 중요하다.

97 동료 간의 돈거래

동료들끼리 사적인 모임을 위해서 매월 일정 금액을 걷어야 될 경우는 미납되지 않도록 제날짜에 내도록 한다. 그리고 공금관리는 투명하게 지출되고 관리되어야 한다.
동료 간의 사적인 돈거래(예 : 돈을 빌리기 등)는 하지 않는 것이 바람직하다.

1) 동료들끼리 사적인 모임을 위해서 매월 일정 금액을 걷어야 될 경우

교사들끼리 친목 도모를 위해서(예 : 함께 여행하기, 정기모임을 갖기) 매월 일정 금액을 걷는 경우를 볼 수 있다. 그럴 경우에는 미납되지 않도록 제날짜에 돈을 내도록 한다. 그리고 공금을 관리할 수 있도록 담당자를 정하는 것도 좋은 방법이다. 또한 담당자는 비용을 지출할 때는 모임의 구성원인 모든 교사들과 의논해서 지출하고, 지출한 금액에 대해서는 작은 액수라도 장부에 꼼꼼하게 날짜와 사용내역서를 기록하고 영수증을 붙여놓는 것이 바람직하다.

2) 동료 간에 돈을 빌려야 할 때

동료 간의 사적인 돈거래는 하지 않는 것이 바람직하다. 사소한 부주의로 오해와 신뢰를 잃어버릴 수 있기 때문이다. 그러나 부득이하게 돈을 빌려야 되는 경우에는 상황을 설명하고, 갚을 수 있는 날짜를 정확하게 이야기하고 제날짜에 갚도록 한다. 작은 액수라도 반드시 갚는 것이 바람직하다.

돈을 빌려주고 받지 못하는 경우에는 속으로만 끙끙 앓고 말하지 않는다면 문제가 해결되지 않는다. 그리고 빌려간 교사가 잊어버려서 갚지 못하는 경우가 있을 수 있다. 그러므로 갚아준다는 기간이 지나면 웃으면서 자연스럽게 이야기를 할 수 있는 지혜도 필요하다.

생각해 봅시다

1. 책임감 있는 유아교사가 되기 위해서 할 수 있는 교사의 역할을 생각해 봅시다.

12장 유아교육기관 평가 이해하기

98 유아교육기관 평가제도란

유치원 평가는 유아교육법 제19조 제1항에 의거하여 유치원 주도의 유치원 평가를 통해 현장의 자율성과 책무성을 제고하고, 평가 결과 환류와 공개를 통하여 교육여건 개선 및 학부모의 알 권리를 보장하기 위해서 교육부에서 개발한 유치원 평가지표를 기준으로 평가하는 것이다.

어린이집 평가제는 영유아보육법 제30조에 의거하여 영유아의 인권과 놀 권리를 보장하고, 영유아가 건강하고 행복하게 성장할 수 있는 안심보육환경을 조성하며, 보육교직원이 영유아보육에 집중할 수 있는 여건을 조성해 질 높은 보육서비스를 실현하기 위하여 보건복지부에서 개발한 어린이집 평가지표를 기준으로 평가하는 것이다.

1) 유치원 평가

(1) 유치원 평가의 필요성 및 목적

유치원 평가는 유아교육법 제19조 제1항에 의거하여 유치원 평가지표를 기준으로 평가하는 것이다. 유치원 평가의 필요성은 유아교육의 공교육화 실현에 대한 강력한 요구와 유아교육 현장의 자발적인 교육의 질 향상 노력이 필요하기 때문이다(장명림, 2000).

교육부(2021)는 유치원 평가의 목적으로 다음과 같이 제시하였다.

첫째, 유치원 주도의 유치원 평가를 통해 현장의 자율성, 책무성 제고이다. 둘째, 유치원 평가 결과 환류 강화를 통한 실제적인 교육 여건을 개선하기 위해서이다. 셋째, 평가 결과공개를 통하여 학부모의 알 권리 및 유치원 선택권을 보장하기 위해서이다.

(2) 유치원 평가 추진 근거

유치원 평가 추진 근거는 유아교육법과 유아교육법 시행령에 의거하여 실시한다. 구체적인 내용은 [그림 12-1], [그림 12-2]와 같다(제 5주기 2021학년도 유치원 평가 매뉴얼, 2021).

제19조(평가) ①교육감은 유아교육을 효율적으로 하기 위하여 필요하면 유치원 운영실태 등에 대한 평가를 할 수 있다. 〈개정 2008. 2. 29., 2010. 3. 24., 2012. 1. 26.〉
③ 제1항과 제2항에 따른 평가를 실시한 경우 교육부장관 및 교육감은 평가의 결과를 공개하여야 한다. 〈신설 2020. 1. 29.〉
④ 제1항과 제2항에 따른 평가의 대상·기준 및 절차와 제3항에 따른 평가결과의 공개 등에 필요한 사항은 대통령령으로 정한다. 〈신설 2012. 1. 26., 2020. 1. 29.〉
[시행일 : 2020. 7. 30.]

[그림 12-1] 유아교육법

제22조(평가의 절차 등) ② 교육감은 법 제19조제1항에 따라 유치원 운영실태 등에 대한 평가를 하는 경우 법 제19조의2에 따른 유아교육정보시스템에 저장된 자료, 「교육관련기관의 정보공개에 관한 특례법」 제5조의2에 따른 공시정보 등을 이용한 정량(定量)평가의 방법으로 한다. 다만, 정량평가만으로 정확한 평가가 어렵다고 인정되는 경우에는 서면평가, 설문조사, 관계자 면담 등의 방법을 이용한 정성(定性)평가의 방법을 병행할 수 있다. 〈개정 2020. 2. 25.〉

[그림 12-2] 유아교육법 시행령

(3) 유치원 평가 대상, 주기 및 주요 추진 방향

유치원 평가 대상은 공·사립유치원이며, 평가 주기는 3년(매년 전체유치원의 1/3 평가 실시)이다. 주요 추진 방향은 다음과 같다. 첫째, 유치원 평가지표는 교육부에서 개발한 공통지표 활용한다. 둘째, 단위유치원의 자체평가 보고서에 사실과 다른 내용이 포함된 경우에는 유아교육원 주관으로 평가단을 별도 구축하여 재평가(현장평가 포함)실시한다. 셋째, 주기별 평가 대상 유치원 선정은 가급적 교육지원청별 교육과정 및 방과후 과정 현장 정기점검 일정과 일치되도록 조정한다. 넷째, 유치원 평가 결과는 정보공시(유치원 알리미)를 통하여 공개한다(제 5주기 2021학년도 유치원 평가 매뉴얼, 2021).

(4) 유치원 평가과정 및 지표

유치원 평가과정은 [그림 12-3]과 같다(제 5주기 2021학년도 유치원 평가 매뉴얼, 2021).

유치원		유아교육원		유치원/ 유아교육원
• 자체평가 실시 • 평가보고서 작성 및 자체 심의 • 평가보고서 제출	➜	• 자체 평가 보고서 서면평가 및 심의 • 평가 및 심의결과 유치원 송부	➜	• 유치원 :유치원알리미 탑재 • 유아교육원 :현장 지원 및 정책건의 등

[그림 12-3] 유치원 평가과정

유치원 평가지표는 4영역(교육과정 등/ 교육환경 및 운영관리/건강·안전/교직원), 17개 평가지표, 47개 평가항목으로 구성되어 있다. 평가방식은 정량평가로 하되, 필요시 정성평가를 병행한다. 유치원 평가에 대한 결과 처리는 유치원은 유치원 알리미에 공시, 차년도 교육계획에 반영 등을 하며, 유아교육원은 교육청과 연계하여 분야별 컨설팅, 유치원이 요구사항 등을 분석하여 유아교육 정책 반영 및 교육여건 개선을 모색한다(제 5주기 2021학년도 유치원 평가 매뉴얼, 2021).

2) 어린이집 평가

(1) 어린이집 평가제의 필요성 및 목적

어린이집 평가제는 정기적인 평가를 통해 어린이집이 지속적으로 보육의 질적 수준을 향상시키고 유지하게 함으로써 영유아의 안전과 건강, 조화로운 성장과 발달을 도모하여 부모가 믿고 맡길 수 있는 안심 보육환경 조성을 위해 필요하다. 2018년 12월 11일 영유아보육법 개정안이 공포됨에 따라 2019년 6월 12일부터 모든 어린이집을 대상으로 평가제가 시행되었다(보건복지부, 2021). 이러한 어린이집 평가제의 목적은 다음과 같다(한국보육진흥원, 2021).

첫째, 상시적인 보육서비스 질 관리를 위해 주요 핵심지표를 중심으로 질 관리 표준을 제시하고 어린이집 스스로 질적 수준을 제고하도록 한다.

둘째, 전체 어린이집에 대한 주기적 평가를 통하여 보육서비스 품질관리의 사각지대를 해소하고, 전반적인 보육서비스 수준을 지속적으로 관리하여 국가의 책무성을 강화하고자 한다.

셋째, 궁극적으로 평가제를 통해 보육서비스의 질 향상을 제고함으로써 영유아의 안전과 건강, 조화로운 성장과 발달을 도모하고자 한다. 이를 위해 영유아의 인권과 놀 권리를 보장하고 영유아가 건강하고 행복하게 성장할 수 있는 안심 보육환경을 조성하며, 보육 교직원이 영유아 보육에 집중할 수 있는 여건을 조성한다.

(2) 어린이집 평가 추진 근거

어린이집 평가 추진 근거는 영유아보육법 제30조(어린이집 평가)에 의거한다. 보건복지부장관은 보육서비스의 질 향상을 위하여 모든 어린이집에 대해 정기적으로 평가를 실시하고, 평가업무는 한국보육진흥원에 위탁하여 실시한다.

(3) 어린이집 평가 대상, 주기 및 주요 추진 방향

어린이집 평가 대상은 영유아보육법에 따라 설치한 모든 어린이집(방과후 전담 어린이집 제외)이며 평가비용은 전액 국가에서 부담한다. 어린이집 평가 주기는 어린이집 평가결과에 따라 다르다. 즉 어린이집 평가결과는 A, B, C, D 등급으로 나뉘며 등급에 따라 A, B등급은 3년, C, D등급은 2년마다 받는다. 주요 추진 방향은 국가 차원의 주기적인 평가를 통해 모든 어린이집의 상시적인 보육서비스질을 확보하고, 보육·양육에 대한 사회적 책임 강화 실현 및 안심 보육환경을 조성하는 것이다.

(4) 어린이집 평가 항목 및 운영

어린이집 평가는 4개 항목(보육과정 및 상호작용/보육환경 및 운영관리/건강·안전/ 교직원), 18개 지표, 59개 항목 수로 구성되어 있다. 어린이집 평가운영은 평가대상 어린이집 선정 및 통보로 시작되며, 기본사항 확인, 자체 점검보고서 제출, 현장평가, 종합평가 순으로 진행된다. 구체적인 어린이집 평가 운영체계는 [그림 12-4]와 같다(한국보육진흥원, 2021).

[그림 12-4] 어린이집 평가 운영체계

99 학급평가와 자기평가

학급평가는 각 학급의 운영과정에 관한 평가내용이이다. 학급운영에 대한 자체 평가는 환경구성, 등원 및 귀가, 자유선택활동, 대·소집단 활동, 간식 및 급식, 교육계획 및 평가로 나누어서 할 수 있다.

자기평가는 교사 자신의 역할과 자질에 대해 스스로 평가하는 것이기 때문에 유아를 위한 교육의 질적 향상과 교사의 자율성 및 전문성을 향상시킬 수 있다. 교사 자기평가 내용에는 교육과 관련된 모든 영역이 포함된다.

1) 학급평가

학급평가는 각 학급의 운영과정에 관한 평가내용이다. 즉 그 학급에 소속되어 있는 유아들의 활동이 교육적·정서적 측면에서 효과적이고 만족스럽게 이루어질 수 있도록 계획·조직하며, 물리적·정서적으로 지원하고 조정하는 일련의 과정에 관한 평가내용이다.

학급운영에 대한 자체 평가 내용에는 환경구성, 등원 및 귀가, 자유선택활동, 대·소집단 활동, 간식 및 급식, 교육계획 및 평가 등이 포함된다.

2) 자기평가

교사 평가방법에는 교사 자기평가, 원감 혹은 원장에 의한 평가, 외부 인사의 평가, 동료에 의한 평가가 있다. 여기서는 교사 자기평가에 대하여 알아보고자 한다.

교사 자기평가는 자신의 역할과 자질에 대해 스스로 평가하는 것이다. 그러므로 자신의 강점과 보완점을 스스로 인식하고 유아를 위한 교육의 질적 향상과 교사의 자율성 및 전문성을 향상시킬 수 있다.

교사 자기평가 내용에는 교육과 관련된 모든 영역이 포함된다. 교사의 수업능력뿐만 아니라 교사의 교육철학 및 교육관, 목표, 계획, 생활지도, 교재·교구 개발 및 활용, 학급운영관리, 교육 정보, 부모나 지역사회와의 유대관계, 그리고 각종 교육 관련 문제의 이해 등을 포함하는 제반 영역에서 교사의 자기평가가 전개될 수 있다(황윤세 외, 2009). 그러므로 교사 자기평가 내용은 개인의 요구에 따라 다양할 수 있다. 다음은 교사 자기평가에 관련된 예이다.

〈표 12-1〉 교사 자기평가 척도

1 : 전혀 그렇지 않다/ 2 : 대체로 그렇지 않다/ 3 : 보통 정도이다/ 4. 대체로 그렇다/ 5. 아주 그렇다

평가항목	1	2	3	4	5
1. 언제나 자발적으로 일을 하는가?					
2. 맡은 일을 끝까지 성실하게 해내며 부지런한가?					
3. 언행이 일치하여 솔선수범하는 사람인가?					
4. 긍정적이며 적극적인 인생관을 가지고 있는가?					
5. 예의 바르고 인사성이 좋은가?					
6. 언제나 바른 자세로 흐트러지지 않는 몸가짐으로 일하고 있는가?					
7. 교육자다운 확신과 품위를 갖추고 있는가?					
8. 새로운 아이디어를 자꾸 만들어내곤 하는가?					
9. 교육프로그램을 적절하고 다양하게 계획하는 능력이 있는가?					
10. 교육프로그램을 제대로 소화시켜 현장에 적용하는 기술이 있는가?					
11. 교재·교구를 자발적으로 활용하는 능력이 있는가?					
12. 유아의 개인적 특성을 알아내어 그에 따라 가장 적절한 교육적인 배려를 할 수 있는 능력이 있는가?					
13. 유아들에게 지적 흥미와 호기심을 길러주고 있는가?					
14. 유아의 생각과 느낌을 존중하며(주의 깊게 듣고, 공평하게 대함), 유아의 요구에 항상 민감하게 반응하는가?					
15. 유아와 개별적으로 대화하는 기회를 갖는가?					
16. 벌이나 창피를 주는 등의 부정적인 방법보다 격려와 긍정적인 강화방법을 사용하는가?					
17. 교사와 유아는 상호존중하며 신뢰하는가?					
18. 유아가 스스로 탐색하고 조작해볼 수 있도록 하는가?					
19. 동료교사, 행정가, 부모나 지역사회 인사 등과의 관계가 원활한가?					

출처: 황윤세·임미혜·이혜원(2009). 유아교육기관 및 어린이집 운영관리.

생각해 봅시다

1. 유아교육기관 평가제도의 필요성 및 절차에 대하여 생각해 보고, 유치원/어린이집 평가지표에 대하여 설명해 봅시다.

13장 지역사회와 협력하기

100 지역사회 자원 활용하기

지역사회 자원을 활용한 협력활동은 유아들이 지역사회와의 긍정적인 사회관계를 형성하여 유능한 사회구성원이 되기 위해 필요한 지식과 태도를 기를 수 있도록 돕는다는 점에서 매우 동반자적인 협력관계 형태라고 할 수 있다.

오늘날 유아교육(보육)에 대한 인식이 포괄적이고, 사회적인 의미로 확대됨에 따라 유아를 둘러싸고 있는 환경 즉, 가족과 유아교육기관, 지역사회 모두의 유기적인 협력이 강조되고 있으며 협력하는 형태와 방법도 다양해지고 있다.

그중에서 지역사회 자원을 활용한 협력활동은 유아들이 지역사회와의 긍정적인 사회관계를 형성하여 유능한 사회구성원이 되기 위해 필요한 지식과 태도를 기를 수 있도록 돕는다는 점에서 매우 동반자적인 협력관계 형태라고 할 수 있다.

따라서 유아교육기관은 지역사회 특성 및 요구를 파악하여 지역사회와 연계한 다양한 활동을 교육(보육)운영 및 프로그램에 반드시 반영해야 한다. 이와 함께 지역사회는 유아들에게 지역사회와의 소통과 경험을 통한 교육목적 달성을 위해 지역사회의 인적·물적 자원을 충분히 활용할 수 있도록 배려해야 한다.

지역사회 자원을 활용하는 방법은 전문지식을 활용한 자원봉사, 지역사회 전문가들과의 협조체계, 지역사회 관련기관이나 시설의 활용 등 다양한 형태와 방법이 있다. 이러한 다양한 형태의 지역사회 자원 활용의 종류와 방법을 정리하면 다음과 같다.

1) 지역사회 자원봉사자 활용하기

유아교육기관에서는 학부모, 지역주민, 대학생, 청소년 자원봉사자 등 지역의 인적자원을 자원봉사자로 활용할 수 있다. 수업진행을 도와줄 수 있는 보조교사의 역할에서부터 실내·외 직접적인 수업지도에 이르기까지 역할은 다양하다. 예를 들면, 장난감 수선점 놀이를 할 때 지역대학의 학생들을 봉사자로 활용할 수 있고, 우리나라에 대한 주제와 관련해서는 전통놀이, 전통음식 등에 대한 정보를 갖고 계시는 지역사회 어른을 참여하게 할 수 있다. 그리고 텃밭 가꾸기를 할 때 지역에서 농사를 짓거나 농사를 지어 본 경험이 있는 노인 자원봉사자는 고랑을 어떻게 만들어야 하는지, 씨를 언제 뿌려야 하는지, 풀 이름, 벌레 이름 등 유아들의 다양한 질문에 더욱 흥미롭게 답을 해줄 수 있다.

2) 지역사회 전문가 활용하기

지역사회 전문가 활용하기는 전문가가 가진 특정 전문지식이나 자원을 활용하여 교육적인 도움을 받는 방법이다. 전문가가 직접 유아교육기관에 방문하여 도움을 줄 수 있는데 최근 들어 지역사회의 전문가들, 예를 들면 보건소 직원, 경찰관, 소방관, 의사 등의 경우 교육현장에 직접 찾아와 위생과 건강을 위한 홍보, 성폭력과 유괴로부터의 안전, 교통안전, 화재 시의 대처 요령에 대한 정보를 제공해주는 경우가 늘어나고 있다(정옥분 외, 2008).

그리고 수업주제와 관련하여 전문적인 지식·정보를 전달하거나 특기를 보여주고 수업에 함께 참여할 수도 있다. 예를 들어 건강한 생활이나 나에 대한 주제와 관련하여 의사와 간호사, 우리 이웃에 관한 주제에는 경찰관이나 소방관 등의 전문가를 초대하여 수업에 도움을 받을 수 있다.

덧붙여 지역사회 전문가들과 협조체제를 구축하여 전문가의 도움을 필요로 하는 유아나 가족들에게 상담과 전문가 연결 등의 도움을 줄 수도 있다.

3) 지역사회 기관 활용하기

유아교육기관에서는 인근 병원, 도서관, 소방서, 경찰서, 방송국 등과 같은 다양한 지역사회 기관과 긴밀하게 교류함으로써 유아들이 자신의 주변 환경을 더욱 잘 이해하고 적응할 수 있도록 경험을 제공해야 한다. 인근의 다양한 기관을 방문하거나, 함께 활동해보는 경험은 유아들이 보다 더 큰 의미의 이웃을 친밀하게 느낄 수 있도록 해준다. 병원에 입원한 경험이 있는 유아의 경우는 자신이 의사와 간호사의 도움으로 완쾌될 수 있었다는 것을 병원을 방문해 봄으로써 알게 되어 병원에 대한 친근감을 느끼게 된다. 그리고 경찰서나 소방서 등에서 일하는 분들에 대해서는 우리를 도와주는 친근한 이웃으로 감사하는 마음을 가지게 된다.

4) 지역사회에 봉사하기

유아교육기관과 지역사회는 서로 도움을 주고받는 상호 보완적 협력관계여야 한다. 유아교육기관은 지역사회의 지지 및 지원에 따라 운영체계 전반에 영향을 받게 되며, 유아교육기관 역시 지역사회에 긍정적인 영향을 미쳐서 지역사회 발전에 기여해야 한다.

지역사회에 봉사하기는 유아교육기관의 자원을 제공하는 방법, 유아들과 함께 참여하는 방법 등 다양하게 할 수 있다. 예를 들면, 지역사회가 필요로 할 때 유아교육기관의 강당이나 놀이시설 등을 사용하도록 개방하거나 자료를 제공하고, 지역아동을 위한 행사 개최, 결식아동의 급식사업, 한부모가정의 유아 지원, 지역주민에게 육아특강 및 자녀교육 상담 등도 지역사회에 대한 봉사라고 할 수 있다.

이외에도 유아들과 함께 우리 동네 쓰레기 줍기, 경제적으로 어려운 이웃을 위한 물품수집 및 자금마련, 노인시설을 방문하여 할아버지, 할머니와 함께 지내는 활동, 지역사회의 축제 등에 참여할 수 있다.

지금까지의 지역사회 자원 활용하기와 관련한 유아교육기관의 지역사회 연계 프로그램의 예를 소개하면 다음 〈표 13-1〉과 같다.

〈표 13-1〉 연간 지역사회 연계 프로그램의 예

○○ 어린이집

일 시	활 동 명	관 계 기 관	활 동 내 용
4월	○○공원 산책	○○공원 (매주 1회)	영유아의 체력단련 및 자연친화적인 사고의 확장 기회를 가진다.
	인형극 관람	○○문화회관	공연 관람에 필요한 약속을 익히고 재미있는 공연을 관람해본다.
6월	우체국 견학	○○우체국	우체국에서 하는 일을 알아보고 사랑하는 부모님께 편지 붙여본다.
	마트 견학	○○마트	물건을 직접 선택하고 구입해보며 물건을 사는 것에 대해 즐거움을 경험해본다.
8월	안전교육, 성교육	○○구청보건소	내 몸은 내가 지켜요, 화재대피 상황에 대한 훈련을 통해 안전교육을 한다.
	동물원 견학	동물카페	다양한 동물들을 직접보고 관찰하며 특징을 알아본다.
	물놀이 견학	수영장	여름철에 할 수 있는 물놀이를 즐겨본다.
10월	구강교육	○○치과	올바른 양치질 방법, 치아의 구조, 치아에 좋은 음식, 나쁜 음식에 대해 알아본다.
	경찰서 견학	○○경찰서	경찰서에서 하는 일을 알아보고 경찰관에게 도움을 필요할 때 도움을 요청하는 방법을 알아본다.
	고구마 수확	○○농장	땅속 식물인 고구마를 관찰하고 수확하면서 가을의 풍요로움을 느껴본다.
12월	도서관 견학	○○도서관	다양한 책을 접해 보고 도서관 이용방법을 익혀본다.
	소방서 견학	○○소방서	소방서에서 하는 일을 알아보고 화재 발생 시 우리가 할 수 있는 일을 알아본다.
	사랑의 동전 모으기	○○구청	주위의 불우한 이웃을 알고 도와준다.
2020년 1월	노인정견학	○○노인정	새해를 맞이하여 동네 어르신께 한복을 곱게 차려입고 절을 해봄으로써 노인공경을 실천해본다.
	실습생교육	각 대학	예비교사가 되기 위한 실습생 교육을 실시한다.
2020년 2월	방역소독	○○보건소 (월1회)	영유아들의 위생을 위해 지역 내에 있는 보건소에서 방역을 실시한다.
	초등학교 견학	○○초등학교	어린이집과 초등학교의 차이점

101 유아와 가족을 돕기 위한 전문가와의 협조하기

유아와 가족을 돕기 위한 전문가와의 협조는 유아와 가족이 겪는 다양한 어려움이 더 큰 가족문제와 위기로 발전하지 않도록 도와 유아와 가족의 행복한 삶뿐만 아니라 건전한 사회발전에도 기여한다.

유아교육기관은 유아뿐만 아니라 가족지원을 포함하는 포괄적 서비스를 제공해야 한다.

유아교육기관의 장과 교사는 가정환경이나 발달적 특성이 또래와 달라 특별한 보호를 필요로 하는 유아가 있는지 파악하고 이러한 요구를 가진 유아와 가족이 건강한 생활을 영위할 수 있도록 필요한 도움을 주어야 한다. 그리고 유아와 가족의 특정 문제를 도와줄 전문기관에 대한 실질적인 정보를 가지고 가족이 전문가를 찾아가 도움을 구하도록 격려해주고, 관련 전문가와 협조하여 함께 문제를 해결하도록 노력하여야 한다(중앙보육정보센터, 2009).

다음 〈표 13-2〉는 유아와 가족을 돕기 위한 전문가와의 협조체제의 예이다.

〈표 13-2〉 유아와 가족을 돕기 위한 전문가와의 협조체제 예

가족지원이 필요한 경우 지역사회 복지관을 이용하세요	•가족구성원 개인 및 가족 전체를 대상으로 상담·치료 등의 복지서비스를 사례관리를 통하여 종합적으로 제공함으로써 가족문제의 해결과 예방 및 가족해체를 방지하고 가족기능을 정상화하여 가족의 행복을 유지할 수 있도록 지원한다 •한국 사회복지관협회 http : //www.kaswc.or.kr (지역별 복지관을 안내 받을 수 있다) •한국 가족상담센터 http://www.familykorea.org/main/main.html
영유아에게 정서, 행동, 발달상의 문제가 있는 경우 아동상담센터를 이용하세요	•영유아가 겪고 있는 정서적, 행동적, 사회적응상의 문제들을 아동상담 전문가와 함께 다양한 매체(놀이, 미술, 모래)를 통해 상호작용하고 나눔으로써 심리적 안정감과 사회성을 향상시키고 의사소통을 증진시켜 부적응 행동을 완화시키고 사회 적응력을 키워나갈 수 있도록 도와준다 •영유아가 겪는 발달(언어, 인지학습)상의 어려움을 놀이 위주의 접근방법으로 상호작용함으로써 의사표현을 적절히 할 수 있도록 도와주고, 학습에 지장을 주는 특성을 파악하여 적절한 학습방법을 터득하도록 돕는다 •증상이 아주 심각한 것부터 경미하지만 앞으로 발생할 수 있는 문제를 예방하는 것까지 아동이 겪을 수 있는 모든 문제가 상담의 대상이 될 수 있다 •대상아동 - 주의가 산만한 아동 - 학습에 문제가 있는 아동 - 우울하거나 불안이 있는 아동 - 또래관계에 문제가 있는 아동 - 공격성, 거짓말, 도벽 등의 행동문제를 보이는 아동 - 눈을 깜박이는 등의 틱증상이 나타나는 아동 - 야뇨증과 유분증의 증상이 나타나는 아동 - 부모와 자녀 관계에 어려움이 많은 아동 - 자폐성향이 있는 아동 - 발달이 지연된 아동 등 •한국아동상담센터 http : //www.adongclinic.co.kr
아동학대의 경우 아동학대 관련 센터를 이용하세요	•신체학대 : 보호자를 포함한 성인이 아동에게 우발적인 사고가 아닌 상황에서 신체적 손상을 입히거나 또는 신체손상을 입도록 한 모든 행위를 말한다 •정서학대 : 보호자나 양육자가 아동에게 언어적·정서적 위협, 감금이나 억제, 기타 가학적인 행위를 하는 것으로 언어적, 정신적, 심리적 학대라고도 한다 •성학대 : 성인의 성적 만족을 위해 아동의 신체에 접촉하는 행위를 말하며, 아동과 성인 사이의 부적절한 성적인 행동들을 모두 포함한다 •방임 : 고의적, 반복적으로 아동양육과 보호를 소홀히 함으로써 정상적인 발달을 저해하는 모든 행위를 말한다 •아동권리보장원 https://ncrc.or.kr/ncrc/main.do •각 시도 아동복지센터 등

출처: 중앙보육정보센터(2009). 2009 평가인증 조력 프로그램.

앞의 〈표 13-2〉에서와 같이 유아와 가족을 돕기 위한 전문가와의 협조는 가족문제를 해결하고 가족기능을 정상화하기 위해 가족상담 전문기관 정보제공, 유아에게 의학적인 진단 및 치료가 필요할 경우 전담할 수 있는 의료인 의뢰, 심리적인 상담이나 치료가 필요할 경우 도움을 줄 수 있는 상담 및 치료사 연결, 유아에게 가해지는 부적절한 학대 및 방임으로부터 안전한 보호 등 유아와 가족에게 당면한 절실한 문제를 도와 유아와 가족의 행복한 삶뿐만 아니라 건전한 사회발전에도 기여함이 틀림없다.

그러므로 이러한 협조과정에서 유아교육기관의 장과 교사는 유아와 가족이 겪는 다양한 어려움들이 더 큰 가족문제와 위기로 발전하기 전에 상담을 통해 적절히 지원함으로써 유아와 가족, 유아교육기관 그리고 지역사회의 통합을 이루는 중요한 역할을 한다는 것을 명심해야 한다. 이를 위해 유아의 행동을 주의 깊게 관찰하고 가정과의 의사소통 과정에서 유아와 가족문제에 대한 어려움을 조기에 발견하는 것이 무엇보다 중요하다. 그리고 사례별로 적절한 지원이 이루어질 수 있도록 전문가와의 협조 및 지원체제를 모색·관리해야 한다. 다음은 특별한 도움을 필요로 하는 유아와 가족에게 전문가와의 협조 및 지원을 한 사례 관리의 예이다.

사례관리 접수카드

◎ 접수일자 : 20○○. ○. ○.

1. 개인사항

대상	일 반		
성명	최 ○ ○ (남 여)	주민등록번호	○○○○○○ - ○○○○○○
생년월일	20○○년 ○월 ○일	연령	만3세
조사방법	내방 (방문) 전화 서신	연락처	○○○-○○○○
현주소	○○시 ○○구 ○동 ○○번지		

2. 가족사항

관계	조부	조모	부	모	동생
이름	최○○	이○○	최○○	유○○	최○○
성별	남	여	남	여	여
직업	무직	자영업	영업직	자영업	
거주지	주 양육자는 할아버지이며 2-3주에 한번 엄마가 오시면 주말 동안만 집에서 지냄		동거	대전시	동거

3. 가계도

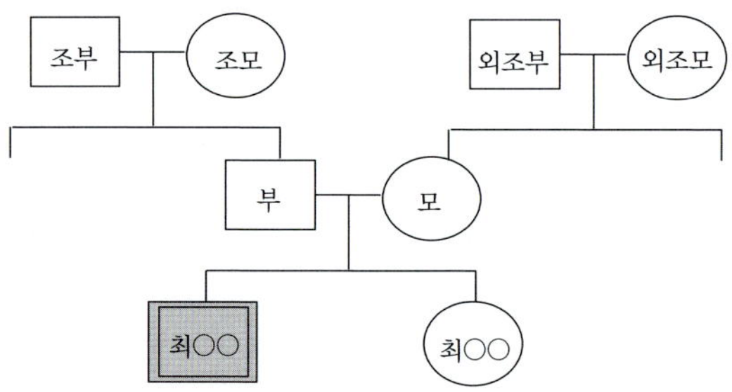

엄마를 제외한 모든 가족이 할아버지 집에서 생활하며 2-3주에 한 번씩 대전에서 엄마가 오시면 주말 동안만 집에서 생활함. 모든 양육은 할아버지가 도맡아 하심.

4. 문제 및 지원과정

아동상담 (아동관찰)	• 항상 입을 벌리고 있으며 그로 인해 침을 많이 흘림 • 외부인이 원내에 들어오면 낯가림 없이 모든 이에게 "엄마"하며 달려가 안김 • 한 번씩 엄마가 오시면 엄마와의 분리를 심하게 거부함 • "엄마, 아빠" 등의 간단한 단어는 사용하며 아직 표현할 수 있는 단어가 몇 개 되지 않아 손으로 사물을 가리키며 "으, 어"라고 소리 내며 문장으로 전혀 표현이 안 됨 • 부정교합으로 인하여 발음이 새면서 부정확하다 • 대·소변 가리기가 전혀 안됨 • 걸음걸이가 불안해보이고 특히 내리막길에서는 중심조절이 안 되어 잘 넘어짐 • 일상생활 관련하여 옷 입기, 양말신기, 신발 신기 등이 미흡하여 교사의 도움을 항상 필요로 함 • 엄마가 왔다 가시는 날은 심하게 등원거부를 하며 힘들어함. 안정을 찾기까지 2일 정도의 시간이 걸리며 계속 정서적으로 불안한 모습을 보임
담임교사의 의견	또래에 비해 전반적으로 발달이 많이 느리고, 발달수준 및 애착형성과 관련하여 전문가의 상담과 검사가 필요하다고 판단함
부모상담	가정에서의 생활 모습과 가정환경 등에 대해 이야기 나누었고, 평소 원에서의 전반적인 생활이야기와 발달 체크리스트를 제시하여 객관적인 발달정도에 대하여 이야기 나누어 현재 최○○의 발달 상태를 알게 함 전문가와의 상담 및 검사를 받을 수 있도록 독려함

5. 지역사회 전문기관 협조 및 사후관리

지역사회 전문기관 협조	※ 서비스 목표 : 발달검사를 통해 원아의 언어, 인지, 정서 등의 발달 정도를 정확하게 진단받아 본다 세부목표 1. 소아정신과에 의뢰하여 상담과 검사를 받아본다 세부목표 2. 전반적인 발달검사를 받아본다
사 후 관 리	※ ○○병원에서 검사결과 발달지체로 판명되었다 • 이후 언어치료실, 인지치료, 미술심리치료실에서 치료를 지속적으로 받고 있음 • 일상생활에서의 기본적인 옷 입기, 양말 신기, 신발 신기 등의 어려움이 계속 있어 보건소 작업치료실에 연계하여 검사 및 상담을 받아보게 하여 작업치료도 병행하고 있음 • 조부가 건강이 좋지 않아 버스를 타고 치료실까지 다니기가 힘들다고 얘기하셔서 치료센터 가까이로 어린이집 차량을 지원해 드림 • 꾸준한 치료를 통하여 간단한 언어표현을 문장으로 구사하며 엄마와의 헤어짐에도 안정된 모습을 보이고 기본적인 일상생활 관련하여서도 더 나은 모습을 보이고 있음 • 상담(전문기간과의) 이후 교사와의 개별면담을 가짐으로써 지속적으로 최○○의 행동에 대해 부모님과 협의를 하고 있음

6. 연계기관

※ ○○○ 언어심리치료센터 ○○시 ○○로 ○○길 ○○ ○○○)○○○-○○○○
※ ○○시보건소 작업치료실 ○○시 ○○로 ○○길 ○○ ○○○)○○○-○○○○

생각해 봅시다

1. 수업주제(생활주제)와 관련하여 연간 지역사회 연계 프로그램을 계획해 봅시다.

2. 유아와 가족을 돕기 위한 전문가와의 협조사례를 조사해 봅시다.

〈참고문헌〉

경남교육청(2021). 2020 사립유치원업무길라잡이.

경상남도 교육청(2011). 유치원 평가. 경남 : 경상남도 교육청.

경상남도유아교육원(2007). 유치원 안전사고 대비 응급처치 매뉴얼.

경향신문, 2019.5.4. 조손가정 “어떻게 지원 받는지 몰라요”… 찾아가는 돌봄 절실.

고현(2009). 유치원장의 변혁적 리더십과 교사의 직무 스트레스 및 교사 헌신 간의 관계 연구. 미래유아교육학회, 16(4), 447-469.

곽현주, 구수연, 박성희, 서동미, 서혜정, 손혜숙, 이명순, 이혜경(2010). 유치원 교사를 위한 교직실무. 서울 : 학지사.

교육과학기술부(2007). 유치원 교육과정 해설 Ⅰ, Ⅱ, Ⅲ. 서울 : 미래엔 컬처그룹.

교육과학기술부(2010). 교육자격검증 실무편람.

교육과학기술부고시(2011). 유치원 교육과정.

교육부 나눔누리(2020). 환경구성 자료.

교육부(2012). 유아 인성교육을 위한 부모 훈련 프로그램 및 연수자료집.

교육부(2020). 2019 개정 누리과정 놀이실행자료.

교육부(2020). 관찰을 관찰하다, 유아관찰기록 안내서.

교육부(2020). 워크북 기록 양식

교육부(2021). 교사를 위한 놀이지원 워크북

교육부(2021). 제5주기 2021학년도 유치원 평가 메뉴얼 .

교육인적자원부(2009). 유치원생활기록부 작성 및 관리지침.

김경철(1997). 유아교육 평가의 새로운 대안 -포트폴리오-, 열린유아교육연구, 2(2), 109-122.

김명수, 김보경, 김선혜, 박정환, 백영균, 이태상, 한상훈(2010). 교직실무. 서울 : 학지사.

김복희(2004). 유치원 교육환경의 질적 수준에 따른 교사-유아 상호작용에 관한 연구. 숭

실대학교 교육대학원 석사학위논문.

김수향, 이용주, 이은진(2008). 유아교육기관 운영관리. 서울 : 동문사.

김영옥, 윤경선, 이현경(2011). 유치원 교직실무. 서울 : 학지사.

김옥주, 조혜진(2010). 영아교사의 전문성 인식과 보육시설 조직문화가 직무스트레스에 미치는 영향. 유아교육연구, 30(2), 193-209.

김윤섭, 유성희(2011). 영유아 교사들이 알아야 할 교직실무 61가지. 서울 : (주)한국교육출판.

김은영(2006). 유치원교사의 직무분석. 이화여자대학교 대학원 박사학위 논문.

김정택 외(2009). MBTI Form K 안내서. 서울 : (주)어세스타.

김현주(1995). 사립유치원 교사 문화의 특질 : 어느 사립유치원 교사들의 이야기. 중앙대학교 대학원 박사학위논문.

김혜순(2011). 유치원교사가 인식하는 원장의 리더십과 전문성 발달의 관계. 부경 대학교 교육대학원 석사학위논문.

노길영(1999). 경력유치원 교사를 통해 본 교사발달의 제 요인 및 유형. 이화여자 대학교 대학원 석사학위논문.

노영희(2005). 유치원 교사의 문자언어교수실천에 대한 자기반성의 주제와 의미. 유아교육학논집, 9(2), 95-123.

대한교육연합회(1982). 사도헌장 및 사도강령.

박수경(1999). 유치원 교육실습생들이 실습전후에 느끼는 불안에 관한 연구. 국민대학교 교육대학원 석사학위논문.

박은혜(1998). 반성적 사고 신장을 위한 교육실습지도 : 실습지도교수의 역할을 중심으로. 교과교육학연구, 2(1), 187-204.

박은혜(2009). 유아교사론. 서울 : 창지사.

박은혜, 김은심, 김난실, 곽아정, 최혜진, 이혜경(2010). 유치원교사를 위한 교직실무. 서울 : 창지사.

박은혜, 조혜선, 이성희, 황보영(2011). 영유아 안전교육. 서울 : 파란마음.

박현우(2006). 예비교사의 교육실습에 대한 유치원 교사의 인식 및 실제. 전남대학교 대학원 석사학위논문.

박화윤, 마지순, 안라리, 신순희, 임경례(2010). 유아교직실무. 경기 : 공동체.

배소연(1993). 유아교사의 실천적 지식과 교사교육의 방향. 교육학연구, 31(5), 153-171.

법제처(2010). 유아교육법.

법제처(2011). 영유아보육법.

보건복지부(2011). 2011년도 보육사업안내.

보건복지부(2011). 보육시설 평가인증지침서.

북스카우트 엮음(2011). 유아교사 365. 서울 : 북스카우트.

서경혜(2006). 반성적 교사교육의 허와 실. 한국교육학회, 22(3), 307-333.

서울시 교육청(2021). 2021 서울유아교육계획.

서울시 교육청(2021). 2021학년도 유치원 신학기 도움자료.

서울응급의료정보센터(2009). Aha~! 응급처치 이럴 땐 이렇게.

서지영, 서영숙(2002). 유아교사의 조직 헌신도에 영향을 미치는 관련 변인 연구 : 프로그램의 질과 직무환경을 중심으로. 미래유아교육학회, 9(2), 115-136.

서혜정, 한애희(2010). 신임교사로서의 첫 출발. 서울 : 파란마음.

손미애(2015). 유치원 교사의 반성적 사고를 통한 동작 교수내용지식 변화탐색, 강릉원주대학원 박사학위논문.

송기창, 김민조, 김병주, 김병찬, 김성기, 김용, 나민주, 남수경, 박수정, 오범호, 이정미, 이희숙, 정성수, 정제영, 조동섭, 조석훈, 주현준, 홍창남(2009). 중등 교직실무. 서울 : 학지사.

여성가족부(2005). 표준보육과정.

오채선, 이석순, 박은미, 이명순, 장혜자, 김영신, 김미애(2008). 영유아 사회 교육. 서울 : 파란마음.

월간유아(2004). 월간유아 2월호. 서울 : 월간유아.

유미림, 인재천(2011). 영유아교사를 위한 교직실무. 서울 : 동문사.

이고미(2003). 유치원 교사들 간의 인간관계에 관한 연구. 이화여자대학교 대학원 석사학위논문.

이기현, 오성숙, 전순한, 고영희(2009). 영유아 보육프로그램의 이론과 실제. 경기 : 양서원.

이대균, 김주영, 임자영, 박지선(2010). 유치원교사를 위한 교직실무. 경기 : 양서원.

이명순(2000). 유치원 교사가 되어가는 과정에 관한 이야기. 중앙대학교 대학원 박사학위논문.

이민규(2003). 1%만 바꿔도 인생이 달라진다. 서울 : 더난출판.

이소희, 강경자, 마미정(2011). 현장중심 보육과정. 서울 : 신정.

이영자, 이기숙, 이정욱(2004). 유아교수·학습방법. 서울 : 창지사.

이은화, 배소연, 조부경(1995). 유아교사론. 경기 : 양서원.

이재경(2005). 교사가 지각하는 원장의 변혁적 지도성과 교사의 역할수행능력과의 관계. 경희대학교 교육대학원 석사학위논문.

이칭찬, 주상덕(2010). 교직실무이론. 서울 : 동문사.

이평원(2007). 행정사무관리론. 서울 : 형설출판사.

이현중(2002). 유아교육 예비교사가 교육실습과정에서 느끼는 갈등 연구. 한국 교원대학교 대학원 석사학위논문.

이혜주, 이지현, 이동희(2000). 유아초임교사를 위한 현장교육의 이론과 실제. 서울 : 동서문화원.

장명림(2000). 학회주관 유치원 평가 준거개발. 2000년 열린 유아교육학회 추계학술대회 논문집.

정명숙, 황해익(2010). 학부모가 인식하고 있는 유치원 교사의 이미지. 아동학회지, 31(3), 67-82.

정미라, 배소연, 이영미(2009). 영유아를 위한 건강 및 영양교육. 경기 : 양서원.

조동섭, 이승기, 송윤선, 이현석, 장수진, 나인애, 박선주, 안병천(2009). 새내기 교사가 알아야 할 교직실무 100가지. 경기 : 교육과학사.

조벽(2004). 나는 대한민국의 교사다. 서울 : 해냄.

조부경, 이정미(1999). 유아교사교육의 새로운 접근. 서울 : 양서원.

조혜선(2008). 유치원 교직문화 분석 : 경력교사 10인의 인식을 중심으로. 이화여자대학교 대학원 박사학위논문.

존 가트맨, 최성애, 조벽(2011). 내 아이를 위한 감정코칭. 서울 : 한국경제출판.

최무산(2009). 교직실무. 서울 : 한국교육신문사 교육문화팀.

최미숙(2011). TA 성격이론에 의한 유아교사의 성격특성과 직무만족 및 주관적 안녕감에 관한 연구. 배재대학교 대학원 박사학위 논문.

최민수, 정영희(2006). 아동건강교육. 서울 : 학지사.

최보영(2002). 유치원 교사가 지각하는 유치원 조직풍토와 직무만족도의 관계. 계명대 교육대학원 석사학위논문.

최양미, 김혜윤, 송연숙, 최미현, 최애경(2011). 초임 유치원교사를 위한 교직실무. 서울 : 파란마음.

하정연, 김은주(2010). 나도 멋진 선생님이 될 수 있다. 경기 : 양서원.

한국교육신문사(2010). 교육법전.

한국교육신문사(2010). 교육행정 실무백과 1,2,3.

허혜경, 김성희(2005). 아동건강교육. 서울 : 창지사.

황윤세, 임미혜, 이혜원(2009). 유아교육기관 및 보육시설 운영관리. 경기 : 공동체.

Baumrind, D.(1991). The influence of parenting style on adolescent competence and substance use. Journal of Early Adolescence, 11(1), 56-95.

Gurp, P, V.(2011). 행운을 부르는 깃털. 김현좌(역). 서울 : 봄봄출판사(원본발간일, 2011).

Hargreaves, 1992. *Culture of teaching : A focus of change. In A. Hargreaves & M. G. Fullan (Eds), Understanding teacher development*(pp.216-240). New York : Teachers College Press.

Steffen, S.(2011). 유능한 유아교사의 학급운영. 임승렬(역). 서울 : 다음세대(원본발간일, 1990).

〈인터넷 자료〉

교육인적자원부 NEIS지원서비스 http://helpsys.moe.go.kr

경기도 안성교육지원청 홈페이지 http://www.goean.kr

경상남도교육청 업무포털 http://neis.gne.go.kr

법제처 http://www.moleg.go.kr

서울특별시 교육청 유아교육 http://youa.sen.go.kr

아이사랑포털 http://www.childcare.go.kr

중앙보육정보센터 http://central.childcare.go.kr

충청남도 논산계룡 교육지원청 홈페이지 http://www.cnnse.go.kr

키드키즈 http://www.kidkids.net

한국보육진흥원 http://www.kcpi.or.kr

한국보육진흥원 평가인증국 http://www.kcac21.or.kr

http://bizforms.co.kr/bizcontents/manner/5.asp.

http://bizforms.co.kr/bizcontents/manner/6.asp.

http://www.bookinterpark.com/blog/her311/2179462.

http://www.bookinterpark.com/blog/n88hr/2185508.

https://blog.naver.com/lyu5101/222388208534.

교육부, 나눔누리 사이트

https://i-nuri.go.kr/main/module/dataManage/index.do?cate_menu_idx=2&menu_idx=110

저자 약력

■ **김 길 숙**

신라대학교 사범대학 체육학과 학사
이화여자대학교 대학원 석사(운동심리-운동발달 전공)
부산대학교 교육대학원 석사(유아교육 전공)
경남대학교 대학원 교육학 박사(교육과정 및 방법 전공)
현 창원문성대학교 유아교육과 교수

■ **황 현 숙**

대구대학교 사범대학 유아교육과 학사
University of Missouri - Columbia 문학 석사(유아교육 전공)
창원대학교 대학원 교육학 박사(교육심리 전공)
AMS 미국 몬테소리 교사 3~6세 자격
현 창원문성대학교 유아교육과 교수

■ **길 현 주**

한국방송통신대학교 유아교육과 학사
경희대학교 교육대학원 석사(유아교육 전공)
대구가톨릭대학교 대학원 박사(유아교육 전공)
현 창원문성대학교 유아교육과 교수

새내기 유아교사가 알아야 할

교직실무 101가지 개정판

초 판 1쇄 발행 / 2012년 3월 5일
초 판 8쇄 발행 / 2021년 2월 28일
개정판 1쇄 발행 / 2021년 8월 20일

공저자 / 김길숙 · 황현숙 · 길현주
발행인 / 이 중 수
발행처 / **동 문 사**

서울특별시 서대문구 홍제동 137-8
Tel : 02)736-3718(대), 736-3710, 3720
Fax : 02)736-3719
등록번호 : 제1974.04.27. 제9-17호
가격 : 21,000원

ISBN : 979-11-6328-334-8(93370)
E-mail : dong736@naver.com
www.dongmunsa.com